北京师范大学国家“985工程”资助项目

精准扶贫，共享民生发展

2016 中国民生发展报告

——精准扶贫，共享民生发展

Minsheng Development Report in China 2016:

Targeted Poverty Alleviation and Sharing Minsheng Development

北京师范大学政府管理学院
北京师范大学政府管理研究院 著

北京师范大学出版集团
BEIJING NORMAL UNIVERSITY PUBLISHING GROUP
北京师范大学出版社

图书在版编目(CIP)数据

2016中国民生发展报告——精准扶贫，共享民生发展/北京师范大学政府管理学院，北京师范大学政府管理研究院著. —北京：北京师范大学出版社，2017.1

ISBN 978-7-303-21395-5

Ⅰ. ①2… Ⅱ. ①北… ②北… Ⅲ. ①社会保障－研究报告－中国－2016 Ⅳ. ①D632.1

中国版本图书馆 CIP 数据核字(2016)第 243159 号

营 销 中 心 电 话 010-58805072 58807651
北师大出版社学术著作与大众读物分社 http://xueda.bnup.com

2016 ZHONGGUO MINSHENG FAZHAN BAOGAO
出版发行：北京师范大学出版社 http://www.bnupg.com
北京市海淀区新街口外大街 19 号
邮政编码：100875

印　　刷：三河市兴达印务有限公司
经　　销：全国新华书店
开　　本：787 mm×1092 mm 1/16
印　　张：26.5
字　　数：448 千字
版　　次：2017 年 1 月第 1 版
印　　次：2017 年 1 月第 1 次印刷
定　　价：98.00 元

策划编辑：马洪立　　责任编辑：李洪波
美术编辑：王齐云　　装帧设计：李尘工作室
责任校对：陈　民　　责任印制：马　洁

《2016中国民生发展报告》编委会

顾　问

蒋正华　周铁农　王茂林

主　编

唐任伍

编　委（按音序排列）

陈弘民　戴　伟　果　佳　连宏萍
舒昌雄　宋向清　唐任伍　唐天伟
王昌海　王宏新　王华春　王洛忠
熊贻德　严碧华　易昌良　章文光

参编人员（按音序排列）

付　甜　高德永　贺重婍　李楚翘
李金东　刘清杰　刘栓虎　马　宁
其丽恒　时　思　孙晓彤　孙　莹
王圆圆　魏文琦　熊斯瑶　于　达
张　玲　张文杰　张艺君

前　言

2016年是“十三五”的开局之年，也是精准扶贫、共享民生发展，到2020年消除贫困、全面实现小康的关键元年。自2013年11月习近平总书记在湖南湘西考察时首次提出“实事求是、因地制宜、分类指导、精准扶贫”的思想以来，“扶贫对象要精准、项目安排要精准、资金使用要精准、措施到位要精准、因村派人要精准、脱贫成效要精准”的“精准扶贫”，吹响了共享民生发展的号角。中国的民生发展进入了消除贫困、全面实现小康的新时代。这是中华民族民生发展史上的一个新的里程碑。

在新的起点上，中国将顺应人民对美好生活的向往，不断提高人民生活质量和水平，健全公共服务体系，扩大中等收入者比重，坚定不移推进公平共享，增进更多民众福祉，特别是加大对困难群众的精准帮扶力度，在2020年前实现现行标准下5700多万农村贫困人口全部脱贫，贫困县全部摘帽。这是我们对中国人民的庄严承诺。

小康不小康，关键看老乡。民生的发展贵在“共享”，只要还有贫困的存在，就不是真正的小康。新中国成立以来，特别是改革开放以来，中国共产党和中国政府，致力于消除贫困、改善民生，使7亿多人口脱贫，占全球减贫人口的70%以上，为世界减贫事业做出了重大贡献。中国将继续为全球反贫困做出贡献。我们将更加注重公平公正，在做大发展蛋糕的同时分好蛋糕，从人民最关心、最直接、最现实的利益问题出发，让老百姓有更多成就感和获得感。

消除贫困需要扶贫，而扶贫贵在“精准”，要改变传统的那种“大水漫灌”为“精准滴灌”，这就不但需要从体制机制上建立起一套“精准扶贫”的法律法规，还要沿着正确的途径，采取一套行之有效的举措。教育扶贫，是阻断贫困代际传递的推手；就业扶贫，为贫困者创造就业机会，是贫困者脱贫的保证；健康扶贫，克服因病致贫的顽症，保障贫困者不再二次复贫；财政扶贫，发挥公共财政在精准扶贫中的主导作用，筑起“精准扶贫”的堡垒；绿色扶贫，生态发展互促共赢，使人们有更多的获得感和幸福感；项目扶贫，为“精准扶贫”“精准脱贫”创造造血机制。

“精准扶贫”是一项前无古人的伟大事业，一个13亿人口的大国全面消除贫困，实现现代化，在人类历史上没有先例可循。北京师范大学“民生课题组”的学者们，致力于“民生”这个既古老又年轻的恒久不变的主题，进行了持续不断的研究，取得了一系列丰硕的成果，产生了广泛的社会影响。

首先，构建了一个研究框架。课题组参照联合国、世界银行发布的报告格式，每年邀请不同领域的知名专家，通过多次头脑风暴会，汇集专家的智慧，筛选出一个民生领域的话题，进行深入探讨和研究。2011年是“十二五”的开局之年，我们的选题为“迎接‘十二五’保障与改善民生挑战”，对“十二五”期间的民生发展进行了展望；2012年针对欧洲主权债务危机、西亚中东动乱和美国的占领华尔街等事件，提出了“跨越变革世界的民生陷阱”的主题；2013年针对新型城市化进程中出现的各种民生问题，提出了“新兴城市化进程中的民生隐忧”主题；2014年针对习近平总书记提出的“中国梦”，课题组以“民生中国梦”为主题进行深入研究；2015年课题组围绕“法治民生”这个主题进行了深入研究，提出了一系列有价值的见解和观点。

其次，提出了我们的核心概念和观点。一个研究成果是否有新意，需要有自己的核心概念。课题组通过研究，创建了民生研究的核心概念，提出了“中国民生发展指数”“民生陷阱”“民生隐忧”“民生中国梦”“法治民生”等概念，并提出了“民生发展三阶段论”“民生发展三陷阱论”“新城市化发展进程中的四大民生隐忧论”“民生是‘中国梦’的基础”“‘中国梦’首先是‘民生梦’”“全面依法治国首先要依法治理民生”“精准扶贫才能共享民生发展”等观点。

最后，构建了一套民生发展评价指标体系。课题组在充分研究与总结国内外民生等相关理论与实践成果的基础上，结合中国经济、社会发展现实，构建了一套民生发展的监测指标体系和指数测算体系，选择了最能够反映民生发展状况的6个一级指标、45个二级指标，每年对全国除西藏、台湾、香港和澳门等省市之外的30个省、自治区和直辖市进行民生发展情况测度并排名，为省级地方政府的民生发展提出对策。2014年同时对35个省会城市和计划单列市的民生发展进行了测度。2015年首次对中国293个地级以上城市的民生发展进行了测度，并客观地进行了诊断和排行，为地级以上城市的民生发展提供了有针对性的参考数据。2016年课题组进一步对“中国民生发展指数”进行完善，出台了包括民生基础、收入消费、居住出行、文化教育、安全健康5个二级指标、29个三级指标在内的“中国民生发展指数3.0版”，运用其对中国省会城市和计划单列市、290多个地级城市的民生发展进行了测度，对它们的民生发展及其在本省内的状态进行排序，排列出了2016中国地级城市民生发展100强，并对它们下一步发展民生提出了一些有针对性的建议。

课题组对民生问题的研究引起了社会的广泛关注，李克强总理曾作过批示，光明日报、人民网、人民论坛等媒体作了比较详细的报道。课题组还与人民日报旗下的《民生周刊》合作，召开了三次"中国民生发展论坛"，获得过国家外译工程资助并在美国的Homa & Sekey Books公司出版了英文版。

以"精准扶贫，共享民生发展"为主题的《2016中国民生发展报告》在内容上具有两个突出特色：一是针对贫困易降低人的心智容量，易使得社会戾气滋长，危及社会安全稳定，加剧"穷人心态"，消解各种反贫困政策工具的正面效果，从而陷入贫困的恶性循环的危害，指出贫困是民生发展的大敌，贫困是民生发展的最大威胁，提出了"精准扶贫"的教育、就业、健康、公共财政、绿色、项目等路径，对如何实现"精准扶贫，共享民生发展"提出了有针对性的对策建议。二是运用中国民生发展指数3.0版，对全国35个省会城市及计划单列市进行了民生发展指数测算和排序，对293个地级以上城市的民生发展指数进行测算并排序，对每一个城市的民生发展在全国和所在省区内的地位分别进行排序，测度出全国民生发展地级城市100强。

报告内容丰富，逻辑清晰，观点鲜明，很有特色，是民生领域新的研究成果。我们坚信，北京师范大学民生课题组通过坚持不懈的扎实研究，一定会推动中国民生事业的发展，结出更加丰硕的果实。

2016年9月8日

目　录

专栏目录

表 目

图　目

Contents

第1章 概 述

>> 1.1 扶贫是第一民生工程 <<

2016年9月3日，国家主席习近平在二十国集团工商峰会发表主旨演讲，他指出中国的改革开放和社会主义现代化建设的根本目的是“发展为了人民、发展依靠人民、发展成果由人民共享”。“民生”“共享”等理念是贯穿中国发展的关键词，而扶贫是实现民生发展的最基础环节。贫困易使人心智容量降低，因疲于应付生计而缺乏理性和长远规划；贫困加之信息的短缺与滞后，易使得社会戾气滋长，危及社会安全稳定；由贫困衍生而来的“穷人心态”，会消解各种反贫困政策工具的正面效果，从而陷入贫困的恶性循环；总之，贫困是民生发展的大敌，贫困是民生发展的最大威胁，只要有贫困的存在，就很难说解决了民生。

为了增进民众的成就感和获得感，中国政府自改革开放以来努力消除贫困，使得超过7亿人民摆脱贫困，并且承诺在2020年前实现现行标准下5700多万农村贫困人口全部脱贫，扶贫已经成为第一民生工程。为了实现这一目标，自2012年以来，我国政府逐步确立了精准扶贫的战略思想，稳步推进扶贫攻坚事业。

>> 1.2 精准扶贫的内容与实现路径 <<

精准扶贫是指针对不同贫困区域环境、不同贫困农户状况，运用科学有效的程序，对扶贫对象实施精确识别、精确帮扶、精确管理的治贫方式。精准扶贫的关键在于厘清不同政策领域贫困的致病因素，直面“标靶”，准确打击。

贫困具有一定代际传递属性，教育扶贫是从根本上斩断贫困代际传递链条的精准扶贫举措，是最根本、最直接的精准扶贫。教育精准扶贫能在传统教育扶贫基础上，真正契合贫困地区的文化环境、实际需求和经济发展的需要开展扶贫工作，帮助贫困人口掌握脱贫的能力；给贫困人口提供公平竞争、向上流动的机会，提高劳动者素质，把巨大的人口压力转化成强大的人力资源，建立学习型社会；应对人口增长、知识经济时代的严峻挑战，为我国全面建设小康社会提供强大的智力支持。

就业困难导致了贫困的蔓延，进一步恶化贫困者的生活状态，最终使得贫困者雪上加霜。为解决失业致贫问题，近年来，中国政府聚焦于劳动就业和收入分配等民生领域，立足就业，转变观念，整合各方资源，逐渐探索出一条以就业扶贫为主、多种扶贫方式并举的扶贫攻坚之路。尤其在“十三五”规划以来，首次提出就业创业助力精准扶贫的战略方针。为实现新目标，政府要始终坚持就业优先，进一步加强精准扶贫的理念创新、服务创新和管理创新，确保脱贫攻坚收获实效；要立足就业创业问题，用法治的权威保障扶贫工作制度化，用政策的篮子布局就业创业各项举措，用项目的落实确保就业扶贫精准运行；要结合劳动收入问题，深化收入分配领域改革，精准落实工资支付相关规定，精准社会保障服务建设，确保低收入者安心就业、正常就业、积极就业。

因病致贫是造成支出型贫困最主要的因素，目前我国 7000 多万贫困人口中，有 3000 万人口承受着因病致贫的重压。2016 年，中央召开扶贫开发工作会议对脱贫攻坚工作作出全面部署，将实施健康扶贫工程列为打赢脱贫攻坚战的七大行动之一，要求着力保障农村贫困人口享有基本医疗卫生服务，努力防止因病致贫、返贫。健康精准扶贫需要通过构建多层级、多层次的医疗保障体系、完善健康扶贫工作机制和建立医疗救助监测评估机制来实现。

公共财政是政府调整地区间收入分配、缩小地区间贫富差距的重要手段和工具，并应该成为脱贫的托底政策工具。公共财政有相对独立的运行体系，能够在保证其他大部分人利益不受损害的前提下，实现贫困地区的精准脱贫。政府需要通过公共财政设立脱贫资金，提高贫困地区居民的收入水平，提高贫困地区的公共服务水平，为精准脱贫提供了资金支持。

生态环境恶化与贫困相伴而生是当前解决贫困问题的顽症。生态环境脆弱的地区，生态贫困的概率就会很高，二者是正相关关系。因此，生态贫困直接影响到贫困人口脱贫的可持续性，精准扶贫的关键“标靶”之一就是缓解生态的脆弱性，通过绿色发展和绿色减贫战略，最终实现精准扶贫。绿色减贫的关键在于大力发展绿色经济、参与国际协作和治理，推动多元主体合作等方式。

自2013年11月习近平总书记提出精准扶贫以来，各地积极响应，瞄准扶贫对象进行重点施策。其中，项目制是各级政府践行精准扶贫的重要手段。各地采取的扶贫项目有教育项目、医疗卫生、整村推进、光伏减贫、产业扶贫、农牧业扶贫等多种方式。

>> 1.3 2016中国地级市以上地方政府民生发展指数 <<

直观、精确的数据信息是精准扶贫的基础。2015年，北京师范大学民生课题组去除了省域的民生测评，将重点放在城市这一级别，并将地级市也囊括在测评范围内，构建了“中国民生发展指数3.0版”。“中国民生发展指数3.0版”是在之前测评体系的基础上不断修改，并经过多次专家论证以及实地调研后，构建出来的更为科学合理的指标体系。2016年，民生课题组继续沿用“中国民生发展指数3.0版”对全国地级以上城市民生状况进行测评。“中国民生发展指数3.0版”包括民生基础、收入消费、居住出行、文化教育、安全健康五个二级指标、29个二级指标，采用无量纲化进行数据处理。为了方便对中国城市民生保障与改善进行横向比较、纵向考察，课题组首次对直辖市、计划单列市、省会城市以及地级市的民生发展指数测评统一采用“中国民生发展指数3.0版”中地级以上城市民生发展指数指标体系，着力探索与理解中国民生问题区域发展的基本规律，深入研究民生区域差异的深层次理论与实践问题。

通过测算，2016年一级指标得分前五名的省会城市和计划单列市分别为北京、上海、重庆、广州、深圳，得分排名后五名的省会城市和计划单列市分别为乌鲁木齐、海口、银川、西宁、拉萨。省会城市与计划单列市民生发展水平总体呈现出“东部—中部—东北部—西部”由高到低的阶梯状分布，东三省的省会城市中沈阳排名第19位，哈尔滨排名第21位，长春排名第26位，表明东三省的民生发展下落明显，亟须振兴经济，发展民生。2016年民生发展100强地级城市大部分集中在东部经济发达的沿海城市，其中前 10 名分别是：

指标	中国民生发展指数				
地区	指数值	排名	地区	指数值	排名
苏州	0.3639	1	无锡	0.2854	2
东莞	0.2663	3	佛山	0.2606	4
金华	0.2444	5	湖州	0.2438	6
温州	0.2436	7	泉州	0.2413	8
绍兴	0.2394	9	烟台	0.2392	10

可见，发展民生，发展经济是硬道理。

第 2 章　精准扶贫、精准脱贫，共享民生小康

“公与平者，即国之基址也。”公平均衡是共产党人传承的基因，共建共享是中国人始终追求的目标。而精准扶贫、精准脱贫是实现公平均衡、共享民生发展的重要一环。没有千百万贫困人的脱贫，就谈不上实现真正的公平均衡、全面小康和共享民生发展。“十三五”期间，中国要将共享理念贯穿于经济社会发展的方方面面，把共享既作为发展的理念，也作为发展的行动；既作为发展的出发点，也作为发展的落脚点。正如习近平总书记所说，“落实共享发展是一门大学问，要做好从顶层设计到‘最后一公里’落地的工作，在实践中不断取得新成效。”

>> 2.1　贫困是民生发展的大敌 <<

全力实施精准扶贫、精准脱贫，是“十三五”期间中国最大的民生工程之一。贫困人口要实现脱贫，贫困县要全部摘帽，还要解决区域性的整体贫困。到 2020 年使中国的 7000 多万贫困人口、贫困村、贫困县有序退出，实现精准扶贫、精准脱贫，是“前无古人后无来者”的宏伟壮举。尽管困难重重，但中国共产党人有信心将压力转换为动力，稳步推进扶贫攻坚落实，共享民生发展。一个国家要发展民生，关键是要解决贫困。贫困是民生发展的大敌，贫困是民生发展的最大威胁，只要有贫困的存在，就很难说解决了民生。

2.1.1 贫困降低人们的“心智”容量

贫困、饥饿本身就是一种“稀缺”，它使人们的注意力、观察力和分析力都让位于更紧要的解决饥饿的需求，贫困的饥饿的人注意力只会被食物所吸引，其他的事情很难引起他们的兴趣。哈佛大学教授塞德希尔·穆莱纳森在他的《稀缺：我们是如何陷入贫穷与忙碌》一书中说道，“带宽”是指人们心智的容量，它包括两种能力，分别是认知的能力和执行控制力。资源的稀缺会降低人们的“带宽”，或缩小人们“心智”容量，即降低人们认知能力和执行控制能力，使人们缺乏行动的前瞻性和执行行动的控制力。一句话，贫穷让人变得短视，并容易做出错误决策。印度有学者专门研究贫困农民收获前后“带宽”的变化，收获粮食以后，农民手中的余钱多了，经济压力更小了，以前被“稀缺”压力限制的“带宽”拓宽了。因此，贫困带来的稀缺性对于穷人的影响是持续性、周期性的，单纯的“给钱给装备”扶贫，只能是解决局部性的问题，并不能根本解决贫困的周期性问题。穷人真正面临的问题是，没有钱的贫困就意味着没有智慧，对计划没有控制力，缺乏计划和对趋势的控制。由于“稀缺”的贫困带来的“带宽”降低，生活疲于奔命，得过且过，只看到眼前的利益，心态愈发消极，很难具有长远眼光和打算，陷入贫困的怪圈。

2.1.2 贫困更容易产生邪恶，危及社会安全

贫穷意味着物质贫乏，意味着落后，对于信息的了解将是滞后的，对于科技的发展更是茫然的，让人的“心思”变少了，无所事事。穷人的生活压力大，意外情况造成的开支比例比一般人更高，因此，简历造假、欺诈、脱贫培训逃课、谎报家庭情况等现象在穷人中非常普遍，同时贫穷也会使人具有一种仇富的心态，导致人心的邪恶。比如现在社会上恐怖主义的出现，很大成分是因为人们内心不平衡以及嫉妒所产生的报复社会的心理。当然，有些参加恐怖主义的人或许是因为不满社会的不公平。总而言之，它会给社会带来一定的不良影响。

贫穷是有一定区别的。极度的贫穷即物质贫穷会使人走入极端情况，比如丧失奋斗的动力，自暴自弃抑或出现报复社会的行为，扰乱社会秩序。但是，

一定程度的贫穷即物质可以基本满足，精神状况未达到理想状态，可以推动社会的发展，会促使人奋进，会让人更加努力，从而实现心理的需求，实现自我。

社会之所以会向前是因为存在差别。人与人的生活水平不同，那种相互攀比想要达到像别人一样的生活水平的心理使得人们更好地激发自己的潜能。在精神方面贫穷的人会去努力创造精神层面的满足，同时就会促进社会的发展。当然差距必须在大家可以忍受的范围内。物极必反，差距过大时就会造成社会的不稳定，就会使得社会无法良性发展。所以贫穷对社会发展的影响是由它的程度决定的。

贫困和落后让世界贫困人口受到饥饿、疾病的威胁，其基本生存权和发展权受到严峻的挑战，使得不安分的因子弥漫，甚至可能导致战争、经济制裁，给强国增加了变得更强的野心，从而增加侵略与被侵略的可能性，贫困和落后也是导致国际形势动荡不安的一个重要因素。贫富悬殊不断扩大，直接威胁到世界各国的稳定，严重阻碍着人类社会的持续发展。

2.1.3　贫困加剧“穷人心态”

穷人到底最需要的是什么，金钱、时间、知识技能，还是公平的机会？穷人贫困的本质在于缺乏社会资源，在实践中，人们也发现了一个问题，那就是，贫困人口即使得到经济资助，获得了更公平的机会和社会资源的倾斜，他们也未必能够成功走出贫困的怪圈。问题在于，当扶贫款和资助被分发给穷人后，这些资金并没有被使用到提高就业技能、进行个人投资等能够改善个人经济生活的方面，相反，贫穷的人们会将这些额外之财用来应付各种突如其来的意外开支。就像电影《老炮儿》里的情节，冯小刚饰演的六爷为了给在外惹事的儿子赔十万元钱，走访自己多年的诸位生活于底层的穷哥儿们，向他们借钱。可是这些穷哥们却很难凑出哪怕是一点小额的资金，不是因为不想借，而是因为他们自己的那一点闲钱已经被用来应付各种额外开支，例如花钱把哥儿们从派出所捞出来，赔偿打架斗殴的医药费，意外的疾病开支等，折腾一圈下来，实在没有多少余额能借出手。即使能剩下点余钱，穷人们更愿意用它来享受，而不是用来投资。

这就是我们通常所说的“穷人心态”，但这种心态并不是与生俱来的，而是因为窘迫的经济状况而产生的。用一个术语来表示，就是稀缺(scarcity)。对于穷人来说，他们最稀缺的资源之一就是现金流。如果长期陷入对于金钱的稀缺，那么人的心态会产生消极的改变，让人陷入贫穷的怪圈。因为，资源的稀缺会缩小人们的“带宽”，从而造成人的心态愈发消极。并且，生活中的各种意外开支也会不断让穷人对自我的处境进行合理化解释：意外开支过多，生活疲于奔命，干脆只看眼前的问题，得过且过。

因此，扶贫不是一件容易事，“精准扶贫”更是难上加难。如果能够做到精准扶贫，那么就能把社会上大量的穷人有效转变为社会生产力。穷人们也不再是一群被动等待帮扶的“弱势群体”，而是具有意愿和能力改变自身命运的独立个体。

>> 2.2　中国式扶贫的曲折历程 <<

2.2.1　中国扶贫开发的历史进程

第一阶段是从 1978 年到 1985 年。中国实行农村经济体制改革，推行家庭联产承包责任制，大幅度提高农产品价格，激发和调动了广大农民的生产积极性，农产品产量大幅度增加，农民收入迅速提高，大大缓解了农村的贫困问题，全国农村没有解决温饱的贫困人口从 2.5 亿人减少到 1.25 亿人，平均每年减少 1768 万人，贫困发生率从 30.7%下降到 14.8%。

第二阶段是从 1986 年到 1993 年。针对一些地区发展缓慢，一部分群众生产生活条件非常困难的情况，党中央、国务院决定在全国范围内开展有计划、有组织、大规模的扶贫开发工作。为此，国务院成立专门工作机构，安排专项资金，制定专门的优惠政策，并对传统的救济式扶贫进行彻底改革，确定了开发式扶贫的方针。到 1993 年年底，全国农村没有解决温饱的贫困人口由 1.25 亿人减少到 8000 万人，平均每年减少 640 万人，贫困发生率由 14.8%下降到 8.7%。

第三阶段是以 1994 年 3 月《国家八七扶贫攻坚计划》的公布实施为标志。该计划明确要求集中人力、物力、财力，用7年左右的时间，基本解决8000万农村贫困人口的温饱问题。由此，中国的扶贫开发进入了最艰难的攻坚阶段。1996年9月，党中央、国务院联合召开了中央扶贫开发工作会议，颁布《关于尽快解决农村贫困人口温饱问题的决定》。1999年6月，在我国扶贫攻坚的关键时刻，党中央、国务院再次召开会议，颁布《关于进一步加强扶贫开发工作的决定》，在两次中央扶贫开发会议上，江泽民都发表了重要讲话，动员全党和全社会，切实做好扶贫攻坚决战阶段的工作，确保实现在20世纪末基本解决农村贫困人口温饱问题的战略目标。2001年，国务院又颁布并实施《中国农村扶贫开发纲要(2001—2010年)》，提出低收入标准。到2007年年底，绝对贫困人口减少到1479万人，低收入人口减少到2841万人。2008年10月，十七届三中全会《中共中央关于推进农村改革发展若干重大问题的决定》明确提出，实行新的扶贫标准，对低收入人口全面实施扶贫政策。2011年中国将农民人均纯收入2300元作为新的国家扶贫标准，按照新标准，中国农村贫困人口将从2688万人增加到1.28亿人。

第四阶段是自2012年党的十八大开始，习近平总书记2012年年底到河北阜平老区考察提出扶贫不要用“手榴弹炸跳蚤”，2013年11月到湖南湘西考察时首次明确提出“实事求是、因地制宜、分类指导、精准扶贫”。2014年1月，详细规制了精准扶贫工作模式的顶层设计，推动了“精准扶贫”思想落地。2014年3月，习近平总书记参加两会代表团审议时强调，要实施精准扶贫，瞄准扶贫对象，进行重点施策。进一步阐释了精准扶贫理念。2015年1月，习近平总书记首个调研地点选择了云南，强调坚决打好扶贫开发攻坚战，加快民族地区经济社会发展。5个月后，习近平总书记来到与云南毗邻的贵州省，强调要科学谋划好“十三五”时期扶贫开发工作，确保贫困人口到2020年如期脱贫，并提出扶贫开发“贵在精准，重在精准，成败之举在于精准”，“精准扶贫”成为各界热议的关键词。2015年10月16日，习近平总书记在“2015减贫与发展高层论坛”上强调，中国扶贫攻坚工作实施精准扶贫方略，增加扶贫投入，出台优惠政策措施，坚持中国制度优势，注重精准，坚持分类施策，因人因地施策，因贫困原因施策，因贫困类型施策，通过扶持生产和就业发展一批，通过易地搬迁安置一批，通过生态保护脱贫一批，通过教育扶贫脱贫一批，通过低保政策兜底一批，广泛动员全社会力量参与扶贫，“对症下药，药到病除”。

2.2.2 中国扶贫开发的基本做法

一是高度重视并不断提高全社会对扶贫开发的认识。尽快解决农村贫困人口的温饱问题，缓解地区发展差距，逐步实现共同富裕是各级政府的主要责任和基本任务，是关乎全局的重大问题。党中央、国务院对这一重大问题始终高度关注。1984 年，党中央、国务院向全国发出了《关于尽快改变贫困地区面貌的通知》，要求各地、各级政府深入实际，调查研究，制定政策，采取措施。1986 年到 1991 年，国家把扶贫开发作为一项主要内容列入了“七五”和“八五”国民经济发展计划。1994 年，国务院又制定了《国家八七扶贫攻坚计划》，进一步明确了扶贫开发的目标、任务、途径、措施、政策，对 2000 年以前的扶贫工作进行了具体部署。为了加快扶贫攻坚的进程，确保基本解决农村贫困人口温饱问题目标的如期实现，党中央、国务院又在 1996 年和 1999 年两次召开了中央扶贫开发工作会议，分别制定了《关于尽快解决农村贫困人口温饱问题的决定》《关于进一步加强扶贫开发工作的决定》。这种坚定不移的态度和始终不渝的努力，充分体现了中国政府和全国人民缓解和消除贫困的决心和信心，也是中国扶贫开发工作不断发展的保证。

二是制定和坚持开发式扶贫、易地搬迁扶贫的方针。针对传统的救济式扶贫形成的部分地区“等、靠、要”思想，国务院在扶贫开发之初，就明确提出了开发式扶贫的方针。这是我国扶贫开发政策的基础和核心。这项工作方针的基本宗旨就是动员民众、组织民众，倡导和鼓励贫困地区的贫困农户和地方政府发扬自力更生、艰苦奋斗、自强不息、改变命运的精神，在国家必要的扶持下，逐步形成自我积累、自我发展的能力，在劳动的过程中发展生产，创造财富，解决温饱问题。在这些年的扶贫开发过程中，确实出现了一大批像四川巴中、山东临沂、湖北黄冈等地区不等不靠，宁肯苦干，不愿苦熬的令人振奋和鼓舞的范例，在国家的支持下，经过艰苦奋斗逐步改变了面貌。对于一些贫困地区不具备基本的生存条件或是生态环境比较脆弱的地方，实施贫困人口异地搬迁，促进脱贫解困。贫困人口搬迁主要有三种形式，第一种是向县城和中心乡镇搬迁，这些地方有比较成熟的公共服务，便于贫困人口上学、就医、打工等；第二种是搬迁到经济开发区、工业园区并盖好保障房，每家保证一人以上通过培训能够就业；第三种是仍然在当地，但搬到离公路或水源近的地方，就地改善贫困人口的生产、生活条件。

三是根据中国的国情实事求是地确定贫困标准。贫困标准问题决定扶持人口的多少和面积的大小。因此，贫困的标准必须符合中国的国情特别是贫困地区的实际状况。目前的贫困标准，在很大程度上是一个工作标准，是一个由国家财力状况和实际能力决定的工作标准。在这种背景下，国务院扶贫办和国家统计局根据贫困人口的“衣、食、住、行”确定了农村贫困的基本工作标准，即 1985 年农村平均收入 200 元的标准。同时，为了集中使用扶贫资金，有效地扶持贫困人口，确定了国家重点扶持贫困县的标准，即以县为单位，1985 年农民人均纯收入低于 150 元。对少数民族和牧区的贫困县适当放宽。其后根据整体物价变动水平逐步调整，但基本标准没有变化。尽管中国的贫困标准与国际标准还有一定差距(按照购买力平价计算，也仍然有一定差距)，但根据过去和目前中国农村的情况，这是客观和符合实际的。这个客观的标准保证了对最贫困人口、最贫困地区的有效扶持。

四是逐步强化扶贫机构，逐年增加扶贫投入。为了有效地组织和领导全国扶贫开发工作，1986 年国务院决定成立专门的扶贫开发机构，从中央政府到省区、到地市、到县乡，建立了完整有效的工作系统。同时，根据国家的经济实力，逐步增加了扶贫开发的资金投入。到 1999 年，中央扶贫资金的年度规模达到了 248 亿元，比 80 年代初的 8 亿元增加了 30 倍，累计安排的扶贫资金达到了 1378.1 亿元。其中财政扶贫资金 622.6 亿元，信贷扶贫资金 755.5 亿元。信贷资金先由国家专业银行发放，后由国有商业银行经营。国家扶贫贷款财政负责统一贴息，实现统一优惠利率。1999 年的统一优惠年利率为 3%。同时，中央和地方政府还制定了一系列有利于贫困地区休养生息的税收减免政策。

五是坚持党政一把手扶贫工作责任制。解决群众的温饱问题，是贫困地区一切工作的中心。中央要求贫困地区的党政一把手，特别是贫困县的县委书记和县长，要以高度的责任感和使命感，亲自抓扶贫开发，解决温饱问题。从 1996 年开始实行扶贫资金、权力、任务、责任“四个到省(区、市)”。所有到省的扶贫资金一律由省政府统一安排使用，由省扶贫开发领导小组具体负责，组织各有关部门规划和实施项目，层层分解目标，层层落实责任，限期完成任务。

六是坚持以发展种养业和改变贫困农户基本生产、生活条件为重点。多年的实践证明，种植业和养殖业的发展与提高农民收入有直接、密切的联系，改善贫困农户的基本生产、生活条件是解决温饱和稳定的基础。因此，这不仅是扶贫工作的重点，而且也是扶贫资金投入的重点。1996 年，中央政府明确强调，在目前情况下不允许用国家扶贫资金发展地方工业，包括加工工业。在解决贫困地区农村温饱问题的过程中，这是非常有效的做法和重要经验。

七是坚持扶贫开发与基层组织建设、计划生育相结合。能否有效动员民众、号召民众、组织民众参加改变自身命运的扶贫开发，能否动员群众发挥主动性和创造精神，自觉地在国家的支持下，改变生产生活条件，提高自身收入，很大程度上取决于农村的基层政府，特别是社区组织能否开展自觉有效的工作，是不是有一个热心公益事业、有能力、有献身精神的社区领导人物。还有一个值得重视的情况是，在贫困地区，要特别强调改变贫困地区群众的生育观念，改变历史上形成的"越穷越生、越生越穷"的恶性循环状态。因此，这些年的扶贫开发工作，我们始终非常强调贫困农户的广泛参与，强调素质高、有能力的农村能人的带动和影响，同时强调优先和重点扶持能够优生优育、实行计划生育的贫困农户，使他们优先发展，优先致富。这对贫困地区发展有直接的推动作用和广泛影响。

八是加大科技扶贫力度，注重贫困地区的可持续发展。科学技术，特别是农业先进实用技术，是改变贫困地区传统生产方式、提高生产力水平的一项有效措施，是事半功倍的有效办法。为提高扶贫开发的科技水平，这些年中央政府采取了一系列重要措施。主要是：动员大专院校、科研院所在贫困地区积极推广农业先进实用技术，组织科技人员到贫困地区挂职任教，组织科研单位到贫困乡、村通过各种形式宣传、普及和推广类似温饱工程的实用技术。这些措施有效地改变了贫困地区落后的生产方式，提高了土地的单位面积产量，迅速增加了农民的收入。同时，科学技术的广泛运用和普及，在一定程度上改变了贫困地区以破坏生态为代价的掠夺性经营，有利于贫困地区的可持续发展。

九是动员和组织中央国家机关、非政府组织以及社会各界帮助和支持贫困地区开发建设。扶贫济困首先是政府的责任，同时也是社会各界的共同责任。因此，十几年来，我国的扶贫始终是在政府的倡导下全社会参与的广泛行动。在国务院的倡导和组织下，中央国家机关已有 138 个单位参加了帮助重点贫困地区的工作。同时，中国青少年发展基金会、中华慈善总会、中国扶贫基金会等民间社团也积极参与了扶贫济困活动，私营企业也发起了旨在帮助贫困地区振兴发展、解决实际困难的“光彩事业”。1996 年中央政府号召沿海地区从大局出发，按照“优势互补、互惠互利、共同发展”的原则，开展对口帮扶西部贫困省区的“东西扶贫协作”工作。所有这些部门、单位和个人，都为缓解和消除贫困现象、促进贫困地区的发展做出了突出的贡献。

十是发展和扩大与国际组织在扶贫开发领域的交流与合作。从根本上说，解决中国的贫困问题，要靠中国人自己。但是，发达国家和国际组织对中国的援助和支持，毫无疑问地会加快中国扶贫开发的进程。90 年代以来，这方面的工作有了明显进展。与世界银行、联合国开发计划署等国际组织的合作，与荷兰、日本等国政府的合作，与福特基金会、世界宣明会的合作，都有很大发展。这些合作是卓有成效的，对缓解中国的贫困状况有非常直接和重要的作用。这些合作项目的实施，不仅有利于解决贫困人口的温饱问题，而且有助于通过借鉴国际社会多年积累的扶贫经验和形成的科学方式，提高中国扶贫开发工作的整体水平。后者的意义更重要，更广泛，更深远。

专栏 2-1　“中国扶贫第一村”的巨变

习近平总书记长期牵挂的福建赤溪村曲折的脱贫历程，让人们看到了“中国扶贫第一村”30 年的变化轨迹，这也是中国精准扶贫开发的探索之路。

位于闽东的福鼎市磻溪镇赤溪村是一个畲族行政村。32 年前，赤溪村集“老、少、边、穷”于一体，280 多户村民分散居住在 12 个水、电、路、网、广播“五不通”的偏远自然村。1984 年 6 月 24 日，《人民日报》头版刊登了一封“读者来信”，并配发评论员文章《关怀贫困地区》，引起中央领导的高度关注。正因为这封题为《穷山村希望——实行特殊政策治穷致富》的读者来信，赤溪村引发全国关注，当年 9 月，党中央、国务院发出《关于帮助贫困地区尽快改变面貌的通知》，一场波澜壮阔的新时期中国扶贫事业由此拉开大幕。

习近平总书记长期牵挂的村子

“但愿苍生俱饱暖，不辞辛苦出山林。”1988 年至 1990 年，习近平总书记在担任宁德地委书记期间，把脱贫致富工作摆在极为重要的位置，在深入思考闽东经济社会领域的重大理论和实践工作中撰写了《摆脱贫困》一书，形成了一系列富有前瞻性的观点、方法和思路，鼓舞并引领着闽东人民艰苦创业、奋力攻坚，为闽东改变贫穷落后面貌奠定了坚实的基础。赤溪村隶属于当时宁德地区的福鼎县。1988 年，习近平在福鼎考察时说，“抓山也能致富，把山管住，坚持 10 年、15 年、20 年，我们的山上就是‘银行’了”。

30 年时光荏苒，正如习总书记当年所言，赤溪村早已今非昔比，由贫困村变为小康村。

2015 年年初，习近平总书记在国家民委的一期简报上对赤溪村脱贫做出重要批示：“30 年来，在党的扶贫政策支持下，宁德赤溪畲族村干部群众艰苦奋斗、顽强拼搏、滴水穿石、久久为功，把一个远近闻名的贫困村建成了小康村。全面实现小康，少数民族一个都不能少，一个都不能掉队。要以‘时不我待’的担当精神，创新工作思路，加大扶持力度，因地制宜、精准发力，确保如期啃下少数民族脱贫这块硬骨头，确保各族群众如期实现全面小康。”

赤溪的巨变，反映党中央对消除贫困、改善民生、共同富裕从未忘却，始终如一的牵挂和实践。

从“穷山恶水”变“金山银水”

翻开赤溪 30 多年前的老照片：土坯房、茅草屋，村民住不挡雨、食不果腹、衣不蔽体，“一方水土难养一方人”。而今天当记者站在这片土地上，看着今昔巨变，仿若穿越。

走进这里，徽派风格的长安新街、争相入驻的特产商店、往来穿梭的旅游中巴、纷至沓来的八方游客、风生水起的旅游产业……新村新景，生机勃发。2015 年 7 月，总投资 2.5 亿元的“牙赤公路”建成通车，将赤溪村融入全市“旅游产业圈”，为赤溪村奔向全面小康插上了腾飞的翅膀。

在村民吴怡镇家，这个曾从事过水电、装修、个体运输行业的中年汉子，兴高采烈地拿出一张去年年底汪洋副总理与他全家合影的照片，向记者说起当时的情况。那天，汪洋副总理深入赤溪村调研，无意中走进他的家，问他建这栋四层楼房用了多少钱，他说连装修共花了 20 多万元。汪洋副总理上楼察看后说“值这个价”，然后问他年收入有多少，他很自豪地说跑运输年收入 10 万多元。

“这几年，每次回来都感觉有惊喜，这心里是真高兴。”村民王启铁看着欣欣向荣的村庄感慨不已。他为谋生计，不到 20 岁便外出学手艺、务工，后来自己搞了点小生意，便定居在外地，一年才回家一次。这几年，随着赤溪村扶贫力度进一步加大，旅游开发成效渐显，赤溪村早已不是他印象中有些陈旧的模样。他说，村里环境越好，村民生活越好，他的家人在此开心幸福，他在外也心安。

“现在村里每天都在发生变化，更有人气、更有活力。”赤溪村首个返乡创业大学生杜赢信心满满地对记者说：“照这气势，村子大有希望，大有前途。”赤溪村首批“造福工程”整村搬迁受益村民李先如心中希望升腾。

30 年里，赤溪村从就地扶贫到造福工程、搬迁扶贫，到整村推进扶贫开发，循序渐进地改天换地，实现着从穷山村到小康村的华丽转身。赤溪村的变化，就是历经十年“输血”就地扶贫、十年“换血”搬迁扶贫、十年“造血”旅游产业扶贫的艰苦历程。30 载奋斗让赤溪村的脱贫致富奔小康事业结出了丰硕成果。如今，当地已聚居包括下山溪搬迁村民在内的 1500 多人，学校、文化中心、公园、卫生所等设施一应俱全，生活服务功能日臻完善。2014 年，赤溪村农民年人均纯收入达 11674 元，是 1984 年扶贫初期的 70 多倍。赤溪村由此也被国务院扶贫开发领导小组办公室誉为“中国扶贫第一村”。

华丽转身背后的启示

2016 年 2 月 4 日立春当天，在赤溪村专设的一处游客服务处，记者看到不大的停车场已停靠着不少私家车，挂着浙江、安徽等各地的车牌，游客或徒步欣赏田园风光，呼吸沁人心脾的新鲜空气；或到温暖如春的蝴蝶园中看彩蝶翩跹，了解有关蝴蝶的科普知识……

“发展旅游，是赤溪村科学扶贫、精准扶贫的主导产业。”赤溪村书记杜家住告诉记者，如今赤溪村在荣登“第二批省级特色景观旅游名镇名村”的基础上，积极打造“全国旅游扶贫试点村”“中国乡村旅游模范村”“中国最美休闲乡村”品牌，努力发挥地处世界地质公园、国家 5A 级风景名胜区——太姥山西南麓的优势，主动融入“环太姥山旅游经济圈”，通过实施“生态立村、旅游富村”大大增强了自身的“造血”功能。

赤溪之变，是该村艰苦奋斗、摆脱贫困、建设全面小康的一个生动缩影。30 多年来，赤溪村干群秉承“滴水穿石”的闽东精神和“弱鸟先飞”的进取意识，不断探索、实践、创新，从“输血”帮扶到“换血”搬迁到“造血”开发，历经三个“十年”矢志不渝推进扶贫开发，通过“扶持生产和就业发展一批、移民搬迁安置一批、低保政策兜底一批、医疗救助扶持一批”，科学扶贫、精准扶贫，走出了一条思想扶贫、产业扶贫、政策扶贫、社会扶贫、党建扶贫“五位一体”的扶贫开发建小康新路子。

作为中国扶贫开发事业的发端之地，如今赤溪村已呈现出民富、业兴、景美的幸福图景。2016 年，赤溪村将按照“六到村、六到户”科学扶贫、精准扶贫路线图，群策群力再次发力，实施“15 个一”典型培育工程，再掀赤溪发展新的一页。

“赤溪模式”带动八闽脱贫

赤溪村脱贫致富的成功经验，不到十年就迅速遍及闽东。1994 年，福建省将此列为省委、省政府为民办实事项目。随后，沿海“连家船民搬迁上岸”、山区群众“茅草房改造搬迁”等一系列工程也一并纳入福建的“造福工程”。自此，一场跨世纪的“挪穷窝”“拔穷根”的脱贫行动在八闽大地全面展开。至 2014 年年底，福建累计完成 6000 多个自然村、超过 100 万农村人口搬迁。

“福建山区多、老区多，当年苏区老区人民为了革命和新中国的成立不惜流血牺牲，今天这些地区有的还比较贫困，要通过领导联系、山海协作、对口帮扶，加快科学扶贫和精准扶贫，办好教育、就业、医疗、社会保障等民生实事，支持和帮助贫困地区和贫困群众尽快脱贫致富奔小康，决不能让一个苏区老区掉队。”习近平总书记 2014 年 11 月考察福建时这样说道。

2015 年 12 月 7 日，国务院副总理汪洋深入赤溪村考察。在了解到赤溪村通过因地制宜科学扶贫、精准扶贫、发展旅游取得显著成效后，汪洋对这个作为中国扶贫开发事业发端之地的巨变给予了高度评价。

在“赤溪模式”的带动下，一个又一个村庄的发展潜力被唤醒，一个又一个地区的发展活力被激发，万千群众的生活乃至命运彻底扭转。通过扶贫开发工作，福建省完善了区域协调发展的新格局，拓展了经济发展的新空间。

2.2.3　中国扶贫的巨大成就

在党中央、国务院的高度重视和正确领导下，经过贫困地区广大干部群众的积极努力，中国扶贫取得了巨大历史性成就。这些成就具体表现为：

第一，解决了几亿贫困人口的温饱问题。1949年成立的新中国，是当时世界上最贫穷的国家之一。根据联合国“亚洲及太平洋经济社会委员会”的统计，1949年中国人均国民收入27美元，不足整个亚洲平均44美元的2/3，不足印度57美元的一半。直到1978年，中国仍有2.5亿农村人口处于未得温饱的贫困状态，占农村总人口的30.7%。中国自改革开放以来的30多年扶贫，通过加大对贫困地区交通、通信、水电等基础设施的建设和科技、教育、文化、卫生等社会事业的投入，使贫困地区几亿人口解决了温饱，大大降低了农村贫困发生率，改变了贫困地区缺水少电、缺医少药的局面。贫困人口的物质、文化生活得到改善，精神面貌发生了很大变化。特别是一些集中连片的老少边穷的贫困地区，沂蒙山区、井冈山区、大别山区、闽西南地区、偏远山区、少数民族地区等地区群众的温饱问题已经基本解决，经济社会面貌发生了深刻变化。按照中国现行扶贫标准衡量，中国农村贫困人口的比例从1990年的73.5%，下降到2014年的7.2%。联合国2015年《千年发展目标报告》显示，中国农村贫困人口的比例，从1990年的60%以上下降到2002年的30%以下，率先实现比例减半，2014年下降到4.2%。历史上“苦瘠甲天下”的甘肃以定西为代表的中部地区和宁夏的西海固地区，经过多年的开发建设，基础设施和基本生产条件明显改善，贫困状况大为缓解。到2014年中国只剩下现行标准下的贫困人口7017万，2020年中国消除绝对贫困，全面实现小康社会。这是中华民族发展史上的一件壮举。

第二，为世界千年发展目标做出巨大贡献。2015年10月17日是中国第二个扶贫日，也是第23个国际消除贫困日。联合国发布的《千年发展目标2015年报告》显示，全球极端贫困人口已从1990年的19亿降至2015年的8.36亿，其中中国的贡献率超过70%。1978—2010年的30多年间，按照我国扶贫标准，中国累计减少2.5亿贫困人口。参考国际扶贫标准，中国共减少6.6亿贫困人口，同期全球贫困人口减少7.26亿，全球贫困人口数量减少的成就93.3%来自中国。外媒评论称，全球在消除极端贫困领域所取得的成绩主要归功于中国。中国扶贫工作的成功，为全球减贫事业提供了宝贵经验，成为首个提前实现减贫领域千年发展目标的发展中国家。

中国扶贫开发规模之广、难度之大，在世界范围绝无仅有；取得的成果之辉煌，足以载入人类发展史册。随着中国贫困人口的减少乃至全面消除贫困，中国有更多的财力和物力资源，支持亚洲、非洲等发展中国家消除贫困，中国扶贫经验惠及全球，为人类反贫困事业做出了中国的贡献。

专栏 2-2　各国政要谈中国减贫的成就和意义

联合国粮农组织总干事若泽·格拉齐亚诺·达席尔瓦 2013 年发表题为《中国成功减贫给世界的启示》的署名文章时说，中国的努力是使全球贫困和饥饿人口减少的最大因素。

世界银行中国局局长罗兰德曾说，中国在减贫方面所取得的成就超过了其他任何国家，从 1981 年到 2012 年，中国总共有 6 亿人口摆脱了贫困。从历史的角度来讲，这是史无前例的成就。中国扶贫对世界消除贫困做出了积极贡献。如果没有中国的扶贫成就，联合国千年发展计划目标就难以实现。①

2015 年 7 月 7 日《纽约时报》网站发表文章称，极端贫困人口的大幅减少主要应归功于一个大国——中国取得的经济进步。千年发展目标之一是到 2015 年将全球极端贫困人口比例减半，而实际降幅则更大：目前发展中世界只有约 14％的人口生活在极端贫困中，而 1990 年为 47％。中国做出了最大贡献，将该国的极端贫困人口比例从 1990 年的 60％降至 2015 年的 4％。

2015 年 8 月 26 日，《芝加哥华语论坛报》社长大卫在评价中国的扶贫事业时说道，海外华人非常关心中国的贫困地区如何发展，特别是改革开放以来，贫富差距越发明显。此次来到中国，刷新了自己的观念认识。地方扶贫成效显著，作为海外媒体，我们也要向全球将真实的、当今的中国介绍给所有人，包括海外的主流媒体。

BBC2015 年 9 月 26 日针对中国国家主席习近平在联合国发展峰会的演讲评论称，中国在消除贫困方面取得了非凡的成就，从而确保了此前“千年发展目标”

① 联合国千年发展目标是联合国全体 191 个成员一致通过的一项行动计划，旨在将全球贫困水平以 1990 年的水平为标准，在 2015 年之前降低一半。

中的全球减贫项目取得显著成果。

联合国发展峰会正式通过了 2015 年后发展议程，这个新议程包括 17 个可持续发展目标，目标之一就是“在全世界消除一切形式的贫穷”，其中第一个具体目标是“到 2030 年，在世界所有人口中消除极端贫困”，而极端贫困则被定义为每人每日生活费不到 1.25 美元。

2012 年中国—经合组织发展援助委员会研究小组发布《经济转型与减贫：中国的经验和对非洲发展的启示》报告指出：中国经验再度表明，在全球化的背景下，当以经济增长为导向的强大领导层出现，聚焦于发展的业绩而不是根深蒂固的政策和利益时，经济和社会快速发展能够在贫困国家发生。在这一背景下，在一代人之内实现经济转型的国家目标，能激励和动员全国人民一致行动。报告认为，非洲可以借鉴中国在经济过程中的很多经验教训。

2014 年《赫芬顿邮报》发表了题为《世界贫困人口 20 年内减半是谁的功劳》的文章。报道称，最大的功劳来自中国，她把贫困人口比例从 1990 年的 60%减到了 2010 年的 12%。中国之所以能够取得如此显著的成绩，归功于经济发展，离不开政府在改革方面做出的努力。如果我们能从中国过去 15 年间的努力中汲取经验，在全球创造另一个中国奇迹，甚至可以说，我们将永远带领人类走出贫困。

2014 年 5 月，在第三届中非民间论坛中，苏丹全国组织协会会长阿马尔·巴沙里称，减贫脱困问题是大多数非洲国家非常关注的话题，中方毫无保留地介绍了这方面的经验，使大家受益匪浅。如果非洲国家能够吸取并全面贯彻落实中国的宝贵经验，必然能够在减贫脱困方面取得长足进步。非洲国家渴望汲取中国在减贫脱困方面的宝贵经验，双方进一步加强合作，受益最大的将是非洲各国人民。

2015 年 3 月，美国盖茨基金会主席比尔·盖茨在参加博鳌论坛接受中国媒体采访时表示，中国在扶贫方面走在世界前列，中国在减贫方面经验丰富，应该把经验推广给非洲和亚洲其他国家。

2015 年 6 月，联合国开发计划署署长海伦·克拉克女士在“生态文明与开放式扶贫论坛”开幕式上致辞称，自联合国千年宣言签署以来，获得了巨大发展和进步，1990 年至 2010 年，极端贫困人口减半，5 岁以下儿童死亡率降低了近

1/2。在同一时期，中国成功地使超过 6 亿人脱贫，为全球实现千年发展目标中的减贫目标做出巨大贡献，中国的扶贫成就为世界提供了宝贵经验。

2015 年 9 月 25 日，世界银行行长金墉在接受人民日报全媒体平台记者采访时，对中国在减贫方面的成就赞叹不已。他说，中国在减贫等领域取得了巨大成绩和成功经验，将对帮助其他发展中国家消除贫困发挥更大作用。联合国大会即将通过《2030 年可持续发展议程》。议程的首要目标是消除极端贫困，具体而言，就是要把全球贫困人口降低到 3%以下。在过去的 25 年里，中国在消除极端贫困方面发挥了人类历史上最大的作用，中国帮助大约 6 亿人摆脱了贫困，因此，中国在消除贫困方面是世界上最有经验的国家。

2015 年的诺贝尔经济学奖得主、美国经济学家安格斯·迪顿对于不平等、贫困问题的研究颇多，在《逃离不平等：健康、财富及不平等的起源》一书中，他提出了一个重要观点：政府能力的缺乏——包括在分配以及提供公共产品等能力上的缺乏——是导致贫困的根源之一。迪顿曾经赞许过中国取得的成效，称“中国与印度也在获得相对较少的西方国家援助的情况下帮助数亿人摆脱贫困，这一点以中国尤为甚。”

资料来源：见常红张志达. 对全球减贫贡献超过 70%“中国奇迹”普惠世界. 人民网，2015-10-16，http://www.ynradio.com/news/2015—10/16/cms293069article.shtml.

>> 2.3 精准扶贫是共享民生发展的必由之路 <<

2.3.1 为什么要精准扶贫

精准扶贫是相对于粗放扶贫来说的。习近平总书记之所以提出“精准扶贫”，主要是针对我国扶贫过程中出现的问题而言的。

中国扶贫开发始于 20 世纪 80 年代中期，通过近 30 年的不懈努力，取得了举世公认的辉煌成就。但是，长期以来贫困居民底数不清、情况不明、针对性不强、扶贫资金和项目指向不准的问题较为突出。因此，由于粗放扶贫导致研究贫困居民规模、分析贫困发展趋势不科学，决策机构制定出的扶贫公共政策缺乏针对性，扶贫的具体实施者对“谁是贫困居民”“贫困原因是什么”“怎么针对性帮扶”“帮扶效果怎样”等问题胸中无数，全国没有建立统一的扶贫信息系统，对于具体贫困居民、贫困农户的帮扶工作存在许多盲点，一些真正的贫困农户和贫困居民没有得到帮扶。

粗放扶贫首先表现在扶贫制度设计上存在缺陷，不少扶贫项目粗放“漫灌”，针对性不强，更多的是在“扶农”而不是“扶贫”。以扶贫搬迁工程为例，居住在边远山区、地质灾害隐患区等地的贫困户，一方水土难养一方人，是扶贫开发最难啃的“硬骨头”，移民搬迁是较好的出路，但是，因为补助资金少，享受扶贫资金补助搬出来的多是经济条件相对较好的农户，贫困的特别是最穷的农户根本搬不起。新村扶贫、产业扶贫、劳务扶贫等项目，受益多的主要还是贫困社区中的中高收入农户，只有较少比例贫困农户从中受益，且受益也相对较少。

粗放扶贫更多地表现在扶贫实施过程中的低质、低效普遍存在，贫困居民底数不清，扶贫对象常由基层干部“推估”，扶贫资金“天女散花”“大水漫灌”，以致“年年扶贫年年贫”，重点县舍不得“脱贫摘帽”，数字弄虚作假，挤占浪费国家扶贫资源，人情扶贫、关系扶贫造成应扶未扶、扶富不扶穷等社会不公，甚至滋生腐败。表面上看，粗放扶贫是工作方法存在问题，实质反映的是干部的群众观念和执政理念存在大问题。

原有的扶贫体制机制必须修补和完善。换句话说，就是要解决钱和政策用在谁身上、怎么用、用得怎么样等问题。扶贫必须要有“精准度”，专项扶贫更要瞄准贫困居民，特别是财政专项扶贫资金务必重点用在贫困居民身上，用在正确的方向上。扶贫要做雪中送炭的事，不能拿扶贫的钱去搞高标准的新农村建设，锦上添花、做形象工程不能实现扶真贫。贫困区域的发展应使用财政综合扶贫资金和其他资金。

2.3.2　精准扶贫贵在“精准”

精准扶贫是指针对不同贫困区域环境、不同贫困农户状况，运用科学有效程序，对扶贫对象实施精确识别、精确帮扶、精确管理的治贫方式。一般来说，精准扶贫主要是就贫困居民而言的，谁贫困就扶持谁。具体体现在“六个精准”，即“扶贫对象要精准、项目安排要精准、资金使用要精准、措施到位要精准、因村派人要精准、脱贫成效要精准”。正如习近平总书记形象地说，扶贫不能“手榴弹炸跳蚤”，“遍撒胡椒面”解决不了大问题。必须变“大水漫灌”为精准“滴灌”。“精准扶贫”就是要有针对性“滴灌式”创新举措。具体做法是：

第一，精准识别。这是精准扶贫的前提。通过有效、合规的程序，把谁是贫困居民识别出来。总的原则是“县为单位、规模控制、分级负责、精准识别、动态管理”；开展到村到户的贫困状况调查和建档立卡工作，包括群众评议、入户调查、公示公告、抽查检验、信息录入等内容。传统的开展农村最低生活保障制度和扶贫开发政策“两项制度”有效衔接的实践，识别扶贫对象虽然有一定效果，但是程序烦琐，操作性不强。一些地方探索的用“比选”方法确定扶贫对象的扶贫“首扶制度”，是基层群众创造出来的一个精确识别的好办法。具体操作是：根据国家公布的扶贫标准，村民先填申请表，由村民小组召开户主会进行比选，再由村“两委”召开村、组干部和村民代表会议进行比选，并张榜公示；根据公示意见，再次召开村、社两级干部和村民代表会议进行比选，并再次公示；如无异议，根据村内贫困农户指标数量，把收入低但有劳动能力的确定为贫困农户。总之，不论采取何种方式识别，都要充分发扬基层民主，发动群众参与；程序透明，把识别权交给基层群众，让同村老百姓按他们自己的“标准”识别谁是穷人，以保证贫困户认定的透明公开、相对公平。

第二，精准帮扶。这是精准扶贫的关键。贫困居民精准识别出来以后，针对扶贫对象的贫困情况，确定责任人和帮扶措施，确保帮扶效果。

精确帮扶，一要坚持习近平总书记强调的“实事求是，因地制宜，分类指导，精准扶贫”的工作方针，重在从“人”“钱”两个方面细化方式，确保帮扶措施和效果落实到户、到人。二要做到“六个到村到户”，即基础设施到村到户、产业扶持到村到户、教育培训到村到户、农村危房改造到村到户、扶贫生态移民到村到户、结对帮扶到村到户，真正把资源优势挖掘出来，把扶贫政策含量释放出来。三要因户施策，通过进村入户，分析掌握致贫原因，逐户落实帮扶责任人、帮扶项目和帮扶资金。按照缺啥补啥的原则宜农则农、宜工则工、宜商则商、宜游则游，实施水、电、路、气、房和环境改善“六到农家”工程，切实改善群众生产生活条件；帮助发展生产，增加收入。四要资金到户，在产业发展上，可以采取专项财政资金变农户股金的模式，也可以通过现金、实物、股份合作等方式直补到户；在住房建设上，可以采取农村廉租房的做法；技能培训、创业培训等补助资金可以直补到人；对读中、高职学生的生活补贴、特困家庭子女上大学的资助费用，可通过“一卡通”等方式直补到受助家庭；异地扶贫搬迁、乡村旅游发展等项目补助资金可以直接向扶贫对象发放。五要干部帮扶采取群众“点菜”、政府“下厨”方式，从国家扶贫政策和村情、户情出发，帮助贫困户理清发展思路，制定符合发展实际的扶贫规划，明确工作重点和具体措施，并落实严格的责任制，做到不脱贫不脱钩。

第三，精准管理。这是精准扶贫的保证。具体做法是：

一是农户信息管理精准，建立起贫困户的信息网络系统，将扶贫对象的基本资料、动态情况录入系统，实施动态管理。对贫困农户实行一户一本台账、一个脱贫计划、一套帮扶措施，确保扶到最需要扶持的群众、扶到群众最需要扶持的地方。年终根据扶贫对象发展实际，对扶贫对象进行调整，使稳定脱贫的村与户及时退出，使应该扶持的扶贫对象及时纳入，从而实现扶贫对象有进有出，扶贫信息真实、可靠、管用。

二是阳光操作管理精准，按照国家《财政专项扶贫资金管理办法》，对扶贫资金建立完善严格的管理制度，建立扶贫资金信息披露制度以及扶贫对象、扶贫项目公告公示公开制度，将筛选确立扶贫对象的全过程公开，避免暗箱操作导致的应扶未扶，保证财政专项扶贫资金在阳光下进行；筑牢扶贫资金管理使用的带电“高压线”，治理资金“跑冒滴漏”问题。同时，还应引入第三方监督，严格扶贫资金管理，确保扶贫资金用准用足，不致“张冠李戴”。

三是扶贫事权管理精准，目前省、市、县三级对扶贫工作分别该承担什么任务并不十分明确，好像大家都在管钱、分钱，监督的责任也不清晰；专项扶贫资金很分散，涉及多个部门，各个部门的责任也不清晰。扶贫事权管理精准，就是要明确省、市两级政府主要负责扶贫资金和项目监管，扶贫项目审批管理权限原则上下放到县，实行目标、任务、资金和权责“四到县”制度，各级都要按照自身事权推进工作；各部门也应以扶贫攻坚规划和重大扶贫项目为平台，加大资金整合力度，确保精准扶贫，集中解决突出问题。

四是扶贫监管管理精准，通过扶贫信息系统的动态管理、数据分析制定切实可行的帮扶措施，建立扶贫项目库、扶贫专家库，通过实时监控和对讲技术，让贫困户与专家视频通话，随时接受专家指导，使帮扶措施和帮扶项目真正有效地执行下去，实时发现问题，及时进行反馈、解决、纠正，达到预期的目标和结果。为防止贫困县虚假“摘帽”，我国采取强化监督考核、开展第三方评估、严肃问责等多项措施。强化监督问责，国务院扶贫开发领导小组、各省（自治区、直辖市）党委和政府要组织开展扶贫巡查工作，分年度、分阶段定期或不定期进行督导和专项检查，对贫困退出工作中发生重大失误、造成严重后果的，对存在弄虚作假、违规操作等问题的，要依纪依法追究相关部门和人员责任。

五是脱贫退出管理精准。中共中央办公厅、国务院办公厅印发了《关于建立贫困退出机制的意见》，明确坚持正向激励。贫困人口、贫困村、贫困县退出后，在一定时期内国家原有扶贫政策保持不变，支持力度不减，留出缓冲期，确保实现稳定脱贫。按照党中央、国务院决策部署，深入实施精准扶贫、精准脱贫，以脱贫实效为依据，以群众认可为标准，建立严格、规范、透明的贫困退出机制，促进贫困人口、贫困村、贫困县在2020年以前有序退出，确保如期实现脱贫攻坚目标。坚持实事求是，对稳定达到脱贫标准的要及时退出，新增贫困人口或返贫人口要及时纳入扶贫范围。注重脱贫质量，坚决防止虚假脱贫，确保贫困退出反映客观实际、经得起检验。坚持规范操作，严格执行退出标准、规范工作流程，切实做到程序公开、数据准确、档案完整、结果公正。贫困人口退出必须实行民主评议，贫困村、贫困县退出必须进行审核审查，退出结果公示公告，让群众参与评价，做到全程透明。强化监督检查，开展第三方评估，确保脱贫结果真实可信。

专栏2-3　阜平脱贫记

这是一个位于太行山深处的特困村，三四年前，阜平县城里的一些居民甚至都不知道有龙泉关镇骆驼湾村的存在。全村共245户563人，其中贫困户190户525人。年轻人纷纷外出打工，骆驼湾村成了老人留守的村庄。2012年12月30日，习近平总书记迎风踏雪来到阜平县，考察骆驼湾村、顾家台村等地，了解到曾是晋察冀边区政府所在地的阜平县，村民年均收入却不足千元，这令他无比挂怀。习近平总书记不仅为阜平送来了党和国家的关心，还为阜平脱贫攻坚吹响号角，给人民带来了“只要有信心，黄土变成金”的巨大鼓舞。

三年多过去了，沿着新修建的平坦公路，再访阜平县骆驼湾村、顾家台村、天生桥镇等地，发现昔日太行深处的真贫地区，如今有了全新的面貌。2013年以来，骆驼湾村新建道路6条共20多公里，省道382公路至骆驼湾瓦窑的旅游公路已通车，村里也早已铺上了水泥路。道路两旁装有太阳能路灯，村民们爱晒太阳的地方还修建有健身娱乐设施。

来到总书记到当地拜访的第一个贫困户——唐荣斌老人家中，“低矮阴暗”的房屋不复存在，原来的栅栏门已换成了木门灰瓦的门楼，门楼下还装上了节能灯。2015年10月，阜平县的危房改造计划惠及到了骆驼湾村，唐荣斌住了半个世纪的土坯砖瓦房被翻修一新。屋顶提高了60厘米，门窗装上了双层透明玻璃。患有心脑血管疾病的唐荣斌告诉我们，今年72岁的他和老伴一起生活，孙子孙女都在县里读小学，“看病80%能用医疗保险报销，村里还给老伴找了份敬老院扫地的活儿。”对于这样的生活，唐荣斌感到知足。如今，在骆驼湾村，每人每年的医疗保险费为150元，超过60岁的村民每年只交60元。除了养老金、低保与扫地兼职带来的收入，唐荣斌家还参与了荒山土地流转，每亩地一年能得到1000元的补贴，家里的生活有了很大提高。来到71岁的唐宗秀老人家中，这个与老伴在一间不足30平方米的土坯房中住了几十年的老人，正在与建筑工人商量房子进一步修建的事情。依靠政府的危房改造专项资金，每平方米补贴240元。最高补贴100平方米，钱不够还可以申请金融扶贫贷款。看着村里发生的变化，他对未来的生活充满了信心。

“路变好了，什么都方便。”以前村里人买点油盐酱醋烟酒等需要跑到8里外的龙泉关，但是现在村里建了小卖部，还有滑梯、乒乓球桌、篮球架、空调和液晶电视等设施齐全的“幸福院”。在这座院子的左侧，住着包括刘春笑在内的5位老人。院子的右侧，则是由5个6～8岁的孩子组成的两个年级班。年轻人大量外出，老人和孩子是骆驼湾村最主要的帮扶对象。

“没有农村的小康，特别是没有贫困地区的小康，就没有全面建成小康社会。”而脱贫致富关键靠支部。当年习近平总书记来到阜平县与村干部促膝相坐，共商加快脱贫致富之策，叮嘱当地干部和随行有关部门负责同志，要原原本本把党的政策落实好，大家拧成一股绳，心往一处想，劲往一处使，汗往一处流，一定要想方设法尽快让乡亲们过上好日子。近几年，在各级干部的带领下，阜平县贫困人口年均收入翻倍增长。特色旅游扶贫、互联网十扶贫、新能源扶贫……一条条成功的道路都是辛苦蹚出来的。加强管理百亩苹果种植基地、苹果种植合作社、中药材种植基地、药材种植合作社，流转农民土地，扩大苹果、药材、木耳种植规模，升级改造核桃200亩，发展优质葡萄园100亩……骆驼湾村党支部最忧虑的是村里青年大量外流，深知再好的脱贫致富路也少不了青年，支部书记曹建平甚至多次跑到北京做思想工作，动员青年人返乡创业，至今已回来了5名青年。顾家台村党支部带领村民们走的是特色旅游扶贫路。为了发展乡村特色游——绿色、可持续发展，党支部动员村民们统一修建“土房”，虽然外面看起来是土坯样子，但里面的装修现代化。天生桥镇利用阜平海拔较高，而且昼夜温差大的特点，开发了占地1500亩的食用菌大棚，年产能力达到3000万棒，引进龙头企业做好市场化运作，统一造大棚，统一制定技术标准，统购统销……

看真贫，是为了扶真贫、真扶贫。阜平县是习近平担任总书记后探访贫困的“第一站”，为民服务的道路却永无终点，山东临沂、福建古田、陕西延安、贵州遵义、江西井冈山等革命老区都留下了习近平总书记考察扶贫开发工作的足迹。2016年4月24日下午，习近平总书记还到安徽省金寨县花石乡大湾村，同当地干部群众共商脱贫攻坚大计。“窥一斑知全豹”，看阜平县脱贫，人们看到了整个国家从上至下在这场攻坚战中的努力和收获。

资料来源：根据2016年4月26日中国青年网资料改编，http://news. sina. com. cn/c/2016－04－26/doc-ifxrpvcy4490491. shtml? cre＝newspagepc&mod＝f&loc＝10&r＝9&doct＝0&rfunc＝89.

2.3.3 制度脱贫是“精准扶贫”取得成功的保证

“精准扶贫”“全面脱贫”到全面实现小康，不是一个简单的工作，不仅仅是个革命口号，而是需要扎扎实实的细致工作才有可能实现的目标。这是中国几千年来的梦想，也是无数有识之士为此奋斗终生的事业。

中国的“扶贫”和“脱贫”工作已经卓有成效，在短短的三十多年中，中国就成功地让几亿贫困人口脱离了贫困，过上温饱不愁的安定生活。现在依然有7000万左右的民众生活在贫困之中，到2020年全面消除绝对贫困，彻底摘下

“贫困”的帽子，已经到了刻不容缓的时刻。

实现这一伟大的壮举，最重要的措施就是必须建立起“制度脱贫”的保证，因为在中国这个特殊的社会，没有行之有效的“制度保证”，几乎无法完成“人人脱贫”的任务。世界上没有一个国家敢提出这样的口号，也没有任何一个政党敢于提出如此的执政纲领。但是中国政府不仅敢于表明这个愿望，而且为实现这个愿望已经做出杰出贡献。可以毫不夸张地说，中国的“全民脱贫”是人类史上最伟大的创举，如果得以实现，将是人类完成的最伟大的文明工程。这个工程的成功与否，取决于“制度保证”的生命力和执行力。

“制度保证”包括：一是在《宪法》中明确规定公民享有“最低生活保障权”，同时全国人大要尽快进行制度立法，出台“精准扶贫法”，从根本上消除产生贫困的土壤，凡是出现新的“贫困”时，各级政府将有不可推卸的责任解决“贫困”人群的需求。二是在就业、招工领域，必须明确优先招募“贫困人员”，而不仅仅是以学历和经验为唯一招工标准，从根本上解决产生“贫困”的根源。三是国家、企业和社会三方合作组织技术培训，必须保证每个“贫困人员”(除患大病和失能者外)学到一技一艺，提高谋生能力。四是要“脱贫”先“脱病”，这是解决“老贫”和“新贫”不断转换的重要措施，建立有效的医疗支援系统十分必要，各级政府必须建立“贫困人员”医疗特别支持体系，如基金会、合作社、互助组、社保公社等机构可以吸纳各方资金，用来确保每一个患病的“贫困”人员享受到有尊严、有疗效的帮助。五是实施“一帮一”或“二帮一”的家庭合作模式，让每个“贫困人员”获得定向支援和对口、对点的帮助，对于提供支持的企业、个人可以减免有关的税收或者给予增值的补偿。

在“精准扶贫”和“精准脱贫”工程中，需要建立高规格、有权威的组织机构，同时需要赋予这个机构的监督管理权、记忆决断权，使其能够有效调整精准扶贫政策和利用经济杠杆，把“贫困”问题解决得比较彻底。中国人口众多，社情复杂，个欲多样，形成颇具中国特色的“贫困基因”，所以在中国解决好“脱贫”难题，将为世界各国提供最具价值的经验，是人类最宝贵的财富。

2.3.4　实施“精准扶贫”的方法

精准扶贫是建设中国特色社会主义伟大事业，实现中华民族伟大复兴“中国梦”的重要组成部分。党中央、国务院做出精准扶贫的决策部署，这是中央基于现有国情和扶贫工作现状提出的，也是实现两个百年奋斗目标的必然要求。实施精准扶贫，不能仅限于开开会、喊喊口号，更要拿出实际行动，以认真负责的态度对待精准扶贫，提高民生保障水平，落实“十三五”规划提出的基本公共服务清单，保障居民人均可支配收入逐年增长，实施全民参保，提高教育和健康水平，加强老年人、农民工和残疾人等重点群体的权益保障。具体来说，在精准扶贫中注重用好四种方法。

用好“解剖麻雀”的方法，注重扶贫措施的针对性。要组织党员干部深入基层，进村入户，摸清扶持对象现状，深入排查突出问题，准确掌握第一手资料；要采取入户调查、建档立卡、群众评议、集体公示的方式识别锁定扶贫对象；要对排查出来的问题梳理归类，仔细剖析，真正查找出致贫的问题症结和根源；要根据查找出的问题，有针对性地研究提出帮扶措施，以村为单位进行分类确立扶贫、脱贫方案，明确帮扶完成时限。同时，逐步推广好的经验和做法，促进扶贫工作活力提升。

用好“联姻助转”方法，注重扶贫资源的整合性。要实施部门与基层和干部与扶贫对象“联姻助转”。要进一步深化“部门帮村”“干部直接联系服务群众”“千名干部下基层结对帮扶”等系列活动，整合部门、机关、企业资源和相关政策资源优势，帮助扶贫对象解决实际困难和问题，改善生产生活条件，推进产业发展、调整、升级，加快脱贫、富民、强村步伐。同时要实施“贫”与“富”的“联姻助转”，要采取农村致富能手与贫困户结对等形式，通过“带、引”和“学、赶”等途径，促进扶贫工作转化升级和贫困群众脱贫致富。

用好“典型引路”的方法，注重扶贫示范的引领性。要注重发现党员和干部中的扶贫先进人物，深入挖掘他们的先进事迹，通过广泛宣传、表彰激励、号召学习等方式，引导广大党员干部向先进看齐，形成党员干部争当扶贫先进的良好局面；要分领域发现和培育扶贫攻坚先进基层党组织，挖掘提炼和总结推广其在精准扶贫中的好经验好做法，树立典型标杆，通过示范带动，不断扩大扶贫先进基层党组织的数量和比例，提升拓展基层党组织在扶贫攻坚中的政治功能、服务功能和组织创造力，推动基层党组织扶贫整体水平全面提升。

用好“壮骨供氧”的方法，注重扶贫工作的长效性。要牢牢把握基层党组织带头人这个关键，实施“头雁”行动，坚持抓好选优训强、管理考评等重要环节，全力打造一支党性强、素质高、作风正的基层党组织书记队伍，带领困难党员群众脱贫致富；要实施“壮骨”行动，特别注意抓好基层党务工作者队伍建设，全面夯实基层党建工作力量，发挥其在扶贫攻坚中的支撑作用；要实施“供氧”行动，就是在扶贫资金、项目、人员、信息等各个方面不仅要充分考虑，要纳入财政预算，落到实处，而且要强化监督检查，把落实情况和完成目标纳入年度考核之中，为精准扶贫强化刚性约束，只有这样才能为精准扶贫输入源源不断的“氧气”，确保精准扶贫真正取得成效。

专栏2-4 马云谈7000万人脱贫需超常规思考，走不同的路

阿里巴巴集团董事局主席马云接受《瞭望》杂志记者采访，对中国的精准扶贫谈了自己的看法。他认为，人类历史上没有一个国家像中国一样，在短短的30年内，让6.6亿人摆脱贫困，这是一个伟大的创举。如今国家进一步提出要在2020年实现全面脱贫，更体现出中央的勇气、担当和责任超乎寻常。

中国7000万人的贫困就是7000万个机会，脱贫要脱掉观念之贫，7000万人脱贫必须要超常规地思考，走不同的路。谈及扶贫脱贫，马云的许多观点让人耳目一新。在他看来，企业家是经济社会发展中的科学家，因此在中国的扶贫攻坚战中，企业家所担之责和应尽之义务非常之大。

中央提出2020年全面消灭贫困，这是一场艰巨的任务，必须有超常规的手段。近年来，中央对两件事情做出了巨大的决心和勇气：第一是反腐，第二是全面脱贫。我最近去了很多国家，见了很多国家的领导人，他们都提到两个方面：一是“一带一路”，二是中国在2020年全面脱贫。大家好奇、钦佩，因为没有一个国家敢提这样的口号，我自己也觉得中央的勇气、担当和责任超乎寻常。我作为企业家，响应当年邓小平的改革开放，30多年来受益于此，如果能参与到这个伟大的脱贫攻坚战中，将是我们巨大的荣幸和福报。

人类经历了三次巨大的技术变革，第一次技术革命在英国，瓦特蒸汽机的发明解放了人的体能；第二次技术革命是能源革命，虽诞生了无数的就业，但发生了第二次世界大战。人类的第三次技术革命是人脑的解放，但第三次世界大战不是国与国之间的战争，而是人们向贫困、疾病、环境发动战争。今天，

我们看到一个了不起的创举，就是中国希望在2020年以前让剩下的7000多万贫困人员彻底摆脱贫困。

脱贫是一次巨大的机会，6.6亿人脱贫让中国有了今天，诞生了无数的企业和企业家。如果把剩下的7000万贫困人口脱贫，我相信中国会诞生更多的企业、更多了不起的企业家。什么是机会？机会就是解决麻烦，哪里有抱怨，哪里就是机会。7000万人脱贫不是压力、责任、麻烦，而是巨大的机会。脱贫不是一个口号，我相信中国7000万人的脱贫就是7000万个机会。重要的是如何找出不同的办法来解决问题。6.6亿人已经脱贫了，我们该怎么把握剩下的机会？每个人的角度不一样，袁隆平很了不起，把亩产做到近千斤，我们要把亩产做到1000美元，把土特产按筐卖、按车卖、按颗卖，这就有点意思了，实际上蕴藏着很大的产业。从土地革命到全面建成小康，中国社会的每一次进步都是农村的进步，每一次的改变都是从农村开始。但今天的农村跟以前不一样，在PC时代农民根本没搞清楚什么叫PC，但现在农民人手一部手机，比当年PC计算能力、存储能力、运用能力不知要强大多少倍。

贫困是一个深层次的社会问题，脱贫给我的启示相当大，这是一场持久战。我们以前扶贫是给钱给物，但脱贫是要持续的发展，从扶贫到脱贫、到致富，这是三个不同的阶段。我最害怕把脱贫做成扶贫——发点钱就可以了。实际上扶贫是过程、脱贫是结果、致富是愿景。从这个角度考虑，扶贫办可以叫作“脱贫办”。扶贫、脱贫是完全不同的概念。7000万人脱贫必须要超常规地思考，走不同的路。扶贫是给人以“鱼”，脱贫是授人以渔，我的理解是造“鱼塘”，让农民有“鱼”可养。脱贫离不开经济发展模式，关键是思路和落实，从医疗健康、从基础设施入手，2020年前必须要做的事情必须攻下来。政策的大方向确定了，观念要改变，走昨天的扶贫之路不靠谱了。精准扶贫首先要搞清楚到底穷在什么方面、有什么问题，是经济不发展还是人才或医疗、教育的问题，然后再精准提出解决办法。

以企业家的思维看，束缚中国贫困地区发展的桎梏是观念。脱贫要脱掉观念之贫，有些地方守着落后的观念、落后的产业，有些人没有半点商业知识，不是人人都能做好生意，人人都能当商人。中国在建立营销渠道、帮助农民致富的方法上比较老套，没有效率，习惯于一哄而上。扶贫是让中国政府官员懂得商业经营，创造造血功能。在扶贫中，政府要发挥重要作用，比如基础设施等企业做不了的事情，而企业家要做企业经营。扶贫工作的造血本事在企业，政府和企业必须高度联合在一起，才能有造血功能。现在已经有832个贫困县在阿里巴巴上卖东西了，去年的销售额是215亿元，其中网上销售超过亿元的有38个国家级贫困县。这在以前难以想象，由于出现了电商、互联网，农民迅速知道世界发生了什么事情，市场发生了什么事情。由此，扶贫有不同之路可走。我相信中央提出了扶贫攻坚战的口号、目标以及出台了相关倾斜政策之后，扶贫可以做到弯道超车。

全世界都在关注中国的尝试和努力，这也是企业家比拼智慧、比拼能力、比拼资源的时机。如何能够在贫困地区找出一种独特的方式，既能利己也能利他，这是企业家面临的巨大考验。企业家是经济社会发展中的科学家。因为企业家或商人有三样东西做得好：第一，做企业必须有结果；第二，做企业必须有效率；第三，做企业必须公平。在未来扶贫攻坚的过程中，企业家所担之责和应尽之义务非常之大。要真正让7000万人脱贫，我们必须走出一条不同之路。

企业家参与扶贫，可以有所作为的一件事情是教育。知识就是财富，知识就是力量。30多年来，中国改革开放最大的红利之一就是教育。不可否认，中国的教育面貌已经发生了天翻地覆的变化，但我觉得教育是第一要素，因此仍有必要继续加大在农村贫困地区教育方面的投入。要解决贫困人群的收入问题，必须解决贫困人群的教育问题。扶贫的根本是人，让人能够自立，让人充满理想。农村教育是改变现状的最大突破口。大家都在搞应试教育，书包越来越重，多少学生一边骂一边背着沉重的书包上学，因为我们已经被应试教育绑架，没办法退回来。农村学校今天缺音、体、美老师，在一个学校，一个老师告诉我，他除了音乐不教，其他全教。所以做公益、慈善、扶贫，我们每个人未必都要做大项目，想做一点点就可以。公益、慈善不是你给别人多少钱，而是你花了多少时间，唤醒了别人的良知，让你自己和孩子发生变化。第二件事情是医疗基础设施的健康工作。30多年来中国在医疗基础设施上也发生了天翻地覆的变化，但企业家如果能资助农村偏远地区的卫生院、医疗设备、医生培训，也许会发生更大的变化。提供高效、低价、方便的农村医疗服务，本身就是一种扶贫。

今天我们参与的大数据、所做的技术，能够解决扶贫过程中的点点滴滴。扶贫未必一定要直奔主题，如果把贫困地区的教育、医疗做起来，把三年的规划、五年的规划、十年的规划分步进行，我相信解决贫困并不是多难，脱贫不是遥不可及。

资料来源：瞭望．2016-08-15．

参考文献

[1][美]塞德希尔·穆来纳森(Sendhil Mullainathan)．埃尔德·沙菲尔(Eldar Shafir)．稀缺：我们是如何陷入贫穷与忙碌的，魏薇，龙志勇译．杭州：浙江人民出版社，2014．

[2]习近平谈治国理政．北京：外文出版社，2014．

[3]中共中央宣传部：习近平总书记系列重要讲话读本．北京：学习出版社、人民出版社，2016．

第3章　教育扶贫，阻断贫困代际传递

精准扶贫是粗放扶贫的对称，是对长期以来我国扶贫工作中出现的贫困居民底数不清、情况不明、针对性不强、扶贫资金和项目指向不准等问题的有效回应，是工作方法和工作理念的提升创新。精准扶贫瞄准贫困居民，针对性分析贫困原因并采取个性化扶贫举措，长期追踪反馈脱贫情况，以期真正脱贫致富。

教育扶贫是彻底稳定脱贫的重要推手，是从根本上斩断贫困代际传递链条的精准扶贫举措，是最根本、最直接的精准扶贫，要脱贫就要开展教育精准扶贫。贫困人口思想意识、知识水平和致富能力的缺乏是导致贫困的重要因素，单靠资金的扶贫只能实现“昙花一现”式的脱贫，不能从根本上解决贫困问题。教育精准扶贫能在传统教育扶贫基础上，真正契合贫困地区的文化环境、实际需求和经济发展的需要开展扶贫工作，帮助贫困人口掌握脱贫的能力；给贫困人口提供公平竞争、向上流动的机会，提高劳动者素质，把巨大的人口压力转化成强大的人力资源，建立学习型社会；应对人口增长、知识经济时代的严峻挑战，为我国全面建设小康社会提供强大的智力支持。

教育精准扶贫是一个系统工程，贵在理念创新，重在实效。为此应全面总结以往教育扶贫经验，留其精华，保持总体教育扶贫政策的延续性和一致性，在此基础上各地方政府加快完善教育精准扶贫的政策并迅速开展具体工作，建立教育精准扶贫数据库，制定具有针对性的教育精准扶贫“订单式”措施，完善相应评价监督机制，同时充分发挥互联网、社会组织及高校的作用，全面推进教育精准扶贫工作开展。

>> 3.1 教育精准扶贫是斩断贫困代际传递链条的推手 <<

3.1.1 传统扶贫忽视教育的作用

教育扶贫，是指针对贫困地区的贫困人口进行教育投入和教育资助服务，使贫困人口掌握脱贫致富的知识和技能。教育扶贫就是素质扶贫，是通过改变或者提升贫困人口的素质完成的。通过素质的改造提高贫困人口的科学文化素质以促进当地的经济和文化发展，并最终摆脱贫困。

表 3-1　　国家层面的教育扶贫相关政策

政策	时间	内容
国家八七扶贫攻坚计划(1994—2000 年)	1994 年 4 月 15 日	力争在 20 世纪内最后 7 年，集中力量基本解决目前全国农村 8000 万贫困人口的温饱问题
国家西部地区“两基”攻坚计划(2004—2007 年)	2004 年 2 月 16 日	旨在解决西部“两基”问题
国务院办公厅转发财政部教育部关于加快国家扶贫开发工作重点县“两免一补”实施步伐有关工作意见的通知(国办发〔2005〕7 号)	2005 年 2 月 18 日	对农村义务教育阶段贫困家庭学生“免杂费、免书本费、逐步补助寄宿生生活费”。其中中央财政负责提供免费教科书，地方财政负责免杂费和补助寄宿生生活费
关于中等职业学校农村家庭经济困难学生和涉农专业学生免学费工作的意见	2009 年 12 月 14 日	从 2009 年秋季学期起，对中等职业学校农村家庭经济困难学生和涉农专业学生免学费
国务院办公厅关于实施农村义务教育学生营养改善计划的意见(国办发〔2011〕54 号)	2011 年 11 月 23 日	改善农村学生营养状况，提高农村学生健康水平，加快农村教育发展，促进教育公平。教育部力争到 2013 年全国农村小学都建有食堂
关于实施面向贫困地区定向招生专项计划的通知(教学〔2012〕2 号)	2012 年 3 月 19 日	在普通高校招生计划中专门安排适量招生计划，面向集中连片特殊困难地区生源，实行定向招生，引导和鼓励学生毕业后回到贫困地区就业创业和服务

新中国成立以来尤其是改革开放以来，为实现教育脱贫，增强人口素质，我国政府出台相关政策(如表 3-1 所示)并投入大量的人力、物力、财力实施教育扶贫，取得了显著成效。从 2010 年到 2012 年，在国家政策的强力推动下，普通高中、学前教育、中等职业教育三大领域全部纳入国家学生资助体系。从 2011 年开始连续实施两期的学前教育三年行动计划，中央财政已投入 700 多亿元，支持贫困地区学前教育发展。截至 2014 年年底，中西部地区幼儿园数量比 2009 年增长 77%，是东部地区增速的 4 倍；中西部地区园幼儿数量比 2009 年增长 65%，是东部地区增速的 2 倍。在全面改善贫困地区义务教育薄弱学校基本办学条件的政策规划中，中央财政安排补助资金 640 亿元，带动地方财政投入 800 多亿元，惠及 3000 多万名农村贫困学生。2012 年起，我国启动实施面向贫困地区定向招生专项计划。该计划实施以来，受惠学生由 2012 年的 1 万人增加到 2014 年的 5 万人。截至 2015 年 6 月，中央和地方已累计安排资金 1443 亿元，惠及 3210 万名农村学生。

但是，传统扶贫方式由于扶贫政策、扶贫模式、扶贫措施、扶贫考核等方面的不足，忽视教育在扶贫中的作用，出现了一些问题。

第一，扶贫工作成为“形象工程”，不注重实效。教育扶贫成为各个地区政府的政绩考核标准和硬性规定。各地区各级政府都将教育扶贫作为自己工作的一部分，并将扶贫的人数和金额视为考核扶贫工作的唯一标准，不免出现忽略接受扶贫人员的真正需求以及最终是否有效脱贫的情况。致使教育扶贫成为一种无端的花销与工作，成为政府工作报告上的数字，加大财政支出的同时并未真正实现扶贫的初衷。

第二，救济式扶贫方式致使部分贫困地区人口“思想惰性”出现。救济式扶贫类似于“输血”式的救济，对贫困地区直接拨款救济，造成了一些贫困地区人口依赖救济的思维惰性，思想上不愿争取，安于现状，等待救济成为一种生活依赖。

第三，扶贫以地区而非具体人户为单位，精确性、针对性差。传统的扶贫工作通常是将扶贫资金拨给贫困地区政府，让政府去开展扶贫项目，由于管理监督机制的缺乏，往往会出现挤占、挪用扶贫资金等现象。政府开展具体扶贫工作时常常以某贫困区或县为单位，不能精准到户、到人，难以保障资金的有效使用。

第四，扶贫以区域性教育扶贫为主，忽视城镇中低收入阶层的扶贫。以往的贫困人口主要分布在农村、地理生态环境相对脆弱的地区和少数民族贫困地区，而随着社会发展，在城镇中也出现了一些新的贫困人口，如市场竞争中淘汰的无业人员、身陷残疾而无法务工的人员、没有收入来源而生活极度贫困的人员等。这些人员往往受到扶贫工作的忽视，也不是扶贫的重点，导致扶贫工作难以覆盖所有真正需要扶贫的人。

第五，教育扶贫缺乏长效连贯保障制度。例如，一些地区采取了教育贷款、助学金、奖学金制度，但是这些政策具有一定的随机性、应急性和局限性，没有建立长效的扶助学资金，并不能解决长期的求学问题。

3.1.2 教育扶贫是精准扶贫的首要选项

过去几十年的扶贫历史与现实表明扶贫工作还存在较多问题。习近平多次视察贫困山区后提出的精准扶贫就是深刻反思过去几十年扶贫所走过的弯路，开启了中国扶贫的新视野，开创了中国扶贫的新模式，提出了把教育扶贫作为精准扶贫首要选项，并将其放到“十三五”期间的扶贫与脱贫规划中重点加以实施。

教育精准扶贫就是将“精准扶贫”理念准确应用到教育领域，精准明确教育扶贫对象，创新教育扶贫模式，使教育扶贫更有针对性、更有效率，有效实现提升贫困人口素质并使之成功摆脱贫困。就是在传统扶贫方式上注入“精准”理念，“教育扶贫”直指导致贫穷落后的根源，精准扶贫攻坚必须克服教育这块“短板”。

专栏 3-1　教育扶贫是最有效、最直接的精准扶贫

教育被作为“精准扶贫”、整体脱贫的重要力量之一，教育在精准扶贫中如何精准发力，这是教育精准扶贫的关键。为了解析这个问题，记者专门采访了中国教育学会会长钟秉林教授。钟秉林教授认为，“精准扶贫”是习近平总书记提出的扶贫新理念，将成为我国今后一段时期贫困治理工作的指导思想。教育的精准扶贫可以理解为：第一，明确教育扶贫的对象是贫困地区的教育，尤其是提高连片特困扶贫攻坚地区的教育质量。第二，有的放矢地设置教育扶贫项目，比如农村义务教育学生营养改善计划、国家农村贫困地区定向招生专项计划、乡村教师支持计划、中等职业教育协作计划等。第三，保障各项教育扶贫工程资金使用效率，加强对资金使用效率和绩效的评估。第四，完善学生资助体系，保障所有贫困地区学生不因家庭经济困难而辍学。第五，加强对教育扶贫的管理和统筹，明确各级政府、教育行政部门、学校的责任，落实到人。第六，对教育扶贫的成效进行评估，包括学校基础建设标准、各级教育入学率、经费使用和倾斜政策落实情况等。教育精准扶贫在各地会有具体的实施计划。如湖北省2015年年底全面启动了教育精准扶贫行动计划，实施“五个精准”：“精准改造”，让贫困户子女不仅有学校可上，而且能上好学校；“精准招生”，让贫困户子女不仅拥有受教育机会，而且拥有更多接受优质教育的机会；“精准资助”，让贫困户子女不仅上得起学，且免费上学；“精准就业”，让贫困户子女不仅有业可就，而且能够持续发展；“精准培训”，让贫困农民拥有一技之长，能够脱贫致富。

资料来源：钟慧笑. 教育扶贫是最有效、最直接的精准扶贫——访中国教育学会会长钟秉林. 中国民族教育，2016(5)：22-24.

3.1.3　教育扶贫是最有效、最直接的精准扶贫

教育精准扶贫为精准扶贫奠定了政策基础，被认为是最有效、最直接的精准扶贫。教育扶贫不仅是国家扶贫开发战略的重要任务，也是实现教育公平和社会公正的重要方面。教育精准扶贫要求在实施扶贫的过程中，注重扶贫模式与扶贫措施的精准，从教育入手，真正切断穷根，这样全新的扶贫理念奠定了精准扶贫国家战略的政策基础，也为精准扶贫模式奠定了理论基础。教育精准开发为精准扶贫战略的实施提供了人才支撑保障，精准扶贫以教育开发为先导，把贫困地区的贫困人口的教育纳入精准扶贫国家战略统筹规划与实施，构建了扶贫开发的新模式。不少贫困地区资源丰富、特色突出，就是缺乏善于利用、善于开发、善于管理的人才。精准扶贫教育把人才培养工程作为重点项目统筹规划与实施，保障了人才质量，扶贫脱困就有了希望。贫困地区人才培养质量的发展必将提高贫困地区人口质量，使贫困地区脱贫致富实现跨越式

发展。

教育精准扶贫是对传统教育扶贫方式的完善和模式创新。教育扶贫是指针对贫困地区的贫困人口进行教育投入和教育资助的一种扶贫服务，其通过改变或者提升贫困人口的素质使贫困人口掌握脱贫致富的知识和技能，进而实现贫困人口从根本上摆脱贫困。与传统教育扶贫方式相比，教育精准扶贫并非使受扶助者得到一时的满足，在某一时刻得到与高收入者一样的生活，教育精准扶贫更加注重分类施策，因人因地施策，因贫困原因施策，因贫困类型施策。教育精准扶贫既是对传统扶贫政策的理论创新，更是对传统扶贫模式的重构，是在传统扶贫基础上对贫困的长期关注。

3.1.4 教育精准扶贫的意义

教育精准扶贫是完善传统教育扶贫，促使贫困地区脱贫致富的需要。教育扶贫虽然文件规定系统全面，但在现实中的操作性和实效性还有待提高。传统教育扶贫工作未能完全适应贫困地区的经济社会发展要求。教育扶贫不仅要把教育投入纳入扶贫资源的配置格局中，还要考虑教育结构与社会结构的适应关系，要契合当地经济发展的需求，培养地区经济建设需要的人才，保证受教育人才的充分就业，才能发挥教育扶贫的社会效益，带动贫困人口脱贫致富。传统教育扶贫也未能着眼扶贫客体的真正需求，不同的贫困人口往往面临着不同的教育问题，要想改变教育扶贫的现状，就得围绕贫困人口真正的需求去制定政策。国家提出“精准扶贫”的理念，并将教育扶贫作为国家扶贫开发战略的重要任务，开展教育的精准扶贫工作，以促使我国的教育扶贫工作真正契合贫困地区的文化环境、实际需求和经济发展的需要，真正脱贫致富。

专栏 3-2　因教返贫，知识在改变命运的路上曲折前行

南方周末 2010 年 1 月 28 日报道，在甘肃会宁，大量农村大学生毕业即失业，长期举债供养学生的农村家庭血本无归，“因教返贫”屡见不鲜。据湖北省教育厅统计的一组数据显示：2010 年湖北省约有 2.6 万学生放弃高考。弃考学生中，除了少数参军、出国留学外，大部分都是农村孩子。

放弃高考的学生的确只是一个“小群体”，绝大部分高中生还是将参加高考作为改变人生的一个机会。读大学，不是高中生的唯一出路，但在很长一段时间内，它可能是一条最好的出路。农村家庭“砸锅卖铁”供孩子上大学，现在农村孩子上大学需要付出的“代价”越来越大，而毕业后的“期望收益”则相对变小。

就业难和学费高，是农村学生不得不面对的难题。毋庸置疑，现实中“社会关系”对于求职起着重要作用，“关系资源”缺乏的农村学生，求职变得更加不易。农村家庭对高等教育的“购买力”向来不如城市家庭，近年来，大学收费居高不下，压力最大的就是农村普通家庭。高校应该如何为农村孩子上大学“减负”?

资料来源：新浪网. 2016-07-28. http://news.sina.com.cn/o/2010-01-29/000517009717s.shtml.

推进教育精准扶贫是实现社会平等、促进社会发展的需要。教育公平的内在规定性尤其强调特定受教育群体相对于其他受教育群体在教育权利方面所占有的平等份额，它是个体受教育者获得相应平等份额的前提。当前，存在经济、社会地位等方面巨大不平等的情况下，教育精准扶贫给人提供公平竞争、向上流动的机会，帮助弱势者摆脱出身所处群体的局限，显著改善人的生存状态，减少社会性的不公平。因而，现代社会的教育精准扶贫具有稳定器、平衡器的功能，被视为实现社会平等和谐社会的“最伟大的工具”；没有教育的均衡发展，区域共同发展是不完整的，也是不可能持久的。促进教育均衡发展，逐步缩小城乡之间、区域之间和群体之间教育机会的不平衡，在更大范围、更高程度上满足更多人的合理教育需求，才能使经济社会共同发展。

推进教育扶贫是提高劳动者素质、建立学习型社会的需要。党的十六大第一次把建设学习型社会写进党的代表大会报告，把教育发展水平作为全面建设小康社会奋斗目标的关键性指标之一。要建立起全民学习的学习型社会，满足全体儿童、青年和成年特别是妇女的基本学习需求，使我国成为“人人皆学之邦”，这就要求建立起一个功能强大、全面开放的教育精准扶贫系统。教育能为我国全面建设小康社会提供强大的智力支持，能应对人口增长、环境恶化和知识经济时代的严峻挑战，为经济发展提供所需要的各级各类人才。

推进教育扶贫是缩小数字鸿沟的必然要求。一方面大中城市的信息化浪潮风起云涌，人们学习的机会、手段和资源日益丰富；另一方面又存在与信息网络断绝、文化素质不高的大量贫困人口。数字鸿沟的出现使人民不能平等享用现代通信技术和网络基础设施，贫困人口因而丧失大量的信息和教育机会，推进教育精准扶贫，能缩小数字鸿沟，实现全社会高速发展。

>> 3.2 教育精准扶贫的理论、现状与依据 <<

3.2.1 教育扶贫的理论基础

贫困文化理论。贫困文化论是由美国学者奥斯卡·刘易斯(Oscar Lewis)提出的。他认为，贫困文化是贫困群体在与环境相适应的过程中产生的行为反应，并且内化为一种习惯和传统文化，它的特点是对自然的屈从感、听天由命、对主流社会价值体系的怀疑等。也就是说，贫困地区人口安于现状、不思进取的生活态度，内化成群体的一种思维定式和行为准则。在这种贫困文化的熏染下，形成一种低水平的经济均衡，并在贫困地区一直延续。教育精准扶贫工作注重精准识别，对贫困主体的原因进行深度挖掘，并进行精准帮扶，能够改变贫困人口思想观念上的认识偏差和思维定式，帮助指导其接受教育，真正脱贫。

资源要素理论。国外学界资源要素论的主要代表有马尔萨斯(T. R. Malthus)的土地报酬递减理论、纳克斯(R. Nurkse)的贫困恶性循环理论、莱本斯坦(H. Leibonstein)的临界最小努力理论。他们主张增加贫困地区的资本投入力度，使其达到国民收入增长的速度，强调资本的积累和形成，以期推动社会的经济增长。中国学者姜德华最早对我国贫困地区的类型进行了分析，并总结了自然资源的不合理开发与自然生态恶性循环的过程。他把贫困的原因归结于对自然资源的不合理开发，或是过度开发导致环境恶化从而造成深度贫困。资源要素理论主要从经济学的角度认为贫困是对土地、劳动力、资金等生产要素不能进行有效合理配置的结果。从资源要素理论的角度来讲，扶贫工作的开发应注重多种资源的共同扶持，采取多重点多方面扶贫，其中直接影响劳动力资源质量的教育扶贫工作不容忽视。

人力素质贫困理论。1960 年，美国学者舒尔茨(T. W. Schultz)在美国经济学会上发表了题为“人力资本投资——一个经济学家的观点”的演说，提出经济的发展取决于人的质量，而不是自然资源的丰瘠或资本存量的多寡。他认为，贫困地区之所以落后，不在于物质资源的匮乏，而在于人力资本的缺乏；加强教育事业的发展，对人力资本的形成、经济结构的转换和经济可持续发展具有重要的意义。20世纪80年代，我国学者王小强、白南风通过“进取心量表”测量人的素质，量表包括改变取向、新经验、公共事务参与效率感、见识、创业冲动、风险承受、计划性八个指标。他们将贫困地区人口的特征描述为：创业冲动微弱，易于满足，风险承受能力较低，不能抵御较大困难和挫折，不愿冒险；生产与生活中的独立性、主动性较差，有较重的依赖思想和听天由命的观念；难以打破传统和习惯，接受新的生产、生活方式以及大多数新事物、新现象较差，安于现状；等等。他们总结出“人口素质差”是贫困地区贫困、落后的本质原因。贫困地区的脱贫应以摆脱人力资本的缺乏为重点，不仅要重视知识技能的传授，更要对贫困人口的思维理念和价值观进行重塑，教育精准扶贫能直指贫困症结，改变贫困人口素质问题。

系统贫困理论。系统贫困理论认为，贫困是诸多综合因素系统运行的结果，贫困的根是由“陷阱—隔离—均衡”所构成的一个“低层次、低效率、无序的、稳定型区域经济社会运转体系，这个体系规定着贫困延续的轨迹”。在这个贫困区域系统中，社会的能力机制、资源基础与求变能力之间未能参与整个外部区域经济全面增长与社会持久进步过程。在发展的内部关系上，三者之间需要构成一定的相互适应关系。可以说，系统贫困理论已经脱离对贫困的平面的、静态的描述，而是从一个更广阔的视野来研究贫困。基于贫困由诸多综合因素系统运作的理论，精准扶贫工作也以系统化观念开展，精准分析贫困的诸要素及其相互关系。推行教育精准扶贫，将教育放置于整个扶贫系统中，注重教育精准扶贫自身推行的环境制约因素以及教育情况改变对其他因素的影响作用，用系统、联动的思维方式开展扶贫，是解决贫困的要点所在。

综上所述，对贫困成因的分析衍生出不同的相关理论，即由单一的贫困文化理论发展到系统观理论，并且由分化走向了共融。根据理论阐述，从贫困成因入手分析可以得出精准扶贫的方向和理念，理论也证实了教育精准扶贫在整个扶贫系统和脱贫中的重要意义。教育精准扶贫助力贫困人口脱贫具有坚实的理论依据。

3.2.2 教育扶贫的现实依据

调查显示，文化素质的高低是导致我国居民收入分配差距扩大的重要原因之一。我国学者通过对地处中西部地区的山西省的农民内部各阶层的收入状况和地处我国东南沿海地区的江苏省张家港市界岸村农民的收入状况进行了调查，这两个地方的具体情况虽然各有不同，最高收入者和最低收入者之间的收入分配差距也并不完全相同，但有一点却是共同的，那就是，农民阶层的分化和收入分配的差距同农民自身的文化水平密切相关，也可以说是由个体素质的差异决定的。两地收入水平高的都是文化水平较高，头脑灵活，拥有专门技能，个人素质较高的那一部分人；收入水平低的人，除了因身体健康原因或遇到特殊困难的人以外，基本上都是个人素质较低，文化水平不高，没有一技之长的那一部分人。[①]

我国扶贫经验表明，贫困最根本的原因是贫困人口基本致富能力的缺乏。现代社会条件下的贫困不单纯是经济的贫穷，而是一个由多种因素造成的综合社会现象，其实质是发展经济所需的全部或者部分关键的生产要素的缺乏。

从改革开放 20 多年的扶贫情况看，单纯依靠资金等物质资源的投入，对一个自然资源短缺以及生产条件差的地区来说，根本不能解决实质问题。由于贫困人口从根本上没有具备脱贫致富的能力，因而丰年脱贫、灾年返贫的现象依然存在。贫困地区长期的贫困状态，已经不单纯是一个经济贫困的问题，在一些贫困地区，人们的思想观念、市场经济发展所需的意识还没有确立起来，越是贫困的地方，人们越是不够重视教育，儿童辍学的现象越是比较突出。这是人们急于摆脱贫困的急功近利的短期行为，或者可以理解为由于教育的成本过高、升学率太低，从而使教育致富的可能性和效率大大降低。因此现代社会中的贫困已经成了一种综合性的贫困，经济贫困只是表面现象，真正的贫困是教育的贫困，是思想意识、知识与能力的贫困。教育扶贫尤其是教育精准扶贫的脱贫致富功能具有牢固的现实依据。

---

① 李有发. 教育扶贫的现实依据及其对策. 哈尔滨市委党校学报，2006(2).

3.2.3　我国教育精准扶贫的现状

为落实《中国农村扶贫开发纲要（2011—2020 年）》《国务院办公厅转发教育部等部门关于实施教育扶贫工程意见的通知》（国办发〔2013〕86 号）《国家中长期教育改革和发展规划纲要（2010—2020 年）》的战略部署以及习近平总书记“精准扶贫”的治理理念，充分发挥教育在扶贫开发中的重要作用，培养社会发展需要的各级各类人才，促进各省各地区人民从根本上摆脱贫困，各省市纷纷根据自身具体情况制订出台了教育精准扶贫工作计划安排，如表 3-2 所示。

表 3-2　　地方政府教育扶贫相关政策

工作计划	省份	单位
广西壮族自治区人民政府关于开展教育精准扶贫扶持贫困家庭子女上学就业的实施意见（桂政发〔2014〕32 号）	广西	省人民政府
湖北省教育精准扶贫行动计划（2015—2019 年）	湖北	教育厅
湖南省扶贫规划（2015—2020 年）	湖南	省人民政府办公厅
关于进一步加强农村贫困学生资助　推进教育精准扶贫的实施方案	贵州	省委办公厅、省人民政府办公厅
甘肃省教育厅省扶贫办关于精准扶贫教育支持计划的实施方案	甘肃	省教育厅省扶贫办
海南省教育精准扶贫行动计划（2016—2020 年）	海南	教育厅
宁夏教育精准扶贫行动方案（2016—2020 年）	宁夏	教育厅

各省市地区由于受地域、历史、经济等诸多因素制约，地区教育发展程度不同，具体情况各异，其锁定的教育扶贫对象、范围以及具体的实施策略均有不同，这也正是精准扶贫、扶贫针对性、个性化的表现。下面主要从部分省市锁定的扶贫具体人数、涉及的教育层次进行分析。

（1）教育精准扶贫对象、目标。湖北省将教育精准扶贫的范围对象锁定为：37 个贫困县、4821 个贫困村、3861 所义务教育学校、34 所中等职业学校、79 所普通高中，76.6 万贫困家庭学龄人口，范围从幼儿园惠及大学毕业。①

① 省教育厅关于印发《湖北省教育精准扶贫行动计划（2015—2019 年）》的通知[EB/OL]. 湖北省教育厅网站，http://www.hbe.gov.cn/content.php? id=13390.

宁夏回族自治区提出，全面贯彻落实国家和自治区脱贫攻坚总体部署和要求，把教育扶贫作为长远脱贫的根本之策，聚焦全区58.12万贫困人口脱贫，800个贫困村销号，9个贫困县(区)摘帽。根据《宁夏教育精准扶贫行动方案(2016—2020年)》要求，宁夏回族自治区贫困地区学前三年毛入园率2018年达到70%，2020年达到72%以上；九年义务教育巩固率2018年达到91%，2020年达到93%以上；视力、听力、智力三类残疾儿童义务教育入学率达到85%以上；高中阶段毛入学率达到90%以上。①

贵州省规定精准扶贫的资助对象为在普通高中、中职学校、普通高校(不含研究生阶段)就读，具有全日制学历教育正式学籍和其省户籍的农村建档立卡贫困户子女；在普通高中、中职学校、普通高校(不含研究生阶段)就读，具有全日制学历教育正式学籍和贵州省户籍的因灾因病等特殊原因返贫的农村非在册贫困户子女，经扶贫部门按“两公示一公告”程序审核后，进入贫困人口建档立卡系统的可纳入资助范围。只有纳入贵州精准扶贫信息平台管理的农村贫困户子女，才可享有精准资助。按照国家相关规定，这一信息系统内的精准扶贫信息，详细到每一户、每一个人。②

湖南省规定教育扶贫的范围是湖南纳入国家连片特困地区、国家和省扶贫开发工作重点县、比照享受省级扶贫工作政策待遇县的51个县市区，以及其他地区建档立卡贫困村和贫困家庭。教育扶贫的主要对象是湖南建档立卡贫困家庭各个学段的学生。《湖南省教育扶贫规划(2015—2020年)》提出到2020年，学前三年毛入园率达到80%以上，义务教育巩固率达到97%以上，高中阶段毛入学率达到88%以上，基本普及视力、听力、智力三类残疾儿童义务教育。③

甘肃省扶贫对象包括建档立卡的贫困村、贫困户和贫困人口，并着力构建

---

① 宁夏出台《宁夏教育精准扶贫行动方案(2016—2020年)》[EB/OL]. 中华人民共和国民族事务信息网，http://www.seac.gov.cn/art/2016/4/21/art_36_252550.html.

② 省教育厅省财政厅，省扶贫开发办公室，省人力资源和社会保障厅关于印发《贵州省进一步加强农村贫困学生资助 推进教育精准扶贫实施办法(试行)》的通知[EB/OL]. 贵州省教育厅网站，http://www.gzsjyt.gov.cn/Item/38622.aspx.

③ 湖南省人民政府办公厅关于印发《湖南省教育扶贫规划(2015—2020年)》的通知[EB/OL]. 湖南省人民政府网，http://www.hunan.gov.cn/2015xxgk/fz/zfwj/szfbgtwj/201511/t20151110_1909167.html.

到村、到户、到人的教育精准扶贫体系。教育精准扶贫的范围覆盖学前教育、义务教育和职业教育。其中职业教育，到2017年，贫困家庭子女接受中职、高职(专科)教育全部免费，接受免费职业教育的贫困家庭子女规模达到12.6万人。到2020年，58个贫困县(市、区)和17个插花型贫困县(市、区)55%的贫困家庭适龄学生都能进入职业院校学习，就业率保持在90%以上；职业院校(职教中心)职业技能培训能力适应贫困地区技能型人才培训需求。①

专栏3-3 海南省教育精准扶贫对象范围

海南省规定扶贫范围包括该教育厅定点帮扶的六弓乡奋发村47个贫困户；需要通过教育文化扶贫家庭5186户，共16456人；全省47.7万建档立卡贫困家庭的学龄人口。海南省将目标设定为到2018年，定点帮扶的奋发村47个贫困户全部脱贫。需要通过教育文化扶贫家庭5186户、共16456人的适龄人口接受完整的三年初中、高中或中职教育。47.7万建档立卡贫困家庭的基础教育学龄人口全部入学，家庭经济困难的在校学生得到全面资助。到2020年，脱贫农户的增收能力进一步提升，脱贫成果进一步稳固。全省47.7万建档立卡贫困家庭的基础教育学龄人口全部入学。2020年年底前贫困地区的学前一年教育全面普及，义务教育入学率100%；学前三年教育毛入园率、义务教育巩固率、高中阶段教育毛入学率接近全省平均水平。全省47.7万建档立卡贫困家庭的在校学生实行全程资助。2018年年底前健全家庭经济困难学生资助政策体系，实现从学前教育到高等教育的学生资助全覆盖，确保不让一名家庭经济困难学生因贫失学和因学致贫。村定向培养300名师范类免费生；每月继续为艰苦边远地区教师发放400元生活补贴；每年建设1200套农村教师周转宿舍。2018年年底前完成全省2580所义务教育学校"全面改薄"任务。2020年年底前促进贫困地区学前教育、中等职业教育和普通高中教育办学条件明显改善，基本达到国家标准。

资料来源：海南省教育厅关于印发《海南省教育精准扶贫行动计划(2016—2020年)》的通知[EB/OL]. 搜狐教育网，2016-07-28. http://learning.sohu.com/20160426/n446365483.shtml.

---

① 甘肃省教育厅省扶贫办关于精准扶贫教育支持计划的实施方案[EB/OL]. 中国兰州网，http://news.lanzhou.cn/system/2015/06/30/010871324.shtml.

从各省市出台的教育精准扶贫相关方案、计划锁定的对象范围看，在精准扶贫对象方面各省市目标清晰，方向明确，都根据自身的经济文化背景和教育发展状况准确定位了教育扶贫对象及具体实施范围。扶贫对象精准到具体村、县、农户，贫困人口具体数目，部分情况如表 2-3 所示，涉及贫困家庭儿女、需教育培训的贫困人员以及贫困地区教师，范围覆盖学前教育、义务教育、职业教育、高等教育各个阶段。各省市、地区教育精准扶贫的目标明确清晰，都能做到分阶段、分内容精准规划，目标落实到教育精准扶贫的人口数量、入学率、就业率及资助覆盖范围、具体金额。各省市教育精准扶贫实施计划关于扶贫对象、范围以及具体目标的明晰规定为教育精准扶贫工作的开展打下了坚实、可靠的基础。

表 3-3　　部分省份精准扶贫计划惠及贫困人口数量(万)

省份	湖北	海南	宁夏
贫困人口	76.6	47.7	58.12

(2)教育精准扶贫的实施主体。教育精准扶贫工作在具体的实施过程中，各省市规定了不同的实施主体和工作责任机制。实施主体大都包括教育、扶贫、财政等各个部门，部分省市成立了专门的工作小组开展相关工作，如表 3-4 所示。

各省市的规划中，教育扶贫工作的开展主要由教育部门领头，协同扶贫部门、财政部门开展工作，大部分省份由财政部门负责资金筹措、资金分配下达和资金使用监管，其他部门工作安排稍有差异，广西由教育部门负责会同同级扶贫、财政部门制定教育精准扶贫工作方案，扶贫部门负责扶贫对象的识别和动态管理、扶贫培训管理及扶贫补助资金发放。各级学校负责家庭经济困难学生信息载入管理。

贵州省教育部门负责组织资助对象的资助申请、审核、资助资金发放等；扶贫部门负责精准确定资助对象；人力资源社会保障部门负责组织就读技工学校的资助对象的资助申请、审核和资助资金发放等工作。

甘肃省教育厅负责制定学前教育、义务教育和职业教育等方面精准扶贫工作方案。省发改委将贫困地区农村学前教育、义务教育、职业教育发展纳入全省国民经济社会发展规划和相关专项规划。省编办、省人社厅负责贫困地区农村幼儿园、中小学师资配备工作。此外，湖南省工作的开展联合了发改委、公安厅、省农委等部门。

部分省市成立了专门的工作小组开展工作。例如海南省、宁夏自治区成立教育精准扶贫工作领导小组，省教育厅建立厅领导班子，市县教育局成立教育精准扶贫工作小组，实行领导负总责的扶贫工作责任制，同时协同扶贫办共同开展工作。两种工作开展的实施主体组织形式各有所长，各省市根据自身领导、管理特征明确实施主体，精准分工。

表 3-4　　部分省份教育精准扶贫工作开展部门

省份	方案实施部门
广西	各级教育、扶贫、财政
贵州	教育、财政、扶贫、人力资源社会保障等
湖南	省教育厅、省发改委、省财政厅、省扶贫办、省人社厅、省公安厅、省农委等
甘肃	省教育厅、省发改委省财政厅省编办、省人社厅
海南	教育精准扶贫工作领导小组
宁夏	教育厅成立由厅主要领导为组长的教育精准扶贫工作领导小组

在教育精准扶贫工作的规划中，各省市都能根据自身的情况划定实施主体，并对各部门工作进行细致部署，在此基础上，制定相应的责任机制，部分省市成立了专门的工作小组。实施主体和工作机制的严密制定为教育精准扶贫工作的开展奠定了坚实的基础，尤其是专门工作小组的建立能极人提高工作的效率，推进扶贫工作的迅速开展。

(3)教育精准扶贫实施措施。各省市根据自身教育发展状况制定了教育精准扶贫的具体实施措施，进行分析发展，大部分省市的实施措施从初级教育、高级教育、职业教育、特殊儿童教育入手分别实施精准扶贫计划。

具体措施包括：普及完善学前与初级教育。大部分省市教育精准扶贫计划中都实施了学前教育的学校建设、设施配置和教师配置的完善措施，并规定在具体规划上向贫困地区倾斜，加大贫困地区学前教育免费力度，力图所有的贫困人口都有幼儿园上。例如，宁夏自治区实施学前教育普及提高行动以及政府购买岗位方式为农村幼儿园配齐教师的方案。湖南省实施贫困地区基础教育发展工程。甘肃省主要实施扩大贫困家庭子女接受学前教育、义务教育机会。扩大贫困地区农村学前教育资源；加大贫困地区学前教育免费力度，有实际需求的贫困村新建、改扩建幼儿园，满足贫困家庭适龄幼儿入园需求，着力解决贫困地区农村幼儿“无园上”的问题。海南省扩大贫困地区学前教育资源。加快完善贫困地区学前教育公共服务体系，帮助农村贫困家庭幼儿接受学前教育。

扩大中高级教育范围，进行财政投入改善薄弱学校的办学条件，支持高等教育向贫困地区倾斜，保障贫困人口有能力有条件接受更高程度的教育。甘肃省扩大贫困家庭子女接受学前教育、义务教育和职业教育的机会。加大义务教育薄弱学校改造的财政投入力度。海南省高中教育继续实施普通高中基础能力建设。支持各市县普通高中学校建设，着力加强薄弱高中教学及辅助用房、体育场地建设和教学仪器设备配备。宁夏自治区实施高等教育培养质量提升行动。充分利用各高等学校人才和科技优势，在贫困地区开展人才培训、智力帮扶、学生支教等方面发挥积极作用。湖南省实施高等教育服务能力提升工程；实施高等学校科技扶贫攻坚计划；加大面向贫困地区招生倾斜力度；支持省属高校干部驻村帮扶工作。

发展职业教育，统筹职业教育资源配置，支持职业教育事业发展，鼓励职业院校建设优势专业，支持鼓励贫困人口接受职业教育。宁夏自治区职业教育技能富民行动。指导贫困地区统筹规划区域职业教育布局，统筹安排职业教育产教融和工程和自治区职业教育专项经费。支持职业院校建设好特色优势专业，满足地方产业发展与扶贫开发需要。积极引导未升入普通高中和高等学校初高中毕业生接受中等职业教育。甘肃省以建档立卡的贫困家庭为重点，所有贫困家庭中职学生享受免学费政策。对贫困县(市、区)进入省内高职院校的贫困家庭学生免除学费和书本费。海南省加快全省中等职业学校布局调整，支持贫困地区市县办好市县职教中心，有条件的市县办好一所标准化中等职业学校。优质中等职业教育资源特别是招生计划向贫困地区、贫困家庭倾斜，选择就业前景好的专业，单列计划，针对建档立卡贫困子女招生，让未升入普通高中贫困人口中的初中毕业生和未升学的高中毕业生都能接受优质免费中等职业教育。

关爱特殊儿童教育需求，发展完善特殊教育，建立特殊儿童个性化的教育方案，鼓励特殊儿童接受教育。宁夏自治区特殊困难儿童关爱行动完善教育教学设备和康复设施，支持县级特殊教育学校或特殊教育资源班建设，建设好宁夏特殊教育中等职业学校，构建布局合理、学段衔接、普职融通、医教结合的特殊教育体系。健全农村留守儿童关爱体系，完善家庭、学校、基层组织、政府和社会力量相衔接的留守儿童关爱服务网络，对建档立卡贫困家庭留守儿童跟踪接力帮扶。农村寄宿制学校优先满足留守儿童就学、寄宿需求。学校注重对农村留守儿童心理健康教育和亲情关爱，促进留守儿童健康快乐成长。湖南省实施特殊教育提升计划。实施“一人一案”，安排未入学适龄三类残疾儿童少年接受教育，通过特殊教育学校、普通学校随班就读、送教上门等措施，切实提高三类残疾少年儿童入学率。

从提升完善整体教育水平方面入手开展教育精准扶贫工作。

具体措施包括：发展贫困地区教育，促进教育均衡化发展。保障贫困地区学校校舍、教育设施、图书、生活设施以及师资力量达到基本均衡水平，推进教育贫困地区的发展。宁夏改进教学方式方法，办好每一所学校，切实提高贫困地区乡村小学教学质量，实现所有县(区)县域内义务教育均衡发展目标。海南省推进全省县域义务教育均衡发展，教育均衡加快贫困地区义务教育薄弱学校建设。

鼓励各级学校发展自身特色。建设优质化、个性化的教育体系，推进人才培养模式的多样化，促进学生全面个性发展。根据自身特长更好接受教育，取得职业发展。以此推进贫困地区教育事业的发展和贫困地区个人教育素质的提高，切实推进教育扶贫工作的开展。湖南省促进普通高中特色发展，充分发挥省级示范性普通高中辐射带动作用。建立健全职业院校专业动态调整机制，支持区域内各市州重点建设3～5个特色专业群，每所高职院校重点建设好2～3个特色专业群、3～5个特色专业，每所中职学校重点办好1～2个特色专业群、2～3个特色专业，努力提高区域内职业院校核心竞争力；重点支持一批传承民族文化、民族技艺的专业建设。

加强贫困地区教师队伍建设。通过对贫困地区教师职称评聘、培训进修、评先选优等方面给予倾斜；制订符合基层实际的教师招聘计划引进教师；提高贫困地区教师的生活补助；加大农村教师周转宿舍建设力度；鼓励退休教师到贫困地区学校进行支教；实施“国培计划”和“区培计划”向贫困地区倾斜政策；推进城乡校长、教师的交流轮岗等具体措施实现对教育贫困地区的扶植。宁夏自治区乡村教师素质提升行动。对乡村学校教师在职称评聘、培训进修、评先选优等方面给予倾斜。鼓励退休教师到贫困地区乡村学校支教。逐步提高 9 县（区）乡村义务教育学校教师生活补助标准。加大农村教师周转宿舍建设力度。继续实施国家和地方农村义务教育阶段教师特设岗位计划，制定符合基层实际的招聘引进办法。“国培计划”和“区培计划”向贫困地区倾斜。湖南省实施贫困地区教师队伍建设工程。加大农村教师公费定向培养力度；健全农村教师补充机制；完善教师培训制度；改善教师待遇。甘肃省强化对贫困地区教师队伍培养培训的政策支持。对贫困县（市、区）的乡村学校教师在职称评聘、培训进修、评优提职等方面进行倾斜；向贫困县（市、区）乡村义务教育学校教师发放生活补助；按照省、市、县 3∶3∶3 的原则，为贫困地区农村幼儿园每班配备 2 名专任教师、1 名保育员；继续实施“国培计划”和“省培计划”；合理配置教师资源，保证城乡教师、校长合理流动；加大贫困地区职业院校“双师型”教师培养力度。海南省加大农村教师培养培训力度。推进“国培计划”海南省项目的改革创新，拓展省级统筹乡村教师补充渠道。加大国家农村义务教育阶段学校教师特设岗位计划实施力度。实施乡村教师定向培养计划，推进城乡校长、教师的交流轮岗。保障贫困地区教师待遇。

从加强信息化建设方面入手开展教育精准扶贫工作。利用信息手段将优质资源输送到贫困地区，将信息化基础设施纳入学校办学条件，优先开展贫困地区教育行政干部信息化管理能力培训，提高学校信息化管理的标准化、规范化水平。加强贫困地区学生学籍、资助等重要基础信息管理系统的应用。宁夏实施教育信息化扶贫助推行动，加快贫困地区教育信息化建设进程，大力推进“互联网＋教育扶贫”，利用信息手段把优质教育资源输送到贫困地区让贫困地区学生共享优质教育资源。湖南省实施贫困地区教育信息化建设工程，加快贫困地区教育信息化基础条件建设，完善教育信息化建设县域整体推进机制，推进贫困地区教育管理信息化建设，优先开展贫困地区教育行政干部信息化管理能力培训，提高学校信息化管理的标准化、规范化水平。加强贫困地区学生学籍、资助等重要基础信息管理系统的应用。甘肃省加强教育信息化建设步伐。到 2017 年，宽带网络覆盖 58 个贫困县（市、区）和 17 个插花型贫困县（市、区）所有中小学和教学点，“班班通”建设覆盖所有班级，让贫困地区学生享受到优质数字教育资源。海南省大力推进“互联网＋教育扶贫”，将信息化基础设施纳入学校基本办学条件，提高学校网络化教学环境建设水平。加强优质数字资源的开发和应用，推广“同步课堂”建设与应用。

从学生角度入手推进精准扶贫。对学生进行更多的资助：对确实贫困的学生，除享受国家普惠性资助政策外，还设立教育精准扶贫的其他资助优惠措施，并实施相应的学费、书本费减免措施，建立健全学校综合保险方案，提高贫困地区学生学习保障水平：提高贫困地区学生健康水平。加大力度支持贫困地区学生供餐条件，加强科学配餐及食品安全管理，抓好贫困地区学生营养健康检测，以切实保障贫困地区学生的生活学习。海南省提高贫困地区学生健康水平：抓好农村学生营养健康状况监测，加强科学配餐指导和学生营养健康教育，提高农村学生营养健康水平。湖南省推进“片区”农村义务教育学生营养改善计划：建立学生营养监测网络，加快片区县农村义务教育学校伙房或食堂等生活配套设施建设，加强食品安全管理，切实提高学生的健康水平。对贫困地区实施专项招生，确保贫困地区学生享有教育的机会。积极争取高校向贫困地区的专项招生计划、实施高职院校在贫困地区单独测试和推荐直升措施，对建档立卡的贫困家庭学生单独划线使贫困家庭学生有更多的机会接受优质高等教育。甘肃省精准对接贫困家庭脱贫需要和贫困地区发展需求开展招生扶贫：积极争取国家部委所属高校和外省省属重点高校面向贫困地区的专项招生计划；实施省内高职(专科)院校在贫困县单独测试和中职应届毕业生推荐直升招生计划；积极支持省属医学院校加大定向培养农村全科医生的力度。海南省进一步增加建档立卡贫困家庭孩子接受从义务教育到高等教育优质学校的机会：省属中学、中职学校和各市县重点学校每年安排一定数量的计划面向建档立卡贫困家庭定向招生。海南省专项招生继续实施少数民族预科班(每年120个)和本科高校(不少于500个)面向贫困地区定向招生专项计划，使贫困家庭学生有更多的机会接受优质高等教育。宁夏自治区高等教育培养质量提升行动：积极争取国家部委和区外省属重点高校增加投放的农村贫困地区定向招生专项计划和农村学生单独招生计划；加大区属农村专项计划实施力度，逐步增加招收农村学生专项计划数量；积极支持宁夏医科大学定向培养农村全科医生；鼓励区内高职院校在分类考试招生中面向贫困地区单列计划定向招生；建立贫困地区保学机制，建立健全贫困地区义务教育阶段辍学预警机制和督查制度，广泛宣传《义务教育法》，抓好贫困生的劝学工作，根据实际情况解决贫困地区上学过程中的住宿、路途远等困难。湖南省实施贫困地区控辍保学工程：建立健全贫困地区义务教育阶段学生辍学预警机制和督查制度。加强督查，采取切实措施巩固和提高当地义务教育阶段学生入学率和完成率。开展贫困地区控辍保学工作，贫困地区要针对学生因家庭经济困难或厌学导致的辍学和流失问题，进村入户摸底，建立健全贫困家庭的文化户口制度。抓好贫困生的劝学工作，加强教育执法，依法推进控辍保学。对贫困生实行入学通知书、学生流失监控和辍学生返校通知书制度。通过慈善助学、基金助学等多种途径对贫困生广泛开展助学关爱活动。海南省继续推广思源实验学校和思源拓展学校模式，重点推进农村中小学标准化和寄宿制学校建设，增加乡镇普通中小学校的寄宿床位，解决学生上学路途遥远和安全等问题，防止辍学，巩固提高九年义务教育水平，改变农村边远地区的教育落后面貌。对贫困地区学生就业帮扶，引导学生合理就读学校、专业，帮助学生树立正确的就业观；开展有针对性的职业生涯设计、职业规划指导、创业教育培训；优先推荐和帮助贫困家庭毕业生就业创业；建立完善少数民族和家庭贫困毕业生就业服务平台和工作平台。

从具体扶贫方式入手推进教育扶贫。推动贫困地区扶贫培训：建设职业培训基地，按照不同人群对于产业培训的不同要求，通过送培训、集中办班、现场实训等形式开展各类技术技能培训工作；对建档立卡的贫困户实施培训补助、免费培训确保贫困者都能享受到需要的专业技能培训；利用互联网信息技术，构建完善的现代职业农民教育网络。执行精准的结对帮扶制度。各省市的实施计划中都有结对扶贫的方式，通过定点定向对贫困人员进行负责到人的帮扶，通过干部负责贫困户子女对接扶贫并进行全程跟踪的方式开展精准扶贫；通过名校、优秀学校与贫困地区学校的对接，教师与教师、学生与学生、教师与学生等对接方式，实现教育的结对帮扶。发挥高校在教育精准扶贫中的作用：各省市都以高校作为媒介联动教育精准扶贫，各高校通过结对帮扶的方式对贫困地区或者贫困学校给予帮助。多数高校都成立了专门的对口扶贫工作小组，对贫困地区开展实地调研，通过学生社会实践、专家教师挂职、科研项目开发、招生优惠等方式对贫困地区开展教育精准扶贫工作。

(4)教育精准扶贫的保障措施。各省市在工作计划中为确保教育精准扶贫工作的顺利开展，都制定了相应的保障措施，大致从以下几个方面展开：一是部门协同合作，多部门分工和成立专项小组，教育、扶贫、财政部门和各类学校密切配合，加强沟通，做到优势互补、信息共享，建立联席会议制度，共同研究解决存在的问题，保障教育精准扶贫顺利实施。二是建立责任机制，层层签订责任状，实行包保责任制，结合当地实际，制定教育精准扶贫工作方案，明确目标任务、改革举措、保障措施和责任分工，将包保责任落实到具体人员，帮扶对象落实到具体学生，建设项目落实到具体学校，工作任务落实到具体年度。通过层层包干，确保每所薄弱学校有扶贫联系人，每个贫困家庭学生有帮扶责任人，一包到底。三是建立信息、档案管理，人力资源社会保障部门建立教育精准扶贫学生资助信息化管理，扶贫部门充分利用扶贫管理信息系统，及时建立、更新和维护受助学生信息，教育、人力资源社会保障部门建立完善学生资助系统，掌握农村贫困学生就读信息，提供准确可靠的相关资助数据，将相关资助申请、评定、审批、公示和资金发放凭证等资料整理归档，分年度建档备查。四是建立资金保障和监管措施，保障资金的合理使用方式。

(5)教育精准扶贫的监管措施。教育精准扶贫需要投入大量的资金，如何将这些资金投到刀刃上，投出效果，监管很关键。资金监管部门要监管资金的使用，审计部门要加强对教育资助资金和扶贫专项资金的监督管理，确保专款专用、专账核算。要建立资金使用公告公示和举报投诉制度，杜绝弄虚作假及套取、挤占、挪用、滞留国家财政资金行为。各级教育、财政、扶贫、人力资源社会保障部门也要切实加强对资助资金的管理，对资助资金实行分账核算，专款专用，每年对资助资金使用情况进行及时清算；要主动与纪检监察、审计等有关部门密切合作，自觉接受检查监督。对于挤占挪用资金、弄虚作假套取资金等违法违规行为，按照有关规定予以严肃处理。

监管的重点要放在资金使用、项目进展、工程质量、工作成效等方面，在检查的基础上建立检查报告制度；上级部门还要派出检查组、聘请第三方机构等方式进行抽查，建立通报、约谈、督办、联动机制，合理使用抽查结果。并且建立信息公开制度，各级教育行政部门通过当地媒体、部门网站等渠道，向社会公开教育扶贫资金安排、工作进展等情况，接受社会和群众监督。强化责任追究制度，对弄虚作假、套取骗取或违规使用扶贫资金的，严肃依法依规处理。

(6)调动社会力量参与教育精准扶贫。贫困及教育扶贫不仅仅是政府的责任，更是整个社会的责任，教育精准扶贫没有社会力量的支持和参与，是很难取得成功的。因此，鼓励支持教育基金会等公益组织参与教育扶贫工作，引导各类企业、社会团体、非政府组织和有关国际组织在贫困地区开展捐资助学活动。鼓励共青团、妇联、工会和各类社会团体有序组织志愿者到贫困地区扶贫支教、培训当地技术技能人才。鼓励高等学校加强扶贫理论和政策研究，为扶贫开发科学决策提供依据。把扶贫纳入基本国情教育范畴，加大教育扶贫宣传力度，营造全社会参与支持教育扶贫的氛围。

专栏 3-4　教育精准扶贫，各地频出新招

宁夏实施学前教育普及提高行动以及政府购买岗位方式为农村幼儿园配齐教师的方案。湖南省实施贫困地区基础教育发展工程。甘肃省的主要措施是扩大贫困家庭子女接受学前教育、义务教育机会。

广西实施优先享受教育资助政策。教育资助建档立卡贫困户子女在校就读期间，除享受国家普惠性资助政策外，还优先享受其他资助政策并建立资助标准动态调整机制，根据经济社会发展水平和物价变动情况调整具体资助金额。宁夏贫困学生资助惠民行动：建档立卡贫困家庭学生在优先享受现行资助政策的基础上，实施倾斜资助政策。贵州省教育精准扶贫学生具有全日制学历教育正式学籍和户籍的农村建档立卡贫困户子女享有以下优惠政策：①普通高中“两助三免(补)”；②中职学校“两助三免(补)”；③普通高校“两助一免(补)”。湖南省推进家庭经济困难学生精准资助：按照精准扶贫要求，完善农村义务教育困难寄宿生生活费补助政策，加大普通高中家庭经济困难学生的资助力度，实施好中等职业学校学生国家免学费和助学金政策。海南省 2018 年年底前健全家庭经济困难学生资助政策体系，实现从学前教育到高等教育的学生资助全覆盖。

广西定人定向结对帮扶：根据学生学籍信息管理系统建立学生资助管理信息系统，对贫困户子女享受资助情况进行全程跟踪，确保其获得有效资助，完成学业，实行定人定向精准帮扶。执行定点帮扶制度，落实县、乡两级干部定人、定向联系的帮扶责任，每位干部负责联系若干名贫困户子女，全程跟踪，直至其完成学业和就业。宁夏自治区教育扶贫结对帮扶行动：实施学前教育结对帮扶、义务教育结对帮扶、普通高中结对帮扶以及职业教育结对帮扶。动员大学生与贫困村的贫困学生建立“一对一”长期帮扶关系。建立教师“一对一”对

口帮扶农村留守儿童的工作机制。支持社会团体、非政府组织、企业开展关爱农村留守儿童结对帮扶活动。湖南省实施校校结对帮扶工程：选取省内中心城市(城区)学前教育、义务教育、普通高中优质学校与贫困地区对应学段学校开展校校结对帮扶工作。量身定做一批优质网络在线课程资源，进一步促进贫困地区职业院校共享全省优质职业教育资源，推动贫困地区职业教育整体水平提升。海南省建立贫困家庭毕业生“一对一”“多对一”帮扶机制，点对点做好贫困家庭毕业生就业创业帮扶。

武汉理工大学成立扶贫与对口支援工作领导小组深入受援地调研，通过学生暑期实践、青年教师挂职扶贫等措施，下移帮扶重心，同时大力推进科研项目扎根贫困区。中国海洋大学成立扶贫工作小组，在符合国家招生政策的条件下，给贫困地区招生政策优惠，派出研究生支教团成员支教，组织大学生暑期社会实践、志愿服务团队开展调研考察。华中科技大学成立扶贫工作领导小组，赴扶贫地区调研走访、指导开展工作。组织专家团队，制定帮扶规划。上海财经大学通过电商、“互联网＋”等手段对口支援。互联网＋农业，助力高原农产品销往全国；互联网＋文化，助力哈尼古歌继承传播；互联网＋旅游，助力当地旅游转型升级。陕西师大与甘肃临夏州签署“美丽园丁”计划，与当地 10 所中小学校建立合作伙伴关系，帮助其制定发展规划，提升基础教育管理水平和办学治理能力。中国农业大学以联盟合作形式，带动全国 43 所高校的涉农学院到国家扶贫工作重点县和集中连片贫困区的村庄社区开展学生社会实践。西南大学对口支援贫困地区大学，帮助受援学校提升办学质量。组织专家教授深入贫困地区开展专业培训等活动。深入调研，为贫困地区脱贫致富提供规划和咨询。

湖南省规定要加大教育扶贫资金保障力度。积极争取中央财政支持，加大贫困地区教育扶贫投入力度。加大教育经费统筹，逐步提高可用财力、贫困人口等因素在教育经费分配的比重，教育专项转移支付增量资金向贫困地区倾斜，向扶贫开发任务重的地区倾斜，着力改善贫困地区学校的薄弱环节、基本办学条件，加大建档立卡贫困家庭助学补助力度。加强监督检查，定期开展审计监督，运用信息化技术手段加强教育扶贫项目与资金的动态监管，坚决查处挤占挪用、截留和贪污教育扶贫资金行为。海南省切实加大教育精准扶贫投入。省教育厅配合做好扶贫项目和省级财政的总体规划，统筹中央、省级财力向教育脱贫任务较重的市县、地区和定点村倾斜，打好教育脱贫歼灭战。市县教育行政部门要进一步调整教育经费支出结构，集中财力向扶贫对象精准发力。完善教育扶贫项目和资金的分配、使用、立项、审批、实施、绩效评价等具体操作规程以及公示公告制度，健全群众监督、社会监督、审计监察等监管机制。

3.2.4 教育精准扶贫工作实施过程中的困境

中央政府出台了一系列教育精准扶贫的政策，这些政策体现出以下特点：

一是突出了“点面结合”的政策与举措。将教育扶贫政策精准对接贫困村、贫困户、贫困人口，让政策既关注到“点”，也覆盖到“面”。在“点”上，力争在教育扶贫方面让贫困群众增加认同感、获得感和幸福感，各免费和资助的政策突出精确到人，乡村教师各项待遇保障精准到人，各类招生扶持政策精准到人。在“面”上，力争改善办学条件，让贫困地区的整体教育水平上台阶，农村幼儿园新建改扩建覆盖到“贫困村”，义务教育办学条件改善落实到“薄弱校”，贫困地区教师培养培训体现“多元化”，贫困家庭劳动力技能培训实现“网络化”。

二是凸显“同频共振”的责任与监督。在教育精准扶贫过程中，能够落实责任分工，强化监督检查，构建了“上下衔接、左右联动、加大倾斜、合理推进”的工作机制。分三个层面明晰了教育精准扶贫的责任：省直相关部门的责任、市(州)级政府责任、县(市、区)政府责任，三级责任落实到位，各项任务举措就能精准推进。

三是突破“大水漫灌”的定式与惯性。为了让每一个举措、政策都能够惠及贫困群众，突出“精准”：精确对接贫困信息，精确对接主要措施，精确对接任务节奏，精确对接考核评估。①

我国教育精准扶贫工作尚处于起步阶段，各级地方政府均是在过去扶贫工作经验的基础上开展精准扶贫工作，实践经验不足，在实践中既取得了初次成效，又凸显出以下几个方面的问题：

---

① 陈保平. 发挥教育在甘肃省精准扶贫中的基础性、先导性作用[J]. 中国民族教育，2016(5)：28-30.

第一，教育扶贫政策针对性仍需加强。各地区在制定教育扶贫政策包括项目确定和资金安排过程中，更多注重统一目标、统一项目、统一标准，注重区域差距和实际需求的程度不够，对贫困程度深的区县和学校在项目和资金安排上力度不大，教育精准扶贫差距较大，造成扶贫项目效益难以实现最大化，教育扶贫的精准程度受到影响。根据梁文政[①]的研究，主要表现在：贫困区县的贫困学校实施的扶贫项目少，补助标准低。由于贫困区县财力有限，无法自主实施扶贫项目，一些市级以上扶贫项目的配套资金难以落实，要么无法及时开工，要么负债建设，学校办学条件无法及时有效改善；教师扶贫项目力度不够。贫困区县区域内教师交流项目既无资金支持，也无编制、职称政策保障，导致区县在推进教师合理流动，解决农村边远贫困学校师资紧缺、结构矛盾突出等问题时束手无策。

第二，扶贫对象需进一步精准识别。目前，大部分地区学生资助对象已从学前幼儿覆盖到义务教育、高中教育等各个阶段，形成了较为完善的保障体系。但忽视了不同家庭收入水平的差距，未完全实施"一户一策"的精准扶贫原则，致使部分较困难贫困户即便得到国家资助，也难以从根本上解决因教致贫、因教返贫问题，而一些不太贫困的贫困户或者脱贫户仍然享受资助。此外，农村薄弱学校因校情各异，需求也就不同，而在扶贫过程中差异性还有待提高。农民素质偏低增加了精准识别难度。农民的文化素质低，思想觉悟有偏差，政策界限把握不准，给精准识别增加难度；群众对贫困识别工作不了解，对精准扶贫的目标和要求不明确，造成有些家庭对入户调查工作不支持，严重影响精准识别工作推进。

第三，贫困人员档案管理制度需进一步完善。有一些地区没有形成完善的贫困人员档案工作机制，影响了贫困生资助工作科学有效地开展。即使有贫困人员档案管理机制，有些贫困人员对档案工作的重要性和必要性缺乏了解。加之我国腹地广阔，地域经济发展不平衡，贫困生致贫原因复杂多样，贫困生的相关信息和特征存在很大的差异性。这些原因都导致贫困生档案工作具有种类繁多、数量巨大、管理复杂的特点。而从事资助管理工作人员普遍缺乏档案理

① 梁文政．重庆市教育精准扶贫存在的问题及对策[J]．重庆行政(公共论坛)，2015(6)：23-25.

论知识和专业技能的培训，对规范贫困生档案感到力不从心。此外，多种因素影响了贫困生档案的真实性，例如难以精准对贫困生进行认定，贫困人员为获得资助夸大贫困程度。这就导致在实际工作中就会出现贫困生档案与实际贫困生人数、真实状况有出入的情况。贫困人员往往存在固态化管理，不能跟随学生贫困状况的改变而实时更新和修改，影响了精准扶贫目标的达成。

第四，扶贫措施需进一步协同统筹。随着经济社会的发展和全民济困意识的提高，各级各部门和社会各界都踊跃投入扶贫行列，从不同途径、以不同形式帮扶贫困家庭和学校。这在联合扶贫、形成教育扶贫巨大合力的同时也带来了一些问题。由于来自不同行业、不同群体的帮扶资金进出口缺乏协调，导致集中发力有余，而兼顾公平不足。例如媒体报道一些典型家庭和学校后，不同行业、爱心人士、企业家反复捐赠，而一些未被发现的家庭和学校只能享受国家层面的政策帮扶。此外，社会团体和个人横向扶贫缺乏监管，存在极大廉政和安全漏洞。

专栏 3-5 甘肃省环县教育精准扶贫工作报告

1. 项目建设方面

(1)行政村幼儿园项目：投资 1230 万元，对全县 10 个乡镇的 15 个 2000 人以上无幼儿园的行政村新建或改扩建村级幼儿园 20 所；共新建幼儿班 52 个，总建设面积 7371 平方米；配备教师 68 人，覆盖人口 36636 人，可满足 1899 名适龄农村儿童就近入园。

(2)“全面改薄”项目：完成 42 所土建类学校“全面改薄”建设任务，消除 D 级危房 35635 万平方米，配备“班班通”多媒体设备 474 套，总投资 7648.97 万元。多媒体设备由省上统一采购配置到校。

(3)农村中小学安全饮水工程：根据我县学校布局实际，规划对全县 260 所农村中小学购置电开水器 344 台，桶装立式饮水机 991 台。概算共需资金 199.9 万元，目前该项目已采购，正在为各校配备。

(4)教育信息化建设：借助省上实施“百兆光纤工程”和“百县宽带乡村工程”，利用“薄弱校改造”资金、“慧民工程班班通”项目，为全县 215 个贫困村所有中小学校建设校园网络和多媒体教室。今年投入资金 773 万元，为 45 所学校建设校园网络和“班班通”教室。

2. 学生资助方面

一是严格依照国家标准按时、全额下拨公用经费、营养餐资金，并结合实际对薄弱学校适当倾斜；全面落实了义务教育阶段“两免一补”及职专学生学费减免政策，全部免除课本、作业本费，加大对贫困户学生救助力度。资助贫困大学生 262 人(精准扶贫户 45 名)，落实资金 52 万元；资助高中贫困学生 5294 人，发放资助金 529.4 万元；资助中职学生 2876 名(精准扶贫户 788 名)，补助标准由每人每年 1500 元提高到 2000 元；为 4350 名中职学生免除学费，免费金额 435 万元；资助学前贫困幼儿 1228 名，落实资金 73.64 万元；利用“万名计划”资助贫困学生 140 名，资助金额 21.9 万元；办理生源地信用助学贷款 4369 人(精准扶贫户 1639 名)，落实资金 2556.69 万元。争取社会各界为学校捐赠电脑、学生眼镜、爱心包裹、现金等共计 333.5 万元。二是规范实施营养餐改善计划。农村义务教育营养餐食堂供餐模式运行良好，严格执行每生每天 4 元的国家标准，下拨营养餐资金 1864.4 万元，发放春季灶师工资 332.3 万元。

3. 教师队伍建设

2015 年，为 15 个 2000 人以上行政村的 21 所幼儿园、52 个幼儿班配备教师 68 人；为基层中小学配备音乐、体育、美术等学科教师 20 人，英语教师 87 人(公益性岗位 57 人)。截至 2015 年 10 月底，已发放艰苦边远学校教师生活补助 217 万元，惠及 237 所学校的 1820 名教师。2015 年，安排 245 名城乡优秀教师参与对口交流，涉及 79 所学校。2015 年，培训教师 900 名(乡村教师 623 名)，评选市县优秀教师 95 人(乡村教师 61 人)。

4. 贫困生信息采集与录入

摸排贫困家庭 31969 户、采集教育扶贫户级信息 21826 人，被精准扶贫大数据平台统计有效录入 21716 人，无效录入(错误、重复或未在大平台统计范围之内)110 人；采集教育扶贫村级信息 215 个，录入 215 个。建立贫困学生库(3～6 周岁、义务教育阶段、高中阶段及在校大学生)25176 人。完善了甘肃省大数据管理平台的各项数据信息的填报及阶段性汇报。

资料来源：环县 2015 年教育精准扶贫工作进展汇报. 环县教育信息网，http://www.gshx.net/Item/14813.aspx，2016-07-28.

>> 3.3 加快教育精准扶贫工作的建议 <<

为了实现我国脱贫攻坚目标，加快推进我国贫困地区发展，我们必须从阻碍教育精准扶贫的症结出发，着力开展教育精准扶贫，提高贫困家庭学生的自我发展能力、综合素质和竞争能力，增强贫困地区、家庭脱贫致富的内生动力，最终实现全面富裕。

3.3.1 树立教育精准扶贫的理念

教育扶贫是斩断贫困的根源，全面总结新中国成立后特别是改革开放以来中国教育扶贫经验，分类整理，提炼出成功的经验，并保持总体教育扶贫政策的延续性和一致性，认识到反贫困的复杂性，注重教育扶贫的系统性。教育扶贫不是一个新问题，促进教育公平是我国的基本教育政策；教育扶贫不是一朝一夕的事情，贫困地区可持续发展是一个长远目标。因此，既要保证旨在促进教育公平和教育扶贫的各项政策和工程项目的一致性，也要保证各项政策是否能够落到实处、不流于形式，保持政策延续性。同时也要充分意识到，教育扶贫不单纯是个教育问题，更是一个社会问题，是一项系统工程，需要教育系统内部和外部协同发力。通过发展教育为贫困地区经济社会发展助力，实现教育功能“外溢”这一理想目标的实现，需要充分考虑贫困地区的地理、经济、民族、文化特点，需要财政、制度等多项配套措施的有效保障，需要考虑国家和地方管理部门合作协调，建立起系统而有效的资源配置机制。

各级政府要加快完善教育精准扶贫的政策，尽快出台完善教育精准扶贫专项规划，由教育部门牵头，扶贫、发改、财政、民政、农业、移民、国土、建设、妇联、工会等部门共同参与，在深入调研区县、学校及特困家庭子女、弱势群体教育现状及需求的基础上，抓紧制定完善教育精准扶贫规划。规划要坚持问题导向，体现针对性、精准性、实效性，注重目前暴露问题的回应和解决，坚持定性与定量相结合，更加注重定量比对，明确贫困家庭和脱贫标准，便于准确摸清扶贫对象；要建立贫困家庭和学校档案，准确掌握学校和家庭受助情况，动态调整帮扶对象；要充分体现区域、校际、家庭差异性，按照实事求是原则，以需求为导向，差异化推进扶贫，防止同一化。

教育发展得困难，一个重要原因是教育扶贫的人才稀少，存量人才流失严重。贫困地区由于经济落后以及激励措施的缺乏，贫困地区教师的政策承诺与实际兑现存在差距，教师的工资待遇差，工作生活环境不好，导致大量优秀干部和教师通过遴选、调动等方式前往相对发达地区，乃至自主创业。这些都直接导致了贫困地区教育扶贫人才不足。因此应注重贫困地区教师的待遇福利问题，制定相关优惠政策留住教师，并抓紧调研制定教师交流轮岗职称配套改革政策，将教师从“学校人”变为“系统人”，促进教师校际之间合理流动，尤其是向边远农村学校流动。同时，由市级财政统筹，在兑现农村学校教师岗位生活补助的基础上，设立教师交流专项资金，切实提高教师交流支教积极性。

3.3.2 “精准识别”教育贫困对象

精准扶贫的最终目标是减少贫困人口，以县和村为目标的瞄准都属于区域性瞄准，不属于人口瞄准，研究表明，贫困县和贫困村中80%的人口往往都不是穷人，为了确保扶贫资源能到达真正的贫困户手中，就必须把扶贫瞄准目标下沉到户、到人。对落后地区、贫困户进行大规模的摸底调查，加强贫困信息化建设，建立贫困户档案数据库，适时进行信息跟踪，切实掌握贫困对象因何致贫，深入分析致贫的原因。要特别掌握贫困户是否是由于教育的原因导致的，导致教育缺失的原因又是什么，以此进行有针对性的扶贫措施，做到“精准识别”，有的放矢，防止贫困户精准识别的信息失真、方法无效、污名化等方面的挑战。只有把最贫困、最需要扶持的人识别出来，才能提高有限扶贫资源的使用效率，从而避免扶贫资源投放打偏跑漏。有的贫困地区探索出“五步识别法”，即按照农户申报、村民评议、政府调查、部门审核、张榜公示五道程序识别贫困户，并且对贫困户建档立卡，扶贫资源直接分配到建档立卡户头上。这种识别办法尽管还有待完善之处，不失为目前最适合中国国情的一种好方法。

3.3.3 借助云计算和大数据建立教育精准扶贫数据库

借助云计算和大数据等新兴信息技术，对每所学校、每个家庭受助情况数据及时采集，突破信息孤岛，建设动态精准、互联互通的教育精准扶贫数据库，通过大数据分析，准确识别扶贫对象，加强动态跟踪，为各级政府实施精准教育扶贫提供决策依据，提高帮扶效率。

提高认识，全面、系统、专业地做好贫困数据库建设，明确贫困数据库工作职责、文件归档范围、归档要求、保管及查阅利用流程等。保证贫困人员数据库的真实性，数据库建设应遵循规范流程，建立诚信机制，杜绝弄虚作假行为。对贫困人员数据库进行动态管理，根据贫困人员数量的增减、变化，适时调整资助对象或资助标准。不断丰富和充实贫困人员数据库，坚持全面、客观的原则，记录贫困人员家庭经济状况、学业情况、心理状态、人际关系、受资助状况、社会实践、义务服务等。

3.3.4 实施有针对性的精准扶贫措施

在进行“精准识别”的基础上，实施全方位的教育“精准扶贫”措施，重视个体性的致贫因素，探索针对贫困家庭的“订单式”教育扶贫。针对家庭具备劳动力，但缺乏技术技能或者产业知识的贫困户，组织农技校和职业学校的专业教师，实施“一对一”现代学徒制教学，帮助其结合自身兴趣和居住区域环境资源特点，掌握一至两项应知应会的专业技能，通过“三农”小贷引导其开发力所能及的项目并建立项目库，由相关专技师资指导其在“做中学”，通过项目快速脱贫致富；针对因残疾致贫的贫困户，采取“职特一体”式教育，即根据其年龄、残疾类型和程度，采取融入职业学校专业学习、在特殊教育学校学习职业技能、联合送教到家庭等不同形式，努力帮助其自理自立，减轻家庭负担，进而实现脱贫；针对居住在不适合居住地带的贫困户，组织师生反复深入家庭开展宣传教育活动，尤其是通过移民脱贫案例使其认识改变环境和改变命运的关系，提升改变处境的技能，从根源上改变“贫穷思维”方式，斩断贫困的根。同时要发挥好家长孩子联动教育的作用。在学校课程中开设认识乡土、脱贫致富课程，培养孩子的志气志向、知识技能和现代化观念以影响其父母，从而带动家庭整体脱贫。也就是说除根据贫困对象的具体情况，分析家庭贫困的原因，有针对性地进行职业培训、技能培训，努力培养有科技素质、有职业技能、有经营意识与能力的新兴知识化农民，引导贫困对象脱贫致富的同时也要对贫困对象子女实施教育资助和教育计划。为防止“贫困代际传递”，要通过多种途径和措施，保障贫困对象子女接受必要的甚至良好的教育。不断提高贫困地区职业教育对接能力，进一步支持贫困地区职业教育发展，根据贫困地区经济发展实际，贴近本地主导产业开展职业教育，将贫困地区职业学校学生的实训、实习纳入国有企业、合资企业、民营企业的精准扶贫攻坚计划，鼓励和增强企业与贫困地区职业学校的合作；密切与经济发达地区的人力资源联系合作，拓宽贫困地区职中学生出口通道。加强对特殊困难儿童群体的教育帮扶，给予他们更多的特殊关爱，适当扩大资助范围和提高资助标准，使所有贫困家庭适龄儿童、青少年能上得起学，对贫困地区特殊困难儿童还需要有针对性地制定特殊“兜底”扶持政策，适当扩大资助范围和提高资助标准；探索设立特殊困难儿童群体教育基金。

3.3.5　制定科学合理的精准扶贫评价机制

规范完善相关管理制度和机制，在实施精准扶贫过程中实施监督考核机制，制定合理的监督评价机制，是确保“精准扶贫”取得实效的根本保证。在教育精准扶贫过程中，切实做到思想到位、措施到位、教育培训到位、过程及实效到位。同时，对于敷衍了事、庸行懒政及不负责任的行为，要追究当事人和相关领导的行政和法律责任，给精准扶贫工作带上“紧箍咒”，确保教育扶贫取得实效，实现百姓富裕奔小康的目标。

建立定期检查制度：各级政府定期检查其所管辖区域各类教育项目实施情况。对教育项目实施情况进行抽查，重点抽查资金使用、项目进展、工程质量等情况，形成连续的监督评估体系。建立责任追究制度：各级政府对教育奖补资金实行专账管理、专款专用等政策，专项资金实行“谁使用、谁负责”的责任追究机制。重点强化预算管理、审计监督，对弄虚作假、套取骗取或违规使用奖补资金的，一经查实，追回资金，并予以通报，情节严重的按照有关法律法规进行追究与处理，及时发现并纠正不端行为。建立信息公开制度：各级政府按照财政预算公开的总体要求做好信息公开工作。通过当地媒体、部门网站等方式，向社会公示教育发展年度资金安排、工作进展等情况，并向上级主管部门定期汇报工作情况及具体规划。建立绩效评价制度：聘请具备资质的第三方组织对项目开工完工率、项目管理水平、资金落实情况、资金支出情况、财务管理状况、资源配置与使用效率等进行绩效评价，及时客观反映贫困状况、变化趋势和教育扶贫工作成效。

3.3.6 充分利用"互联网+"推进教育精准扶贫

"互联网+"已成为经济社会发展的新形态，并上升为国家发展的重大战略。众多传统行业在与互联网融合后都释放出了新的活力，"互联网+教育精准扶贫"也一定能够让教育扶贫迸发新的活力。从而真正实现由"输血式"扶贫到"造血式"扶贫的根本转变，切实提高贫困地区的素质，让贫困地区人民真正摆脱贫困，走上富裕。

构建城乡一体化学习共同体。政府、中小学、高校、企业通力合作，建设城乡一体化"数字学校"，虚实结合，以城带乡，城乡联动，打造城乡教育共同体。优化城乡教育资源配置，通过"同步课堂""专递课堂"等，解决乡村教师留不住和水平不够的困境，拉动农村学校的现代化发展，借助城市优良教育资源带动农村教育事业整体发展。

全面提升农村教师的信息素养。实施国家、省、县三级的"农村教师数字能力提升计划"，采取线上与线下相结合、在岗与脱岗相结合等多种灵活方式，有效提升农村教师的信息技术应用能力，使他们能够成功跨越"数字鸿沟"，不断深化信息技术在教育教学中的深层应用，更全面充分利用信息资源。

加强城乡教师及学生的进一步交流。发挥信息互联的优势，增进城乡学生的相互了解，互助互学，丰富农村学生的学习与生活；增进城乡教师的进一步交流，利用即时通信软件和教育博客、微信等，加强贫困地区城乡教师结对帮扶，促进农村教师专业发展。

加大财政投入，提供经费保障。为确保以上信息共同体的建设及其维系互动，在乡村学校硬件建设基础上，加大中央和地方财政投入，大幅提高中西部农村贫困地区学生信息化生均拨款标准，建立信息化扶贫的长效保障机制。

3.3.7 充分利用社会组织力量推进教育精准扶贫

教育精准扶贫是一个系统工程，是关乎全社会全国发展的共同事业，政府有职责，社会有责任，民众有义务。在中央和各级地方政府对教育精准扶贫都进行了大力投入，贫困地区及贫困学生的面貌不断改善。但当前在扶贫开发工作中还存在着“政府热、社会弱、市场冷”的局面，社会力量对精准扶贫的支持、支撑作用还没有充分发挥起来。因此，开展教育精准扶贫不能认为仅是政府的事、干部的事，而是要发动社会力量、各方面力量共同参与努力；不能光靠行政手段、行政力量来推动，还要动员和鼓励社会组织在专业行业领域发挥优势，依靠市场的力量、社会的资源来推动。

社会组织的有效参与，一是可以合作互联，互补“短板”。政府是教育精准扶贫的主要责任人，但政府不是万能政府，不可能面面俱到，在有些方面社会组织更加专业，更能发挥作用。让社会组织有效参与进来，可以有效促进精准扶贫的质量和效率。二是有助于经济结构调整，拉动贫困地区经济发展。更多社会组织投身贫困地区，本身就可以创造就业岗位，就是变“输血”为“造血”的有效途径，可以帮助贫困人口提高收入，可以释放贫困地区的市场潜力，帮助贫困地区人民脱离贫困。三是有助于引导社会力量扶贫潜能向贫困地区汇聚，有助于构建政府力量和社会力量有机结合的新的组织推动机制，促使各级政府、各个部门以及社会组织和其他社会力量，都能够把教育精准扶贫作为自身的重要职责，精准发力，进而形成一个教育精准高效的扶贫共同体。

各级政府在教育精准扶贫、发展农村教育的同时，可以与有经验、有能力的公益组织或具体的公益项目合作，引入社会组织的优质资源，借用他们成熟的经验；对投身公益教育事业的优秀人才给予鼓励和优待，对参与政府采购精准教育扶贫项目的社会组织志愿者进行补贴，并给与精神上的表彰和鼓励。当然，鼓励社会组织参与精准扶贫精准脱贫，奖励公益事业参与者还只是广泛动员社会力量参与精准扶贫的第一步，以此为开端，打造符合国情、省情的“政府主导、市场能动、社会参与”的扶贫工作新模式，还需要在充分发挥政府在扶贫工作中的主导和引领作用的基础上，积极转变思维，将政府由执行者变为规划者、组织者和服务者，通过政策强化、引导企业、社会组织和个人在扶贫工作中发挥支持、支撑功能，推进政府、市场和社会三者之间各司其职，协调发展，共同作用。

精准扶贫，贵在思路创新、方法创新，重在实效。精准识别教育扶贫对象，建立科学完善的贫困人员管理数据库，在此基础上针对不同的贫困特征采取相应的扶贫举措，在完善的监督和评价机制下开展工作。运用教育信息化突破地理阻隔与空间障碍，实现优质教育资源共建共享并借助社会组织推进教育扶贫，才能真正提升贫困人口素质，构建良好的教育环境和成长形态；才能真正缩小城乡教育差距，让贫困人口享受教育的阳光雨露。

参考文献

[1]杨定玉．精准扶贫背景下贵州民族地区教育的发展之路[N]．中国民族报，2016-01-29.

[2]谢君君．教育扶贫研究述评[J]．复旦教育论坛，2012(3)：66-71.

[3]战飚．推进教育扶贫是实现教育公平和谐社会的有效途径[J]．生产力研究，2005(10)：126-128.

[4]李有发．教育扶贫的现实依据及其对策[J]．哈尔滨市委党校学报，2006(2)：14-16.

[5]李慧．我国将实施精准扶贫十项工程[N]．光明日报，2014-12-25.

[6]梁文政．重庆市教育精准扶贫存在的问题及对策[J]．重庆行政(公共论坛)，2015(6)：23-25.

[7]黄萍．做好高校贫困生档案工作　助力教育精准扶贫[J]．四川档案，2016(2)：30-31.

[8]王永群．拔穷根：教育扶贫精准性需要立起来[N]．中国经济时报，2014-10-08.

[9]杨定玉．“精准扶贫”视角下的中国山地民族教育发展问题[J]．贵州师范学院学报，2016(2)：83-86.

[10]钟慧笑．教育扶贫是最有效、最直接的精准扶贫——访中国教育学会会长钟秉林[J]．中国民族教育，2016(5)：22-24.

[11]朱春先．本报专访赖明勇：破解农村教育扶贫[N]．法制周报，2015-03-14.

[12]杨定玉，秦红平．论教育“精准扶贫”[J]．亚太教育，2016(5)：112-113.

[13]四川政协网．关于充分发挥教育扶贫在精准扶贫中基础性作用的建议[EB/OL]．[2016-01-24]．http://www.sczx.gov.cn/system/20160124/000067327.htm.

[14]马敏．精准扶贫：教育信息化大有可为[J]．世纪行，2016(3)：15.

[15]刘红宇．与社会组织合作推进精准教育扶贫[J]．学会，2016(3)：21.

[16]若寒．精准教育扶贫，社会组织大有可为——访全国政协委员刘红宇[J]．中国社会组织，2016(6)：32.

第4章　就业扶贫，为贫困者创造就业机会

就业是民生之本，收入是民生之源。城市化建设以来，就业困难导致了社会贫困的蔓延，进一步恶化贫困者的贫困状态，最终使得贫困者雪上加霜。为解决失业致贫问题，近年来，中国政府聚焦于劳动就业和收入分配等民生领域，立足就业，转变观念，整合各方资源，逐渐探索出一条以就业扶贫为主、多种扶贫方式并举的扶贫攻坚新模式。尤其在"十三五"规划以来，首次提出就业创业助力精准扶贫的战略方针，明确指出"对有劳动能力的支持发展特色产业和转移就业，通过转移就业解决1000万人脱贫"的新目标。

为实现新目标，政府要始终坚持就业优先，进一步加强精准扶贫的理念创新、服务创新和管理创新，确保脱贫攻坚收获实效；要立足就业创业问题，用法治的权威保障扶贫工作制度化，用政策的篮子布局就业创业各项举措，用项目的落实确保就业扶贫精准运行；要结合劳动收入问题，深化收入分配领域改革，精准落实工资支付相关规定，精准社会保障服务建设，确保低收入者安心就业、正常就业、积极就业。

>> 4.1　就业困难使贫困者雪上加霜 <<

就业困难是扶贫攻坚最顽固的挑战之一。既是复杂的社会问题，也是严峻的个人问题，不仅导致社会贫困不断蔓延；也恶化了贫困者的贫困状态，这是实现积极就业和摆脱贫困的共同障碍，强烈影响了人民的幸福生活和社会稳定。

4.1.1 就业困难导致社会贫困蔓延

贫困在社会发展不同历史阶段有着不同的含义。从一般意义上看，贫困是指人的衣、食、住、行、医、教等需求得不到满足的生活状况。按照发生地域划分，可以分为农村贫困和城市贫困。20 世纪 90 年代以前，中国贫困更多地被看成一种农村现象，城市人口较少，所以城市贫困的严重性仍远小于农村。20 世纪 90 年代时期，随着经济、社会、政治等重大领域改革的深入，城市人口收入和实际生活水平发生了较大变化，贫富差距拉大导致城市贫困日益凸显。20 世纪末和 21 世纪初，中国城市居民收入下降，失业和下岗职工大量增加，社会保障体系建设相对落后，加剧了城市贫困。据此，近几年已有国内外学者将转型期出现的城市贫困称为中国"新贫困"，就业困难者已成为城市新贫困的主体。

现阶段，中国城市贫困群体主要包括四部分人员：一是国有企业改革和产业调整带来的失业群体；二是资源枯竭型城市具有正常劳动能力的居民；三是退休较早仅依赖退休金生活的老年人；四是流入城市的部分农村人口。尤其进入 20 世纪 90 年代以来，中国城镇居民中老、弱、病、残、寡等传统贫困群体缩小，贫困人口主要来自结构变迁催生的下岗职工、失业人员、停产半停产企业职工、一部分被拖欠养老金的退休人员为主的新贫困阶层，并且下岗或失业人员的家庭陷入贫困的可能性远远大于在职职工家庭。数据表明，2015 年城镇登记失业人数为 966 万人，城镇登记失业率为 4.05%(详见图 4-1)。①

由此可见，城市贫困群体失业问题不容小觑，具体表现为：

第一，下岗职工再就业难，非正规就业凸显。一方面，下岗职工本身年龄偏大、技能单一，竞争能力差，因此对就业服务培训的需求巨大。但是由于目前公共就业服务培训数量有限，所以仅有少部分下岗职工接受过再就业培训。另一方面，由于目前劳动力就业市场招聘和用工行为的不规范，存在劳资双方的欺诈、信息不对等，这对下岗职工的再就业产生了一定阻碍。基于此，大多

① 中华人民共和国人力资源和社会保障部. 2015 年度人力资源和社会保障事业发展统计公报［EB/OL］. http://www.mohrss.gov.cn/SYrlzyhshbzb/dongtaixinwen/buneiyaowen/201605/t20160530_240967.html，2016-05-30.

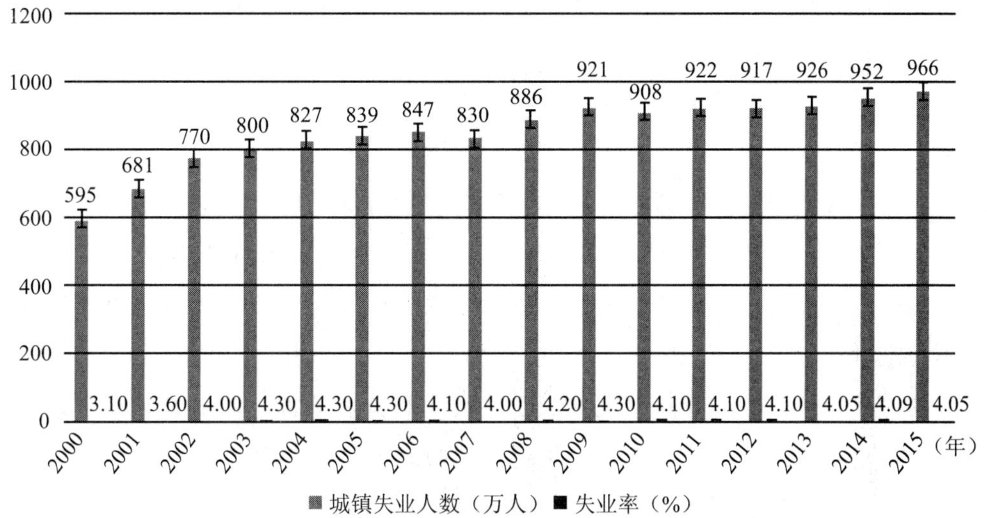

图 4-1　中国近五年城镇登记失业人数与失业率统计

资料来源：1. 2015 年数据来源于中华人民共和国人力资源和社会保障部. 2015 年度人力资源和社会保障事业发展统计公报，http://www.mohrss.gov.cn/SYrlzyhshbzb/dongtaixinwen/buneiyaowen/201605/t20160530_240967.html；2. 2000—2014 年数据来源于《2015 中国民生发展报告》，第 63 页。其中，柱状图中显示数据为失业率＊100 的形状。

数下岗职工(包括部分停产半停产企业职工)采取非正规就业形式，即家庭帮工、非正规部门和家庭部门中的自营劳动者、非正规部门中的雇主和从事非正规工作的雇员，收入水平较低。仅 2012 年，城镇非正规就业者高达 2.22 亿人，占城镇就业人口的 59.9%，非正规就业者比正规就业者平均小时收入少 8 元，平均每月工作时长多出 50 小时，月收入减少 1064.4 元。①

第二，失业人员消极待业。处于失业状态的主要是国有下岗职工及因经济性裁员及合同到期企业解除劳动合同的人员。失业人员由于与原单位割断了联系，对原单位已无依赖性，在巨大的就业压力下，往往心态消极，难以马上就业。

第三，低收入人员难以安心就业。由于目前劳动力就业市场尚未规范，低收入人员被恶意拖欠工资、克扣工资的案例仍层出不穷，导致低收入人员难以

① 张延吉，秦波. 城镇正规就业与非正规就业的收入差异研究[J]. 人口学刊，2015(4)：92-103.

安心就业，正常就业，这已经构成了社会稳定的重要隐患。在社会保障体系尚未完善的条件下，低收入人员生活将更加窘迫。

总体看来，在城市贫困群体中，部分人员属于持续性贫困，需要长期低保政策来兜底，短期内难以具备脱贫的能力。除此之外，部分人员属于暂时性贫困，只要能够实现就业，通过一段时期过渡，即可成功脱贫。对于第二类城市贫困群体，提供就业扶持是非常重要的。然而这类贫困群体大多缺乏就业技能，难以获得较稳定的职业，失业、不充分就业以及就业质量偏低，收入较低且不稳定。

农村贫困群体中也存在着大量的隐性失业和就业歧视。伴随着农民工进城的步伐，隐性失业逐渐显现化，但是就业歧视现象与日俱增。

第一，以农村大学生为例，一方面，各城市都在推行产业升级，造成高端产业吸纳大学生数量有限、低端产业工资不高。绝大多数农村大学生毕业于普通高校，难以进入高端行业。另一方面，飞快的城市化进程拉高了城市生活成本。许多刚毕业的大学生在城里还处于“蚁族”生存状况，对于那些家庭经济不宽裕的农村大学生来说，更为艰难。2014 年，中国青少年研究中心在北京、上海、广东、湖北等 10 个省份调研发现，从未就业率角度看，未就业大学毕业生更多来自经济发展相对落后的地区，其中城镇占 27.1%，农村占 25.7%，二者合计占 52.8%；而来自省会城市和直辖市市区的仅为 13.2%。[①] 除此之外，在就业质量上，目前社会上流行着两种比较基准：一种是基于用人单位录用人员的城乡差异；另一种是城乡大学生中的就业去向差异，由于扶贫基数的城乡差异会影响就业质量的城乡变化，据此我们选择前者。基于用人单位视角，2016 年西安交通大学人文社会科学学院院长、社会学家边燕杰教授在调研中发现，进入党政机关比例最高的是农转非大学生，其次是城市大学生；进入国有企业，比例最高的依然是农转非大学生；从收入看，年收入均值最高的是农转非大学生，为 61009 元，其次是城市大学生。由此可见，在就业质量上，并非农村大学生在就业市场上处处碰壁，毫无希望，但如若大学生未能实现农转非，贫困的标签会成为农村大学生的“绊脚石”，影响农村大学生的单位地位、职业地位、收入水平等，甚至陷入

① 肖欢欢. 农村未就业大学生是城市 4 倍[N]. 广州日报，2015-03-19.

更糟的境地。①

第二，对农民工而言，城市政府对农村劳动力的限制和歧视，导致该群体难以寻找到良好的就业机会，更多服务于制造业、建筑业、批发零售等重劳动力行业，工作辛苦，收入较低，形势好转但问题仍旧突出。据国家统计局数据显示（详见表 4-1），2015 年农民工在第二产业中从业的比重为 55.1%，比上年下降 1.5 个百分点。其中，从事制造业的农民工比重为 31.1%，下降 0.2 个百分点；从事建筑业的农民工比重为 21.1%，下降 1.2 个百分点。农民工在第三产业就业的比重为 44.5%，比上年提高 1.6 个百分点。从事批发和零售业的农民工比重为 11.9%，提高 0.5 个百分点；从事居民服务、修理和其他服务业的农民工比重为 10.6%，提高 0.4 个百分点。② 在劳动收入层面，《2015 年国民经济和社会发展统计公报》数据显示，2015 年城镇居民人均可支配收入 31195 元，比上年实际增长 6.6%；农村居民人均可支配收入 11422 元，比上年实际增长 7.5%；全年农村居民人均纯收入为 10772 元。由此可见，相比于城镇职工，农村劳动者由于就业机会欠佳，面临着低收入的巨大风险，更容易陷入贫困。③

表 4-1　农民工就业行业分布　单位：%

产业	2014 年	2015 年	增减
第一产业	0.5	0.4	−0.1
第二产业	56.6	55.1	−1.5
其中：制造业	31.3	31.1	−0.2
建筑业	22.3	21.1	−1.2

① 央广网．调查显示：农村大学生就业状况好于城市大学生[EB/OL]．[2016-05-21]，http://edu.qq.com/a/20160521/013820.htm.

② 中华人民共和国国家统计局．2015 年农民工监测调查报告[EB/OL]．[2016-04-28]，http://www.stats.gov.cn/tjsj/zxfb/201602/t20160229_1323991.html.

③ 中华人民共和国国家统计局．2015 年国民经济和社会发展统计公报[EB/OL]．[2016-02-29]，http://www.stats.gov.cn/tjsj/zxfb/201602/t20160229_1323991.html.

续表

产业	2014 年	2015 年	增减
第三产业	42.9	44.5	1.6
其中：批发和零售业	11.4	11.9	0.5
交通运输、仓储和邮政业	6.5	6.4	－0.1
住宿和餐饮业	6	5.8	－0.2
居民服务、修理和其他服务业	10.2	10.6	0.4

资料来源：国家统计局. 2015 年农民工监测调查报告.

第三，对失地农民而言，失地农民就业观念较为落后，就业能力较差，在严峻的就业竞争下，因为知识技能、能力素质差异，明显处于劣势，求职困难。目前中国政府对失地农民就业安置一般有三种形式，即通过政府有组织地向境内的重点工程建设单位输送劳动力、农民协议工、给予劳动力安置费一次性买断补偿。

据此可见，就业困难人口的增加是社会贫困的主要因素。就业困难者已经构成城市贫困的新主体，农村贫困人员中还大量存在着就业歧视、隐性失业等现象。就业困难意味着贫困者难以获取满意的生活来源，一切无异于雪上加霜。为解决我国长期、艰巨而复杂的贫困问题，需要通过促进就业，鼓励自主创业，提高就业困难群体知识水平和就业素质能力，创新思路，整合资源，依托就业举措大幅减少社会贫困人口数量，削弱社会贫困的肆意蔓延。

专栏 4-1　我国就业形势复杂严峻

2015 年我国城镇新增就业 1312 万人，同比下降 0.8%，但仍然处于 1300 万人以上的高位。从 2013 年开始，我国连续三年城镇新增就业人数都在 1300 万人以上。2015 年年底城镇登记失业率 4.05%，同比下降 0.04 个百分点。高校毕业生 749 万人，年底的就业率与 2014 年基本持平，比上年增加 20.9 万人就业。农民工转移就业也在持续扩大，2015 年年底农民工的总量达到 2.77 亿人，比上年增加了 352 万人。

2016 年的就业形势比较复杂，而且任务非常艰巨。有三个方面因素对就业形势产生重要的影响：第一，化解过剩产能会造成一部分职工下岗；第二，经济下行压力比较大，有一部分企业生产经营困难，会造成企业用工不足；第三，以高校毕业生为主的青年就业群体的数量还在持续增加，对就业产生很大的压力。2016 年的高校毕业生将达到 765 万人，比上年增加 16 万人，而且中职毕业生和初高中毕业生以后不再继续升学的群体也是这个数量。青年就业群体加在一起约有 1500 万人，这个压力是非常大的。

但是，国家对保持 2016 年就业形势的稳定还是充满信心的，最重要的是中国经济仍会持续健康发展，而且在这个过程中，一些新的业态、新的动能正在形成，必将对就业产生一些基础性、利好的作用。

资料来源：中国青年报，2016-03-01.

4.1.2 就业困难恶化贫困者生存状态

就业困难不仅使社会贫困的蔓延，也是对贫困者撒下的恶性毒药。从稀缺的角度看，就业困难意味着物质缺乏，并逐渐扩展到社会的、能力的和心态的缺乏。

首先，就业困难导致贫困者资源缺乏。贫困是一种生存状态，在就业压力的影响下，个人或家庭缺乏正常稳定的经济收入，因此不能合法获得基本的物质生活资源和参与社会活动的机会，使贫困状态恶化。国家统计局指出：“贫困一般是指物质生活困难，即一个人或一个家庭的生活水平达不到一种社会可接受的最低标准。”根据国家统计局解释，生活资料和相关服务缺失而导致的生活困难是贫困的主要表现。

其次，就业困难凸显贫困者能力缺乏。在阿玛蒂亚森看来，贫困研究的视野不能仅仅局限于物质资源方面，还需要聚焦于贫困者权利、能力缺乏的视角。这是因为：一方面，用可行能力被剥夺来识别贫困是另一层面的贫困识别方法，从人的自由发展层面来看，与收入被剥夺来解释贫困相比，这种可行能力被剥夺的解释视角更具目的性；另一方面，反贫困的终极动机不是消除收入贫困，而是提高人的可行能力，如接受教育、社会参与等。这些可行能力的提高一般也会扩展人的经济能力，提高人们的收入水平。所以，就业困难往往伴随着就业能力较低，更多表现为贫困者在教育、医疗等方面的条件不足，能力缺乏，这也往往源于贫困者社会权利的缺失。

最后，就业困难造成贫困者心理贫瘠。刘易斯认为，穷人正是主动或被动地形成、接受了自己群体的贫困亚文化，以至在个人、家庭和贫困社区甚至全社会等各个层次上都形成了其独特的思维和行为方式，导致积极的心态欠缺，心理贫瘠。具体而言：在个人层次上，穷人通常缺乏摆脱贫困的坚定决心，对自身目前状况虽然具有改变的意图，但缺乏改变的主动性；在家庭层次上，这种贫困文化具有代际传递的特性，生活在贫困家庭中的孩子更容易内化贫困文化，进而在其生活方式上表现出摆脱贫困的惰性，心理贫瘠恶性循环。[①]

因此，在就业困难状态下，贫困者或贫困群体更不能失掉感知贫困的能力，要树立正确的人生观、世界观、价值观，形成积极进取的奋战心态，从而改变现状。

专栏 4-2　缺资源，少资金，无优势——看贫困村如何作茧“自富”

四川省富顺县飞龙镇促进村，是一个缺资源无优势的贫困村，招不进人才引不进资金。为改变村里的贫穷面貌，村民们在政府扶持下自己培育、壮大、延伸桑蚕特色产业链，作茧不仅没有“自缚”，却精彩演绎成了“自富”。

(1)穷则思变，壮大特色产业。有 1092 户 3968 人的促进村，由于地处偏远、土壤贫瘠、缺乏产业，5 年前人均纯收入仅 2000 多元。为改变贫穷面貌，镇上组织该村村组干部和村民代表，到本县和外地产业发展好的乡镇进行考察，转变发展理念学习先进经验。经过综合分析并结合本村一直具有栽桑养蚕传统的实际，村上决定发展壮大这一产业。虽然以前全村有不少人养蚕，但都是利用仅有的几十亩品质不好的四边桑，每年养蚕 100 多张，总收入不超过 5 万元。为此，镇上出钱购回桑种、提供薄膜，村上组织村民自己育苗，很快在全村发展集中成片小桑园 200 多亩。村里成立了由 14 名具有多年栽桑养蚕经验的村民组成的嫁接队伍，对新育成桑树进行嫁接，改进桑树品种，提高桑叶和养蚕品质。

① 党春艳．转型期我国城市贫困问题研究[D]．华中师范大学学报，2013(12)．

随后，镇上先后投入 80 多万元，为该村修建抗旱水池和产业道，整治堰塘和囤水田，对村民建设专用养蚕大棚每个补助 1.25 万元，目前全村建成大棚 50 个。同时，邀请专家和技术人员来村进行培训。为壮大产业，2012 年村里成立养蚕专合社，免费指导村民科学养蚕，建小蚕共育室，统一消毒防病、组织销售。在专合社带领下，全村发展集中成片桑园 2400 亩，800 多户村民养蚕，在家村民几乎家家户户都养蚕，预计今年全年养蚕可达 2500 张，总收入 300 多万元，蚕农户均收入 3700 多元。

(2)变废为宝，延伸产业链条。全村桑树增加，桑枝条也多了，2400 亩桑园年产枝条 5000 吨，村民们用来烧火做饭后仍大有剩余。镇村干部到外地联系纸厂，但因包装不便和运费高而放弃了。后来又到外地取经并引进桑枝育菇技术，在本镇建立起了蘑菇厂。现在该村一年卖到蘑菇厂的枝条产值达 120 多万元，蚕农户均收入 1500 元。

(3)宝上加宝，产业再生效益。在栽桑养蚕业产生显著成效后，镇、村引导村民因地制宜积极探索，利用大量桑园进行林下养殖。村支书周棋介绍，2012 年以来，全村 300 多户蚕农养鹅 10 余万只，总产值超过 600 万元，户均增收 2 万元。另外，建成村组水泥路 18 公里，每个组通了泥结石路，并计划今年全部建成水泥路；近几年改造危房 200 余户，全村 90%以上修建了楼房，400 多户村民买了小轿车。

资料来源：四川农村日报，2015-09-11.

>> 4.2　就业创业助力精准扶贫 <<

国际劳工组织在《2016 就业和社会展望报告》中提及，“顽固的贫困问题不能仅通过调配收入来解决，还需要通过增强企业的可持续发展能力，创造更多高质量的就业机会，才能有助于彻底消除贫困。”可见，就业创业是精准扶贫的必经之路。

4.2.1　“六个坚持”，就业创业助力“精准扶贫”

就业创业是应对贫困的基石，就业创业的实现可以在一定程度上缓解贫困程度，消除贫困问题，具有重要的扶贫意义。世界银行发表的《2013 年世界发展报告：就业》中强调了私营部门主导的强劲增长在创造就业中所起的作用，概要阐述了最有助于发展的就业岗位如何能够促进良性循环。当人们通过就业摆脱贫穷与困苦，当妇女通过就业增强为子女投资的能力，贫困率会随之可持续下降。当工人掌握了更高的工作技能，当更多生产率较高的就业岗位出现，生产率较低的就业岗位消失，效率会随之不断提高。当人们通过就业获得更多的机会，当社会通过就业变得更加多元化，社会也会随之蓬勃发展。①

为实现就业创业的扶贫意义，为贯彻习近平总书记关于精准扶贫的内在要求，在坚持就业创业的战略方向上，就业创业也需要做到以下“六个坚持”，以实现就业帮扶精准化：一是坚持六个精准，即就业扶持对象精准、就业项目安排精准、资金使用精准、措施到户精准、因村派人精准、就业帮扶成效精准，确保各项就业创业政策好处落到就业援助对象身上。二是坚持四个理念，即具体问题具体分析，因人因地施策，因就业困难原因施策，因就业困难类型施策。三是坚持六大建设，即就业创业制度建设、体系建设、信息化建设、就业信息监测建设、功能建设和队伍建设。四是坚持多元主体，坚持动员全社会参与，发挥中国制度优势，构建政府、社会、市场协同推进的大扶贫格局，形成跨地区、跨部门、跨单位、全社会共同参与的多元主体的就业创业援助体系。五是坚持精细管理，发挥中国制度优势，构建省市县乡村五级一起抓就业创业，层层落实责任制的治理格局。六是坚持三大机制，即建立精准就业创业援助的识别机制，准确识别就业援助对象、就业困难原因、就业困难标准；建立项目资源整合机制，优先培育重点项目，加快整合社会资源，统筹推进就业创业工作，创新就业管理模式，实现自主创业创收；建立可持续就业创业工作机制，转变工作思路，从就业救济到就业援助，提升就业困难群体的就业素养和能力技巧。

4.2.2 就业创业“精准扶贫”的举措

就业创业不仅需要专门立法，也需要有配套的政策规章加以细化，更需要

① 世界银行. 2013 年世界发展报告：就业[M]. 胡光宇，赵冰译. 北京：清华大学出版社，2013.

系列的项目活动来落实政策要求，开展就业创业援助工作，实现就业扶贫的终极目标。

(1)通过法律保障就业创业进行“精准扶贫”。我国已经出台了《宪法》《劳动法》《就业促进法》《企业所得税法》《残疾人保障法》《妇女权益保障法》等多项法律，为公民平等就业权的确定、行使做出明确规定，也具体设计了就业援助的对象内容，保障了残疾人、妇女等特殊困难群体的就业。其中，2008 年颁布的《就业促进法》针对公平就业、就业培训、就业服务和就业援助分别设立专门章节予以说明，更加细化落实了就业援助制度，确定了就业援助范围。就业援助制度具体包括如下内容：

规定了就业创业援助对象。就业援助对象指就业困难人员，因身体状况、技能水平、家庭因素、失去土地等原因难以实现就业，以及连续失业一定时间仍未能实现就业的人员。根据《就业服务与就业管理规定》(2007)的规定，零就业家庭即法定劳动年龄内的家庭人员均处于失业状况的城市居民家庭，也作为就业困难人员。其具体范围由省、自治区、直辖市人民政府根据本行政区域的实际情况规定。

规定了就业创业援助措施。一是提供针对性服务。《就业促进法》规定，地方各级人民政府加强基层就业援助服务工作，对就业困难人员实施重点帮助，提供有针对性的就业服务和公益性岗位援助。各级人民政府采取特别扶助措施，促进残疾人就业。二是提供公益性岗位。《就业促进法》规定，政府投资开发的公益性岗位，应当优先安排符合岗位要求的就业困难人员。公益性岗位一般由政府本着促进就业、安置就业困难人员的目的投资开发的或由政府出资购买的服务。就业困难人员也需要符合公益性岗位的工作要求，具备相应的劳动技能或学历，符合要求的身体状况等，符合岗位要求的就业困难人员才得以优先安排。三是职业培训和信息服务。《就业促进法》规定，地方各级人民政府鼓励和支持社会各方面为就业困难人员提供技能培训、岗位信息等服务。四是引导产业结构转型导致的转移就业并提供扶持帮助。要引导资源开采型城市和独立工矿区发展与市场需求相适应的产业，引导劳动者转移就业。对因资源枯竭或经济结构调整等原因造成就业困难人员集中的地区，上级人民政府应当给予必要的扶持和帮助。

《就业促进法》一是促进残疾人就业。各级人民政府采取特别扶持措施，依照《残疾人就业条例》促进残疾人就业。二是对“零就业家庭”的就业援助。县级以上地方人民政府采取多种就业形式，拓宽公益性岗位范围，开发就业岗位，确保城市有就业需求的家庭至少有一人实现就业。法定劳动年龄内的家庭人员均处于失业状况的城市居民家庭，可以向住所地街道、社区公共就业服务机构申请就业援助。街道、社区公共就业服务机构经确认属实的，应当为该家庭中至少一人提供适当的就业岗位。三是对就业困难地区的就业援助。通过转移就业和必要扶持的方式对就业困难地区展开援助。

总体看来，法律对就业创业工作的实施具有刚性、稳定性和保障性的功能，有利于就业扶贫工作的稳步推进。就业创业法律使就业援助政策规范化、法制化，符合我国就业援助具有长期性、复杂性的形势要求，为就业援助政策发挥促进就业效应提供法律保障。除此之外，就业创业法律还有利于明确就业援助各方主体的权责利关系，促使政府履行协调就业、提供就业援助的责任，为就业困难人员提供更多的就业机会，保障就业公平的合理实现。

(2)出台各项政策保障就业创业实现“精准扶贫”。我国各级政府出台了各种政策措施，推动就业创业，特别是专门针对就业困难的特殊群体采取了一系列特殊就业政策。中共中央、国务院以及人力资源和社会保障部、人民银行等各部委颁布了大量的就业创业援助政策性规定，涉及就业援助活动、下岗失业问题、小额担保贷款问题、农民工就业、妇女创业、零就业家庭就业援助、毕业生就业创业、大众创业与万众创新等内容，见表4-2。

表4-2　　中央党政机关及部门关于就业创业援助重大政策颁布情况

年份	颁发部门	文件名称	主要规定
2001	劳动和社会保障部	《关于开展再就业援助行动的通知》	以再就业困难的下岗职工和失业人员为服务对象，通过上门指导、贴近服务、专项扶持、接续社会保险等援助措施，使他们在基本生活保障、再就业和社会保险等方面得到有效的服务和帮助
2002	中共中央、国务院	《关于进一步做好下岗失业人员再就业工作的通知》	各级人民政府要完善和落实促进再就业扶持政策、努力开辟就业门路；积极创造就业岗位、改进就业服务、完善社会保障等帮助下岗失业人员再就业

续表

年份	颁发部门	文件名称	主要规定
2002	财政部、人民银行等	《下岗失业人员小额担保贷款管理办法》	为下岗失业人员提供小额担保贷款，实行税收优惠等政策，鼓励下岗失业人员自主创业
2003	财政部、人民银行等	《关于做好农民进城务工管理和服务工作的通知》	各级政府要采取有效措施，全面做好农民进城务工就业管理和服务的各项工作
2004	全国妇联、劳动和社会保障部	《关于进一步推进妇女创业与再就业工作的通知》	做好妇女创业和再就业工作，关系到就业和再就业工作全局，要加强统筹，把妇女创业与再就业工作纳入国家就业和再就业工作的总规划，充分发挥社会资源优势，形成合力，切实为妇女创业和再就业提供有效服务
2005	国务院	《关于进一步加强就业再就业工作的通知》	将扩大就业摆在经济社会发展更加突出的位置，提出要贯彻落实“劳动者自主择业、市场调节就业和政府促进就业”的方针，探索建立市场经济条件下促进就业的长效机制
2007	劳动和社会保障部	《关于全面推进零就业家庭就业援助工作的通知》	做出对零就业家庭建立申报认定制度、针对零就业家庭特点多渠道开发就业岗位、扩大再就业扶持的范围、建立零就业家庭就业援助长效机制等规定
2010	人力资源和社会保障部	《关于加强就业援助工作的指导意见》	再次明确了就业援助对象条件、措施和动态管理
2012	国务院	《关于批转促进就业规划（2011—2015年）的通知》	加强对困难群体的就业援助，建立健全就业援助制度，完善就业援助政策，开发公益性岗位，形成长效工作机制等
2014	国务院	《国务院办公厅关于做好2014年全国普通高等学校毕业生就业创业工作的通知》	高度重视高校毕业生就业创业工作，鼓励高校毕业生到城乡基层就业，鼓励中小型企业吸纳高校毕业生就业，实施大学生创业引领计划，深入实施离校未就业高校毕业生就业促进计划，加强就业指导、就业服务和就业援助等
2014	国务院	《国务院关于进一步做好为农民工服务工作的意见》	着重维护农民工的劳动保障权益，着力推动农民工平等享受城镇基本公共服务和在城镇落户，着力促进农民工社会融合，进一步加强对农民工工作的领导，有序推进农民市民化

续表

年份	颁发部门	文件名称	主要规定
2015	国务院	《国务院关于进一步做好新形势下就业创业工作的意见》	着力培育大众创业、万众创新的新引擎，以创业创新带动就业，发挥小微企业就业主渠道作用，培育创新创业公共平台，拓宽创业投融资渠道，支持创业担保贷款，鼓励农村劳动力创业，营造大众创业良好氛围，强化公共就业创业服务

资料来源：杨德敏．就业援助法律机制研究，2012．中国就业网，http://www.lm.gov.cn/InnovateAndServices/content/2015－05/04/content_1062368.htm.

为落实中央政策，地方政府也相继出台了大量地方性就业创业援助政策，从2003年至今共计101项，内容主要涉及就业援助系列活动、公益性岗位以及就业困难人员就业帮扶等内容。政策颁布数目较多的省份主要集中在吉林(13)、甘肃(7)、安徽(7)、重庆(5)、江西(5)、新疆(5)、青海(4)、北京(4)、四川(4)、黑龙江(4)等地区，部分如贵州(1)、河北(1)、浙江(1)等省份对地方就业创业援助政策重视不够，内蒙古(1)、海南(1)等省份还处于转发中央政策文件阶段，并未出台适合地方自身发展、促进就业创业的重要文件。由此可见，地方对就业创业援助工作还需要投入更大的关注、精力与思考，坚持就业创业优先，提升贫困者就业数量和就业质量，改善贫困状态。

表 4-3　全国各地省份关于就业创业援助政策颁布(转发)情况(2003 年至今)

省份	政策数目	省份	政策数目
广西	2	西藏	3
宁夏	2	新疆	5
陕西	3	山东	3
吉林	13	北京	4
江苏	4	河南	2
重庆	5	甘肃	7
安徽	7	青海	4
天津	3	江西	5
广东	2	河北	1
黑龙江	4	四川	4
云南	3	山西	2

续表

省份	政策数目	省份	政策数目
河北	1	贵州	1
福建	1	辽宁	2
湖北	3	浙江	1
内蒙古	1(转发)	海南	1(转发)
上海	2	湖南	1

资料来源：根据中国就业网、人力资源社会保障部以及部分地方人力资源和社会保障厅(局)颁布的政策条目统计而成；其中，中国就业网，http://www.chinajob.gov.cn/；人力资源和社会保障部，http://www.mohrss.gov.cn/。

总体看来，目前就业创业援助政策遍布中央和地方，涉及战略性、市场性和保护性等各个方面，内容包括妇女、残疾人、下岗工人、大学生等基本生活保障、就业培训、职业介绍、社会保障、再就业工作的实施等。积极的就业创业援助政策已经成为国家发展战略的基本取向，为就业困难群体提供了良好的制度环境，在一定程度上减少了就业困难群体的就业压力，增加其收入来源的可能性。

(3)运用项目扶持就业创业助力“精准扶贫”。在项目落实层面上，秉承中央和地方政策文件的精神和要髓，各级政府也抓紧举办了各具特色的项目活动来援助就业困难群体，助力精准扶贫，让基层声音如水般缓缓流淌。这些就业创业援助项目活动主要是由政府出资，向劳动者提供的公益性就业服务。具有四个要素：以促进就业为目的；以提供公益服务来定性；以政府服务公众的职能为定位；公共政策和公共财政给予保障和支持，几十年来，也已经形成了覆盖省、市、县区、街道(乡镇)和社区的公共就业服务网络。

从就业援助活动内容看，从2004年起，我国主要开展了五大类公共就业创业援助项目，并逐渐形成相辅相成的特色公共品牌。其一，每年元旦春节期间，通过再就业援助行动，为就业困难对象送去岗位、送去补贴，也送去温暖。主要援助对象包括四类，分别是有转移就业意愿的农村劳动者、有创业愿望的农村劳动者、有招聘需求的各类用人单位、其他有就业创业意愿的劳动者。其二，每年春节过后，通过“春风行动”为农村劳动者进城务工送去岗位信息，提供公共服务和维权帮助。其三，每年5月用工高峰期，通过民营企业招聘周，搭建起各类劳动者求职与民营企业用人之间对接的平台。其四，每年9

月，在大学毕业生离校之时，通过大学生就业服务月，提供职业见习、创业服务和就业信息等针对性服务。其五，在 11 月底期间，在全国开展高校毕业生就业网络联盟冬季联合招聘周活动，为高校毕业生提供更加充分的就业信息。总之，这些全国性的就业创业援助专项活动主要涉及就业政策法规咨询；职业供求信息、市场工资指导价位信息和职业培训信息发布；职业指导和职业介绍；对就业困难人员实行的就业援助；办理就业登记、失业登记等事务。[①]

从就业投入情况看，社会保障和就业支出呈现逐年增加的趋势，年均增长率波动较大，呈现波峰波谷交替状态。2014 年，全国社会保障和就业支出 15913 亿元，比上年增长 9.8%。2015 年，全国社会保障和就业支出 19001 亿元，比上年增长 16.9%（详见图 4-2）。在中央下拨的地方就业专项资金上，2013 年下拨 413.46 亿元，比 2012 年增长 7%；2014 年下拨 417.66 亿元，比 2013 年增长 1%；2015 年下拨 438.78 亿元，比 2014 年增长 5%左右（详见表 4-4）。总体看来，社会保障和就业支出占 GDP 比重稳定在 2.40%左右，2015 年增长较快，占 2.81%。就业补助专项资金数额逐渐增长，增长幅度波动大，2015 年中央下拨就业补助金 438.78 亿元。

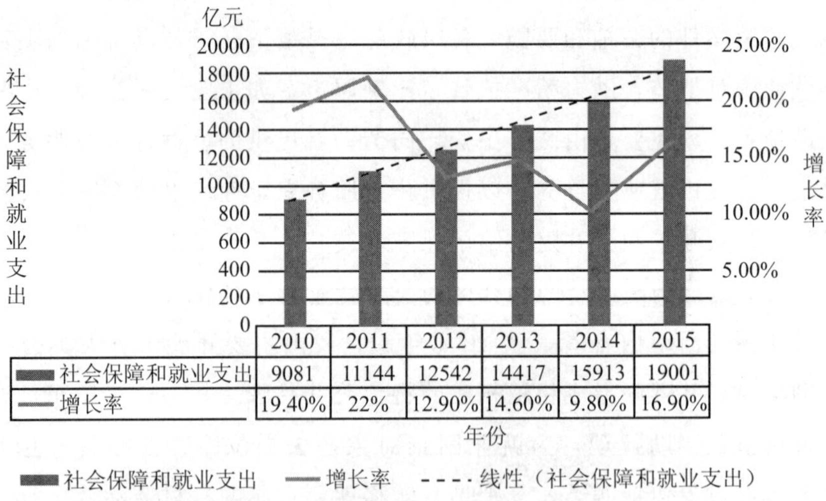

图 4-2　中央财政关于社会保障和就业支出及其增长率情况（2010—2015 年）

资料来源：根据中华人民共和国财政部网站 2010—2015 年财政收支情况数据统计而成，http://www.mof.gov.cn/zhengwuxinxi/caizhengshuju/index_16.htm。

① 小志．公共就业服务[J]．中国就业，2011(9)：12.

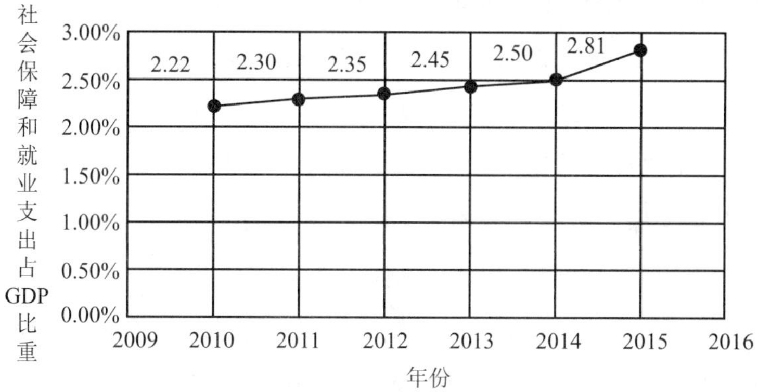

图 4-3　社会保障和就业支出占 GDP 比重(2010—2015 年)

数据来源：国家统计局网站。

表 4-4　　　　中央下拨给地方的就业专项资金数额(2013—2015 年)

年份	就业补助金(亿元)	增长率(%)
2013	413.46	7
2014	417.66	1
2015	438.78	5

数据来源：中华人民共和国人民政府，① 中国新闻网，② 人民网。③

从就业培训和技能鉴定角度看，④ 2015 年技工院校面向社会开展培训 477 万人次，年末全国共有就业训练中心 2636 所，民办培训机构 18887 所。全年共组织各类职业培训 1908 万人次，其中：就业技能培训 1023 万人次，岗位技能提升培训 620 万人次，创业培训 211 万人次，其他培训 54 万人次。全年各类职业培训中农民工培训 967 万人次，城镇登记失业人员培训 357 万人次，城乡未

① 中华人民共和国人民政府. 中央财政 2013 年已下拨就业专项资金 413.46 亿元[EB/OL]. [2013-07-15]. http://www.gov.cn/gzdt/2013－07/15/content_2448373.htm。

② 中国新闻网. 中央财政下拨补助地方就业专项资金 417.66 亿元[EB/OL]. [2014-06-27]. http://www.chinanews.com/gn/2014/06-27/6328753.shtml。

③ 人民网. 中央财政 2015 年就业补助金已全部下拨共 438.78 亿元[EB/OL]. [2015-07-01]. http://politics.people.com.cn/n/2015/0701/c70731-27238719.html。

④ 中华人民共和国人力资源和社会保障部. 2015 年度人力资源和社会保障事业发展统计公报[EB/OL]. [2016-05-30]. http://www.mohrss.gov.cn/SYrlzyhshbzb/dongtaixinwen/buneiyaowen/201605/t20160530_240967.html.

继续升学的应届初高中毕业生培训80万人次。

2015年末全国共有职业技能鉴定机构12156个，职业技能鉴定考评人员26.42万人。全年共有1894万人参加了职业技能鉴定，比上年增长2.16%。1539万人取得不同等级职业资格证书，其中取得技师、高级技师职业资格的有55.31万人。

从社会保险参保人数看，基本养老、基本医疗、失业、工伤和生育保险参保人数都在逐渐增长(详见图4-4)。具体看来，2015年全国参加失业保险人数为17326万人，比上年末增加283万人；参加失业保险的农民工人数为4219万人，比上年末增加148万人；全年共为71万名劳动合同期满未续订或提前解除劳动合同的农民合同制工人支付了一次性生活补助。在工伤保险层面，2015年末全国参加工伤保险人数为21432万人，比上年末增加793万人；其中，参加工伤保险的农民工人数为7489万人，比上年末增加127万人。可见就业创业援助项目有助于就业困难群体提升就业质量，有利于保障就业过程中劳动者的人身安全权和生命健康权。

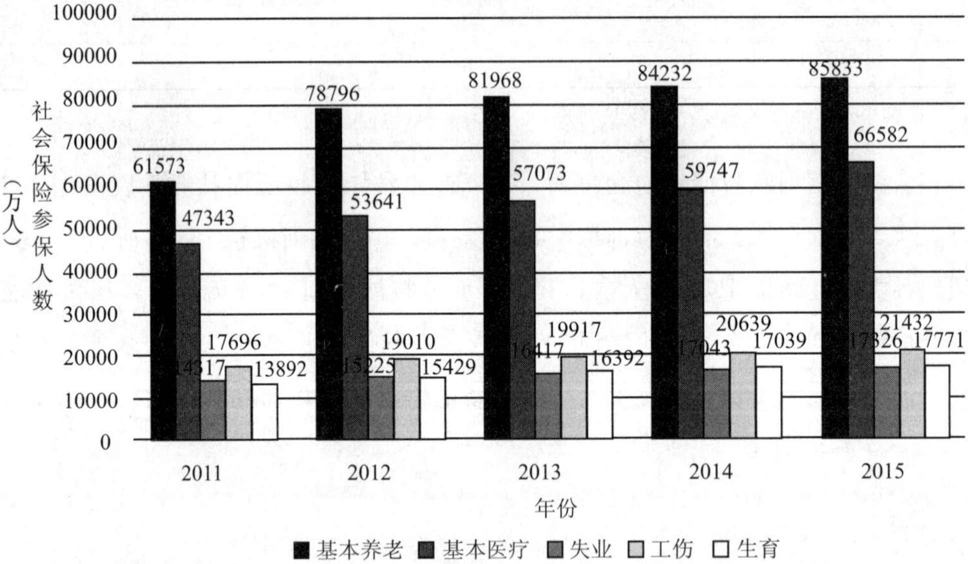

图4-4 近五年社会保险参保人数(2011—2015年)

资料来源：人力资源和社会保障部。①

① 人力资源和社会保障部. 2015年度人力资源和社会保障事业发展统计公报[EB/OL]. [2016-05-30]. http://www.mohrss.gov.cn/SYrlzyhshbzb/dongtaixinwen/buneiyaowen/201605/t20160530_240967.html.

从服务质量和特征角度看，就业创业援助活动在精准化服务上有所迈进，有所倾斜。在主动性层面，政府部门是重要的信息汇集、加工和提供者，逐渐发挥起主动性作用。政府人员针对符合条件的就业困难人员、残疾登记失业人员等援助对象开展上门走访，结合不同就业需求，政府将为援助对象上门开展送政策、送岗位、送服务。但是目前只有少部分地方政府试点该举措办法，尚未在中央得到示范推广。在无缝隙服务上，部分地方政府还组织开展形式多样、针对性强的就业援助专场招聘会；针对有技能培训需求的人员，依托就业培训机构开展特色培训活动；针对有创业愿望的，依托创业服务机构开展创业助推活动，从而实现机构之间、活动之间、就业人员之间的无缝对接。① 在信息化层面，部分地方政府创新"互联网＋"服务劳动就业援助，利用互联网无边界特点，创新培训方式；利用互联网跨地域特点，扩展服务领域；利用互联网分布特点，健全服务网络，从而打造全新的公共就业人才服务新平台。② 在专业化方面，为提升就业创业援助工作成效，部分政府借鉴"公共服务流程"的再造理论，通过"网格化管理与公民社会建设相结合，不断提高基层的自治性管理；同时，也借助市场和社会的力量来提供公共服务，实现管理社会和提供公共服务方式的多样性"。③ 就业网格化，既可以动态了解各地的就业状况，确保就业服务工作便捷、及时、精准和高效，实现了就业政策向基层的全方位的延伸；也能够使更多的就业困难人员得到及时有效的帮扶，提升就业率。

总体看来，积极高效、科学合理、精准及时的就业服务专项活动可以起到促进就业、稳定就业的作用，实施人性化服务和就业援助，有的放矢落实好各项政策措施。

---

① 凤凰资讯．上门送岗位，实行精准帮扶[EB/OL]．[2016-01-26]．http://news.ifeng.com/a/20160126/47233421_0.shtml.

② 中国劳动保障新闻网．创新"互联网＋"服务劳动就业[EB/OL]．[2015-04-16]．http://www.clssn.com/html1/report/11/8989-1.htm.

③ 竺乾威．公共服务的流程再造：从"无缝隙政府"到"网格化管理"[J]．公共行政评论，2012(2)：1-21，178.

专栏4-3　地方政府就业创业援助新举措、新特征

辽宁："五到家"服务，上门提供就业援助。就业援助服务到家，根据就业援助对象的具体情况，上门开展就业援助服务，提供一对一就业帮扶。仲裁代写服务到家，为半文盲、不能书写、不懂法律或法律知识薄弱的劳动者免费提供仲裁申请代写服务。工伤认定服务到家，推行快审查、快受理、快调查、快结案"四快一访"的工伤认定服务模式，提速工伤认定，方便工伤职工。待遇认定服务到家，为特殊人群上门提供养老金待遇资格认证、失业待遇认证、采暖费补贴身份认定等服务，为群众排忧愁，解难题，送温暖。健康检查服务到家，与区医院联手，将体检车开到居民楼下，"进家门"体检。例如，甘井子区为608人上门提供了就业援助服务，为48名劳动者上门提供了仲裁申请代写服务，为76名老军人上门进行体检，为1600多人上门办理待遇认证(定)服务。

资料来源：新商报，2013-12-09。

河北：公共就业服务实现信息化"一二三四"。河北公共就业服务信息化建设坚持"以需求为导向，以应用促发展"的思路，按照"数据向上集中，服务向下延伸"的具体要求，建立统一的服务平台。包括开通一条热线：借助传统的电话通信技术，增加就业信息热线服务，为求职者与用人单位提供发布、查询、投诉等服务，通过语音引导求职者或用人单位找到各自需求的信息，并最终引导双方实现电话交流。建好两个网站：完善地方劳动保障门户网站的建设，借以宣传劳动保障政策法规、方便服务对象、提高办事效率。建设地方人力资源市场信息网。提供真正实用的、高效的网络招聘解决方案。既共享人力资源，也有助于求职者展示才能，集中面对更多的用人单位。完善三大系统：电话语音自动应答系统，主要应用于就业服务热线，实现按键引导、自动应答、供需转接服务；建设短信咨询服务系统，实现短信发布、认证、查询、回复功能；建设远程可视面试系统，高效实现语音、视频、文字、文档多维一体的"面对面"沟通，降低招聘成本。建设四个数据库：人力资源需求数据库，收集用人单位需求岗位、人才类别、学历需求、职称需求、技能需求和需求条件等情况；人力资源储备数据库，收集人力资源信息，包括优秀高校毕业生、优秀技术人才、兼职人才等多方推进人力资源储备工作；失业数据库，对下岗失业人员进行摸

底调查，纳入信息数据库储存，实行动态管理；跟踪服务数据库，实现就业人员的择业、从业或者再就业等自动跟踪记载，生成数据库。

资料来源：河北博才网，2013-09-17.

江西：创新公共就业服务"网格化"管理。自 2014 年 4 月开展网格化试点工作以来，一是以江西省就业信息网和基层保障平台为主要依托，试点乡镇通过划分四级网格、组建网格团队、建立资源信息库。二是充分发挥村里劳动保障事务站的作用，将行政村划分成网格组片区，结合就业网格化管理工作，组织网格管理员、组片区协管员采用上门走访、记录，第一时间掌握动向，第一时间反应舆情，实现了动态监测模式，调查辖区内劳动力就业去向，实现了服务零距离、就业广覆盖的目标。对未就业的劳动力帮扶就业，同时，采集下岗失业人员、"4050"人员等就业困难群体的就业需求信息，并根据其条件和需求提供合适的就业岗位，积极帮助他们在家门口就业。三是就业信息政策进村入户，在村上公共场所，通过 LED 电子显示屏、宣传栏等形式向村民宣传就业信息、就业政策，更精细化地完善民生就业工作。创新的就业服务方式"网格化工作"成效尤为突出。

资料来源：中国劳动保障新闻网，2015-03-23。

4.2.3　就业创业实现"精准扶贫"存在的问题和不足

我国的就业创业"精准扶贫"工作已取得一定进展，新增就业人员逐渐增多，但仍旧面临着诸多严峻的挑战。

第一，就业创业的理念障碍。在我国，仍然存在着数量不少的就业困难人员，通过就业实现"精准扶贫"依旧任重道远。但是现行的就业创业援助方式也面临着些许的道德风险。有些贫困地区越扶越贫，但又始终脱不了贫；有些就业困难人员，虽然已经超出了失业救济金领取的年限和标准，却不愿意"摘帽"，形成失业救济依赖。尤其对于部分有劳动能力的贫困者来说，他们还存在着创业和就业意愿不强、缺乏创业就业机会与条件等问题。这是当前就业创业援助难以经久持续的障碍。

对贫困者而言，提供经济救助是一种对恶劣现实最简单的治疗药物，但成本高昂，成效有限，具有一定的消极性；因此就业援助应当跳出就业救济的框架，逐渐减少经济救助的程度和数量，从而帮助贫困者提高劳动技能，注重培养贫困者的生存发展能力，主动获得劳动收入，这具有明显的积极性和治本性。[①] 所以，应当树立正确的就业援助理念，采取积极、治本性的救援方式，坚持就业创业优先的扶贫模式，重视失业预警和提前应对失业，加强事前、事中和事后的系统救助，走可持续的就业创业援助道路。

第二，就业创业进行"精准扶贫"存在设计障碍。主要表现在立法设计和政策制定方面。一方面，在立法设计上，目前就业创业援助立法体系尚不健全，存在漏洞。仅仅依靠《就业促进法》来推动就业扶贫、就业援助工作是远远不够的，还需要制定和完善《就业援助法》《反就业歧视法》《公共就业服务法》《小额担保贷款法》等基本法律。其中，可以把《就业援助法》作为开展就业创业援助的基本法，作为就业扶贫工作最直接、最基本的法律依据，置之于基础和核心地位。在相互配套、相互制约的基础上，将就业援助的相关内容分别立法，从而形成一套完整的立法体系。立法理念上，就业创业援助立法大多是被动的、临时的、应急的，造成立法体系设计不够科学合理，容易带来政策短视。不同类型的失业人员面临的失业原因不同，失业援助的方式更要因人而异，一刀切的做法难以真正对症下药，药到病除。并且，立法层次较低，权威性较差，进一步影响了就业援助制度的稳定性和影响力。立法内容还存在着较为抽象，可操作性不强、存在漏洞等问题，妨碍了其他就业援助立法的具体操作执行。例如，《就业促进法》中对就业援助对象的范围界定过于狭窄，对优惠措施、失业保险待遇等内容规定模糊，难以落实。同时，立法责任追究制度也有待完善。虽然《就业促进法》对就业援助的对象、措施和程序做出了相应规定，但是并未说明如若落实不当、相关人员不履行规定，影响了就业援助法律法规的效力时，该如何对责任进行追究落实，这不利于立法内容的执行。[②]

另一方面，在政策制定上，就业创业援助政策还缺乏有效协调和长效机制，政策之间存在重复性、模糊化。就业创业援助工作涉及不同政府部门，如果政策措施部门化、协调不够，容易带来政策内容模糊化或碎片化，难以发挥应有的政策效果。比如，在政策执行中，有部分就业创业者反馈，政府确实陆续出台了不少创业扶持政策，但多数政策呈现碎片化，条件苛刻，办理程序烦

① 杨德敏．就业援助：社会救助立法的基本取向[J]．江西社会科学，2012(12)：159-164.

② 杨德敏．就业援助法律机制研究[M]．北京：中国法制出版社，2012.

琐，难以真正扶持就业创业者。[①] 又比如，在公益性岗位开发上，为确保就业援助资源的有效利用，政府部门在开发公益性岗位时需要立足长远，建立长效的管理机制。公益性岗位设置理应具有针对性，对不同社会群体应有所差别，对城镇下岗失业人员、零就业家庭人员和有就业愿望的残疾人应该多关注岗位设置的资金补偿与社会保障，对失业大学生则要多注重公益性岗位设置的时间年限等问题。[②] 这就要求政府部门在开发公益性岗位时要加强部门之间的协调沟通，规范岗位管理方式，对相关工作人员进行统一的监督考核。

专栏 4-4　各项就业援助立法进展

中国迫切需要制定《反就业歧视法》。在 2016 年“两会”上，全国政协委员、中国政法大学教授曹义孙再次关注反就业歧视问题，提出制定反就业歧视立法提案。他认为，中国的就业歧视已发展到严重影响社会和谐与稳定的程度，迫切需要制定一部反就业歧视领域的基本法律，明确就业歧视的概念，建立反歧视的专门机构，同时规定救济措施和救济机制，以真正保障劳动者遭受就业歧视后能够获得有效救济。中国反就业歧视立法的适用范围太窄。比如《劳动法》保护的“劳动者”范围太小，公务员、事业单位工作人员(或求职者)等遭受就业歧视无法适用该法得到救济；《就业促进法》第三章“公平就业”中禁止的只是招录环节的就业歧视，在立法功能上《就业促进法》无法代替反就业歧视法。现行法律中禁止就业歧视的事由太少，《劳动法》只规定了“民族、种族、性别、宗教信仰”四种领域的歧视，如 2013 年春教育部、国务院办公厅通知中所禁止的关于毕业院校(985 高校、211 高校)、户籍、年龄、学历等方面的歧视性要求都缺乏法律的明确禁止。现有法律中关于反就业歧视的规定基本上是一些权利性宣告，缺少对就业歧视的界定以及程序上的保障和实施机制，现有法律的缺陷也导致就业歧视案件“立案难、举证难、胜诉难、赔偿低”。

资料来源：财新网，2016-03-06.

---

① 央广网. 创业意愿低　政策碎片化　担忧暗箱操作[EB/OL]. [2015-03-27]. http://gs.cnr.cn/gsxw/jzgc/20150327/t20150327_518145455.shtml.

② 英明，魏淑艳. 探索公益性岗位建设的有效途径[J]. 人民论坛，2014(14)：125-127.

推动公共就业服务管理标准出台。人社部副部长、国家公务员局局长信长星指出，要重点推动公共就业与人才服务基础和管理标准的出台，加快推进就业失业登记、职业指导、流动人员人事档案管理等业务标准的研制。对暂不能实行标准化的业务，要推行服务承诺、服务公约，条件成熟后再转为标准，推动标准对人力资源服务链条全覆盖。人力资源培训服务规范、人力资源管理咨询服务规范、职业指导服务规范、流动人员人事档案管理服务规范、公共就业和人才服务术语五项国家标准送审稿也提交有关部门审查。

资料来源：法制日报，2015-02-10。

北京首次为就业援助立法，范围明确六类户籍人群。与国家《就业促进法》全面规定促进就业不同，该地方性法规旨在解决就业困难群体的就业问题。对于就业困难群体的具体范围，北京市人大授权给市政府拟定，建议将就业困难人员限定为“在本市法定劳动年龄内，有劳动能力和就业愿望，处于无业状态的本市户籍人员”。

资料来源：新华网，2011-07-21。

第三，就业创业助力“精准扶贫”的实施障碍。就业创业助力“精准扶贫”的实施障碍更多体现在项目活动之间的碎片化，援助对象不够精准、援助难度挑战大、资金使用不够规范、援助方式不够恰当有效等方面。就业援助项目活动主要按照时间顺序展开，对特定群体的求职高峰期，在相对集中的时间段展开就业援助和帮扶。这就会造成就业援助对象定位不清，重复援助和欠缺援助并存。援助难度和挑战较大。就业援助对象受传统计划经济体制的影响，在就业观念上保守落后，这就导致了就业难问题。一方面，贫困思维和文化导致该群体习惯于“等工作”“要工作”，缺乏积极的就业心态和强烈的就业意愿，造成就业援助障碍。另一方面，该部分群体往往受教育程度较低，就业技能缺乏，文化素养不高，目前的就业技术培训往往也只能保障该部分群体找到维持生计的工作，离体面就业较远，必须有效推进就业激励机制。然后，在资金使用上，财政资金是否用到实处，最终都体现在援助项目上。2016年，岳阳市湘阴县曾对全县就业资金管理使用情况进行绩效审计，发现就业专项资金在使用和管理上存在着以下问题：一是向非政府认定的定点培训机构和不具备培训能力的单位拨付技能培训补贴；二是向申报资料不完善的乡镇拨付公益性岗位补贴；三是违规开设就业资金支出账户，用于就业资金拨付；四是县财政应配套的就业资金未完全到位。[①] 就业专项资金使用不规范、碎片化，就难以形成合力收获实效，发展最需要的领域供给不足，发展较为顺畅的领域则资金“沉睡”，因此要加强就业专项资金的统筹使用与有效管理。在援助方式上，这类就业困难群体存在着形形色色的短板和不足，为解决不同就业困难群体之间的就业问题，需要先后出台各项措施，形成多元化、结构化的援助项目体系，提高援助方式的多元性和针对性。例如，在促进大学生就业方面，国家先后颁布了“岗位拓展计划”“创业引领计划”“就业服务于援助计划”等政策，还鼓励大学生“进农村、下基层”，在一定程度上真正减缓了大学生的就业压力。该方法和举措可以逐渐拓展到下岗失业人员等其他就业群体中。

4.3　坚持就业优先，提高贫困人口收入水平

就业创业援助是“精准扶贫”攻坚的核心内容，也是精准扶贫的重点难点，始终坚持就业优先，加强精准扶贫的理念创新、管理创新和服务创新，实现就业困难群体劳动收入逐渐增收，贫困群体就业数量和质量不断提升，确保就业收入正常发放、合理发放，实现贫困者正常就业、体面就业、满意就业。

4.3.1　坚持就业优先，加强精准扶贫的理念创新

一方面，坚持就业优先，要从“输血式”救济转变为“造血式”救助。新中国成立初期，为解决大多数人基本生存困境，我国采取的扶贫模式是典型的输血式救济，即以政府为责任主体，以国家财政为经济基础，通过财政补贴或实物救济等渠道保障贫困群体最低程度的生活水平。这种输血式救济在赤贫人口生存困境中起到暂时性的缓贫作用，却不能真正培养起贫困群体的自我“造血”能力，政府投入大量人力物力，但是贫困群体容易产生福利依赖，扶贫效果有

① 岳阳市审计局．就业资金管理使用存在的问题及改进建议[EB/OL]．[2016-06-02]．http://www.yueyang.gov.cn/sjj/8689/8690/content_565325.html.

限、难以持续。[①]

坚持就业优先，通过加大就业创业援助来提高扶贫攻坚的成效，这体现了扶贫工作的理念创新——从“输血式”到“造血式”。坚持就业优先，这就要求政府将原先的单纯性生活救济转变为帮助和支持劳动者工作的就业援助模式，实现从生存型向发展型转变，从强调给予向强调支持转变，从单纯救助向救助与自立相结合转变，[②] 真正将帮助受助者实现自立自主作为扶贫重心，真正帮助就业困难群体实现基本就业，从而摆脱贫困陷阱。

另一方面，坚持就业优先，要从“漫灌式”救助转变为“滴水式”扶贫。从“漫灌式”到“滴灌式”，这就要求就业扶贫工作确保就业援助目标精准，这也体现了精准扶贫的理念创新。长期以来，我国就业扶贫工作存在就业援助人口底数不清、情况不明、针对性不强等问题。为此，在 2014 年《政府工作报告》就提出，要“实行精准扶贫，确保扶贫到村到户”。华中师范大学减贫与乡村治理研究中心主任陆汉文认为，“过去不少扶贫项目粗放‘漫灌’，只输血不造血，针对性不强。未来就业扶贫中还是要提高准确性，资金要瞄准援助对象，让就业援助方式也从‘漫灌’变为‘滴灌’。”[③]注重对就业援助对象的能力识别，对有劳动能力者给予更多就业培训，帮助其重新回到劳动力市场上进行就业，对于年老、体弱等缺乏劳动能力者，则更多地鼓励其自主创业、非正规就业或给予一定的经济帮助，实现自我造血。[④] “滴灌式”扶贫还要求精准识别援助对象，在技术上通过扩大样本、改进统计方式等手段提高统计数字的精准度，也可以通过建档立卡制度、动态调整机制等手段进一步查缺补漏。

4.3.2 坚持就业优先，加强精准扶贫的服务创新

推广主动服务新举措。精准就业援助服务必须发挥主动服务精神。从操作过程角度看，首先政府工作人员需要转变工作观念和工作方式，走出岗位，将

---

① 刘晓梅，西荫，满清喆. 自立性援助：低收入者就业援助理念与政策[J]. 中国劳动，2013(5)：24-27.

② 郭煦. 扶贫之变：精准扶贫的多元之路[J]. 小康，2015(23)：66-69.

③ 央视网. 扶贫模式之变：从“输血式”到“造血式”扶贫[EB/OL]. [2014-10-17]. http://news.010lf.com/system/2014/10/17/010509642.shtml.

④ 顾仲阳. 扭转“大水漫灌式”的扶贫方式[N]. 人民日报，2015-12-10.

公共就业援助服务送到有公共需求的公众手中，做到主动服务。目前的上门服务更多集中在简单代写代劳上，应当深入就业登记或失业登记等实质性服务上，转变就业困难群体“找上门来”的方式，既可以扩大公共就业援助服务的宣传度，也可以全面了解贫困者的真实诉求和实际情况。

推广事前服务新举措。精准就业援助服务要求政府部门建立公共的职业培训机构，健全就业失业监测体系，加强对就业困难人员的劳动技能培训，在劳动者失业之前就给予就业培训、以防失业。健全就业失业监测体系，开展城乡劳动力实名制登记入库，或者在各行各业建立就业失业动态监测网点，加强对企业用工需求和劳动者就业失业情况的了解、分析和决策。此外，要健全职业技能培训体系。就业培训是对贫困者的事前救助，在贫困浪潮尚未来临之前，确保援助对象具备一定的就业能力随时可以重新回到劳动力就业市场上，因此就业培训是精准扶贫的事前有效措施。

推广精准服务新举措。坚持精准就业原则，首先需要秉承“需求导向”理念，建立职业技能需求调查小组，依托省市、乡镇(街道)为主体，以村(社区)为单位，按照“逐户登记、精准录入、逐级上报”的要求深入走访，落实到村到户到人，对培训需求和产业发展进行采集调查。其次，在坚持需求导向、分类导向的基础上，统一整合人社、农业、畜牧、林业、蔬菜等各部门资源，既要统筹培训经费，统一调度使用，把经费用到实处；也要成立由各政府部门人员组成的专家服务团队，根据不同阶段调配不同专业技术人员上门指导服务，降低就业创业风险。①

推广专业服务新举措。为适应城市现代化需求，应大力提升就业援助服务的专业性。借鉴其他地区经验，可以在高校社会工作等专业开设就业援助服务课程，开展就业援助制度服务研究或实践培训，进行就业援助专业教育，培养专门人才。除此之外，通过多种教育方式，在社会上培养造就一批从事就业援助服务的专业人士。可以运用资格审查、组织培训等方式不断提高就业援助工作的专业化水平。

---

① 中国就业网．因地制宜做扶贫　精准培训促就业——记湖南省吉首市“精准扶贫”职业技能培训因地制宜[EB/OL]．[2015-01-08]．http://www.chinajob.gov.cn/TrainingSkillAccren-itaTion/content/2015-01/08/content_1026676.htm.

推广灵活服务新举措。每个贫困家庭或贫困群体实际致贫原因不同，所以要根据贫困群体的特殊性采取不同的援助措施。要针对农民工、未就业高校毕业生、退役士兵、下岗失业人员等不同群体，制定有针对性的就业援助方案，为其技能培训和转移就业打下基础。对于城乡劳动力群体，可以围绕当地用工需求，大力推行订单式、定岗式、定向式培训。对于未就业大学生群体，可以推行定学校、定专业、定培训对象，鼓励考取国家职业资格证书，优先推荐就业机会。对于企业岗位群体，由企业委托培训机构或政府招标认定的培训机构，对在职职工、农民工、高校毕业生进行培训。对于有创业意愿的群体，依托创业培训机构，对有意愿且有条件的城乡劳动者提供创业能力、创业项目指导和提高企业经营水平培训。对于农村实用人才，组织有需求人员到优秀典型的现代农业园区、技工学校等参观学习、开展机动车驾驶技能培训等。由此可见，创新的公共就业援助服务需要坚持灵活性原则，根据不同就业困难群体、贫困群体的需求提供差异化、个性化、标准化、规范化的就业援助服务，注重内容而非形式，真正为就业困难群体谋福利。

专栏4-5 精准就业援助服务中央政策创新推广——以高校毕业生就业服务为例

为深入贯彻落实《国务院关于进一步做好新形势下就业创业工作的意见》精神，按照《教育部关于做好2016届全国普通高等学校毕业生就业创业工作的通知》要求，建立健全精准推送就业服务机制，促进毕业生更加充分和更高质量就业：

(1)主动服务，要高度重视精准就业服务工作。就业指导服务是高校毕业生就业工作的职责所在和主要内容。精准就业服务是提升就业指导服务水平、做好新形势下高校毕业生就业创业工作的必然要求。各地各高校要把建立健全精准推送就业服务机制作为创新工作方式、践行“三严三实”的重要体现，明确目标任务，统筹多方资源，加大资金支持和人员保障，调动辅导员(班主任、研究生导师)、院系、职能部门、用人单位积极性，主动适应经济发展新常态，不断满足毕业生就业创业新需求，进一步提升高校毕业生就业指导服务质量和水平。

(2)事前服务，要准确掌握供求信息。各地要指导并明确要求各高校开展毕业生资源信息全面调查，帮助高校通过各种渠道广泛收集用人单位岗位需求信息。各高校要明确任务分工，层层抓好落实，辅导员、班主任、研究生导师要第一手了解每一位毕业生的就业状况和意愿，详细记录毕业生求职地域、意愿、薪水等就业意向。高校和院系要准确掌握单位性质、工作地点、学历要求、招聘条件等招聘信息，建立毕业生求职意愿信息数据库和用人单位岗位需求信息数据库。

(3)精准服务，要建立精准对接服务平台。各地各高校要充分利用就业网、手机短信、就业 APP、微信等渠道，建立供需精准对接服务平台。将毕业生求职意愿信息数据库与用人单位岗位需求信息数据库进行比对，智能化匹配学历、专业、地域等关键信息，为毕业生与用人单位精准推送符合要求的供需信息。要指定专门团队或人员负责服务平台的维护管理，及时收集、整理、发布供需信息，做到定期维护、实时更新、即时统计。教育部新职业网已建成精准对接服务平台和微信公众号，为高校毕业生提供政策、指导和岗位信息精准对接服务。

(4)灵活服务，大力拓展服务内容。各地各高校要充分利用互联网＋就业新模式，采用青年学生喜闻乐见的形式，不断丰富精准对接服务内容。广泛利用手机等移动终端，开展订制服务，根据毕业生不同阶段需求和求职意愿，精准推送相应的就业政策、岗位信息、指导服务，实现就业服务个性化、差异化。要重点关心家庭困难毕业生、少数民族毕业生、农村生源毕业生、残疾毕业生等各类就业困难群体，实行“一生一策”动态管理，通过开展差异化辅导、精准岗位信息推送，做到精准帮扶，帮助他们尽快实现就业创业。

(5)专业服务，确保信息安全。各地各高校要牢固树立网络信息安全意识，进一步加强网络信息安全管理，确保毕业生个人信息安全。要认真审核用人单位资质和招聘信息的真实性、有效性，严禁发布含有限定院校、性别、民族等歧视性招聘信息，严密防范招聘欺诈和“试用期陷阱”，维护毕业生合法权益，确保高校毕业生就业创业工作平稳有序。

4.3.3 坚持就业优先，加强精准扶贫的管理创新

第一，要深入完善精准就业管理机制。一方面，建立健全管理体系，实行精准管理。首先，建立责任管理机制，认真落实中央统筹、省负总责、市(地)县抓落实的管理体制和片为重点、工作到村、援助到户的管理机制，党政主要领导对就业援助工作负总责，合力分工，形成省、市、县、乡、村五级领导一起抓，层层落实责任，层层传导压力，以责任落实促工作落实。其次，建立信息和管理系统，实现科学管理。在精准识别就业援助对象基础上，建立就业困难群体信息系统数据库，开展失业预警工作，对就业援助对象进行全方位、全过程的互动帮扶，实时反馈需求，动态管理。最后，完善法律政策支撑体系，实行规范管理。进一步修订完善我国现行的《就业促进法》，明确政府的法律责任，既要定性规定也要定量规定；既要明确国家给付失业保险待遇的义务，明确规定优惠措施等内容，也要针对《失业保险条例》中未涉及的基本生活保障和再就业开支比例做出具体规定。进一步制定基本的相关配套法律文本，推进《就业援助法》《反就业歧视法》《公共就业服务法》等专项立法工作。[①] 进一步完善落实基本就业援助政策，增进政策之间的配套协调功能，明确和提高就业援助标准，降低就业援助门槛，督促地方各级政府抓紧落实中央政策，结合地方实情，重视并落实就业援助工作。另一方面，创新援助工作考评体系，实行精准考评。坚持量化考核和差异化考核相结合。以促进就业和减少就业困难人数为重点，建立精准就业援助目标考核体系，按照不同权重设置不同指标，对涉及人员进行量化和差异化考核。坚持日常过程督查和年终结果考核相结合。按照“滴灌”模式展开就业援助工作，建立健全就业困难人员培训考核、规范约束和就业困难退出机制。既要在日常过程中对基础工作、阶段推进工作进行定期检查，也要在年终时期采取汇报座谈、实地走访等方式全面了解就业援助工作情况。坚持绩效考核和用人导向相结合。首先要处理好两个关系：贫困人口短期减贫和促进就业目标的关系；就业困难人群和非就业困难人群利益的关系。所以，在精准考评过程中，坚持激励与约束并重，设计科学合理的考评标准和

① 韩桂君，刘金. 和谐社会视野下对《就业促进法》之审视[J]. 法学评论，2008(5)：65-76.

权重，考出实绩，评出优良干部，督促政府工作人员不断改进工作。

第二，实施差异化的精准就业管理措施。一是在区域层面加大就业困难地区精准转移就业；二是在县域和村镇层面，加大就业援助项目的统筹协调与精准指导，鼓励就业培训机构提供精准就业培训，有针对性地提供就业援助服务；三是在个体层面，针对不同就业困难群体的就业需求，采取不同的就业援助方式，实施差异化就业援助管理，通过激励、惩罚等措施规范政府人员管理行为。

第三，精准配置就业项目与扶贫资源。一方面，加大财政对就业援助的支持力度，切实提高就业专项资金管理水平。既要不断加大中央对促进就业工作的财政支出，也要督促地方加大就业专项资金下拨力度，并做好财政资金使用管理工作。一是资金安排上要综合考虑各地就业状况、就业专项资金绩效、就业工作成效等因素，对中西部和老工业基地重点扶持；二是资金使用上要坚持专款专用原则，严格按照规定范围、程序和标准使用，提升政府人员对民生资金的"高压线"认识；三是预算执行要到位，确保资金按时足额拨付，并加快资金拨付进度，深入分析专项资金结余问题；四是资金申请和支出管理要到位，按照相应程序规范操作。① 另一方面，引导多种资金参与就业援助工作。在香港，就业援助经费来源广泛，包括：(1)政府拨款；(2)政府批准的可雇用外地劳动的雇主的征款；(3)企、事业团体或私人捐款；(4)就业援助基金放入银行获得的利息；(5)社会辅助再就业机构向就业者收取的费用。② 借此经验，我们要加强发挥民间就业援助机构的重要作用，鼓励和引导商业性、政策性、开发性、合作性等各类机构加大对就业援助的资金支持，支持贫困人口就业创业。例如，加大对农户小额信贷力度，在省级层面协调增加对支农信贷规模，有效解决贫困地区农民自主创业资金不足的问题。

第四，构建全员参与的精准就业大格局。精准就业是一个系统工程，需要发挥政府部门、教育单位、企业等社会力量的各自优势，尤其需要整合政府部

① 中华人民共和国财政部. 财政部人力资源社会保障部关于进一步加强就业专项资金管理有关问题的通知[EB/OL]. [2011-05-31]. http://www.mof.gov.cn/zhengwuxinxi/caizhengwengao/2011caizhengwengao/wg201107/201111/t20111101_604130.html.

② 陈成文，石洋. 就业援助：香港经验及其启示[J]. 理论月刊，2008(12)：116-119.

门政策、资金等资源力量，来撬动和引导社会力量积极参与。社会力量是就业援助的重要生力军，不能光靠行政手段和强制力量来开展就业援助工作，要运用市场的手段和社会资源来引导不同人士参与就业援助计划或项目方案的制定和实施，了解民众真实诉求。

4.3.4 坚持就业优先，实现贫困人口收入稳增长

低保兜底贫困人口生活，贫困线解决贫困人口收入。低保是在国有企业下岗职工基本生活保障、失业保险和城市居民最低生活保障等“三条保障线”制度基础上建立实行的最低生活保障制度。2011 年以来，中国的“贫困线”标准得以上调，“低保线”和“贫困线”两项制度得到有效衔接。2011 年“两会”上就有人大委员表示，过低的“贫困线”让 13 亿居民人为地“被脱贫”，所以建议将“贫困线”至少提高一倍。再者，“低保”主要是针对没有发展能力的贫困人口做出的“兜底性”制度安排，通过救助维持其基本生存。而“扶贫”，更多针对的是具有发展能力的贫困人口，通过政策扶持，提高其收入水平，最终实现脱贫致富。从这个角度来说，“贫困线”理应在“低保线”之上。从表 4-5 和图 4-5 可见，全国低保标准还存在较大的城乡差距，南宁、拉萨、石家庄、兰州等经济欠发达城市城乡差距大于平均水平，上海、北京、南京、杭州、合肥、长沙、成都等地城乡低保标准一致，广州、天津、海口等城市差距较小，太原、沈阳、福州等地城乡低保标准还留有弹性空间，凸显政策制定者的灵活与智慧。

表 4-5　　2015 最新各地调整城乡低保标准与最低工资标准对比表

地区	低保标准调整日期	城市低保标准(元)	农村低保标准(元)	月最低工资标准(元)	小时最低工资标准(元)
上海	2015/4/1	790	790	2020	18
北京	2015/7/1	710	710	1720	18.7
天津	2015/4/1	705	540	1850	18.5
南京	2015/7/1	700	700	1770	15.5
杭州	2014/12/1	660	660	1860	17
拉萨	2015 年	640	2450/年	1400	13
广州	2014/1/1	600	560～600	1895	18.3
武汉	2015/1/1	580	320	1320/1550	15/16

续表

地区	低保标准调整日期	城市低保标准(元)	农村低保标准(元)	月最低工资标准(元)	小时最低工资标准(元)
郑州	2015/7/1	520	290	1600	15
哈尔滨	2014/10/1	510	3000/年	1270/1480	11.5/14.2
合肥	2015/1/1	510	510	1520	16
石家庄	2013/12/1	500	2700/年	1480	15
呼和浩特	2015/1/1	515～565	3644/年	1500	12.2
沈阳	2015/7/1	505～580	295～355	1530	15
济南	2015/4/1	500～550	300	1600	16
西安	2014/10/1	480～510	255～265	1480	14.8
昆明	2015/4/1	475～530	215～295	1570	14
太原	2015/1/1	453～505	288～505	1620	17.7
南昌	2015/1/1	450～480	280	1530	15.3
长沙	2015/7/1	450	450	1250/1390	11.9/13.5
海口	2013/7/1	450	360	1430	12.6
贵阳	2015/1/1	425～530	200～530	1400/1500/1600	15/16/17
成都	2014/11/1	400～500	400～500	1380/1500	14.4/15.7
兰州	2015/5/30	387～515	2453/年	1470	15.5
银川	2015 年	380	2400/年	1300	12.5
乌鲁木齐	2015 年	380	195	1520	15.2
西宁	2015/1/1	373	2345/年	1250	12.7
重庆	2014/10/1	365～385	215～225	1150/1250	11.5/12.5
长春	2014/10/1	350～435	2650～2700/年	1480	13.5
南宁	2014/1/1	250	103	1400	13.5
福州	—	最低工资标准36%～42%	不低于 2300/年	1350	14.4

资料来源：各省市城乡低保标准数据来自中国社保网①各省市月最低工资标准数据来自中国教育在线。②

① 中国社保网. [2015-07-08]. http://www.spicezee.com/fagui/111880.html.

② 中国教育在线. http://career.eol.cn/news/201605/t20160531_1404409.shtml.

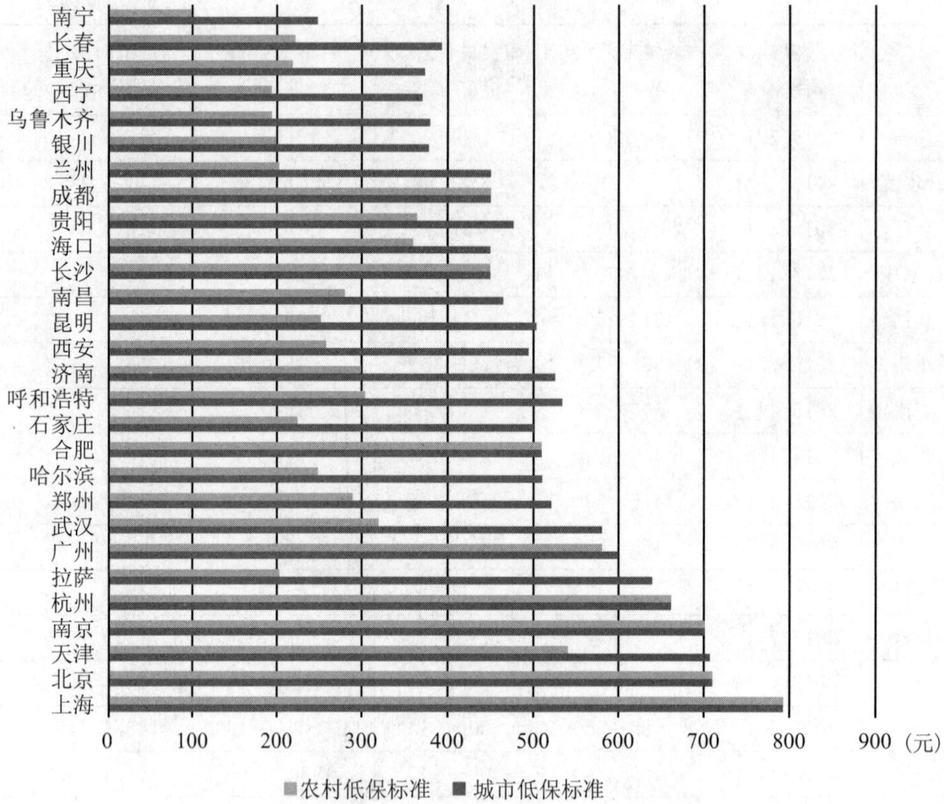

图 4-5　全国各省份城乡低保标准对比（截至目前最新调整）

资料来源：由中国社保网数据绘制而成。

除了城乡低保标准，改革开放以来我国政府还多次上调国家扶贫标准。2009 年，中国国家扶贫标准从 2008 年的年收入 1067 元上调至 1196 元，2010 年随 CPI 上涨而再次上调至 1274 元。2011 年，中央决定将农民人均年收入 2300 元作为新的国家扶贫标准，折算过来，日均收入低于 6.3 元是我国扶贫的新标准。这次上调幅度历史罕见，比 2009 年提高了 92%。

坚持就业优先，要求将城乡低保标准和月最低工资标准进行比较，从而可以侧面反映出政府对贫困群体或就业困难群体的扶持力度。由表 4-5 可得出，月最低工资标准基本位于城乡低保标准的 30%～40%，但是大多数省市月最低工资标准离国家扶贫标准还较远。不过，最低工资标准的提高更多应该致力于保护劳动者个人维持基本生活所需，而非实现经济发展和个人发展，所以月最低工资标准的科学性还有待实践结果的检验。但是，从月最低工资标准和城乡低保标准的比较可见，月最低工资标准已经超出低保标准一定水平，这与现实中大量存在的贫困人口不相符合，所以失业人员、就业困难群体、低收入劳动者还不可小觑，就业援助工作任重道远。

除此之外，在再就业过程中，就业困难人员还存在着被用人单位无端克扣工资、恶意拖欠工资的风险，这也会威胁低收入劳动者的正常生活。所以，坚持就业优先，也要保障劳动收入正常发放、合理发放，进一步完善工资支付保障制度，精准落实工资支付相关规定，确保低收入者安心就业、正常就业、积极就业。

《劳动合同法》第 38 条规定，用人单位未及时足额支付劳动报酬的，劳动者可以解除劳动合同。第 85 条规定，对于用人单位有克扣或者无故拖欠劳动者工资报酬行为的，由劳动行政部门责令限期支付劳动报酬、加班费或者经济补偿；劳动报酬低于当地最低工资标准的，应当支付其差额部分；逾期不支付的，责令用人单位按应付金额 50%以上 100%以下的标准向劳动者加付赔偿金。

根据《劳动保障监察条例》第 26 规定，对于用人单位有克扣或者无故拖欠劳动者工资报酬行为的，由劳动保障行政部门分别责令限期支付劳动者的工资报酬、劳动者工资低于当地最低工资标准的差额或者解除劳动合同的经济补偿；逾期不支付的，责令用人单位按照应付金额 50%以上 1 倍以下的标准计算，向劳动者加付赔偿金。

2016 年，国务院办公厅还印发《关于全面治理拖欠农民工工资问题的意见》，要求全面规范企业工资支付行为，不得以工程款未到位等为由克扣或拖欠农民工工资，不得将合同应收工程款等经营风险转嫁给农民工。

总之，就业创业是扶贫攻坚的重点难点，涉及农民工、大学生、下岗工人等各式各样的弱势群体。只有坚持就业优先，精准就业援助服务，提高就业机会和就业质量，扶贫工作才能从漫漫尘埃中真正开出一朵花来。

专栏4-6　国务院办公厅关于全面治理拖欠农民工工资问题的意见

意见强调，明确工资支付各方主体责任。全面落实企业对招用农民工的工资支付责任，督促各类企业严格依法将工资按月足额支付给农民工本人，严禁将工资发放给不具备用工主体资格的组织和个人。

在工程建设领域，施工总承包企业(包括直接承包建设单位发包工程的专业承包企业，下同)对所承包工程项目的农民工工资支付负总责，分包企业(包括承包施工总承包企业发包工程的专业企业，下同)对所招用农民工的工资支付负直接责任，不得以工程款未到位等为由克扣或拖欠农民工工资，不得将合同应收工程款等经营风险转嫁给农民工。

意见同时明确，严格规范劳动用工管理。督促各类企业依法与招用的农民工签订劳动合同并严格履行，建立职工名册并办理劳动用工备案。在工程建设领域，坚持施工企业与农民工先签订劳动合同后进场施工，全面实行农民工实名制管理制度，建立劳动计酬手册，记录施工现场作业农民工的身份、劳动考勤、工资结算等信息，逐步实现信息化实名制管理。

意见指出，推行银行代发工资制度。推动各类企业委托银行代发农民工工资。在工程建设领域，鼓励实行分包企业农民工工资委托施工总承包企业直接代发的办法。分包企业负责为招用的农民工申办银行个人工资账户并办理实名制工资支付银行卡，按月考核农民工工作量并编制工资支付表，经农民工本人签字确认后，交施工总承包企业委托银行通过其设立的农民工工资(劳务费)专用账户直接将工资划入农民工个人工资账户。

资料来源：新华社，2016-01-19.

参考文献

[1]阿玛蒂亚·森. 以自由看待发展[M]. 北京：中国人民大学出版社，2013.

[2]阿玛蒂亚·森. 贫困与饥荒[M]. 北京：商务印书馆，2001.

[3]夏庆杰. 劳动就业与反贫困问题研究[M]. 北京：中国经济出版社，2010.

[4]周云波. 中国农村收入分配差距、贫困与劳动力非农就业问题研究[M]. 北京：经济科学出版社，2009.

[5]唐钧，沙琳等. 中国城市贫困与反贫困报告[M]. 北京：华夏出版社，2003.

[6]国家统计局农村社会经济调查司，国务院扶贫办．中国农村贫困监测报告 2015[M]．北京：经济科学出版社，2015.

[7]李乐为，王丽华．就业激励和援助：贫困救助制度演进和优化的基本取向[J]．甘肃社会科学，2011(3)：138-141.

[8]张延吉，秦波．城镇正规就业与非正规就业的收入差异研究[J]．人口学刊，2015(4)：92-103.

[9]国家统计局．2015 年农民工监测调查报告[EB/OL]．[2016-04-28/2016-08-19]．http://www.stats.gov.cn/tjsj/zxfb/201604/t20160428_1349713.htm.

[10]王增文．贫困恶性循环、福利依赖与再就业收入[J]．中国人口资源与环境，2013(1)：132-136.

[11]张清霞．浙江农村相对贫困：演变趋势、结构特征及影响因素[D]．浙江大学学报，2007(3).

[12]党春艳．转型期我国城市贫困问题研究[D]．华中师范大学学报，2013(3).

[13]杨德敏．就业援助法律机制研究[M]．北京：中国法制出版社，2012.

[14]杨德敏．就业援助：社会救助立法的基本取向[J]．江西社会科学，2012(12)：159-164.

[15]英明，魏淑艳．探索公益性岗位建设的有效途径[J]．人民论坛，2014(14)：125-127.

[16]汪三贵，郭子豪．论中国的精准扶贫[J]．贵州社会科学，2015(5)：147-150.

[17]刘晓梅，西萌，满清喆．自立性援助：低收入者就业援助理念与政策[J]．中国劳动，2013(5)：24-27.

[18]郭煦．扶贫之变：精准扶贫的多元之路[J]．小康，2015(23)：66-69.

[19]顾仲阳．扭转“大水漫灌式”的扶贫方式[N]．人民日报，2015-12-10.

[20]蔡昉，张车伟．人口与劳动绿皮书：中国人口与劳动问题报告 No16[M]．北京：社会科学文献出版社，2015.

[21]韩桂君，刘金．和谐社会视野下对《就业促进法》之审视[J]．法学评论，2008(5)：65-76.

[22]任丹．城市最低生活保障制度与就业联动机制探析[J]．社会保障研究，2009(5)：73-80.

[23]尹海洁，王翌佳．东北地区城市工作贫困群体就业质量研究——来自哈尔滨、长春和沈阳市的调查[J]．中国人口科学，2015(3)：116-128.

[24]张勉．城市贫困群体的就业质量研究[D]．华中科技大学，2006.

[25]尹志刚，洪小良．北京城市贫困劳动人口的就业及社会支持网络调查报告[J]．新视野，2006(3)：58-61.

第5章　健康扶贫，克服因病致贫顽症

近年来，社会救助领域中的“支出型”贫困矛盾日益显现，一些因患病、子女就学、突发事件等原因造成家庭必需支出过大，超出家庭承受能力，致使很多家庭实际生活滑坡至贫困状态。调查显示，因病致贫是造成支出型贫困最主要的因素，中国目前7000多万贫困人口中，3000万人口承受着因病致贫的重压。2016年，中央召开扶贫开发工作会议，对脱贫攻坚工作作出全面部署，将实施健康扶贫工程列为打赢脱贫攻坚战的七大行动之一，要求着力保障农村贫困人口享有基本医疗卫生服务，努力防止因病致贫返贫。

>> 5.1　因病致贫已成民生顽疾 <<

5.1.1　因病致贫是国家精准扶贫难题

据国家卫计委发布的统计数据，自2009年新医改方案启动以来已经过了7年，而“看病难、看病贵”的问题却依然年年重复上演。中国人的看病负担并没有减轻多少，个人卫生支出金额反而随着医疗改革的进行急速攀升。与2009年相比，尽管政府卫生支出额增加了一倍，但与此同时，中国人均个人卫生支出也从1314元翻了一倍涨至2581元，① 如果将医改的目标定为个人看病直接

① 资料来源：《中国卫生和计划生育统计年鉴2015》。

负担的减少，那么这样的结果显然很难说是成功的。

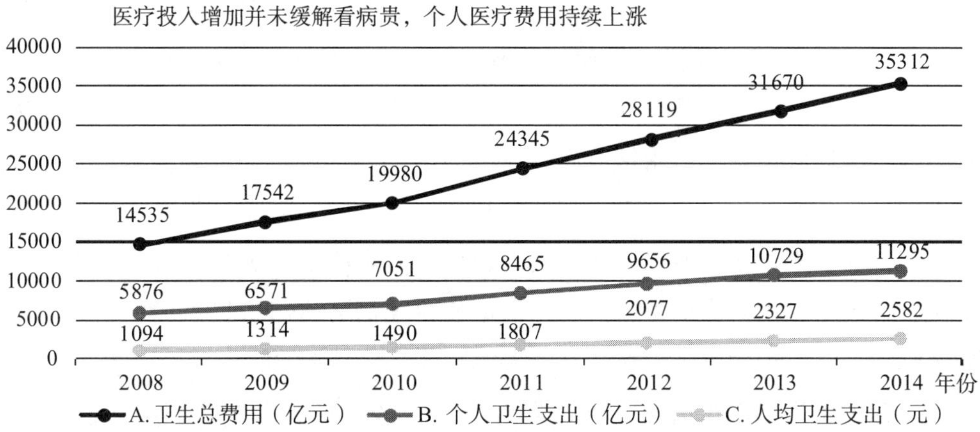

图 5-1 中国历年卫生支出情况

资料来源：中国卫生和计划生育统计年鉴 2015.

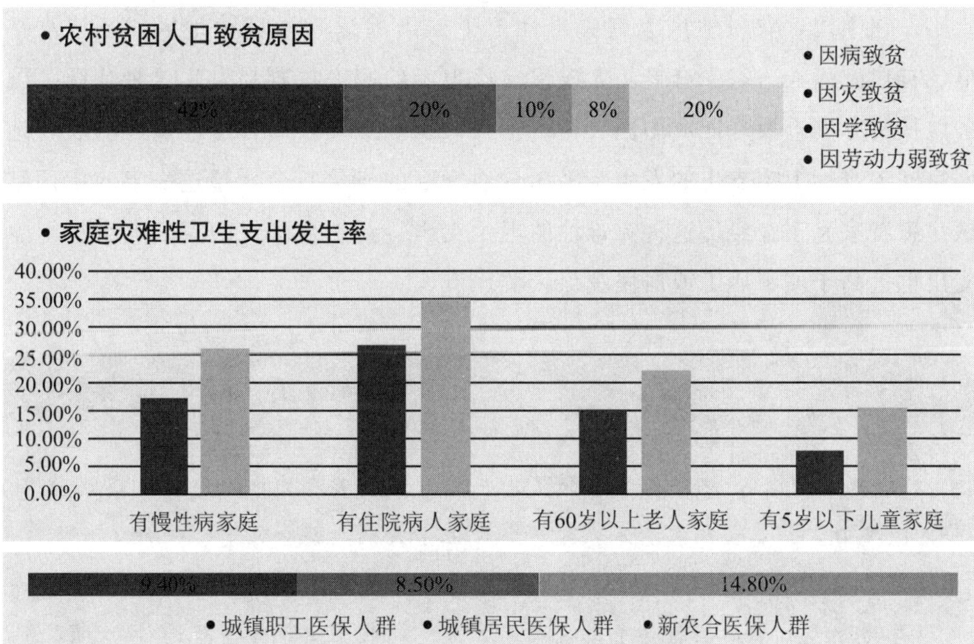

注: 灾难性卫生支出，指医疗支出超过非食品类支出的40%，即超出家庭承受能力。

图 5-2 我国贫困人口特征统计

资料来源. 国务院扶贫办.

据国务院扶贫办最新摸底调查表明，全国现有的7000多万贫困人口中，因病致贫的42%，因灾致贫的20%，因学致贫的10%，因劳动能力弱致贫的8%，其他原因致贫的20%。① 而这些贫困人口绝大多数都没有增收的产业。从大病来说，由于农村内部存在着较大的贫富差距，那些贫穷的家庭一旦得了大病，即使去医院就诊能够报销一部分，但剩下的一部分他们依然无力偿付，这些贫困家庭依然看不起病。对于那些富裕的家庭而言，新型合作医疗给他们提供了实实在在的优惠。所以，从大病的角度来看，不但新型合作医疗没有彻底解决农村内部贫困家庭的医疗问题，反而使得他们与富裕农民家庭的差距变得越来越大，进一步加剧了农村的贫富差距。

国际上将家庭因为医疗支出过多而陷入困境的情况称为灾难性卫生支出。根据世界卫生组织的定义，一个家庭在扣除基本生活费后，医疗支出超过剩余收入的40%，就属于家庭灾难性医疗支出范畴。根据测算，我国的"家庭灾难性医疗支出"大体上相当于城镇居民年人均可支配收入、农民年人均纯收入的水平。在中国，农村地区家庭灾难性卫生支出远远高于城镇地区，经济水平低、有住院病人、家中有老年人或慢性病患者的家庭最容易发生这种情况，国务院扶贫办调查发现四成中国农村贫困人口因病致贫，而有慢性病人的农村地区家庭灾难性卫生支出的发生率高出普通家庭的三倍有余，超过一半的中国结核病患者家庭正在经历这种灾难性的卫生支出。新农合医保的家庭灾难性卫生支出也远高于城镇职工或居民医保人群。

专栏5-1　刻章救妻

"病来如山倒"，这句话既包含了疾病对人体的破坏力，也包含了疾病对家庭的破坏力。一个家庭中，如果有一个人生了大病，就如同倒了一座山，塌了半边天。相对于自然灾害来说，大病就是人间的"地震"和"海啸"。北京下岗人员廖丹为救患上尿毒症的妻子，找人刻了医院的收费章，为妻子进行"免费"透析治疗，4年间骗取医院治疗费17万余元。事发后，廖丹被检方以诈骗罪起诉。

① 资料来源：国务院扶贫办.

在法庭上，廖丹说："她病成这样，我总不能掐死她，哪怕有一点钱给她治病，我何必去刻假章？"他的话充满无奈和悲凉，刺痛了社会的敏感神经。在爱心人士的资助下，他最终退回了赃款，并让妻子得到了一笔维持治疗的善款。

资料来源：人民网，2012-10-18，内容有删减．

"刻章救妻"的悲剧，暴露了我国大病医保制度的"短板"。"没啥别没钱，有啥别有病"，这是老百姓最朴素的生活经验。在我国，一场大病，不仅足以拖垮一个普通家庭，而且足以"消灭"一个中产家庭。虽然我国编织起世界最大的全民医保网，但就保障质量而言，仍处于较低水平。尤其是农民和一些城镇居民，年人均医保费只有 300 元左右，抵御大病风险的能力还很弱。政府提供的基本医保不足以支付大病所需，而他们大多数更没有购买商业医疗保险的能力。因此，一场大病，无疑就是一场"大灾"。

在"十三五"新征程中，精准扶贫占据着极为重要的地位。因病致贫反映了贫困地区卫生医疗水平落后的现实，四成因病致贫人群成为国家精准扶贫必须破解的难题。要实现贫困人口全部脱贫、贫困县全部摘帽，必须解决因病致贫问题。相比城市，农村尤其是偏远山区卫生水平的现状令人担忧，贫困地区卫生事业的发展迫切需要得到现有卫生下乡的"支援"，但更需要从根本上完善贫困地区的医疗体系。因此，抓好健康扶贫，逐步减少因病致贫、因病返贫现象，就是抓住了整个"十三五"精准扶贫的主要矛盾。

5.1.2　因病致贫返贫原因及表现

"因病致贫、因病返贫"，在现实生活中屡屡发生。由于人口老龄化、医疗技术和设备的进步更新等多方面的原因，居民所承担的医疗费用正在逐年上升，基本医保难以解决人们因大病承担的重负。导致因病致贫的原因主要表现在以下七个方面：

一是看病就医"错时"。受经济条件影响，贫困群众看病就医仍然为钱发愁，小病拖、大病扛，发展到最后，不是身体器质性损害就是恶性病晚期，由于知识匮乏及其他原因，往往过了最佳治疗时期才加以重视，这样看病就医"错时"导致病情无法通过简单的医疗根除，而需要花费大量的时间和金钱，贫困群众往往放弃治疗。

二是疾病诊疗“错诊”。受不健康生活方式和环境因素影响，心脑血管病、恶性肿瘤、糖尿病等慢性非传染病成为群众主要健康危险，但由于基层医疗设备和人员匮乏，基层诊治能力有限，往往无法通过简单诊断发现病情，即使有时较快发现了病情，由于重视程度不够或城乡交通等问题，也未能及时转诊，直接放大了疾病“错诊”问题。

三是就医行为“错轨”。有些地域分级诊疗机制未建立，群众“舍近求远”，盲目上大医院就诊，不管头疼脑热还是疑难杂症，“看病就要上大医院，挂号就要找专家”成了不少人的就医选择，这种错轨式的就医行为，直接提高了贫困群众就医成本，借钱看病、私下贷款看病的事件均有发生，这样的行为增加了因病返贫现象。

四是农合基金“错流”。以湖北省孝昌县为例，2015 年 1～6 月，住院病人县外转诊率 22.9%，超过 10%的医改政策要求。补偿资金流向其他省市、本省、市、县、乡分别占 3.8%、15.1%、12.4%、56.0%、12.9%。可以看出，由于一、二、三级医疗机构发展不平衡，医疗技术水平不高，导致大量患重病、大病的参合群众流向外地就诊，这就增加了参合群众的看病就医经济负担。资金大量流向外地，使得农合基金错流愈发增加，不利于落实医改政策，在这种过程中补偿资金滥用、错用，也降低了基金使用的有效性。

五是大病保险“错控”。大病保险政策在基层理赔手续繁杂，理赔“门槛”较高，受益面窄，例如湖北省孝昌县享受政策的只占住院总人次的 3%，群众受惠感不强，达不到改革初衷，同时宣传程度不够，直接降低了普通群众的知晓程度，而基层缺乏的民主和合理的贫困识别机制，也使得大病保险往往流于形式，无法真正帮助贫困群众减少因病致贫。

六是外伤报销“错判”。新农合政策规定，意外伤害患者住院费用报销最高限额 8000 元，且不纳入大病保险理赔，而一个意外伤害患者住院往往要花费几万甚至更多，外伤报销“错判”成为因病致贫重要因素。

七是医院管理“错向”。少数公立医院还存在趋利行为，公立医院的公立地位和公益性质还未得到真正体现，虽改革了“以药养医”，但出现了“以检养医”“以械养医”“以刀养医”等新现象。

专栏 5-2　因病致贫：溪口村

溪口村地处广东省梅州市大埔县青溪镇西部。作为革命老区，青溪镇曾为革命胜利做出巨大贡献，中央苏区的门户——中共红色交通站就坐落于此。大革命失败后，周恩来等 390 多名党政军骨干先后通过青溪到达苏区。溪口村现有总人口 1748 人，其中年收入 1500 元以下的贫困家庭 181 户，贫困人口 726 人。全村水田 242 亩，人均仅四分田地，山多田少，六成溪口人选择外出打工，很多农民出了工伤，工头不管，新农合也报不了，一个家很可能因此返贫。当地乡镇卫生院最先进的设备是一台黑白 B 超，医疗技术落后，勉强维持生存。新农合虽已普及，但农民很难就近就医，报销水平低，让因病致贫、因病返贫成为当地扶贫难题。

当地有人总结溪口的致贫原因有：山区田地少，可供老百姓自主开发的山地有限，外出务工的劳动力学历低，工资性收入低，因病导致家庭负担增加，成员丧失劳动能力。所有的致贫原因最后串联成一条线索：缺少田地，农民难以靠传统农业致富，不得已外出务工——囿于文化水平低，务工人员工资收入也低，家庭徘徊于穷苦之境——一些家庭为了治病导致经济负担增加、成员丧失劳动力(甚至死亡)，这些家庭成了最穷的那批人。

资料来源：南方日报，2010-05-25，内容有删减.

5.2　我国健康扶贫的现状及问题

5.2.1　我国贫困地区卫生事业发展的主要特点

我国贫困地区是因病致贫返贫的高危领域，是实现精准扶贫的薄弱环节。目前我国贫困县卫生事业发展相对滞后，卫生资源相对不足，卫生服务能力不高，可及性较差，同时居民经济负担过重，服务利用流向不合理，卫生事业经费投入不足，负债严重，这些成为制约贫困地区卫生事业发展和群众脱贫致富的重要障碍。目前我国贫困地区卫生事业发展的特点主要有城镇化率低出生率高、卫生事业财政投入少、居民经济负担重以及贫困县卫生资源匮乏。①

一是城镇化率低，出生率高。调查显示，2014 年，832 个贫困县平均人口密度为每平方公里 98 人，远低于全国每平方公里 138 人的人口密度，城镇化率仅为 23.98%，低于全国 54.8%的水平，如此低的城镇化率导致农村贫困人口比例较大。据调查，贫困县贫困人口占总人口比例为 20.87%(全国为 5.2%)，脱贫压力较大，同时较低的城镇化率也使得脱贫事业发展受阻。从人口增长情况来看，贫困地区年出生率为 14.9‰，高于全国 12.37‰的平均水平，很多贫困户的出生率尤其高。首先是传统观念里人丁兴旺才能使家庭富有，致使很多本就贫困的群众支出负担加大；其次是出生率高直接导致普遍生活水平、社会保障水平下降，贫困人口的教育医疗普遍得不到保障，导致贫穷代代传递。

二是卫生事业财政投入较少。贫困地区缺乏相应的支柱产业和固定经济来源，主要依靠中央转移支付。2014 年，贫困地区的人均 GDP 为 18203 元，远低于全国 46652 元的平均水平。平均每县的财政收入为 97744 万元，仅为全国平均水平的 1/5，每个县平均全年财政支出为 203091 万元，还不到全国平均数的一半。从财政卫生投入水平来看，2014 年贫困县对卫生投入资金不到位情况显著，政府未到位资金平均为 1064.66 万元，其中 62.54%为基建项目县级配套基金，16.74%为医改运行经费的地方配套资金。可见，贫困地区卫生事业财政支出较少，资金不到位问题显著，财政直接投入卫生事业远不及全国平均水平。

三是居民经济负担较重，因病返贫现象没有得到遏制。从 2014 年医保筹资和疾病经济负担来看，贫困县新农合平均筹资水平为 378.66 元，低于全国新农合 410.89 元的平均筹资水平。贫困地区新农合人均筹资负担为农民纯收入的 5.8%，高于全国新农合筹资负担(4.15%)，新农合人均筹资较高的负担也直接影响到农民参合积极性。另外，从住院经济负担来看，贫困县参合农民年住院率为 14.84%，次均费用为 4246.43 元，实际补偿比为 59.6%，年人均住院费用占人均纯收入的 3.9%，高于全国农村住院病人人均住院费用的占比(2.6%)。由此可见，贫困地区农村居民在新农合和疾病治疗方面确实背负较

① 2014 年，国家卫生计生委卫生发展研究中心课题组对全国 832 个贫困县社会经济和卫生事业发展情况以及各级各类医疗卫生机构的现状进行调查。

重的经济负担，容易出现因病致贫和因病返贫的现象。

四是贫困县卫生资源匮乏。从千人口床位数和千人口卫生技术人员数的资源总量来看，贫困地区县域内千人口床位数为2.75张，全国平均水平为3.54张。另外，贫困地区县域内千人口卫生技术人员数为2.78人，全国农村平均水平为3.77人，贫困县千人口床位数和千人口卫生技术人员数均仅占全国平均水平的3/4。从人员质量来看，贫困地区基本学历职称偏低，人员学历以大专本科为主，基本无研究生学历卫生技术人员，高级职称人员占比远低于全国平均水平，直接影响到基层医疗质量和医疗发展。此外，县域内医疗卫生机构服务能力不高，县外住院病人比例高。从各类医疗机构服务能力来看，县级医院服务能力不高，重症监护病房设置率仅为45%，口腔、眼科、耳鼻喉和康复科等设置率均不足30%，重点疾病以常见病、多发病为主，缺乏对有一定技术难度疾病的接诊能力，难以满足县域内居民的医疗服务需求，导致大量住院病人外流。2014年，贫困县县外住院比例高达33.18%，远高于全国新农合县外住院占比(21.87%)，可见贫困县卫生资源缺乏和医疗水平低下，直接影响到群众就医区域选择，造成医疗费用增加，客观上导致了因病致贫现象。

5.2.2　我国健康扶贫政策的现实困境

我国现有7000多万贫困人口中，因病致贫的占到近3000万人，重大疾病已经成为横亘在贫困人口脱贫路上最大的“拦路虎”。多年来，国家在解决因病致贫问题方面做了诸多努力。例如我国疾病应急救助制度自2013年建立以来，在帮助困难群体看病方面发挥了积极作用，但由于健康扶贫政策不完善，体系不健全，监控评估制度缺失等问题，存在条件限定过多、流程设置复杂、信息不共享等困境，贫困群众有病难治、因病致贫现象仍然突出。

一是医疗保障体系不完善。首先，新农合保障水平有限、大病保障制度不健全。无论是预防新增贫困人口，还是减少已有贫困人口，都必须高度重视健康扶贫工作。由于目前我国农村医疗保障和救助制度尚不完善，具体表现在农村医疗卫生服务能力有限，新农合实际报销比例不高，重大疾病救助标准偏低等方面。由于新农合制度局限于基本用药、基本医疗和基本支付，还有一大部分医疗费用不在报销范围内；同时，贫困地区财政资金有限，医疗救助资金严重不足，有些地方民政医疗救助标准最高限额 1.2 万元，远不能解决重大疾病患者沉重的医疗负担。其次，新农合筹资水平较低，各地对报销范围和封顶线等都有具体要求，那些得了重大疾病的贫困人口虽然能得到新农合补偿但仍无力承受。另外，目前的健康扶贫政策多数成为孤立的医疗援助。因为贫困并非贫困人口本身的问题，而是自然、环境、生态等多种因素综合导致的结果，所以，扶贫是一个综合治理的系统工程，需要政府主导做好精准扶贫顶层设计，多部门配合并因地制宜地制订扶贫方案。比如健康扶贫之后让农民接轨土特产电商扶贫产业，还需要相关部门做好物流和网络基础设施的配套工作。在解决贫困人口健康问题的同时，还要积极促进健康扶贫与商业保险、慈善救助以及其他扶贫手段的衔接，如产业扶贫等，打造立体型医疗保障体系，构建完善的健康扶贫格局，这样才能铲除造成贫困的土壤。

二是工作机制不完善。首先，健康扶贫精准度不够，效率不高，无法产生良好的制度优势。疾病应急救助的对象有限，主要限定在民政部门认定的城乡低保、农村五保等五类对象，而扶贫部门建档立卡的贫困户中，还有相当比例不属于上述身份，而按照制度设计，民政部门认定的五类对象就医，医药费用可由医保、医疗救助等和医院直接结算，无需自己垫付，但扶贫部门的建档立卡户中不属于这五类对象的就无法享受政策福利。其次，分级诊疗制度没有很好设计与推广。新医改实施以来，许多地方对分级诊疗工作开展了积极探索：上海市开展家庭医生制度建设，构建社区首诊、分级诊疗服务模式；青海省出台了《城镇职工和城乡居民基本医疗保险分级诊疗制度》；甘肃省试点新农合分级诊疗。这些探索在取得一定成绩的同时，也暴露出一些困难和问题，主要包括作为制约“三基”医疗服务能力提升、确保“守门人”作用发挥和病人能够“留下来”的关键，以高水平全科医生为主体构成的适合并且愿意从事“三基”医疗服务的专业人才严重短缺，相关培养、准入制度也不尽完善；对调整就医流向具有重要引导和调解作用的医保政策规定与付费机制设计与促进分级诊疗模式建立的努力不协调，对引导、约束城乡居民理性择医、合理就医的作用都明显不足，亟待改进；现有促进分级诊疗的措施和形式虽然丰富，但仅局限于外在形式改变、开展松散联合的较多，真正触及内部整体资源配置调整机制、运行管理机制、经济补偿机制和激励约束机制改革的较少，等等。因此，在未来一段时期需要将推进分级诊疗作为取得改革突破、打破事业发展瓶颈的重要措施，要置于深化医改、促进卫生事业实现全面、健康、可持续发展的大格局中通盘考虑。

三是缺乏相应的医疗监控评估制度。我国的基本医疗保险制度建设刚开始，面临的政策层面和运行机制的问题还很多，建立和健全社会医疗保障制度，完善现行基本医疗保险制度，还需从医疗保险制度现行政策目标和具体运行机制等方面进行全面监控与评估。建立现行医疗救助制度监控评估框架，需寻求影响社会医疗保险有效运行的障碍所在和具体解决的方法。传统的健康扶贫制度强调由上到下的导向功能，更加强调基层的实施，缺乏由下到上的传导机制。由于医疗监控评估制度的缺失，无法评判医疗救助的效果，造成了资源浪费、程序不公等问题。存在虽然财政拨款到位，但是很多贫困群众没有得到相应的医疗救助等问题。在政策制定的过程中，基层调查往往流于形式，缺乏相应的反馈机制。在国家精准扶贫的大背景下，需要设立相应完善的医疗监控评估制度，尤其是针对健康扶贫的龙头工程——医疗救助方面的监控评估尤为重要。

扶贫事关国家治理能力和治理体系现代化的提升。扶贫工作需精准到位，健康扶贫则体现着国家通过医疗及其相关手段在消除贫困方面，使制度管理进一步科学化和精细化，而制度管理的科学化和精细化，又是现代国家最重要的制度特征之一。

>> 5.3　打造健康精准扶贫体系，助力国家扶贫事业 <<

“十三五”期间，中央扶贫不再采取大水漫灌的方式，而是实施精准扶贫，变“输血”为“造血”，变重GDP为重脱贫成效，解决好“扶持谁”“谁来扶”“怎么扶”“如何退”等一系列问题。面对高达42%的因病致贫比例，客观需要找到“病因”，构建精准健康扶贫治理格局，完善农村健康扶贫工作机制，同时建立农村医疗救助监控评估体系，方能医治“因病致贫”，达到精准扶贫的效果。

“因病致贫返贫”仍是我国贫困地区以及其他农村贫困群体的主因。在精准扶贫中构建“因病致贫返贫”治理体系是促进社会政策和经济政策相互作用，提升整体性贫困治理效果的关键。因此需要构建多层次的“因病致贫返贫”治理体系，即医疗救助制度是基础，新农合制度是主干；医疗大病保险和疾病应急救助是补充；商业健康保险和慈善救助是再补充，并实现有效衔接。同时，需要完善我国健康扶贫工作机制，即“建库立卡”为重点，进行分类瞄准和管理；将社会工作引入治理体系，建立联动机制；确立农村分级诊疗模式，发挥基层医疗卫生机构作用。最后，建立农村医疗救助监控评估框架，突出医疗救助在扶贫领域的基础性作用。

5.3.1 构建农村多层健康扶贫治理格局

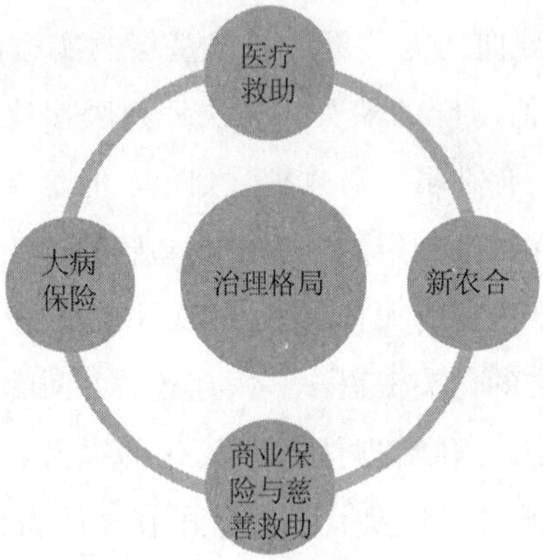

图 5-3 我国农村多层健康扶贫治理格局

目前我国农村“因病致贫返贫”治理体系已经初步建立，新农合、大病医疗、商业保险模式已经全面铺开，但需要政府进一步整合资源，形成全面有效的治理格局。即医疗救助制度是治理体系的基础，新农合制度是治理体系的主干，医疗大病保险和疾病应急救助是治理体系的补充，商业健康保险和慈善救助是治理体系再补充的结构体系。其中，医疗救助制度、新型农村合作医疗和医疗大病保险发挥了重要作用。

一是明确医疗救助制度是“因病致贫返贫”治理体系的基础。近年来，医疗救助制度在农村贫困地区发展迅速，在医疗救助对象上，从开始的主要是农村低保对象、五保对象和一些特殊困难家庭，目前逐步扩大到低收入家庭中的特定困难对象以及其他特殊困难人员等，还将低收入家庭中的重病患者、老年人以及重度残疾人等也开始纳入医疗救助资助参保范围，但仍需对救助标准和救助形式进行完善。

在救助标准方面，对重点救助对象、低收入救助对象全面取消救助门槛；对因病致贫家庭重病患者和其他特殊困难救助对象可设置起付线，对起付线以上的自付费用在年度最高救助限额内按比例给予救助，并不断提高救助比例和救助封顶线，对救助对象政策范围内住院自付医疗费用救助比例要提高到70%以上。

在救助形式方面，一是资助符合条件的贫困对象参加新农合；二是对经新农合补偿后救助对象在政策范围内的自付基本医疗费用给予补助；三是对一些重特大疾病采取单病种付费的方式，由新农合和医疗救助共同分担所需医疗费用。在医疗救助内容上，医疗救助以住院救助为主，同时兼顾门诊救助。住院救助主要用于帮助解决救助对象因病住院个人负担的医疗费用，门诊救助则将符合条件的救助对象患有的常见病、慢性病、需要长期药物维持治疗以及急诊、急救的个人负担医疗费用纳入医疗救助补偿范围。

总之，应使农村医疗救助制度发挥“托底”作用，同时起到“串联”作用，有效提高参保(参合)率，扩大基本医疗保险(新农合)的覆盖面，让医疗救助制度真正成为“因病致贫返贫”治理体系的基础。

专栏5-3　“因病致贫”家庭将享受医疗救助

2015年6月17日，湖北省政府办公厅发布《关于进一步完善医疗救助制度全面开展重特大疾病医疗救助工作的实施办法》，除最低生活保障家庭成员、特困供养人员外，低收入者和因病致贫家庭的重症患者也被纳入救助范围。除此之外，办法还对最低生活保障家庭成员和特困供养人员、低收入救助对象全面取消救助门槛。

新发布的办法扩大了范围，医疗救助对象包括：最低生活保障家庭成员和特困供养人员(重点救助对象)，低收入家庭的老年人、未成年人、重度残疾人和重病患者等困难群众(低收入救助对象)，发生高额医疗费用、超过家庭承受能力、基本生活出现严重困难家庭中的重病患者(因病致贫家庭重病患者)，以及县级以上人民政府规定的其他特殊困难人员。另外，在各类医疗救助对象中，还要重点加大对重病、重残儿童的救助力度。

对于救助方式，该办法也在参保参合、门诊、住院三个方面做出详细规定。其中对重点救助对象参加城镇居民基本医疗保险或新农合的个人缴费部分进行补贴，特困供养人员给予全额资助，最低生活保障家庭成员给予定额资助。

关于门诊救助，重点是因患慢性病需要长期服药或者患重特大疾病需要长期门诊治疗，导致自付费用较高的医疗救助对象。对门诊救助对象中的集中供养特困人员给予定额门诊救助。另外，还要完善住院救助，重点救助对象在定点医疗机构发生的政策范围内住院费用中，对经基本医疗保险、城乡居民大病保险及各类补充医疗保险、商业保险报销后的个人负担费用，在年度救助限额内按不低于70%的比例给予救助。定点医疗机构应当减免救助对象住院押金，及时给予救治。

该办法指出，2015 年年底前各地要全面开展重特大疾病医疗救助。医疗救助对象中，纳入城乡居民大病保险或职工大额(病)医疗保险(以下统称大病保险)的，原则上可确定为重特大疾病医疗救助对象。对重点救助对象和低收入救助对象经基本医疗保险、大病保险及各类补充医疗保险、商业保险等报销后个人负担的合规医疗费用，直接予以救助；其他救助对象负担的合规医疗费用，先由其个人支付，对超过家庭负担能力的部分予以救助。

在救助标准方面，对重点救助对象、低收入救助对象全面取消救助门槛；对因病致贫家庭重病患者和其他特殊困难救助对象可设置起付线，对起付线以上的自付费用在年度最高救助限额内按比例给予救助。

资料来源：荆楚网，2015-06-19，内容有删减.

二是助力新农合制度成为“因病致贫返贫”治理体系的主干。新农合制度是我国为了服务广大农民群众，满足农民看病就医需求，解决农民看病难问题而建立的。新农合制度经过十几年的发展已经在我国取得了可喜的成绩，对我国医疗卫生体系以及社会保障体系的建立健全起到了非常重要的作用。从 2009 年开始确立新农合作为农村基本医疗保障制度的地位，2015 年各级财政对新农合的人均补助标准达到了 380 元，但新农合目前还存在一些主要问题：第一，农民认知程度不够。在参与新农合的过程中，农民更多表现出的是一种被动性，对于其中的运作原理、政策规定等根本就不了解。只有让农民真正理解新农合的相关规定才能够在接受医疗卫生服务的时候更好地维护自己和集体的权益。第二，报销难度过大，报销比例过低。目前我国新农合采用的是定点医院报销制度，参合农民只能在指定的报销地点接受医疗服务之后才能得到报销，因此，农民一般只能够选择在定点医院接受治疗，这样就增加了农民在外接受医疗服务获得报销的难度，即便是新农合与城居医保合并了，也存在报销比例过低、自付部分高昂的问题。第三，新农合结余资金的补偿能力和收益性较低，无法满足日益增长的医疗费用。第四，筹资机制不够完善，参合人群的筹资比例各地标准不一，容易导致不公平问题发生。

因此，需要逐步发挥新农合在“因病致贫返贫”治理体系中的主干作用。首先，要加大政策宣传力度，提高农民认知。为了加强新农合的宣传，首先应该培养一批专业的人才，定期传达新农合的政策思想，将新农合政策宣传到村，宣传到户，同时还应该建立相关的咨询部门，对于农民存在的相关疑惑进行解答，做到及时处理，避免引起农民的不满。此外，应该加强新农合参合信息和参合各项程序的透明度，使得农民能够充分了解自己参合过程当中的各项信息。其次，充分有效利用结余资金。对于我国新农合资金的应用，在保障农民的基本报销需求以及相关开支的基础上如果存在结余，应该充分考虑新农合缓解“因病致贫、因病返贫”的目的，利用新农合资金的时候可以考虑将结余的资金用于购买大病医疗保险，或者是增加一定量的商业大病医疗保障，使得高额医疗费用支出的农民能够获得新农合以外更多的保障，而这些额外的保障又是与新农合相关联的。这样使得新农合资金能够得到充分利用，同时又提高了参合农民的保障水平。另外，调整定点医院报销制度。对于定点医疗机构报销的制度应该进行适当调整，如增加定点医院的数量，或者是放宽报销制度。在对定点医院报销制度进行适当调整的同时，对我国各省市新农合规定不同的地方进行适当整合，在不影响当地新农合发展的情况下逐步统　我国新农合的报销政策，使得农民在不同的地点接受治疗能够更加方便地进行报销，而不同地区的参合农民在同一医疗机构接受治疗之后也能获得更加公平的报销机会。同时，适当调整报销比例，完善报销制度。适度的报销比例不仅是农村居民享受惠民政策的切身利益，还是控制新农合资金合理使用的关键。在新农合资金投入水平不断增长的基础上，各地应该根据经济状况适当提高报销比例、报销封顶线，降低报销起付线，保证农民享受到更多的利益，承担更少的医疗费用。

最后，要稳定筹资机制。倡导社会化多元筹资渠道，努力扩大资金来源，完善以政府资助为主的多方筹资体系，建立稳定的筹资机制。加大政府对新农合的投入比例，逐渐提高参合人群的筹资比例，建立新农合专项资金制度，保障新农合有足够的资金支出，才能有效地防止因病致贫。

专栏 5-4 安徽的新农合改革

安徽省在新农合的改革探索中，将“三医”由卫生部门统筹管理。至今参保人数 5190 万人，住院补偿比例 58.53%，收支平衡，参合农民广泛受益。现完成了 180 种常见病的病种付费改革，并将住院即时结报扩大到了省外，与医疗救助有机衔接。大病保险全覆盖，大病保障实际补偿水平近 80%，超大额患者接近 90%，大病保险已使 20 余万人受益。通过建立大卫生体制对医保和医疗统筹管理，安徽省新农合改革实现了基金使用效率最大化和医疗服务质量最优化，为精准扶贫提供了有力的健康支撑。

资料来源：人民政协网，2016-03-02，内容有删减.

三是全力保障大病医疗保险成为“因病致贫返贫”治理体系的补充。开展大病保险对农村居民因患大病发生的高额医疗费用给予报销，目的是要解决绝大部分人不会再因为疾病陷入经济困境。大病保险主要解决新农合报销比例过低、起付线过高、封顶线过低等问题。建立和完善农村居民大病保险制度，对新农合参保人进行“二次报销”，无疑是缓解农村居民医疗费用负担，完善多层次“因病致贫返贫”治理体系的重要举措。同时，城乡居民大病保险应该采取政府主导、商业保险机构承办的方式。相比而言，商业保险机构以保险合同形式承办大病保险，主要具有几个优势：第一，能够充分发挥商业保险机构的专业特点，加大对医疗机构和医疗费用的制约。第二，可以借助商业保险机构在全国范围内统筹核算的经营特点，间接提高大病保险的统筹层次，增强抗风险能力，提高服务水平，放大保障效应。第三，利用商业保险机构专业化管理优势和市场化运行机制，有利于促进提高基本医疗保险的经办效率。此外，这也有助于促进保险业健康发展，推动构建多层次医疗保障体系。

党的十八届三中全会提出，要建立更加公平、可持续的社会保障制度，加快健全重特大疾病医疗保险和救助制度。大病保险以解决城乡居民“因病致贫、因病返贫”问题为出发点，正是促进社会公平正义的重要举措。如何实现大病保险的公平性和可持续性，应成为有关部门在进行其筹资政策与保障政策设计时考虑的关键因素。

首先，应明确大病保险在重特大疾病保障体系中的定位。大病保险作为基本保险，应首先确保政策公平性的价值取向，即通过这一政策缓解居民高额医疗费用负担，缩小贫富差距。各省市在完善大病保险方案时，有必要考虑到筹资政策与保障政策差异性可能带来的影响。例如，采用按比例筹资、提高统筹层次、扩大覆盖面、按费用支付、提高补偿水平等政策都更有利于实现大病保险的公平性。随着我国基本医保对大病医疗费用保障能力的不断提高，医疗救助力度的逐步加大、补充医疗保险的广泛建立以及商业健康保险的兴起，城乡居民大病保险可以逐步融合到现有的基本医疗保险之中。

其次，应建立多渠道的重特大疾病保障筹资机制。第一，比例筹资与精算定价相结合，科学确定大病保险筹资水平。大病保险的产品费率应以基本医保经验数据为基础，建立精算模型，进行产品定价。第二，探索建立省级风险调剂金，逐步提高大病保险统筹层次。应鼓励有条件的地区积极推进大病保险省级统筹，对大病保险基金统一管理运作。在不具备省级统筹条件的地区，探索建立大病保险省级风险调剂金，将辖区内各县市大病保险基金的一定比例划拨到省级风险调剂金，作为风险准备金调剂使用；待条件具备时逐步整合，建立省级统筹的大病保险基金。第三，鼓励政府、企业、个人共担风险，建立多渠道、社会化的大病保障筹资机制。例如，可以增加政府财政补贴、提高个人缴费或是鼓励慈善捐助等。

最后，应建立水平适度的重特大疾病保障补偿机制。第一，坚持城乡统筹，逐步扩大覆盖范围。大病保险应以全体城乡居民为保障对象，统一筹资补偿政策。在城镇居民医保和新农合尚未并轨的地区，以大病保险统筹为契机，进行政策对接；在已经完成城乡居民医保统筹的地区，进一步完善大病保险政策；在已经率先实现基本医保一体化的地区，逐步提高保障水平，并探索建立覆盖职工和居民的大病补充医疗保险。第二，按费用进行支付，合理确定补偿水平。在按费用确定保障范围时，需要综合考虑合规医疗费用、起付线、共付比例、封顶线等因素的影响。考虑到大病保险的基本保险属性，建议合规医疗费用限定为基本医保政策规定内的医疗费用。地方政府可根据本地基本医保基金收支情况，适度降低起付线，并在逐步提高基金统筹层次的基础上取消封顶线。第三，逐步完善大病保险与医疗救助、新农合、补充保险、商业保险的衔接政策。多层次重特大疾病保障体系包括了医疗救助、新农合、大病保险(基本保险)、补充保险和商业保险。大病保险的对象主要是城乡居民，资金来源于基本医保基金，保障范围是政策范围内的高额医疗费用。对于家庭困难、本人难以支付的医疗费用，可以通过申请医疗救助解决。

专栏5-5 全面实施大病保险防止“因病致贫”

2015年8月2日，国务院办公厅发布《关于全面实施城乡居民大病保险的意见》(以下简称《意见》)。截至目前，31个省市自治区直辖市均已开展试点相关工作，其中北京等16个省份全面推开，覆盖约7亿人口，大病患者实际报销比例在基本医保报销的基础上提高了10～15个百分点，有效缓解了群众因大病致贫和返贫的问题。《意见》提出，2015年年底前，大病保险覆盖所有城乡居民基本医保参保人群，大病患者看病就医负担有效减轻。

到2017年，建立起比较完善的大病保险制度，与医疗救助等制度紧密衔接，共同发挥托底保障功能，城乡居民医疗保障的公平性得到显著提升。

《意见》规定，大病保险的保障对象为城乡居民基本医保的参保人，保障范围与城乡居民基本医保相衔接。参保人患大病发生高额医疗费用，由大病保险对经城乡居民基本医保按规定支付后个人负担的合规医疗费用给予保障。2015年大病保险支付比例应达到50%以上，随着大病保险筹资能力、管理水平不断提高，进一步提高支付比例，更有效地减轻个人医疗费用负担。按照医疗费用高低分段制定大病保险支付比例，医疗费用越高，支付比例越高。

《意见》规定，从城镇居民基本医疗保险、新农合医疗基金中划出一定比例或额度作为大病保险资金。城乡居民基本医保基金有结余的地区，利用结余筹集大病保险资金；结余不足或没有结余的地区，在年度筹集的基金中予以安排。同时规定，各地结合当地经济社会发展水平、患大病发生的高额医疗费用情况、基本医保筹资能力和支付水平，以及大病保险保障水平等因素，科学细致做好资金测算，合理确定大病保险的筹资标准。

为了提高基金抗风险能力，《意见》规定，大病保险原则上实行市(地)级统筹，鼓励省级统筹或全省(区、市)统一政策，统一组织实施。《意见》规定，原则上通过政府招标选定商业保险机构承办大病保险业务。为了确保大病保险覆盖所有地区和所有参保人群，《意见》规定，在正常招投标不能确定承办机构的情况下，由地方政府明确承办机构的产生办法。

资料来源：新华网，2015-08-03，内容有删减.

此外，在多层次“因病致贫返贫”治理体系建设中，做好各项制度之间的衔接是重点，解决人才问题是关键，特别要做好农村医疗救助制度与新农合制度的衔接。要广泛动员红十字会、基金会等社团组织、慈善机构和各类企事业单位等社会力量，开展人才综合培养试点工作，尽快取得可复制可推广的经验，解决人才培养瓶颈问题。研究建立贫困人口大病慈善救助平台，整合社会慈善力量，为贫困人口大病提供精准救治。此外，搭建医疗互助平台，多渠道筹集资金，使“因病致贫返贫”治理体系发挥出“组合拳”的治理效果。

5.3.2　完善我国农村健康扶贫工作机制

第一，以“建库立卡”为重点，进行分类瞄准和管理。组织实施农村贫困人口中“因病致贫、因病返贫”调查，进一步核实核准患病人数和患病病种。在目前农村扶贫开发“建档立卡”工作基础上，重点建立“因病致贫返贫”治理数据库，通过数据库的分析，进行精准健康扶贫。一方面，在人群对象上，瞄准的对象主要为：一是农村五保、低保、优抚对象及建卡贫困户的大病患者；二是农村独生子女领证户、二女结扎户家庭成员患病；三是艾滋病人和艾滋病机会性感染者；四是肇事肇祸精神障碍患者；五是因医疗自付费用过高导致家庭无力承担的患者等。对这些主要对象入户建卡，分析“因病致贫返贫”具体原因，科学评估贫困程度，据实核准脱贫需求，合理提出“因病致贫返贫”的治理方案，对建档立卡贫困人口实行“两提高、两降低”倾斜政策，即提高新农合门诊报销水平，政策范围内住院费用报销比例提高5个百分点以上，降低病残儿童、重度残疾人以及大病保险报销起付线，降低农村贫困人口大病费用个人实际支出，切实减轻贫困家庭经济负担，同时，推动贫困家庭与乡村医生或乡镇卫生院医生签约服务。另一方面，要分析造成贫困的疾病种类与类型，并根据共性疾病和特殊性疾病的特点来确定帮扶的具体方案。通过调查，可以选择经济负担重、社会影响大、治疗效果确切、诊疗路径清晰的九种大病实行单病种付费，控制费用总额，降低大病患者实际自付费用。例如，地中海贫血病在广西的发病率高达14.95%，直接导致了该省份出生缺陷远高于全国水平，很多家庭因此陷入贫困，针对这样的区域性共性疾病，就需要政府部门制定综合性的疾病防控策略。

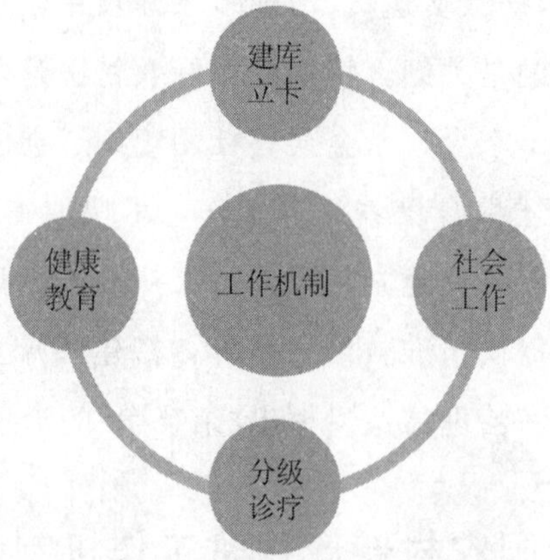

图 5-4　我国农村健康扶贫工作机制

第二，将社会工作引入治理体系，建立联动机制。发挥社会工作服务机构和社会工作者在服务基层方面的优势，既可以充分发挥其了解医疗救助政策、熟悉新农合政策的优势，为"因病致贫返贫"对象提供就医信息、寻求就医方案的服务；又可以充分发挥其在链接红十字会、基金会等社团组织、慈善机构和各类企事业单位等社会力量方面的优势，通过实施"一对一""结对子"等方法，使治理"因病致贫返贫"由被动变为主动。目前，可以通过政府购买服务的方式，支持、引导社会组织特别是慈善组织和社工机构积极参与"因病致贫返贫"治理体系，从而能更加准确判定贫困对象在医疗卫生服务上的需求，确保社会工作者能够有效、及时介入。建立早发现、早干预机制，通过多层次治理体系的合力，全面提高精准扶贫的效果。

第三，确立农村分级诊疗模式，发挥基层医疗卫生机构作用。在当前新医改政策背景下促进分级诊疗模式建立需着重做好两个方面工作：一是建设好分级诊疗服务体系，解决好医疗服务，尤其是基本医疗服务的层次化、专业化供给问题；二是完善相关医疗保险与医疗管理政策，解决好引导和促进医疗服务，尤其是基本医疗服务需求合理分流的问题。具体来说，组织全国三级医院与贫困县县级医院建立稳定持续的"组团式"对口帮扶机制，在农村地区全面建立起基层首诊、双向转诊、急慢分治、上下联动的分级诊疗模式。另外，加强基层医疗卫生服务体系建设，实现村卫生室标准化建设全覆盖，加强硬件设施建设，提高医疗服务水平，真正实现"家门口"就近就医。只有当基层医疗卫生机构服务功能齐全、医疗水平较高的时候，才能引导农村居民形成“小病在社区，大病进医院”的就医格局。因此，通过实行分级诊疗制度，引导参合农民合理利用卫生资源，控制医疗机构费用，防止小病大治，实现小病不出村，常见病不出乡，大病不出县，从而有效减轻农村居民的就医负担。

专栏 5-6　健康巡演　扶贫惠民

2016 年 5 月 17 日，金昌市永昌县文化广场鼓乐阵阵，热闹非凡，由甘肃省委宣传部、省精神文明办等联合主办，甘肃省计划生育宣教中心、兰州晨报报社等承办的“健康甘肃 · 2016 百场卫生计生题材剧目巡演”正式启动，并进行首场演出。

此次巡演的主题为“提高健康素养、构建幸福生活”。为烘托现场气氛，启动仪式特邀著名表演艺术家、国家一级演员、陕西省戏曲研究院院长、中国戏剧“二度梅”、文化部“文华奖”和上海“白玉兰戏剧奖”双料得主李梅助阵演出，秦剧《红灯记》《迟开的玫瑰》选段、戏歌“好日子”，让现场观众大饱耳福。首场演出为灵台县秦剧团创排的卫生题材大型秦腔历史剧《皇甫谧》，厚重悠久的历史背景、曲折感人的故事情节、雄浑粗犷的腔唱，赢得了围观群众的欢呼和喝彩。

据悉，从 5 月 17 日起，“健康甘肃 · 2016 百场卫生计生题材剧目巡演”将在全省 14 个市州进行，演出 100 场次，演出内容有宣传医疗卫生先进人物的大型现代京剧《草原曼巴》，宣传卫生计生政策和健康教育知识的陇剧《女儿如花》、秦剧《百合花开》，以及中医题材剧目秦剧《皇甫谧》、陇剧《医祖岐伯》等。

资料来源：兰州晨报，2016-05-19. 内容有删减.

第四，广泛开展健康教育。健康教育对健康扶贫而言也至关重要。在贫困地区开展健康促进工作，提高人们的防病意识和能力，对于医疗费用的节约往往能起到事半功倍的效果。健康教育的核心是教育人们树立健康意识，促使人们改变不健康的行为生活方式，通过有计划、有组织、有系统的社会教育活动，使人们自觉地采纳有益于健康的行为和生活方式，消除或减轻影响健康的危险因素，预防疾病，促进健康，提高生活质量，并对教育效果做出评价。此外，加强传染病、地方病防治力度，加强贫困地区流动人口和留守妇女、儿童和老年人基本公共卫生计生服务工作，实施城乡环境整洁行动，加强健康教育与健康促进，从根本上改变贫困地区生产生活方式。

5.3.3 建立农村医疗救助监控评估框架

相比于城市医疗救助，农村医疗救助往往缺乏一定的制度监控与评估，在农村医疗救助方面，应设立资金保障、覆盖保障、可及保障以及效果保障四维目标，同时采取一定的手段和指标进行制度化监控评估。

一是在资金保障方面，应建立制度化的筹资机制，各级政府设立科学合理的医疗救助预算方案，保障资金及时足够到位。二是在覆盖保障方面，应该让救助制度有效覆盖当地贫困家庭，实施基于收入水平的救助资格申请和审批程序，通过政策宣传实施民主合理的贫困识别机制，例如通过居民对救助制度的知晓程度来判断政策宣传的有效性。三是在可及保障方面，应改善贫困人口利用医疗服务的可及性，提供合理的服务包，包括救助水平、救助内容和救助金支付方式等，例如通过受助者满意度变化或因经济原因而放弃治疗的贫困者比例来评估可及性情况。四是效果保障，即提高医疗服务效果，应对医疗服务机构进行有效的利用和监控，例如通过救助者使用定点医疗服务机构的变化以及对服务质量的投诉来评价服务效果。

表 5-1　　农村医疗救助制度监控评估框架

目标	手段	指标
资金保障	建立制度化的筹资机制	各级政府有医疗救助资金预算方案 资金及时足够到位
覆盖保障	实施基于收入水平的救助资格申请和审批程序 政策宣传 实施民主和合理的贫困识别机制	受助者占贫困家庭的比例 居民对救助制度的知晓程度

续表

目标	手段	指标
可及保障	提供合理的服务包(包括救助水平、救助内容和救助金支付方式)	贫困家庭利用医疗服务的比例变化 受助者占申请者的比例 受益水平占贫困家庭收入的比例 贫困者个人自费部分占医疗费用的比例 贫困者个人自费部分占其家庭收入的比例 因经济原因而放弃治疗的贫困者比例 受助者满意度变化
效果保障	对医疗服务机构进行有效的利用和监控	救助者使用医疗服务机构的类型 救助者使用定点医疗服务机构的变化 救助对象对服务质量的投诉

专栏 5-7　贫困户看大病　最多掏一千二

国家卫生计生委、国务院扶贫办、国家发展改革委等 15 部委日前联合印发《关于实施健康扶贫工程的指导意见》(以下简称《指导意见》)，提出到 2020 年，贫困地区人人享有基本医疗卫生服务，农村贫困人口大病得到及时有效救治保障，个人就医费用负担大幅减轻。实施健康扶贫工程，对于保障农村贫困人口享有基本医疗卫生服务，推进健康中国建设，防止因病致贫、因病返贫，实现到 2020 年让农村贫困人口摆脱贫困目标具有重要意义。

《指导意见》提出，到 2020 年，贫困地区人人享有基本医疗卫生服务，农村贫困人口大病得到及时有效救治保障，个人就医费用负担大幅减轻，贫困户看大病，个人最多自掏一千二；贫困地区重大传染病和地方病得到有效控制，基本公共卫生指标接近全国平均水平，人均预期寿命进一步提高，孕产妇死亡率、婴儿死亡率、传染病发病率显著下降，连片特困地区县和国家扶贫开发工作重点县至少有一所医院(含中医院)达到二级医疗机构服务水平，服务条件明显改善，服务能力和可及性显著提升；区域间医疗卫生资源配置和人民健康水平差距进一步缩小，因病致贫、因病返贫问题得到有效解决。

资料来源：新华网，2016-06-21.

参考文献

[1]徐雅丽，李亚青，吴联灿. 新型农村合作医疗缓解因病致贫效果指数构建[J]. 财经科学，2011(10)：108-116.

[2]陈迎春，徐锡武，王蓉，张宏涛，吴妮娜，王莉阳，罗五金，汪早立. 新型农村合作医疗减缓“因病致贫”效果测量[J]. 中国卫生经济，2005(8)：26-28.

[3]骆怡. 新农合缓解农民“因病致贫”的效果分析及其制度优化建议[D]. 西南财经大学，2014.

[4]刘远立，饶克勤，胡善联. 因病致贫与农村健康保障[J]. 中国卫生经济，2002(5)：11-14.

[5]贺晓娟，陈在余，马爱霞. 新型农村合作医疗缓解因病致贫的效果分析[J]. 安徽农业大学学报(社会科学版)，2012(5)：1-4.

[6]闫菊娥，高建民，周忠良. 陕西省新型农村合作医疗缓解“因病致贫”效果研究[J]. 中国卫生经济，2009(4)：59-61.

[7]高建民，周忠良. 互助医疗与新型农村合作医疗缓解“因病致贫”的效果比较[J]. 中国卫生经济，2007(10)：30-33.

[8]寇振霞，邢再玲等. 因病致贫返乡农民工健康状况调查及医疗救助模式探讨[J]. 中国工业医学杂志，2015(6)：418-420，438.

[9]林闽钢. 在精准扶贫中构建“因病致贫返贫”治理体系[J]. 中国医疗保险，2016(2)：20-22.

[10]朱兆芳. 健康扶贫应融入整体扶贫开发战略[J]. 中国卫生，2016(3)：22-24.

[11]石兴安，普永贵. 以大健康产业推进连片特困地区精准扶贫[J]. 当代农村财经，2016(2)：21-24.

[12]司富春. “因病致贫返贫”与医疗卫生精准扶贫[N]. 中国人口报，2016-03-28.

[13]本刊特邀评论员. 实施健康扶贫工程为农村贫困人口脱贫提供健康保障[J]. 人口与计划生育，2016(5)：1.

[14]李君婵. 农村大病医疗救助制度运行研究[D]. 南京师范大学学报，2013(12).

[15]郭威. 我国农村医疗救助制度研究[D]. 吉林大学学报，2007(2).

[16]林瑾，俞林伟. 浙江省农村医疗救助运行现状与体系完善研究[J]. 中国卫生产业，2015(16)：166-169.

[17]孙菊，秦瑶. 医疗救助制度的救助效果及其横向公平性分析[J]. 中国卫生经济，2014(11)：22-25.

[18]魏欣芝. 我国城乡医疗救助筹资机制研究[J]. 卫生经济研究，2015(1)：42-45.

[19]孙菊，甘银艳．慈善医疗救助发展的现状、问题与对策[J]．社会保障研究，2015(2)：69-75.

[20]王林浩．浙江省分级诊疗问题与对策研究[D]．浙江大学学报，2015(10).

[21]付强．促进分级诊疗模式建立的策略选择[J]．中国卫生经济，2015(2)：28-31.

[22]任钢，付晓光，汪早立．关于国家扶贫开发工作重点县新型农村合作医疗制度建设的几点思考[J]．中国卫生经济，2010(2)：29-31.

[23]熊光练，李谨邑．医疗扶贫救助工作综合评价方法研究[J]．中国公共卫生，2003(6)：92-94.

第6章　财政扶贫，筑起精准脱贫的堡垒

>> 6.1　实施财政脱贫既有成绩也有差距 <<

改革开放以来，中国扶贫开发事业取得了巨大成就。国家扶贫开发战略经历了体制改革推动缓贫(1978—1985年)，从解决农民生存问题开始；经济高速增长过程中有计划有组织的大规模开发式扶贫(1986—2000年)，将脱贫问题列入国家发展战略，其中包括“八七”脱贫攻坚计划；全面建设小康社会中的“大扶贫”(2001年至今)，分别从不同角度和侧面进行脱贫攻坚。扶贫思路也实现了由“救济式”到“开发式”，“道义式”“运动式”到“制度式”转变。中国扶贫开发已从解决温饱为主要任务的阶段转入巩固温饱成果、加快脱贫致富、改善生态环境、提高发展能力、缩小发展差距的新阶段。中国农村脱贫政策和脱贫战略从救济式扶贫到开发式扶贫，并发展到现在的预防性脱贫，从保证贫困人口的生存到加强贫困人口的致富能力建设，从形式到内容都发生着巨大变化，一些政策工具由被动使用到主动发挥其内生功能，取得的成绩为世界银行等国际组织和机构认可。

中国经济社会发展取得巨大成就，让贫困人口享受发展成果。在中国经济转型过程中，政府实施了一系列经济改革，促进经济快速增长，这为中国农村脱贫奠定了重要的物质基础。这些改革举措主要体现于：早期实行的家庭承包经营责任制，解决贫困人口吃饭问题；20世纪80年代大力发展乡镇企业，乡

镇企业不断发展壮大，成功吸收大量农村转移劳动力；就近就地就业，离土不离乡成为中国脱贫的新举措；确立市场经济改革目标以来特别是 90 年代末实施的国有企业结构调整、进一步加大对外开放等举措极大地促进了城市经济快速发展，促进农村剩余劳动力向非农产业转移，收入结构开始发生巨大变化。财政等专项政策也在促进增收脱贫方面发挥着积极作用，例如，1993 年至 1995 年提高粮食收购价格，2003 年至 2006 年取消农业税和相关收费，开展针对以相关贫困对象为目标的发展式脱贫项目，实施农村最低生活保障制度等都成为上述反贫困政策效果的集中体现。

6.1.1　财政脱贫政策取得成效

国家“十二五”期间，中国扶贫财政投入不断增加。从 2011 年到 2015 年，中央财政专项扶贫资金由 272 亿元增长为 467 亿元，交通、水利、农业、国土等部门进一步加大对贫困地区的支持，仅农村饮水安全一项，国家发展改革委、水利部就安排资金 125 亿元。经过长期和各方的努力，脱贫取得新的进展，无论按中国标准还是按国际标准，中国农村脱贫工作所取得的成就都是有目共睹的。

第一，中国的脱贫成就充分地体现在脱贫人口的绝对数量上，贫困人口规模大幅减少。根据中国政府使用收入和消费混合标准设定出的官方贫困线，农村贫困人口从 1981 年的 1.52 亿人下降到 2004 年的 2600 万人。中国农村贫困率从 1981 年的 18.5%下降到 2004 年的 2.8%。2008 年，绝对贫困线与低收入线统一为 1067 元，2011 年，贫困线提高至 2300 元，提高幅度较之前达 92%。农村贫困人口稳步减少、贫困发生率逐步下降，中国减贫成就举世公认。

第二，贫困地区基础设施建设不断完善。2000 年，国家扶贫重点县通公路、通电、通电话、能接收电视节目的行政村比例为 92.6%、96.5%、78.3%、96.0%，到 2010 年，该比例增加到 99.5%、98.8%、98.4%、98.3%，基础设施条件显著改善。到 2012 年，重点县自然村通路、通电、通电话的比例分别达 92.8%、98.8%、93.2%，分别比 2010 年提高 4.7、0.8 和 0.3 个百分点。西藏墨脱县公路正式建成通车，结束了中国最后一个行政县不通公路的历史。农村饮水安全农户比重达到 70.2%，农户人均住房面积达到

27.8 平方米，增加 2.9 平方米。

第三，贫困地区社会事业长足发展。农村义务教育得到加强，到 2012 年年底，重点县 7～15 岁学龄儿童在校率达到 97%；青壮年文盲、半文盲率为 8.9%，比 2010 年下降 1.4 个百分点。加快健全基层医疗卫生服务体系，有 98% 的农户参加新型农村合作医疗。贫困地区公共文化服务体系建设继续得到加强。

第四，贫困地区人民生活水平显著提高和生活条件明显改善。国家扶贫重点县农民人均纯收入不断提高，重点县农民人均纯收入连续五年高于全国平均增幅，重点县农民收入结构不断优化。人均消费支出年均持续增长，消费增长势头强劲。贫困地区基础设施和生产条件明显改善。2002 年到 2010 年，重点县每百户拥有的生产性固定资产中，汽车从 0.9 辆增至 1.7 辆，小型手扶拖拉机由 14.0 台增至 16.9 台，大中型拖拉机由 2.2 台增至 2.8 台；农民人均家庭支出费用由 449.2 元增至 1098.9 元。① 以世界银行按照 2003 年制定的农村每人每年消费 888 元的贫困线(相当于根据 1993 年的国际可比价格制定的人均每天消费 1 美元的国际贫困标准)来衡量，中国的脱贫成就更为显著。按此标准计算，中国在 1981 年的贫困率为 65%，相当于当时的印度和撒哈拉以南地区大部分国家的水平。到 1990 年，中国贫困发生率下降到 33%，减少了将近一半。90 年代贫困发生率又继续下降了一半，到 2001 年降至总人口的 15%。到 2004 年，消费贫困发生率进一步下降到 10%。如果运用 2005 年确定的每人每天 1.25 美元的贫困新标准测算，中国的消费贫困发生率从 1981 年的近 85%下降到 2004 年的 27%，而援用旧标准对同一时期的测算结果是从 65%下降到 10%。② 从 1981 年至 2002 年，发展中国家贫困人口的绝对数量在总体上从 15 亿人减少到 11 亿人。如果没有中国的脱贫努力，20 世纪最后 20 年发展中国家的贫困人口数量将不会减少。

尽管中国农村脱贫成就巨大，但脱贫重任在许多方面尚未完成，甚至在某些方面将变得更加艰巨。比如由于种种原因导致的返贫现象使得脱贫效果的脆弱性突出。易受收入变化波动影响的贫困脆弱性人口还比较普遍地存在于中国

---

① 魏巍. 中国农村扶贫开发的成就、经验与未来[J]，人民论坛，2011(12).

② 王敏. 中国农村反贫困政策变迁及效果评价[J]. 劳动保障世界(理论版)，2012(10)：12-15.

广大中西部农村。农村 70%的严重收入贫困以及 40%的严重消费贫困是由于各种风险造成的。对于持续性贫困人口而言，风险的存在会加剧他们的贫困程度。劳动人口的受教育年限与贫困率之间有一个明显负相关关系。中国大部分贫困人口拥有工作能力，如何挖掘和提高他们的生存能力和生产能力成为时代重要课题。增加农村贫困人口获取收入、改善生活条件的机会，提高他们的劳动报酬是关键。

专栏 6-1　“十二五”期间中国扶贫攻坚的“中国答卷”

年均减贫 1000 余万，扶贫成就举世瞩目。山东鄄城是历史上的黄泛区，至今仍有 20 余万人居住在黄河滩区内，贫困人口众多。近年来，政府把“一村一品”作为扶贫开发的“一号工程”，左营乡的蔬菜、彭楼镇的油用牡丹、董口镇的金银花、临濮镇的辣椒已经远近闻名，成为带动贫困群众增收的好帮手。“十二五”特别是党的十八大以来，围绕 2020 年全面建成小康社会总目标，党和政府把扶贫工作摆到更加突出位置，大力度、宽领域、多层次向前推进，全力补齐贫困地区发展短板。

财政投入不断增加。从 2011 年到 2015 年，中央财政专项扶贫资金从 272 亿元增长到 467.45 亿元，几乎翻了一番。交通、水利、农业、国土等行业部门也进一步加大对贫困地区的支持力度，仅农村饮水安全一项，发展改革委、水利部就安排资金 125 亿元。

基础设施明显改观。要想富，先修路，“十二五”期间交通运输部投入到 14 个集中连片特困地区的车购税资金超过 5500 亿元，占全国的近 50%。全国最后的无电人口仅剩青海玉树、果洛高海拔地区的 3.98 万人，年底前有望全部解决。

产业扶贫方兴未艾。经济林果、草食畜牧业、生猪、马铃薯等贫困地区传统主导产业继续呈现良好发展势头，带动贫困群众脱贫增收。电商扶贫、光伏扶贫、旅游扶贫等新兴扶贫模式落地生根，成为贫困群众产业发展的新增长点。

社会保障日益完善。贫困地区基本公共服务体系建设加快推进，城乡基本养老保险制度全面建立，全国农村 5000 余万人纳入低保范围。贫困地区儿童营养改善项目、片区农村学生中等职业教育免学费补助生活费等“特惠”政策陆续实施，全力阻断“贫困代际传递”。从 2011 年到 2014 年，全国农村贫困人口从 1.22 亿人减少到 7017 万人，累计减贫 5221 万人，贫困发生率从 12.7%下降到 7.2%。

全面摸清贫困“家底”，精准扶贫深入推进。7017 万——这是国家统计局发布的 2014 年年底中国贫困人口数量。8862 万——这是国务院扶贫办建档立卡的全国贫困人口数量。两个看似“矛盾”的数字，实际上反映出摸清贫困“家底”工作的艰巨复杂。在国家统计局通过抽样调查测算出全国贫困人口数量后，必须把测算出的统计数字落实到具体的“人头”上，在全国上下开展贫困识别工作，为精准扶贫打下坚实基础。

从 2013 年到 2014 年，扶贫系统把建档立卡工作列为“一号工程”，用了一整年的时间，全面摸清了全国贫困人口“家底”。全国共识别出贫困村 12.8 万个，贫困人口 8862 万人，并录入扶贫业务管理系统进行规范管理和动态调整。要想变“大水漫灌”为“精准滴灌”，“扶持对象精准”只是第一步。各地各部门根据“六个精准”的要求，深入推进精准扶贫战略：项目安排精准、资金使用精准、措施到户精准、脱贫成效精准。展望“十三五”，中国将向绝对贫困发起最后冲击，向着全面建成小康社会的目标奋力前进。

资料来源：新华网，2015-10-15。

6.1.2 财政脱贫面临的主要挑战

中国已成为世界第二大经济体，总量巨大但不一定代表全民富有，实际情况是贫困问题仍然突出，这是认同感还需增强的集中体现。首先是贫困人口依然众多，按照国家的标准，到 2013 年年底有 8200 多万人口处于贫困之中，如果参考国际标准，还有两亿多贫困人口。其次是贫困程度还比较深，贫困人口不仅收入水平比较低，一些地方还面临着用水、通车、通电、就学、就医等诸多困难。最后是脱贫攻坚任务十分艰巨，大部分贫困地区的贫困人口集中分布在生产生活条件比较差、自然灾害多、基础设施落后的连片特困地区，脱贫扶贫的难度相当大。

伴随着经济的快速发展，从 1978 年改革开放以来，中国的脱贫事业取得了举世瞩目的成就。根据中国科学院《2012 中国可持续发展战略报告》，1978

年，中国有 2.5 亿的贫困人口，经过多年努力，到 2010 年年底，按人均 1274 元的脱贫标准计算，全国贫困人口下降到 2688 万人。世界银行研究表明，以国际贫困线每天 1 美元为标准，中国 1981—2004 年贫困率减少了 54%，从 1981 年的 64%降为 2004 年的 10%(Ravallion and Chen，2007)。这些成绩的取得，为未来解决中国脱贫任务打下基础。

尽管中国脱贫事业取得了巨大成就，但由于人口基数大，中国贫困人口的绝对数量依然很多，脱贫工作任重道远。改革开放 30 多年来，国家为促进贫困地区发展做了许多工作，制定并实施了许多有利于贫困地区的财政政策，这些工作成效较大、政策实施的效果比较显著，但由于新的情况不断出现，扶贫攻坚面临新的形势和新的问题。财政作为脱贫的手段之一，其托底任务相当艰巨。

财政反贫困面临的挑战主要集中在如下方面：第一，扶贫标准提高形成新的挑战。按照新的扶贫标准测算，脱贫对象总量仍然是一个较大的数字；扶贫工作对象规模更大，按照中央扶贫工作开发会议新确定的 2300 元(2010 年不变价)扶贫标准，根据国家统计局提供的数据，到 2011 年年底，中国扶贫工作覆盖面将从 2688 万人扩大至约 1.22 亿人，占农村户籍人口的 12.8%。2014 年 4 月 1 日上午，习近平主席在比利时欧洲学院的演讲中指出，“根据世界银行的标准，中国还有两亿多人口生活在贫困线以下，差不多相当于法国、德国、英国人口的总和。”①这样的脱贫数量对于一个尚不富裕的发展中国家无疑是沉重的负担，尤其是在短期之内。

第二，特殊贫困矛盾突出，集中连片特殊困难地区大部分地处革命老区、民族地区、边疆地区和偏远山区，区域边缘性特征明显，生态环境脆弱、社会形态特殊、公共服务欠缺、地方病严重，这些地区人均产值、人均财政一般预算收入和农村人均纯收入仅为西部县平均水平的 50%、43%和 70%，但贫困人口却覆盖了全国贫困人口的 70%以上，扶贫工作的难度大、成本高。国家新的扶贫目标包括贫困户收入、集体经济、村容村貌、特色产业、综合实力、民生保障等，既包括生存需要，又包括发展需要，反贫困任务更加艰巨。

第三，国家扶贫战略调整增加了扶贫难度。中央把集中连片特困地区作为新阶段扶贫的重点，有的国家和省的连片特困地区面积大、条件恶劣、基础薄

① 郑功成．中国新时期的反贫困战略[N]．光明日报，2014-06-13.

弱、发展缓慢，脱贫难度大。贫困地区自然灾害发生率高、防灾抗灾能力弱、灾后重建任务重。一遇到灾害，往往使多年的扶贫成果推倒重来。在因病因灾等传统致贫因素尚未消减的情况下，市场变化、工程移民、生态保护和资源开发等新的致贫因素日益增加。

第四，返贫现象严重。中国的许多贫困地区自然灾害频发，基础设施落后，抗灾能力较弱，再加上疾病、市场风险等因素的影响，导致返贫现象严重，相对贫困问题突出。

第五，相对贫困凸显，2011年农民人均纯收入与城镇居民人均可支配收入差距达到1.4万元，城乡居民收入之比达3.13：1，相对差略有缩小，但绝对差仍有扩大。而按农村居民收入五等份看，2010年最高收入家庭的人均纯收入是最低收入家庭的7.5倍，同年国家扶贫开发工作重点县农民年人均纯收入仅为全国农民的55%，相对贫困问题日益凸显。

财政政策是政府行为的指向标，财政政策倾向哪里，财政资金就投向哪里。一直以来，政府通过制定财政政策，将大量的财政资金投向贫困地区，促进了贫困地区的发展。由于反贫困工作面临着以上众多的困难和问题，需要对现行反贫困财政政策进一步完善，以实现贫困地区脱贫致富的目标。

6.1.3 实现共享发展需要扩大财政投入

未来中国应该加大财政在扶贫中的投入。脱贫是政府责任。面对艰巨的扶贫任务，政府财政资金需要大量投入。扶贫具有基础性和公益性，应该以财政投入为主，政府需要在财政政策上给予支持。中央政府和地方政府应该进一步加大对贫困地区的基础投资，用于改善基础设施、提高公共服务、为发展产业提供必要经济支撑。财政资金扶贫是根本性措施，财政支持主要是用于基础条件的改善，还有一些生产性的项目需要进一步发挥金融的作用，特别是政策性金融的作用。一方面，政府和金融部门要紧密合作，利用政府方面的优势帮助银行回收贷款，提供协助，减少自然风险和市场风险，提高银行的积极性，为银行未来更多支持相关服务提供政策保障。另一方面，要在贫困地区进一步开放市场，特别是小额信贷等项目，鼓励专门针对贫困家庭、中低收入家庭的金融机构的发展。

首先，新时期中国脱贫开发形势已发生较为重大的变化，贫困特征已经由发展相对滞后形成的普遍性、绝对性贫困，转变为以收入不平等为特点的相对性贫困，在这种形势下脱贫开发更加注重社会保障制度建设、生态文明建设、环境生态补偿、基本公共服务均等化问题，按照提高发展能力、缩小贫富差距等更高的标准来解决贫困问题。[①] 其次，集中连片特困地区成为脱贫主战场。贫困分布区域性特征明显，国家按照“区域发展带动脱贫开发，脱贫开发促进区域发展”的思路把秦巴山区、乌蒙山区、武陵山区等 14 个集中连片特困地区作为新一轮脱贫攻坚主战场，实现由以面为主、点面结合向以点为主、点面结合的转变，这既是对以往脱贫开发工作的继承，又是一个重大创新。[②] 最后，脱贫开发体制机制改革创新的重要性明显。国家向贫困地区投入了大量资源，但贫困问题依然十分突出、深层次矛盾依然存在，尤其脱贫开发体制机制障碍越来越凸显，如脱贫考核机制、贫困识别机制、资金项目管理机制、连片地区协调机制等，脱贫开发法制化进程缓慢，以体制机制改革创新为突破口，增强内生动力与释放发展活力。

脱贫财政投入力度仍然显得不足。中国对脱贫财政投入涉及中央脱贫贴息贷款、中央财政脱贫资金、以工代赈、中央退耕还林还草工程补助以及省级财政脱贫资金等主要来源。脱贫财政投入不足难以使极端贫困人口摆脱贫困。在投入有限的情况下，脱贫资金使用效率仍然有待提高。脱贫资金在下拨的过程中审核手续繁杂，延缓资金下拨速度，不利于脱贫资金使用效率，脱贫资金审核时可能被截留挪用。这些环节都对财政资金投资效果产生负面影响。

为适应新时期贫困特征和贫困形势的新变化，中国的脱贫开发工作在脱贫方针、脱贫目标、脱贫对象、脱贫力量等方面均需做出重大战略调整。原有的贫困开发工作机制已不能适应新形势的变化，如贫困瞄准机制与精准帮扶对象偏离、资金项目分割实施、贫困县退出机制不畅、考核机制缺乏针对性、金融服务能力不强、社会参与脱贫渠道少等问题非常突出，亟须加强改革创新。

---

① 夏梦凡．精准脱贫：现状、问题与路径选择——基于黄冈大别山革命老区案例分析[J]．经济研究导刊，2016(3)：3-4.

② 邓玲，吴永超．论新时期中国脱贫开发工作的新变化及其路径创新[J]．理论探讨，2014(6)：81-84.

专栏 6-2 "十三五"扶贫如何打好"啃硬骨头"攻坚战

如何形成贫困地区"造血能力"，一个重要的措施是要鼓励贫困地区根据自身自然条件、要素禀赋、经济水平，大力推进产业扶贫和金融扶贫，大力推进以特色农业、资源型工业、民族和边关旅游、劳务经济等为主的产业扶贫，找到扶贫开发的"点"和"根"，提升贫困地区"造血能力"，培育贫困农户有效的自我发展机制。同时，应通过疏通扶贫开发金融血脉，完善金融扶贫机制，构建金融机构扶贫的风险分担机制和补偿机制，鼓励金融机构积极践行普惠理念，将国家制定的各类金融扶贫优惠政策转化为带动贫困地区发展的"金融活水"。

教育与就业是切断贫困代际传递的关键，阻止贫困代际传递关键在加大教育扶贫力度。重视贫困地区人口优生优育和儿童贫困问题，以教育发展和就业帮扶促进减贫脱贫，应促进教育资源特别是人才资源向贫困地区倾斜，切断贫困的"代际传递"，防止贫者从暂时贫困走向长期贫困和跨代贫穷。当前，应促进教育资源特别是人才资源向贫困地区倾斜，提升贫困地区教育水平。应广泛开展"授人以渔"的职业技能教育，加强对贫困人口的就业帮扶，而且要重视贫困家庭人口优生优育问题，避免因智力、先天疾病等因素导致的贫困。要切实提高贫困地区基层干部和教师、医护人员等人才的待遇，提高工资和津补贴水平，减少贫困地区人才流失，并建立科学的扶贫考核激励措施，引导贫困地区领导干部树立正确政绩观，使他们安心在贫困地区扎根，与当地群众一起攻关克难、脱贫致富。

资料来源：中国共产党新闻，2015-10-29。

6.2 有效公共财政政策是精准脱贫的核心

6.2.1 公共财政有助于全面脱贫

贫困地区、经济不发达的革命老根据地、少数民族地区、边远地区由于受到自然、地理、风俗习惯等影响，多数地方难以提供与全国其他地区相同的公共服务。政府在不影响市场经济体制正常运行的前提下，履行相应的公共服务职能，如何有效提供公共产品和公共服务、缩小贫富差距等，都对这些地方政府提出了巨大挑战。对于如何有效提供公共服务，逐步解决面临的贫困问题，政府可以实施短期和长期规划，做好财政资金供给等配套。短期规划主要针对贫困居民的物质供给，满足最基本的生存和生活需要；长期规划主要是脱贫体系的建立和完善，包括教育体系、医疗卫生体系、就业体系、养老体系、环境体系等全方位的保障。完成脱贫任务应该成为当地政府当前行为导向和工作重点之一，脱贫需要当地政府安排更多的资金和相应的政策支持。

公共财政就是政府调整地区间收入分配、缩小地区间贫富差距的重要手段和工具，并应该成为脱贫的托底政策工具。公共财政有相对独立的运行体系，能够在保证其他大部分人利益不受损害的前提下，通过直接手段或间接手段实现贫困地区的精准脱贫。政府通过公共财政设立脱贫资金，提高贫困地区居民的收入水平，提高贫困地区的公共服务水平，为精准脱贫提供了资金支持。

在针对具有负外部效应的脱贫问题上，公共财政具有公共性和灵活性的特征。公共性意味着每个社会成员都拥有平等的权利和义务，是公共财政的重要特征，在公共收入体系中，中国税收制度规定无纳税能力的贫困者可以不必纳税，在公共支出体系中，财政支出为贫困者提供必要的生活保障，以满足贫困者的基本生活需要，公共财政更加关注贫困者的内在特征和要求。灵活性指公共财政通过多种途径达到脱贫的目的，包括直接手段和间接手段，直接手段是直接满足贫困者的基本生活需要；间接手段需要依靠公共财政的协调配合才能发挥脱贫作用。公共财政表现出的资源配置、收入分配和经济稳定与发展职能，应该紧扣政府脱贫的底线，并成为近期配合中央全面脱贫的重要职能。

公共财政具有的资源配置职能，理应更多地关注社会贫困问题。资源配置本身是对稀缺资源在各种不同用途之间的分配选择，以少的消耗获取大的收益，特别是在提供公共产品和服务方面。这些问题在贫困地区表现得尤其迫切：一是在贫困地区实施基础设施建设，包括交通运输、水电等方面，这对提高贫困地区的收入不利；二是在贫困地区实施自然环境保护措施，包括退耕还林、防沙治水、防洪排污等，这些相关付出也的确需要给予相应补偿；三是在贫困地区发展科教文事业，包括希望工程、普及义务教育、推广科学养殖等措施，成为当地群众最终脱贫的有效手段，从长期来看，教育和技术的扩散是脱贫和摆脱阶层固化的最有效手段；四是在贫困地区支持福利性企业的建立，包括福利院、养老院等，具有广泛需求；五是在贫困地区开展社区公益事业，如医疗卫生、社会保障、社会救济等具有相关的需求。公共财政的资源配置功能应该紧紧围绕上述潜在目标，发挥财政功能，切实体现政府在脱贫过程中的资源再配置功能。

公共财政具有收入分配调控职能，有助于实施相对均等的收入分配政策。公共财政主要通过以下三方面的措施体现脱贫倾向：一是税收制度的实施，中国实施累进的个人所得税，高收入者缴纳较高份额的税，低收入者缴纳较低份额的税，同时实施中央与地方政府间的转移支付政策，最大程度为贫困者提供生活保障，缩小地区间的居民收入基尼系数和贫富差距；二是提供公共产品和公共服务，以实现贫困地区与全国其他地区大致相同的公共服务水平，满足贫困者的基本生活需求；三是完善社会保障制度，充分调动非政府组织的力量，为贫困者提供医疗保健、教育、就业、养老等保障服务，让社会底层群众收入能够满足其生活的基本需求。公共财政的收入分配职能，表现出政府脱贫的主动性、主导性和直接效果。

公共财政具有经济稳定发展职能。公共财政经济稳定发展功能主要体现在经济、社会、人口、资源等各项要素的整体协调发展。一是经济稳定发展与脱贫相互关联，一个经济体内只有共享发展才是真正的发展，只有经济稳定发展才能消除贫困，只有消除贫困社会才能稳定，经济才能稳定发展。在资源有限的前提下，不能损害一部分人的利益作为经济发展的前提。二是经济稳定发展意味着全面进步和共同发展，贫困是制约全面发展的重要因素，公共财政最大程度满足贫困者的生活需要，弥补贫困的短板，最终实现社会成员全面稳定的发展。三是经济稳定发展注重可持续发展，实现人口、资源和环境的可持续发展，如果部分人口长期处于贫困状态，则难以保证社会可以长期平稳发展。公共财政在保障贫困者基本生存需要的前提下，保护环境、节约能源，促进社会与人的全面、协调、可持续发展，这充分体现着公共财政稳定与发展经济的减贫取向。

6.2.2 公共财政可以有效克服脱贫难点

瞄准贫困群体开展针对性脱贫已经成为中国脱贫开发工作的必然需求，使精准脱贫已经日益机制化。精准脱贫主要包括精准识别、精准帮扶和精准管理。公共财政收入和支出都具有严格准确的预算安排，中央提出的精准脱贫与财政合理预算内在要求具有较好的契合点。在财政资金进行投放时，为了集中连片只能兼顾贫困和非贫困社区，那些不连片的贫困村为此被排斥。[①] 一些地方政府为了凸显集中连片脱贫开发的成效，往往以非贫困区甚至相对富裕地区为基础整合临近的贫困片区作为集中连片脱贫开发区域，更是将真正的甚至是大量的贫困村排斥在外，可以将“插花式”贫困群体有效区分。

在精准识别贫困群体过程中，由于操作能力等原因造成的对贫困户精准识别存在客观排斥现象。调研结果显示，过失排斥在实际操作中主要出现在以下关键环节。一是贫困户申请环节。不少贫困户因没有及时获得相关信息没有提出申请。有的地方由于传统文化和社区优势群体的影响等使一些贫困户不会提出申请。二是入户调查核实环节。这种调查完全是导向式的，因为既然已经提出贫困户申请，自然要表明或者展示自己是贫困户，而判断者就是村(组)干部。三是民主评议环节。这涉及谁来评议，评议标准是什么，怎样进行评议，谁来监督评议的公正性，如何避免偶发因素使真正的贫困户被排斥，如何避免村干部或者优势群体对民主评议过程的主导和控制等。实际调研发现，社长指定本社贫困户、主要村干部指定本村贫困户的现象是比较普遍的。四是公示环节。包括是否做了社区公示，在哪里做的公示，怎么做的公示，怎么印证公示，有无公示异议以及如何处理公示异议等。实际调研显示，很多社区根本没有做公示，而有的村偷换概念，把县脱贫部门审核批准的贫困户名单在社区内的公示说成是贫困户识别的公示。这些环节必不可少，这是避免出现悲剧的环节。五是县乡镇审核(审批)环节。调研结果表明，那些根本没有进行过社区公示和民主评议就上报的贫困户申请依然顺利通过了县乡(镇)审查审批。这种疏忽使部分真正的贫困户在精准识别的最后一个环节被排斥。

---

① 王永平，周丕东，黄海燕，刘希磊. 新时期民族地区农村反贫困面临的挑战与脱贫开发机制创新——以贵州省为例[J]. 农业现代化研究，2012(6)：660-663.

专栏 6-3 松阳县如何实践精准脱贫

松阳县共有 192 个省级扶贫重点村，根据 2016 年年初排查，全县家庭人均年收入 4600 元以下低收入农户 5801 户、10704 人，其中偏远山区的贫困人口数占一半左右。

为全面消除家庭人均年收入 4600 元以下低收入农户，松阳县实施"一户一措施一档案一责任人"，产业帮扶一批，金融服务一批，低保兜底一批，结对帮扶一批，培训就业一批，提前两个月摘掉了万余名低收入者的贫困"帽"。

"有了稳定工作，日子就好起来了。"大东坝镇六村村民曹聪香说起如今的日子，脸上总是挂着笑容。2011 年，丈夫出意外事故死亡，她独自抚养儿子，靠承包杨梅山地、采茶维持生活，很是拮据。考虑到她有一定文化，镇村干部推荐她为村里的计生员兼电表抄表员，一年收入 6600 元，结对干部还为她正在读职业中专的儿子办理助学补助金 3000 元。

为低收入农户改变现状，松阳县针对不同人群提供就业岗位，比如，为老人、残疾人等劳动能力较弱者提供卫生保洁、河道巡查、社会保障等公益性岗位，或鼓励发展来料加工、电子商务；为有一定技能的低收入者提供乡村项目建设岗位，或积极鼓励外出能人与在家闲置劳动力结对，引导农户外出务工。与此同时，开展"村级工程大家帮"，在农村生活污水治理、美丽乡村、六边三化三美、文化礼堂等工程中，优先安排本村有劳动力的低收入农户参与项目建设。仅此一项，平均每人每年至少增收 1 万元。

赤寿乡黄山头村低收入农户苏昌光曾在建筑行业打工，今年该村实施村级道路硬化、村级污水管道改造等大小工程，他成了泥水匠，常常去施工现场帮忙。"在家门口工作，一天就能有 150 元左右的收入，生活比原来好多了。"他粗粗算了下，今年能有 2 万多元的收入。

像苏昌光一样，水南街道南山村为低收入者提供现场看护、搬运工、砌砖工和粉刷工等劳动岗位 30 余个，支付劳动费用 20 余万元，平均每人有 0.8 万～1.5 万元的收入；安民乡苏马坪村通过鼓励村民发展来料加工，年人均增收上万元；大东坝镇下宅村低收入农户通过主动对接、干部介绍等方式，在河南等地从事不锈钢装潢等工作，人均年收入能有 10 多万元……

县农办主任许军战介绍，全县共有 1300 余人通过造血式就业帮扶，顺利脱贫，改善了生活条件的同时，也增强了他们生活的信心。

资料来源：人民网—中国共产党新闻网，2016-01-04.

6.2.3　精准脱贫是中国特色公共财政的体现

提出并推动精准脱贫是中国特色的公共财政的具体体现，表现出其灵活性和保障贫困人口生存发展需求。精准脱贫指针对不同贫困区域环境、不同贫困农户状况，运用科学有效程序对脱贫对象实施精确识别、精确帮扶、精确管理的治贫方式。精准脱贫思想是在 2013 年 11 月，习近平总书记到湖南、湘西考察时首次做出了“实事求是、因地制宜、分类指导、精准脱贫”指示。2014 年 1 月，中共中央办公厅详细规制了精准脱贫工作模式的顶层设计，推动了“精准脱贫”思想落地。2014 年 3 月，习近平总书记参加“两会”代表团审议时强调，要实施精准脱贫，瞄准脱贫对象，进行重点施策。进一步阐释了精准脱贫理念。[①] 2015 年 1 月，习近平总书记调研云南时强调坚决打好脱贫开发攻坚战，加快民族地区经济社会发展。5 个月后，总书记来到贵州省，强调要科学谋划好“十三五”时期脱贫开发工作，确保贫困人口到 2020 年如期脱贫，并提出脱贫开发“贵在精准，重在精准，成败之举在于精准”，“精准脱贫”成为各界热议的关键词。将精准要求作为财政脱贫的特征和内在要求，当然这对公共行政提出新要求和新挑战。

2015 年 10 月 16 日，习近平总书记在“2015 减贫与发展高层论坛”上强调，中国脱贫攻坚工作实施精准脱贫方略，增加脱贫投入，出台优惠政策措施，坚持中国制度优势，注重六个精准，坚持分类施策，因人因地施策，因贫困原因施策，因贫困类型施策，通过扶持生产和就业发展一批，通过易地搬迁安置一批，通过生态保护脱贫一批，通过教育脱贫一批，通过低保政策兜底一批，广泛动员全社会力量参与脱贫。2016 年 1 月，习近平总书记在云南考察时指出，脱贫开发是我们第一个百年奋斗目标的重点工作，是最艰巨的任务。现在距实现全面建成小康社会只有五六年时间了，时不我待，脱贫开发要增强紧迫感，真抓实干，不能光喊口号，决不能让困难地区和困难群众掉队。这也是总书记对财政脱贫的新号召和新动员。

在全面建成小康社会的新阶段，中国精准脱贫的战略取向是实现区域精准

① 根据新闻资料以及官方文件整理。

和个体精准的有机统一。一方面，在区域精准脱贫上根据县域农民人均纯收入、县域人均财政一般预算收入和县域国民生产总值等指标，以及自然地理位置相连、气候环境相似、传统产业相同、文化习俗和致贫因素相近的要求，划设了 11 个连片特困地区，需要制定实施连片特困地区区域发展与脱贫攻坚规划，以连片特困地区作为主战场进行综合脱贫开发行动。另一方面，在个体精准脱贫上国家要制定统一的脱贫对象识别办法，建立精准识别、动态管理的全国脱贫信息网络系统，并对识别出来的贫困户和贫困村深入分析致贫原因，逐村逐户制订帮扶计划。

在脱贫治理体系的建构上，以公共财政支出、社会慈善支出等向农村和贫困地区以及贫困阶层倾斜的主导价值取向日益增强。从 2004 年开始，政府采取了一系列“多予、少取、放活”的强农惠农政策措施，国家脱贫治理体系由过去单向的市场机制或政府治理，逐渐呈现出专项脱贫、行业脱贫和社会脱贫多方力量、多种举措结合、互为支撑的“三位一体”大脱贫格局。行业脱贫主要是指各行业部门支持贫困地区和贫困人口发展的政策和项目，主要解决贫困区域瞄准之后的片区发展脱贫问题，承担着改善贫困地区发展环境，提高贫困人口自我发展能力的任务；专项脱贫主要是指国家安排专门投入、各级脱贫部门组织实施，主要是致力于脱贫治理中的贫困人口稳定脱贫的脱贫攻坚问题，直接帮扶的是最贫困乡村、最贫困人口；社会脱贫主要是指社会组织、企业事业单位等社会各界参与脱贫开发事业。社会力量中组织类别多样，参与脱贫机制具有特定优势(如企事业单位的驻村帮扶机制、社会组织的参与式脱贫等)。社会力量主要以解决贫困人口稳定脱贫致富的脱贫攻坚问题，从不同角度扩大脱贫的资源，提高脱贫工作水平。①

在具体项目措施上，第一，各地政府正逐步提高农村五保、低保和大病救助标准，推进农村低保线与脱贫标准线“两线合一”，增加五保低保户生活费用和减少医疗花费费用，政府兜底救助脱贫。第二，社会组织及热心之士积极参与脱贫事业。充分考虑脱贫区域的整体性和系统性。加强区域合作交流，建立脱贫信息网络系统，改革贫困对象瞄准机制，建立脱贫动态管理机制与贫困人

---

① 陈新，沈扬扬．新时期中国农村贫困状况与政府反贫困政策效果评估——以天津市农村为案例的分析[J]．南开经济研究，2014(3)：23-38.

口退出机制，探索精准脱贫长效机制。政府财政投入力度加大，探索结果导向的资金分配机制，发挥激励作用，提高财政资金利用效率。改革资金与项目管理机制，引入第三方绩效评估机制，建立项目公示公告制度，改变目前只顾争取资金而忽视项目建设问题。第三，增加小额补助贷款，建立贫困户小额贷款担保基金和风险补偿机制，对于贫困农户贷款给予优惠利率放款、脱贫资金贴息、风险多方共担的贷款支持。

>> 6.3　部分国家财政脱贫的经验借鉴 <<

一个国家内部不同地区之间经济水平存在差异以及社会分配不公、失业等诸多因素存在，使得每个国家都或多或少存在贫困问题。即使已经实现现代化且生产力发展水平较高的发达国家也是如此。贫困作为一个“永久难题”和“超级难题”，一直困扰各个国家。为了解决这一世界性难题，不同国家都采取了相应的措施，其中许多国家取得了成功的经验，值得我们借鉴。

6.3.1　美国财政反贫困的经验

与美国其他地区相比，西部是美国相对贫困的地区，为促进其发展，美国政府出台了一系列相关法规，成立了专门机构，加大财政补贴和资金投入，实行各种优惠政策，进行综合治理，缩小了西部与其他地区的差距。在反西部贫困过程中，美国政府有很多成功的经验值得借鉴，特别是运用财政手段促进西部发展的经验。

第一，加大财政投资力度，支持基础设施和公共工程建设。基础设施是经济发展的基础，为促进贫困地区发展，美国政府通过转移支付政策，加大对财政的投资力度，加强水电、公路、信息、教育等基础设施和公共工程的建设。美国为缓解地区贫困，在西部建立连接全国的州际高速公路 7 万多公里。此外，美国政府注重信息高速公路的建设，到 20 世纪末，西部贫困地区各行各业都能广泛运用电子计算机，互联网的普及和使用有助于贫困地区能够快速了解市场信息，根据市场信息进行相关产品和结构调整；美国政府为了保护贫困地区的环境，制定了比较完整的环保政策和环保法规；美国政府非常重视基础教育，联邦政府的教育支出主要用于贫困地区的义务教育。州政府每年财政支出的85%用于教育，通过联邦政府、州政府加大财力支持，美国贫困地区从小学、中学到州立大学都实现了义务教育，其中州立大学的费用自主灵活解决，一般家庭都可以通过相对简便方式完成大学学业。

第二，实行累进税制政策支持贫困地区发展。由于累进税制具有自动调节的功能，美国政府较为注重利用累进税制这一手段来调节不同地区之间以及不同公民之间的收入差距。美国政府在经济较发达、收入较高的东北部与五大湖地区征收较高的所得税，在相对贫困的西部地区征收较低的所得税，减轻了西部贫困地区的税收负担。通过税收调节的手段，刺激资源向西部地区转移，促进了西部地区的发展，缓解了美国地区间的贫富差距。

第三，实行相对独立的财税体制，营造良好投资环境。为了刺激资本向西部贫困地区转移，美国政府对西部贫困地区实行相对独立的财税体制，西部地区的地方政府根据本地区的实际情况，积极制定各种优惠政策，为本地区创造了良好的投资环境，吸引了许多个人、企业、资本到西部地区投资，有力地促进了西部地区的经济社会快速发展。这为西部当时解决相对贫困的问题做出巨大贡献，也是其主导产业扶贫的有效举措。

第四，推行社会福利政策，以实现财政收入分配职能。美国社会福利的发展大致经历了从起初私人群体在反贫困方面发挥较大作用，到大萧条期间美国政府逐步发挥作用，再到各项社会福利制度开始全面扩张，以及如今的减少福利依赖四个阶段。虽然对于社会福利政策的作用大小在学术界还存在争议，但是美国的社会福利政策的确在减少贫困、缓解贫富差距方面起到了一定的作用。美国福利政策特别是最低生活保障政策成为保障生存的底线。

6.3.2 德国财政反贫困的经验

由于历史原因，德国的贫困地区主要集中于德国东部地区，东部地区的劳动生产率在20世纪末仅占西部地区劳动生产率的1/3，人均收入也仅为西部地区的40%。为了缓解地区贫困，德国政府制定了大量的反贫困财政政策，以此加快贫困地区的发展，有效地控制了德国地区间经济差异的扩大。作为另一个发达国家，德国的反贫困经验也值得中国借鉴。

首先，德国政府加大转移支付力度。采用因素法计算转移支付数额，确保贫困地区财力实现纵向与横向均衡。此外，德国政府运用法人税，使得贫困地区财力水平达到其他地区平均水平的 90%以上，并通过财政转移支付使得贫困地区人均财政收入达到全国平均水平的 95%。为弥补地区间差异，德国政府向贫困地区拨付特别拨款，以此来缩小财政缺口。

其次，实行反贫困补贴。德国反贫困的财政补贴主要有直接补贴和间接补贴两种。直接补贴包括投资补贴、特定资助、低息贷款和特殊折旧等。间接补贴是政府为了加强贫困地区基础设施建设，实行的一种利息较低的贷款政策。另外，德国政府还实施了一种补贴政策，该补贴政策规定，投资者到贫困地区投资可以得到政府的“促进费”，但是适用该政策的条件是投资者必须投资于当地基础设施建设，并且补贴资金的使用必须与具体项目相联系。

最后，建立社会保障制度与社会救助制度。德国政府建立了良好的社会保障制度与社会救助制度。社会救助制度根植于社会保障之中。在德国，社会救助包括一般社会救助和特殊社会救助。一般社会救助面对所有需要的贫困个人和家庭；特殊社会救助是针对特殊情况的救助，如针对没有医疗保险人士的医疗救助等。德国政府实施差异救助，根据不同的标准和指标选择，对不同人群实行差别化救助，以此缩小公民间贫富差距。

6.3.3　巴西财政反贫困的经验

巴西是南美发展中国家，社会经济发展水平较低，区域差异明显，贫困问题相当严重，其贫困特征主要表现为以下两个方面：一方面是贫困规模大，贫困程度深重；另一方面是贫困区域分布极不平衡。为了解决贫困问题，巴西政府坚持基于“发展极战略”的反贫困战略，一是在贸易政策方面，规定发展农牧业所需物资及再出口物资等可免缴进口税。二是在财政政策方面，规定自由贸易区投资企业均能得到“亚马逊开发私人投资基金”赞助。巴西政府把财政作为反贫困的主要手段，其财政反贫困经验值得借鉴。

第一，加大横向转移支付力度，发展贫困地区经济。巴西的贫困地区主要集中于北部、东北部和中西部，贫困面积大，贫困程度较深。巴西政府通过转移支付政策，从经济较发达地区转移相当规模的财政资金以支持贫困地区的发展。据统计，巴西政府每年从发达地区转移的资金占贫困地区工农业产值的15%～20%，最高年份可达25%。较大的横向转移支付力度缓解了巴西的贫困问题。

第二，实行税收优惠政策，激励资本向贫困地区流动。巴西政府为了促进贫困地区的发展，制定了一系列税收方面的优惠政策。为坚持“发展极战略”巴西政府规定，私企到亚马逊河流域投资建工厂，可以在前10年里免缴所得税；此外，巴西政府还规定，自由贸易区投资企业均能得到“亚马逊开发私人投资基金”赞助，对于国内企业实行免缴利润税、工业产品税、商品流转税，免缴工业生产所需进口机器设备、零配件和材料税。亚马逊河流域的这些税收优惠政策，吸引了大量投资者到该地投资，极大地促进了亚马逊河流域经济、社会各方面发展，加速了该地脱贫步伐。

第三，加大支出力度，改善基础设施状况。巴西政府为了促进经济平衡发展，缩小贫富差距，改善贫困地区基础设施落后的状况，于1963年将首都由萨尔瓦多改为巴西利亚。巴西政府为实现基础设施建设，增加专项拨款，再加上大量人才随着首都的迁移而来，极大地改善了巴西利亚的交通、电力、水利等基础设施状况，促进了巴西利亚经济、社会快速发展。

专栏 6-4　拉美反贫困计划推向全球

英国《经济学家周刊》2月9日发表文章，题目是“拉美实行的一项反贫困计划在全世界推广”。文章说，墨西哥的一项社会福利计划，经过巴西的修正和完善，成为全世界最大的反贫困计划。它在拉美地区大规模试验中取得显效果，美国、埃及和东欧国家开始纷纷效仿。文章摘要如下：

提起全球化，大多数人就想到全世界的货物从东方运到西方，美元从西方流向东方。可是，全球化也促进思想交流。请看巴西的“家庭补贴”(Bolsa Familia)反贫困计划——全世界最大的反贫困计划。

这项计划也叫“有条件的现金转移”计划，在某种意义上说是墨西哥一项类似计划的翻版。在几个拉美国家进行大规模试验之后，这项计划的修正版最近在纽约市实施，以图改善贫困家庭孩子的机会。巴西官员本周在开罗帮助埃及官员制订一个类似的计划。世界银行驻巴西利亚办事处主任凯茜·林德特正要为东欧制订类似的计划。她说："世界各国政府正在密切注视这项计划。"

"家庭补贴"的内容是：人均月收入低于120雷亚尔(68美元)的家庭，母亲可得到高达95雷亚尔补贴，条件是她们的孩子必须上学或参加政府的疫苗接种计划。有关资格审查的数据收集是由市政府负责的，但补贴是由联邦政府支付的。每个受益人都得到一张借记卡，政府每月往卡上充值，除非受益人没有满足必要的条件。如果受益人(在几次警告之后仍然)没有满足必要的条件，充值就会中止。现在有大约1100万个家庭——相当于巴西1/4人口——接受这种补贴。

在东北部的阿拉戈斯州——巴西最穷的州，获得"家庭补贴"的家庭占一半以上。其他家庭大多数领取州补助金。阿拉戈斯联邦大学经济学家西塞罗·佩里克莱斯·德卡瓦略说："这有点像瑞典的阳光计划。"阿拉戈斯州大约70%的人是文盲或没有上完小学一年级。人均寿命66岁，比巴西全国平均寿命低6岁。州政府计划部长塞尔吉奥·莫雷拉说："从人类发展角度讲，阿拉戈斯州不像巴西其他各州而更接近莫桑比克。"

除了向穷人提供应急帮助外，"家庭补贴"的长远目标是确保孩子们获得比父母更好的教育。有一些令人鼓舞的迹象。跟全国一样，阿拉戈斯州上学人数已经增加，部分原因是"家庭补贴"计划以及早些时候推行的"助学金"计划。这一计划有助于推动这个贫穷的东北部州的经济增长率高于全国平均增长率，这一计划还有助于缩小巴西的收入差距。尽管阿拉戈斯州130万劳动力中去年只有30%的人有正式工作，却有150多万人拥有手机。

资料来源：新华网，2008-02-26。

6.3.4 中国财政反贫困的主要做法

贫困问题一直是困扰着中国的一个重要问题。习近平总书记始终高度关注扶贫工作，在继承马克思主义反贫困理论和总结改革开放以来中国扶贫工作经验教训的基础上，结合中国新阶段扶贫工作的新形势，提出了"以精准扶贫为核心、以内源扶贫为根本"的反贫困思想，凸显了坚持走社会主义的反贫困道路，坚持以政府为反贫困的主导力量，坚持以实现人的全面发展为价值取向，坚持把反制度贫困作为反贫困重要举措的理论特色。

作为世界上最大的发展中国家，中国同其他发展中国家一样，具有较为复杂的贫困问题。区别于发达国家的相对贫困，中国的贫困主要为绝对贫困与相对贫困同时存在，但绝对贫困为主要方面；城市贫困与乡村贫困并存，但乡村贫困为主要方面。贫困问题同时存在二元结构现象，但重点任务还在农村和绝对贫困方面。为了有效缓解贫困问题，中国政府应借鉴发达国家在解决相对贫困方面的措施，并借鉴发展中国家反贫困的相关经验。

第一，修改国家贫困线。贫困线是衡量贫困与否的一个重要指标，中国政府历年公布国家贫困线，但是对于这一指标的划分较为简单。由于对贫困线的认识目前存在不足，因此中国的贫困线的划分不仅在数值上存在历年未发生变化或滞后的情况，而且尚未考虑中国存在的城乡二元结构与东中西部差异明显的状况。为了更好地实现精准扶贫，中国政府可以根据不同地区的购买力以及家庭状况划分贫困线，提高帮扶对象的精准性与针对性，提高政府财政资金使用效率。

第二，应采取更加积极的福利政策解决贫困问题。中国目前面临着城乡贫困问题加剧、社会福利投入不足的问题。随着经济的发展，人民生活水平的确会有所提高，但经济发展并不能自动带来社会公平，因此贫困问题不会自动消失，公平正义始终是应该遵循的主要原则。在实现精准扶贫的过程中，也要扩大社会福利和社会保障的覆盖面，确保人民最基本的生存权益，提高社会福利水平。在建立社会福利制度时，中国政府应该把握好尺度，以免造成公民懒散等问题，降低生产和自理的积极性，从而影响反贫困效果。与此同时，应建立起以最低生活保障为主体的补救型社会救助制度。

第三，加大对基础设施的投资力度。基础设施建设与经济的发展密切相关，当基础设施建设落后时，就会制约经济的发展。基础设施分为经济性基础设施和社会性基础设施，经济性基础设施主要包括水电、交通、灌溉、通信等，社会性基础设施包括教育、卫生、科技等。美国、德国、巴西三个国家都非常注重贫困地区的基础设施建设，不断加大对基础设施建设的财政支出力度。中国有很多贫困地区基础设施薄弱，虽然政府已经采取了一些政策措施，但是由于支出力度不够、资金使用效率低等因素，仍不能满足带动当地经济发展的需要。

第四，加大转移支付力度，尤其是横向转移支付。转移支付是弥补贫困地区财力不足、促进经济发展的主要手段之一。美国、德国、巴西三个国家为促进贫困地区发展，不断加大转移支付力度，特别是横向转移支付。中国地区间差异较大，西部地区与中部地区与沿海等东部地区经济发展水平悬殊，为缓解地区间贫富差距，中国政府应借鉴巴西经验，完善转移支付政策，纵向转移支付与横向转移支付合理搭配，将反贫困中上下级政府间的纵向财力支持，转变为较为发达地区对贫困地区的横向财力支持，充分利用"涓滴效应"，带动贫困地区发展。中国在横向对口支援方面具有财政横向转移支付效果，是中国反贫困领域的特色，可以为其他第三世界国家借鉴。

第五，在贫困地区实施相对独立的优惠政策。通过对美国、德国、巴西三个国家财政反贫困的经验总结，可以看出，这三个国家为了促进贫困地区发展，都对贫困地区实施了相对独立的优惠政策。为实现精准扶贫，中国政府应因地制宜，根据不同地区以及不同人群设立相应的扶贫标准和扶贫力度。对于相对更为贫困的地区，应加大扶持力度与转移支付，实施相应的优惠政策，以期在促进贫困地区发展时发挥作用，引导更多的人力、财力、物力向贫困地区流动，进而促进贫困地区发展。

>> 6.4　推进财政精准脱贫的政策建议 <<

中国是一个人口众多的发展中国家，东、中、西部地区的社会经济发展、历史文化等存在差异，在制定脱贫政策、选择脱贫战略时，要根据国情选择适合的精准脱贫路径。从中国的具体国情出发，还需要充分在国外脱贫经验的基础上总结和推广中国脱贫经验。中国精准脱贫的路径需要充分发挥公共财政在整个脱贫过程中的核心和托底功能。这是中国作为公有制经济的优势之一，相当国有大型企业参与脱贫，尽其社会责任和义务，这是具有中国特色的做法。

实施与促进贫困地区经济发展相关的财政优惠政策和精准脱贫的重要政策。在贫困地区实行零税收政策，增强贫困县的经济实力，增加资本流入的数额，可以为贫困地区提供数量可观的就业岗位，促进贫困地区人口向城镇转移；中央财政如果可以把贫困地区"两税"收入通过税收返还给贫困地区，则可以减少贫困地区的债务和财政赤字；省级财政则可以把从贫困地区征收来的地方税收通过一定方式返还给贫困县；上级财政也可以提前确定好各项补助数额，并对贫困地方的政府债务实行减免。

6.4.1 加大脱贫导向的财政转移支付力度

中国的财政转移支付制度是促进基本公共服务均等化、协调区域发展和优化经济结构的重要制度。贫困地区的财政转移支付制度是脱贫地区地方政府财政体制中的重要内容之一。财政转移支付制度的建立对于促进贫困地区公共服务均等化，提高贫困地区政府财力具有重要意义。

中央财政近些年来不断加大对贫困地区的扶持力度，出台了一系列相关优惠财政政策，使贫困地区的转移支付数额不断增长。以民族地区为例，中央财政对民族地区转移支付数额在过去十年中年均增长 24%，而且这一比重一直保持在 20%左右，相对稳定。此外，民族地区由于人口较少，一直有着高于其他非民族地区的人均转移支付额。民族地区人均转移支付额较全国平均水平要高出很多，在民族地区内部，其中广西最低，西藏最高。

从财政扶贫总量上来看，2015 年，中央财政用于脱贫的资金达 433 亿元，其中用于地方财政脱贫的资金达 424 亿元，比 2014 年增长 10%，新增部分多数用在中国特有的连片贫困地区。首先，在目前宏观经济运行压力较大背景下，财政收支矛盾突出的情况下，用于财政扶贫的资金投入却实现了较快增长，为中国的扶贫事业提供了有力保障。其次，专项脱贫工作也稳步推进。2015 年，中央财政中用于以工代赈的资金为 41 亿元，国有贫困林、农场脱贫资金分别为 3.6 亿元、2.4 亿元，“三西”农业建设专项补助资金 3 亿元。所有这类投资和建设对贫困地区的经济发展、民生改善、解决国有林场、农场的贫困窘境都起到了正向积极的作用。最后，中央彩票公益金也是支持扶贫的重要手段和渠道。2015 年，中央财政安排彩票公益金 15 亿元，拓宽扶贫渠道到革命贫困老区。其中，公益彩票资金 15 亿元用于连片贫困区一些重点县的整村推进工作和特困革命老区县的公益设施建设。彩票公益金作为扶贫资金的投入，促进了革命特困老区的经济发展水平和基础设施建设，加快了该地区脱离贫困的步伐。

财政脱贫资金投入是脱贫工作能否顺利进行并取得成功的重要动力，从某种程度上说，它在脱贫运行过程中一直扮演着关键性的角色，因此脱贫资金投入的强度大小对脱贫工作能否成功有着重要的指示作用。近些年来，随着国家经济的不断发展，国力增强，中央财政用于专项扶贫的资金不断加大，地方政府扶贫资金的投入力度也逐渐加大。在增加扶贫资金投入力度的同时，还要注意以下几个方面的问题。

首先，完善一般转移支付制度。目前的转移支付制度需要将体现贫困县贫困程度的指标纳入制度体系中来，应当在现有的转移支付制度基础之上，完善科学的转移支付测算体系，从而能够客观地反映贫困地区的贫困状况。对于特别贫困地区以更多的资金照顾，使得转移支付的资金更具效率。在保证转移支付持续增长的同时，促进地区基础设施建设，民生条件持续改变才是根本。

其次，加大横向转移支付力度。在保持转移支付力度不断增大的同时，需要将横向转移支付和纵向转移支付进行合理搭配，让传统的仅仅依靠上级政府对下级进行扶贫支持的纵向财政体制过渡到发达地区向不发达地区进行转移支付的横向转移支付制度。发挥先富带动后富的制度力量实现共同富裕。

最后，完善专项转移支付制度。专项转移支付资金中对于配套的部分，要通过明确贫困地区的特定情况来确定资金分配的情况，要确保资金使用到位，不能出现资金挪用、盗用的情况。而对于非配套的部分，要在明确用途的基础之上，根据地区的特点，重点发展与民生相关的如医疗、教育等方面，此外还要完善专项转移支付的资金监督制度，要确保资金使用到位。最后要完善转移支付的评估体系，对专项转移支付的效率进行测评，这样不仅可以知道资金的使用情况，通过对效率低下的地区进行全面了解，从而提出更适合地区发展的专项转移支付政策，另外如果存在挤占、挪用等现象，要加强对各个环节的监督管理工作。在此，财政部门和审计部门应通力配合，提高财政资金使用效率。

6.4.2　整合脱贫开发资金，形成脱贫开发合力

扶贫开发是中国实现共同富裕的必经之路。从改革开放以来，在政府以及社会的关怀和带领下，中国的扶贫开发工作取得了令世人瞩目的成就，走出了一条具有中国特色的扶贫开发之路。为了实现党中央制定的致富目标，2011 年国务院颁布了《中国农村脱贫开发纲要(2011—2020 年)》，明确提出要到 2020

年实现贫困地区居民基本生活保障得到满足，医疗、教育、住房等需求得到满足；农民人均纯收入2300元(2010年不变价)将被作为新的国家脱贫标准，这一标准比之前提高了92%；将中国连片特困地区作为下一阶段扶贫的主要领域，改变了之前相对零散不成体系的扶贫格局。

新阶段扶贫开发工作有了新的着力点，其中整村推进、就业促进、产业脱贫、革命老区建设、以工代赈、易地脱贫搬迁等工作逐渐得到重视。具体来说，2011—2013年，国务院颁布《脱贫开发整村推进"十二五"规划》，项目启动了1.5万个村进行扶贫；《易地脱贫搬迁"十二五"规划》对212万生活在贫困区域的居民进行扶贫搬迁；《以工代赈建设"十二五"规划》投入了291亿元，用于增加农民收入、改善居住地的环境和基础设施；中央专项彩票公益金中28.25亿元用于支持贫困革命老区的扶贫工作。此外，覆盖46万人的"雨露计划"开始试点，鼓励贫困家庭的子女参加职业教育并给予一定补助；四川阿坝开展大骨节病综合防治等扶贫项目；辽宁阜新、浙江丽水和广东清远三个扶贫试验区已经启动。①

实现贫困地区的脱贫致富必须整合扶贫地区的财政资金。首先，目前财政扶贫资金使用的范围过于宽泛，应当逐步让出空间安排其他资金，主要用于过往资金支持不到位的地方。其次，目前扶贫资金的分配较为分散，应当研究切实可行的政策将扶贫资金与其他资金进行整合，提高利用效率。这些资金包括国债资金、专项支农资金、道路改造资金、以工代赈资金等。要发挥不同资金整合的规模效益。如果地区还存在一些帮扶基金和社会捐赠等，要加入到整体资金使用，统一管理，统一运作，提升效率。

在财政资金整合的环节中，要强化资金管理制度的完善，改善资金的管理方式。近些年随着财政扶贫资金不断加大力度，管理方式的创新，扶贫工作绩效的考核变得越来越重要和紧迫。从项目实施的开始到最终的各个环节，都应当有明确的制度规范来进行约束，以减少违规和不合理使用的情况发生。资金的审批需要减少环节从而增加效率，同时要对项目实行的绩效进行评估，推行绩效管理，使绩效评价作为管理财政资金的重要指标之一。

---

① 李存才. 财政部：构建财政综合脱贫政策体系[R]. 中国财经报，2011-12-08.

专栏 6-5　精准脱贫和易地扶贫搬迁，五通镇利用财政资金建苗寨新村

五通镇是传统的革命老区，为配合红军四渡赤水，发动了著名的石顶山暴动，配合了中国共产党生死存亡的战斗，但该镇作为民族乡镇，脱贫一直是该县的重要工作。五通镇位于合江县西南部，距县城 75 公里，地处四县五乡镇交汇处。东面毗邻贵州省赤水市大同镇，南面与叙永县大石乡、向林乡接壤，西面与纳溪区打古镇交界，北面与本县九支镇衔接。全镇面积约 100 平方千米，辖 1 个社区、9 个行政村，具有丰富的“红色”资源(革命老区镇)、独特的少数民族风情文化和优美的石顶山自然风光。

作为传统农业大县的合江县，充分利用好有限的财政资金，扶持农业发展，实施脱贫工程。人间四月，瓜果飘香，不知不觉又到了桃花开放的季节，春雨兮兮，沁润着桃树，催促着小桃树快快长大。一棵棵桃树上，嫩嫩的花苞竞相开放，粉红的花瓣与深绿的树叶交相映衬，置身其中，仿佛进入了桃花的海洋。

四月的永合村，正是桃花盛开的时节，慕名而来的游客络绎不绝，人们或行走于林间水泥小道，欣赏桃花的艳丽；或坐在树旁，沏一杯清茶，感受大自然的气息；活泼的小孩穿梭在桃林间嬉笑打闹；憨厚老实的果农看着桃林，脸上洋溢着幸福的笑容，一幅优美的山水田园风光画卷尽收眼底，美不胜收，让人怎么都看不够。

近年来，合江县五通镇利用精准扶贫契机，结合自身实际，采取专业合作社加农户的模式，大力发展特色产业，截至 2015 年年底，五通镇已建立金钗石斛种苗基地 1 个，种植金钗石斛 500 亩，桃子 500 亩，核桃 1000 亩，石顶红李子 1000 亩。该镇还将产业发展与旅游发展有机融合起来，走出了一条独具特色的乡村休闲观光旅游道路，力争将五通镇打造为泸州、赤水、合江的近郊旅游目的地，带动当地村民增产增收，最终实现村民们脱贫致富奔小康的美好愿望。

易地搬迁也是该镇促进脱贫的又一重要工程。五通镇李咀村易地扶贫集中安置示范点项目建设正如火如荼地进行着，挖掘机的长臂上下挥舞，推土车来回穿梭，护墙砌筑工人埋头苦干，整个建筑工地一派繁忙。2016 年，五通镇开始实施易地扶贫搬迁集中安置示范点项目建设，根据多次实地考察和专家论证，最终将示范点确定在李咀村。示范点项目占地面积约 30 亩，其中贫困户建房及公共附属设施占地约 12 亩。

示范点项目启动以来，五通镇坚持贯彻中央关于新型城镇化建设的文件要求，依托原有的山水脉络等风光，结合独具特色的五通苗族文化风情，科学规划产业发展区域，确保达到"搬得出、稳得住、能致富、生态好"的效果。李咀村易地扶贫集中安置示范点预计在今年9月底完成主体建设，10月底配齐相关配套设施。届时，一个风格独特、设施齐全的苗寨新村将矗立在李咀这片热土上，让贫困群众真正得到实惠，共享改革发展的成果。

资料来源：合江，2016-07-22。

6.4.3 建设定向帮扶与财政托底的脱贫机制

在实现中华民族伟大复兴的过程中，如何有效地帮扶贫困地区的民众，使其过上小康生活，早日摆脱贫苦困境是当前扶贫工作需要解决的课题。解决这个课题就要着力提高被帮扶地区的自我造血能力，从而能够保障和改善民生。帮扶工作的重心应力求改善当地贫困居民的生产生活条件，提高公共服务的供给水平。此外还要从经贸合作的角度入手，支持当地建立起具有地方特色，符合地方发展的产业。这其中就要不断加强人才的交流与培养，强化科学技术在产业中的作用。

精准脱贫的成功实施是一项艰巨的任务和复杂的工程，涉及千家万户，各个家庭地区的情况差别很大，为确保精准扶贫工作取得成效，应从贫困村、贫困户实际出发，因村因户制宜，制定切实可行的帮扶措施。具体的扶贫形式可以借鉴以下几项：①

一是产业帮扶。产业帮扶是指对一些有劳动能力但缺少生产技术、资料等的贫困群体，通过基于生产资料，如低息贷款、提供种苗，或者是提供培训、技术等方式帮助其就业。积极打通农户和企业、基地以及社会组织之间的障碍，动员贫困人口参与到脱贫经济的构建中来。引导其发展旅游、养殖、种植的业务，提高自身收入，提高抗风险能力。

二是搬迁帮扶。搬迁帮扶是指通过将居住在条件较为恶劣，自然灾害频发

① 刘守敏. 实施精准脱贫之我见[EB/OL]. [2014-05-10]. http://www.ganzhou.gov.cn/zwgk/cyxx/msgc/fp/201405/t20140520_802475.htm.

或者是基础设施极度短缺地方的贫困居民，通过自愿的原则，由当地政府引导，积极将其搬迁进适合居住的地区，比如安置在新建立的工业园区附近、城镇或者是基础设施条件较好的其他村，从而使其摆脱原来不适宜居住和生产的区域，改善其生活和居住条件。这样不仅解决了贫困问题，也为工业园区带来了劳动力，或者是为其他村镇注入了新的力量。通过对其进行培训、定向招工等，将其与当地的经济发展结合起来，双向促进。

三是技能培训帮扶。授人以鱼不如授人以渔，贫困户最缺乏的就是谋生的技能。无论如何对其基于资金援助，都无法让其长久获得谋生的能力。对贫困户的扶贫还要着重考虑贫困户的知识和技能培训，从而提高贫困户应用先进生产资料的能力。提高贫困户的谋生手段，整合职业培训资源，为被绑缚的贫困户提供免费的技能培训，使每个扶贫对象至少要掌握一项实用的就业技能，从而促进就业和增加收入。

四是基础设施帮扶。财政扶贫资金中要有固定的一部分用于贫困地区的基础设施建设。要有效整合有关的涉农资金，重点要对基础设施较差的地区，尤其是公路、水、电等设施滞后的地方进行投入，从而改善通水、通电、通路的条件。此外还要结合农村危旧土坯房改造建设工程和新农村建设，着力改善居民的生活、出行、居住等条件。

五是保障帮扶。目前中国有很多针对贫困户的低保政策，贫困地区的相关部门要重点筛选和排查符合条件的低保户，通过医疗救助、住房救助等方式，及时有效地对贫困户进行帮扶，要着力提高帮扶的有效性和精确性。

在定向帮扶脱贫的基础上，国家财政是作为托底的有效政策之一，应当健全财政主导的扶贫机制。“从政之道在于济困，治国之道在于安民”，根据中国贫困地区贫困现状、发生贫困的原因、特征以及地域分布等实际情况，必须把脱贫作为政府施政目标之一，加强财政支出在贫困地区经济发展中的重要作用。纵观世界上其他国家都十分重视扶贫工作，目前 28 个国家设有单独的扶贫机构，其他多数国家也有负责扶贫工作的政府部门或机构。中国政府多次召开有关扶贫的工作会议以及不同时期制定的有关脱贫的文件都能体现中国政府在解决贫困问题中所起到的重要作用。可以看出，中国的扶贫组织机构的特点是从上至下的庞大系统，各个环节之间的所属关系明确，差不多包括中国目前的全部行政体系。中国的扶贫管理体系是世界上独一无二的，囊括了各个层次机构和人员，构建了完善的扶贫体系。在扶贫实践中，政府通过其独有的权威，以最主要和最关键的组织者身份，制定相关的脱贫方针，决定扶贫机构的设置以及相关政策选择，同时也监督着扶贫资金的流向、规模等，显示出政府主导下的扶贫机制的独特功能。

农业是生活在农村的贫困人口的主要生活来源。财政必须发挥其在农业领域的扶贫作用。比如，通过粮食最低价格政策等保护措施，使贫困农民的收入保持稳定的水平并且持续稳定增长，使农民和农业都能可持续发展。相关的农业保护政策有贸易关税补贴、税收优惠，以及对农产品的价格进行最低限制以及补贴等手段，从而保障农民的收入水平稳定持续增长。具体来说，农业的税收保护政策需要国家制定科学的农税政策，使农民的生产有较大积极性，从而促进农业发展。农业补贴保护政策要求财政政策能发挥宏观调控职能，提高农业生产力使农民增收成为常态。农业保险政策是促进农业稳定发展，保障农民切身利益的手段之一，可以为农业生产者提供有效抵御自然灾害的能力，实现促进农业和农村发展的稳定器作用。

专栏 6-6　把贫困送进博物馆：民族地区反贫困的大理样本

政府的扶贫贴息贷款：运行机制与对象定位。政府的扶贫贴息贷款是民族贫困地区信贷扶贫的另一种方式，本文主要介绍大理州鹤庆县扶贫办推行的财政贴息性小额信贷。

鹤庆县是云南第一家小额信贷试点地区。鹤庆县扶贫办 1997 年开始与乐施会合作运营小额信贷，成立以来该项目经历了两个阶段，2008 年之前由扶贫办在乡镇一级成立工作组经营小额信贷业务，2009 年开始，农业银行开始经营这项业务，扶贫办主要协助银行收集贷款群众的信息，确定哪些是贫困户，鉴定其贫困程度。同时小额信贷运作中坚持的原则也逐步放宽。成立之初，小额信贷项目坚持贷穷不贷富，只贷妇女，以 5000 元/户为上限。在风险控制上，小额信贷实行五户联保，由信贷员催收。目前小额信贷已经偏离最初的基本原则，信贷额度变为 10000 元/户，特殊的可以达到 20000 元甚至 30000 元每户。并且贷款对象也不再是最贫穷的群体，而是选择中间那部分有贷款需求又有还款能力的农户。贷款主要围绕县乡重点产业项目，包括粮食作物、生猪、蚕桑、大牲畜、甘蔗、蔬菜、传统手工业加工等。

运行以来，这项贴息性小额信贷取得了重大的成果。至今已经累计发放贷款800多万元，还款率达到90%以上。扶贫项目覆盖9个乡镇94个村委会，获贷农户41483户，占全县农业总户数的73.5%。2009年一年，全县贷款总额1300万元，到户贴息资金65万元，辐射56个村委会，受益农户796户。

调研中，我们重点考察了鹤庆县辛屯镇新登村的贴息性小额信贷实施情况。辛屯镇位于鹤庆县最北端，扶贫到户贷款工作从2002年9月开始运行。2009年发放贷款300万元，财政贴息15万元。从开始成立到2009年，已经累计发放贷款1566万元。其中用于种植业25万元，养殖业1481万元，加工业3万元，其他产业57万元。其中生猪养殖业投放资金达1361万元，占全部资金的86.9%。扶贫贷款覆盖全镇9个村委会，累计获贷小组数847个，获贷农户3479户。至2009年12月底，到期贷款回收率达100%。

新登村是辛屯镇养殖业的代表村。全村有2000多人，542户，人均年收入3700多元。生猪养殖是新登村的骨干产业，占本村经济总收入的65.7%。新登村委会的师弟登自然村，共有农户338户，除11户外出经商打工外，327户全部从事生猪养殖。2000年，新登村建立了生猪交易市场，肥猪主要来源于洱源、大理、宾川、丽江、鹤庆等地，主要销往省外的西藏、甘肃、四川、广西、广东、湖南，以及省内的下关、丽江、迪庆、怒江、兰坪等地，日交易量达到800头以上，成为滇西北乃至整个西南地区最大的生猪交易市场，形成集生猪养殖、运销一条龙服务的发展格局。

新登村的扶贫贴息贷款由村书记对农户信用进行考察，并对信贷户进行监督，实行三户联保。贷款年息6.931%，其中财政补贴5%，农户实际支付的年利率不到2%。2009年，全村贷款150万人，获贷农户75户，每户贷款2万元，发展生猪94头，牛25头，家禽820只。从扶贫贷款发放来看，全村共发放扶贫到户贷款资金683.5万元，其中用于养殖524.6万元，获贷农户960户。

这种扶贫贴息贷款主要是用于解决小规模养殖户的资金困难问题，坚持“有偿使用、小额短期、滚动发展”的原则。目前农信社在新登村有500万元的贷款，而扶贫贴息贷款的对象主要是那些处于中下等收入层次、无法得到农信社贷款的农户。因此，在新登村，农信社主要服务于那些经营大规模养殖业的农户，而扶贫贴息贷款则支持那些小规模的养殖户，成为农信社信贷扶贫的必要补充。从新登村的经验可以得出这样的启发，针对不同的客户群可以采取不同的信贷扶贫方式。商业性正规金融机构按照商业化原则优先选择那些优质客户，解决其信贷困难问题；而政府扶贫型信贷则主要偏向于那些不能得到商业性正规金融机构贷款但同时也具有一定还款能力的客户，同时政府扶贫型信贷通过设置一定的贷款额度限制来排除那些能够得到农信社贷款的大规模客户，保证信贷资源在小规模农户中周转。

民族地区反贫困模式和反贫困主体需要多元化。中国的贫困大致可以分为制度供给不足型贫困、区域发展障碍型贫困、可行能力不足型贫困（结构型贫困）、先天缺乏型贫困和族群型贫困，这种划分基本概括了中国几乎所有种类的贫困类型，但是所有这些类型的贫困往往在现实中交织在一起，在一个区域中，贫困人群的致贫根源往往是综合性的。中国的反贫困战略大致也划分为制度变革型扶贫、基础型扶贫（或大推进型扶贫）、迁移型（或生态恢复型扶贫）、能力增进型扶贫（或结构型扶贫、造血型扶贫）、救济型扶贫（或输血式扶贫）和族群系统型扶贫，但是在反贫困实践中，各类措施往往齐头并进形成合力。中国当前的民族地区贫困已经成为尖锐的问题，区域性的族群贫困是未来影响地区经济发展和社会稳定的重要因素。解决区域性的族群型贫困需要综合性的系统思路，需要扶贫主体的多元化和扶贫模式的多元化。在这些与民族地区反贫困有关的行动中，政府的角色是非常显著的，但这并不能排斥民间非营利组织和市场组织的重要性，尤其在能力增进型扶贫中，非营利组织和市场都扮演了重要角色，如在社区发展基金和商业性信贷中，非营利组织和市场化机构起到关键的作用。这些机构通过创新性的机制设计激发了潜藏在贫困人群中的内在创造力和自组织能力，从而把贫困人口自己也纳入到反贫困主体当中来，这是支撑当今扶贫工作的重要理念之一。

资料来源：中国民族宗教网，2015-11-19.

6.4.4　构建促进教育和技术扩散的公共财政

国家财政是“庶政之母”①，是政府行驶公共权力的制度保障和有力政策工具之一。为了使经济发展的成果共享，构建和谐社会，就需要充分发挥公共财政的相关职能和作用，要集中力量突破经济社会发展中的薄弱环节。公共财政要促进经济发展成果共享就要时刻谨记发展是第一要务，要对重点贫困地区加大财政投资力度，提高资产的回报率，重点投向加快转变经济发展方式、调结构、促改革的一些重要领域，从而大幅度增强贫困地区公共产品和服务的供给能力和水平。② 经济发展水平决定财政的财力大小，反过来财政也会作用于经济的发展。必须充分发挥国家财政在促进贫困地区经济发展的功能，使经济与财政和谐发展。此外财政扶贫重心要向“三农”靠拢，让贫困地区共享发展成果。要着力扩大公共财政扶持的力度和范围，让更多的贫困百姓得到切实的实惠，早日脱贫。③

贫困户最终脱贫的有效手段本质上是要靠技能的提升，公共财政要能够促进教育和技术的扩散，这就需要公共财政将更多的资金投入贫困地区的教育系统中去，逐渐提高基础教育的质量。从长远来看，“扶贫需扶智”才是摆脱贫困的有效办法。公共财政应该大力支持有关教育扶贫的工程，让贫困家庭的孩子都能有机会接受基本的有质量的教育，从而使贫困的代际间传递不再发生，使贫困地区的青年人得以有机会和能力向社会的上层流动。④ 公共财政切入的方向可以从贫困地区实行高中免学费等措施，保障贫困地区的初中毕业生可以顺利升入高中继续接受教育，建立从小学到高中的就学保障长效机制。通过不断努力，可以切实改善贫困地区青年向其他社会阶层流动的渠道，从而消除阶层固化的倾向和阻碍。

加大公共财政对基础教育的支持力度，促进知识技能的传播，是从提高人

---

① 人民网．胡伟林．财政促进发展成果共享路径选择[EB/OL]．[2011-11-10]．http://theory.people.com.cn/GB/49154/49156/16199988.html.

② 人民网．决战脱贫攻坚　共奔全面小康[EB/OL]．[2015-09-08]．http://leaders.people.com.cn/n/2015/0908/c58278－27555571.html.

③ 韩喜平，孙贺．共享发展理念的民生价值[J]．红旗文稿，2016(2)：15-18.

④ 彭清华．践行共享发展理念　切实保障和改善民生[J]．当代广西，2016(8)：10-11.

力资源素质的角度进行扶贫攻坚的切入点。事实证明这一手段是应对贫困问题的一剂良药。贫困地区之所以长期贫困，就是因为其落后的教育没有给其居民一个高的劳动者素质，因此经济发展乏力，长期处于贫困之中。而教育落后的主要原因正是上级给予的教育经费严重缺乏，地区间的教育资源分配不合理。在现阶段，地区的教育经费主要来自于政府的财政教育支出，加大对扶贫地区的教育投入，对提高当地居民的知识和技能，帮助该地区摆脱贫困具有巨大的帮助促进作用。

首先，要保证教育资金的稳定增长，就要不断扩宽扶贫地区教育资金的获得渠道。而国家的财政支持是其主要的渠道，在经济发展的同时，应当逐步增加对扶贫地区的教育支持和技能培训，提高财政教育支出占GDP的比重，保证学龄人口都能拥有受教育的机会。政府也可以将教育附加费的数额提高以增加扶贫地区的教育资金投入。此外，其他的优惠政策如税收优惠、专项转移支付、助学贷款等都可以为扶贫地区的教育发展带来额外的资金资源。

其次，改善教育环境，加大政府对扶贫地区的教育基础设施投入也是一个需要提高的方面。目前农村教师的薪资水平普遍较低，难以吸引优秀的教师到贫困地区去任教，地方政府可以考虑提高乡村教师的福利水平从而改善教育条件。对家庭困难学生要及时进行甄别并给予补助，如已经实行的义务教育阶段的"两免一补"政策，着重解决由于家庭困难而上不起学或因学返贫的问题。对于农民工子弟也要重视教育问题，逐步降低入学门槛，适当取消借读费、学杂费等，从而保障农民工子弟入学的机会。

贫困是世界上每个国家都要面对的难题，各国政府都在寻求消除贫困的有效办法。中国目前处于社会经济的转型期，也同样面临着严重的贫困问题。财政政策是国家主导经济实现职能的主要手段之一，具有调节收入分配、稳定经济、促进发展的作用。从改革开放至今，国家出台了多项反贫困的政策，其中制定和实施了诸多财政政策用于贫困地区的扶贫工作，取得了显著的成果，使贫困现象大幅度减少，贫困地区居民的生产生活条件得到极大改善。目前中国的扶贫工作已进入攻坚阶段，脱贫任务还面临着诸多挑战和难题，还需继续灵活运用相应的财政政策来支持贫困地区的发展。

专栏6-7　“会宁现象”与反贫困

会宁县位于甘肃省中部，是一个以杂粮农业生产为主的大县，平均海拔2100米，自然条件恶劣，10年10旱，年降水量300毫升，但蒸发量达1800毫升，素有“陇中苦瘠甲天下”之称。全县辖29个乡、4个镇，总人口接近60万人，是甘肃省第一人口大县。农业人口约56万人，占96%以上。会宁的孩子以苦读著称是有渊源的。作为有2100多年历史的古城，会宁历代文风昌盛，仅明清时就考取进士20名、举人113名。在清末政府向日本公费派遣的留学生中，会宁籍就有2人，而整个甘肃省总共才5人。据会宁教育局资料显示，该县现有各级各类学校622所，在校学生约17万人。恢复高考以来，全县向全国各大院校输送学子4万多名，其中获得博士学位200多名、硕士学位近2000名、学士20000名。尤为重要的是，教育为当地的经济建设培养了约18万名初中级专业技术人才。因此，会宁也成为西北五省区教育第一大县，素有西北高考状元县和博士之乡的美誉(段兆军)。这也是所谓“会宁现象”。

作为国家级贫困县，会宁县强壮队伍推进教改，办教育出手大方，试图把经济穷县、人口大县变成人才大县。实施“科教兴县”战略，优先发展教育事业，使这个年财政收入仅有2000多万元的经济穷县，成为西北地区响当当的教育投入大县。通过县乡财政投入、实施教育项目、干部职工捐资、向金融部门贷款、社会力量援助等多种渠道筹措义务教育经费，近4年投入学校建设经费近1.2亿元，仅2005年投入教育经费达0.4亿元，占全县财政支出的56%。该县在2003年完成普及九年义务教育，2003年9月“两基”达标通过甘肃省政府的评估验收。会宁各乡镇为达到国家的普九标准，基本靠举债修建校舍，购置教学设备等，很多学校和基层政府为此背上沉重的债务包袱，各级政府的财政负担不小，但是有负担，会宁也愿意背。

走进干旱而贫瘠的会宁县，无论县城或农村，最漂亮的建筑都在学校，学校是当地最好的公共设施。2005—2006年度增加投入，排危、改建、扩建和新建校舍面积达20多万平方米，改善了办学条件，校容校貌发生了历史性的变化。近4年该县行政事业单位没有补充1人，而全县补充教师达2342人。保证教师工资，全额兑现教师各种津贴、补贴，优先解决农村教师看病难、报销难的问题，出台引进高素质教师的优惠政策，实施各类教师培训工程，优化了教师队伍。注重教师队伍建设，涌现出了冉树苍、王锡武等一大批优秀教师。邀请百余名全国特级教师来讲课、讲学，派出骨干教师外出考察学习，总结、推广了20余种独具特色的优秀中小学教学法，不断提高教育水平。

鉴于会宁教育的不俗表现，2002年4月，首次开始的“西部开发助学工程”惠及这片土地。会宁一中有幸被选中而成为西部开发助学工程高中“宏志班”承办学校。据了解，由于在宏志班就读的都是家庭特别困难的学生，这些考上重点大学的学生，有一部分将继续享受“西部开发助学工程”的资助，每年由该工程资助5000元人民币，各大学也将视情况减免大部分学费，以保证这些来自困难家庭品学兼优的学生能够顺利完成大学学业。会宁一中首届宏志班，全班有来自甘肃会宁、定西、陇南等地的家庭贫困学生50名。在2005年的高考中，在这个宏志班就读的学生中，考分超过甘肃省地方高考重点录取线的有44名，全班学生平均总分高达604分，超出该省重点录取线46分。这个班的高考成绩重点上线率达88%，本科上线率达到100%。

值得对照的是，也正如邹蓝所指出的，甘肃有两个县，最近都以教育出名。一是渭源县，新近有县委领导秉笔直书该县教育之窘迫而为天下所知。县委副书记李迎新的《渭源县代课教师状况调研》，描述了民办教师的生存境遇。600余名乡村代课教师每月仅拿40元到80元不等的工资，其中每月拿40元的又占代课教师的70%，部分教师这样微薄的工资居然20年不变，而联合国规定的贫困线是每人每天生活费不足1美元。即使收入算80元，也不过是10美元，每天收入为0.3美元。另一个是以红军长征会师而著称的会宁县。会宁政府和民众以尊师重教而著称，教师的待遇普遍比较高。一所中心小学有25名教师，平均工资为900元每月，比当地农民的年人均收入要高出9倍多。同在甘肃省，而且都与定西相邻，一个在其西南方向，一个在其东北方向，都是贫困县，而在教育方面的差距却犹如云泥之别，不免令人费解，可事实却是如此无情。

在现定既有约束条件下，会宁经济运行和社会发展问题的破解靠的是：上学是黄土高原农家子弟的唯一出路，只有读书才是他们真正的根本而有效出路啊！出去一个上学，在外面找到较好的工作，黄土高原的贫瘠土地上就少一份压力，一个家庭可能就此脱贫。这个幸运者收入的一部分，将转移回家。否则，返乡的考生将给黄土高原增加更多的人口压力，且没有专长技能的城镇毕业生没能入学，也给本地就业带来更大压力。发展教育输出人才，就是脱贫，就是减轻当地就业压力和对土地的压力。卓越的认识导致了卓越的结果，可爱者，当属天下的这些会宁的人们。

原先我们都以为西部人的思维观念落后，然而会宁当地人却让外人感到颇为汗颜乃至非常惊讶，没想到他们提出和倡导的教育办学培养理念是："培养中国的会宁人、世界的会宁人、走出去的会宁人。"铮铮明言，正如在这次兰大与会宁方面的教育座谈会上，白发苍苍的原会宁教育局高局长所介绍的："我们的学子们出去得越多，则会宁也就会越加的有希望一些。事实证明，这么多年过去了，我们整个县送出去了散布于全国各地的4万多学子，而今已经见到了效益。现在他们每年至少给他们在会宁家乡的父母弟妹乡亲友邻邮寄回来了有1个多亿的直接资金，并捎带来了大量的技术资料、就业信息、服务项目等间接回报，这些毫无疑问地拉动、推助了会宁当地的经济发展和社会繁荣。"

作为西部落后地区(尤其西北寒旱的黄土高原地带)的经济发展、社会运行中问题求解，作为置身于全球一体化下的中国整体进程中的一个微观考虑，会宁现象无疑给我们带来了一个实证的案例及其亮点的启示，使我们看到了绝境中的挣扎以及贫瘠土地里的希望。同时，它也更等待着我们进一步的洞悉观察、关注了解、剖析与探究。

资料来源：中国网—中国视窗。

参考文献

[1]陈全功，程蹊．空间贫困理论视野下的民族地区扶贫问题[J]．中南民族大学学报(人文社会科学版)，2011(1)：58-63．

[2]国家民委．2014年少数民族地区农村贫困监测结果[EB/OL]．[2015-04-15]．http://www.seac.gov.cn/art/2015/4/15/art_31_225897.html.

[3]沈坤荣，付文林．中国的财政分权制度与地区经济增长[J]．管理世界，2005(1)．

[4]世界银行．2006年世界银行发展报告——公平与发展[M]．北京：清华大学出版社，2006．

[5]万广华，张茵．收入增长与不平等对我国贫困的影响[J]．经济研究，2006(6)．

[6]万广华．经济发展与收入不均等：方法和证据[M]．上海：上海人民出版社，2006．

[7]汪三贵. 在发展中战胜贫困：对中国 30 年大规模减贫经验的总结与评价[J]. 管理世界，2008(10).

[8]王祖祥，范传强，何耀. 中国农村贫困评估研究[J]. 管理世界，2006(3).

[9]新华网. 习近平在中央扶贫开发工作会议上发表重要讲话[EB/OL]. [2015-11-28]. http://news.xinhuanet.com/photo/2015-11/28/c_128478629_2.htm.

[10]张新文. 我国农村反贫困战略中的社会政策转型研究[J]. 公共管理学报，2010(4)：93-99，127.

第 7 章　绿色扶贫，生态发展互促共赢

经济发展与生态文明是人类社会最为重要的两大议题。早在 1986 年，世界环境与发展委员会在《我们共同的未来》报告中明确提出了全球正在经历环境恶化与贫困同步的发展趋势，为了应对这一问题，需要寻找一条新的发展道路——可持续发展，也就是需要重视人口、资源、环境和发展之间的协调关系。①

1992 年巴西里约环境与发展大会确立了可持续发展战略，各国政府签署通过了《地球宪章》《21 世纪议程》等一系列旨在促进生态环境与人类协同发展的国际协议。1996 年联合国发布的《人类发展指数报告》中描绘了“无未来的增长”的场景——经济增长以资源耗竭、环境污染和生态破坏为代价，这再次引起了对生态环境和经济发展关联性的探讨。② 2000 年，联合国通过“千年宣言”，将消灭极端贫困和确保环境的可持续作为重要发展目标；2012 年里约 G20 峰会更是将主题确定为可持续发展和消除贫困。

推进绿色发展、低碳发展是中国的国家战略，习近平总书记多次说过，绿水青山就是金山银山，保护环境就是保护生产力，改善环境就是发展生产力。中国将毫不动摇实施可持续发展战略，坚持绿色低碳循环发展，坚持节约资源和保护环境的基本国策，未来 5 年中国单位国内生产总值用水量、能耗、二氧

---

① 世界环境与发展委员会. 我们共同的未来[R]. 长春：吉林人民出版社，1997.

② United Nations Development Programme (UNDP), Human Development Report 1996, New York, Oxford, Oxford University Press, 1996.

化碳排放量将分别下降 23%、15%、18%，建设天蓝、地绿、水清的美丽中国，让老百姓在宜居的环境中享受生活，切实感受到经济发展带来的生态效益。绿色减贫，将成为“精准扶贫”的重要抓手。

7.1 生态破坏与贫困相伴而行

7.1.1 生态贫困的内涵与表现

生态是人类需要的最基本的公共品，绿色发展本质上就是要解决好人与自然和谐共生问题。人类发展活动必须尊重自然、顺应自然、保护自然，否则就会遭到大自然的报复，这个规律谁也无法抗拒。

恩格斯在《自然辩证法》中写道：美索不达米亚、希腊、小亚细亚以及其他各地的居民，为了得到耕地毁灭了森林，但是他们做梦也想不到，这些地方，今天竟因此而成为不毛之地，因为他们使这些地方失去了森林，也就失去了水分的积聚中心和贮藏库。阿尔卑斯山的意大利人，当他们在山南坡把那些在山北坡得到精心保护的枞树林砍光用尽时，没有预料到，这样一来，他们把本地区的高山畜牧业的根基毁掉了；他们更没有预料到，他们这样做，竟使山泉在一年中的大部分时间内枯竭了，同时在雨季又使更加凶猛的洪水倾泻到平原上。

20 世纪发生在西方国家的“世界八大公害事件”，对生态环境和公众生活造成巨大影响。洛杉矶光化学烟雾事件先后导致近千人死亡，75%以上市民患上红眼病。伦敦烟雾事件，1952 年 12 月首次暴发的短短几天内，致死人数高达 4000 人，随后 2 个月内又有近 8000 人死于呼吸系统疾病，此后 1956 年、1957 年、1962 年又连续发生多达 12 次严重的烟雾事件。日本水俣病事件，因工厂把含有甲基汞的废水直接排放到水俣湾中，人食用受污染的鱼和贝类后患上极为痛苦的汞中毒病，患者近千人，受威胁者多达 2 万人。美国作家蕾切尔·卡逊的《寂静的春天》一书对这些状况作了详细描述。

据史料记载，植被稀少的黄土高原、渭河流域、太行山脉曾经森林遍布，山清水秀，地宜耕植，水草便畜。由于毁林开荒、乱砍滥伐，这些地方生态环境遭到严重破坏。塔克拉玛干沙漠的蔓延，湮没了盛极一时的丝绸之路。河西走廊沙漠的扩展，毁坏了敦煌古城。科尔沁、毛乌素沙地和乌兰布和沙漠的蚕食，侵占了富饶美丽的蒙古草原。楼兰古城因屯垦开荒、盲目灌溉导致孔雀河改道而衰落。河北北部的围场，早年树海茫茫、水草丰美，但从同治年间开围放垦，致使千里松林几乎荡然无存，出现了几十万亩的荒山秃岭。这些深刻的教训，我们一定要认真吸取。

在对待自然问题上，恩格斯深刻指出："我们不要过分陶醉于我们人类对自然界的胜利。对于每一次这样的胜利，自然界都对我们进行报复。每一次胜利，起初确实取得了我们预期的结果，但是往后和再往后却发生完全不同的、出乎预料的影响，常常把最初的结果又消除了。"人因自然而生，人与自然是一种共生关系，对自然的伤害最终会伤及人类自身。只有尊重自然规律，才能有效防止在开发利用自然上走弯路。这个道理要铭记于心、落实于行。

正是因为生态破坏与贫困相伴而行的现实，衍生了对生态贫困的理论关注。何运鸿将生态贫困定义为"某一地区生态环境不断恶化，超过其承载能力，造成不能满足生活在这一区域的人们的衣食住行等基本生存需要和难以维持再生产的贫困现象"；[①] 陈南岳则认为生态环境恶化会通过恶劣的生存条件、较低的土地生产力和由环境脆弱导致的健康受损引发贫困问题；[②] 鲍青青等分别从生态承载力、发展模式与马斯洛需要层次理论三个角度去理解生态贫困，提出由于粗放式发展模式导致生态环境的恶化，人类负荷超过其生态承载力引起了生态赤字，人类的生态需要得不到正常满足，就是生态贫困状态。[③] 总的来说，生态贫困是由脆弱的生态环境和人类的经济活动共同引起的生态环境的恶化，致使人类赖以生存的生活环境不能可持续发展，最终导致当地居民面临着生态和经济的双重负荷，进而处于贫困的状态。

具体就我国国情而言，生态贫困主要体现为生态脆弱区的贫困问题。我国广大的西部地区普遍处于生态脆弱区，而对自然资源开发的过度依赖，又加剧

---

① 何运鸿．消除生态贫困的有效途径——黔东南州积极实施生态工程的几点思考[J]．农村经济与技术，2001(2)：33-34.

② 陈南岳．我国农村生态贫困研究[J]．中国人口资源与环境，2003(13)：42-45.

③ 鲍青青，唐善茂，王瑛．生态贫困初探[J]．资源与产业，2009(10)：112.

了资源匮乏和生态贫困。生态脆弱区的生态贫困主要有两种表现状态，一是地理因素表现的生态贫困，主要包括荒漠干旱区的生态贫困与喀斯特地貌区的生态贫困两种典型形态；二是人为因素表现的生态贫困，主要包括毁林开荒地区的生态贫困与资源枯竭地区的生态贫困两种典型形态。地理因素的生态贫困使得劳动者缺乏必要的生存和生产条件，从而陷入贫困；而人为因素的生态贫困透过影响收入增长模式和地方治理模式——掠夺式开发、对人力资本和教育的挤出效应、政府寻租短视行为等加剧生态资源与贫困之间的恶性循环。

7.1.2 绿色发展助力精准扶贫

改革开放以来，我国经济发展取得历史性成就，这是值得自豪和骄傲的，也是世界上很多国家羡慕我们的地方。同时必须看到，我们也积累了大量生态环境问题，成为明显的短板，成为人民群众反映强烈的突出问题。比如，各类环境污染呈高发态势，成为民生之患、民心之痛。这样的状况，必须下大气力扭转。

生态贫困直接影响到贫困人口脱贫，有研究表明，生态环境脆弱的地区，生态贫困的概率就会很高，是正相关关系。我国正处于精准扶贫、脱贫攻坚的关键时期，因此各个地方应该根据自己的区域发展特点制定实施相应的政策发展措施，推进绿色发展、绿色减贫及精准扶贫的理念。

绿色发展，是在传统发展基础上的一种模式创新，是指在生态环境容量和资源环境的制约下，通过保护自然环境实现可持续发展的新型模式和发展理念。其核心要素在于合理利用资源，维护生态平衡，通过绿色环境、绿色经济、绿色政治、绿色文化等实践活动来实现经济社会、政治社会、人文社会和生态环境可持续发展，达到社会和谐的理想境界。① 绿色发展最终要实现经济活动发展的“绿色化”和“生态化”，这就需要把环境资源作为社会经济发展的内在要素，把经济、社会和环境发展的三方面因素结合在一起，使其达到可持续的绿色发展。

---

① 范中启. 中国企业绿色发展新视角：绿色复合观的内涵与应用[J]. 生态经济，2014(10).

绿色减贫作为一种理论其源头是益贫式增长——有利于减贫的绿色增长。[①]国外学者主张将环境生态和减贫进行结合，不仅仅发挥其可持续发展方面的作用，还要利用其概念、范式和方法，发挥其他方面的发展作用。[②]因此，绿色减贫是从形成贫困的生态源头进行改善的重要理论基础。

专栏 7-1　推动绿色发展　实施精准扶贫

打响脱贫攻坚战，绝不能以牺牲资源环境为代价，各地实践证明，消除贫困与保护环境可以做到并行不悖。关键在于，把绿色发展理念注入精准扶贫工作中，坚持把绿色发展作为推进精准扶贫工作指导思想的重要内容。

开展绿色减贫，首先要依托生态优势，因地制宜。贫困地区往往有着得天独厚的生态优势，特有的水文和气候条件适合发展当地特色农产品，原生态的自然环境适合发展特色生态旅游业。对于贫困地区来说，重要的是将良好生态环境化为优势，发展绿色产业，培育绿色经济增长点，打造"绿色生态之乡""生态养生之乡"。

开展绿色减贫，要做好基础设施建设。俗话说，"要想富，先修路"。酒香也怕巷子深，路不通，农产品再好也销售不出去，风景再美游客也吸引不进来。推进交通、水利、能源等各类基础设施向贫困地区延伸，改善贫困地区的人居环境，是做好绿色减贫工作的重要保障。

开展绿色减贫，要创新扶贫方式。要拓宽销售渠道，打开市场，就要让信息更多地覆盖贫困地区，加快农村电子商务的发展。"互联网＋"时代催生了"互联网＋扶贫"的方式，这是一项有益的尝试，信息技术的成果不应仅仅由城里人享用，也要惠及广大农村地区，造福广大农民。

资料来源：新华网，2016-05-28.

---

① 北京师范大学中国扶贫研究中心. 中国绿色减贫指数研究　绿色减贫理论综述[J]. 经济研究参考资料，2015(10)：25-32.

② Jane Carter Ingram. Fabrice DeClerck Cristina Rumbaitis del Rio，Integrating Ecology and Poverty Reduction，Springer，2012.

7.1.3 绿色减贫的国际经验

进入新千年后，环境问题成为跨越国界、跨越政府、全人类所共同面临的重大危机。各国政府越来越关注到环境污染和资源利用对经济可持续发展的深远影响。自然资本的不可持续使用以及着眼于短期收入的投资，都造成自然资源的严重损耗。从长期来看地球环境的日益恶化势必会阻碍各国经济的增长，严重影响依靠自然资源生存的低收入群体。因此，发展环境友好型的绿色经济成为世界现在及未来发展的主流，也是当前各国需要着重发展的经济政策。国外发达国家绿色经济的发展经验对于我国经济的可持续发展具有重要的借鉴意义。

(1)联合国的行动：生态与减贫议程倡导者。

在全球化的进程中联合国致力于促进各国在经济发展、社会进步及实现世界和平等领域的合作。针对全球环境恶化问题，联合国于 1972 年在瑞典斯德哥尔摩召开了讨论当代环境问题、探讨保护全球环境战略的第一次国际会议。斯德哥尔摩会议通过了《联合国人类环境会议宣言》呼吁各国政府和人民为维护和改善人类环境，造福全体人民，造福后代而努力的承诺。此次会议也专门设立了联合国环境规划署(United National Environment Program，UNEP)以协调联合国在制订环境计划、帮助发展中国家实施利于环境保护的政策以及鼓励可持续发展等环境领域的工作，而斯德哥尔摩会议成为倡导各国协同解决环境问题的具有里程碑意义的会议。1992 年在里约热内卢举办的第一届地球峰会就可持续发展达成了一系列重要成果，深刻认识到环境与发展之间的关系，也达成了多项人们耳熟能详的关于环境保护的国际公约。2012 年联合国可持续发展大会——里约峰会把“可持续发展和消除贫困背景下的绿色经济”“促进可持续发展的机制框架”作为两大主题，并将“评估可持续发展取得的进展、存在的差距”“积极应对新问题、新挑战”“做出新的政治承诺”作为会议的三大目标。2012 年里约峰会最终达成《我们憧憬的未来》这一成果文件，肯定绿色经济是实现可持续发展的重要手段之一，鼓励各国根据不同国情和发展阶段实施绿色经济政策。[①]

2008年10月22日联合国环境规划署发起了一个旨在推动世界各国向绿色经济模式转变的倡议，为绿色经济部门的投资以及环境友好型经济部门提供分析和政策支持。为此联合国环境规划署重新定义了绿色经济的内涵：绿色经济是促成提高人类福祉和社会公平，同时显著降低环境风险和生态稀缺的经济。直白地说：绿色经济可视为一种低碳、资源高效型和社会包容型经济。由于传统意义上通过过度开发和污染自然资源创造经济价值的经济增长方式会直接影响依靠农业、畜牧业、渔业和林业资源生存的人们。随着绿色经济在包括有机农业、可再生能源、建筑节能、公共交通和循环利用等领域创造就业机会，保证了收入增长、刺激经济发展的同时，保护气候和环境。由于环境署在绿色经济与可持续消费和生产方面所提供的顾问服务，过去两年间，政府管理资源和将可持续性纳入其各项工作的能力在42个国家得到加强，包括中国、巴巴多斯和南非在内的10个国家已通过或实施相关政策。

专栏7-2　联合国环境署执行主任称赞中国环保事业进步

联合国环境规划署执行主任阿希姆·施泰纳近日表示，在环保意识提高方面，过去十年里中国的表现或许是他职业生涯中所见到的最为突出的。中国已将生态文明建设纳入其“十三五”规划，并投入了大量公共财政用于治理环境。根据中国财政部2015年1月发布的2015年财政收支数据，2015年1月至12月，全国节能环保支出达4814亿元人民币，增长26.2%。

施泰纳同时表示，中国已成为全球可再生能源技术的领先者，2015年中国在可再生能源领域投资达1029亿美元，占全球可再生能源投资总和的1/3以上。中国在全球范围内首倡“绿色金融”概念，将其引入2016年2月在上海召开的二十国集团(G20)财长和央行行长会议的议题，并组建了G20绿色金融研究小组，在9月杭州召开的G20会议上提出绿色金融宣言，此举“引人注目”。

资料来源：新华网，2016-05-28.

① 中国环境报. 绿色经济是可持续发展重要手段[EB/OL]. [2012-06-04]. http://news.xinhuanet.com/energy/2012-06/04/c_123231947.htm? prolongation=1.

(2)美国：绿色减贫协同治理。

美国绿色减贫的经验在于政府同非营利组织协同治理，其中比较典型的是替代电网。非营利组织在美国经济、社会发展中是重要的角色，随着绿色经济的发展，环保型非营利组织发挥了重要作用。替代电网是美国最著名的非营利组织，它致力于将清洁能源引入低收入家庭、社区节约低收入人群的能源支出，并向他们传授使用太阳能的经验。替代电网非营利组织总部设于加利福尼亚州奥克兰市，并在全美 10 个州及特区设有办公地点。替代电网的目标是将所有人都纳入清洁能源使用计划中。为此替代电网加强与州政府、联邦政府、企业以及其他非营利组织之间的合作，投资更多的清洁能源来满足社会公众对能源的需求。2015 年替代电网为超过 1200 个家庭安装了太阳能发电装置，节省了近 4000 万美元的电力支出，安装的 4 兆瓦太阳能装置减少了近 80000 吨温室气体的排放。①

作为非营利组织，志愿者是组织运行的重要人力资源。为实现绿色发展与消除贫困，替代电网在实现绿色经济效益的同时创造了许多就业机会造福社会。迄今为止替代电网在所服务的社区通过员工培训形成了两个颇具规模的慈善合作关系：Realizing an Inclusive Solar Economy(RISE)以及 Solar Futures Program(SFP)。为实现 2016 年招募到 4000 名女性以及非白人种族的员工，替代体网的 RISE 项目开展了网上投放简历、招聘会来实现既定目标。2015 年替代电网还加强了与 Sun Edison 企业在劳动力多元化方面的合作，并联合 Sun Power 向学生以及退伍军人提供专门培训和就业机会。2015 年奥巴马政府宣布将以专项资金的形式资助替代电网，满足更多家庭对清洁能源的需求。

2015 年春，科罗拉多州替代电网与农村电力合作社签订协议向低收入社区安装低成本的太阳能装置，这一组织与企业的合作得到了国家的重视，科罗拉多州能源办公室为此投入了近 120 万美元使太阳能设备的安装遍布全州。加利福尼亚州气候投资基金是通过投资减少环境质量低、经济发展缓慢社区的有害气体排放的专门性基金。2015 年替代电网接受该基金资助加入加利福尼亚州社区服务项目和低收入群体节能改造项目，它们将在 2016 年向 1600 个家庭安装太阳能设备。

---

① GRID Alternatives[EB/OL]，http://www.gridalternatives.org/.

(3)南非：新增长中的绿色减贫。

南非地处非洲大陆最南端，三面环海，历来是世界上最繁忙的海上通道之一。作为非洲第二大经济体，南非有着世界发达的交通、丰富的能源储备以及稳定的金融环境，其国内探明的矿产资源种类居世界前列。根据《2015—2016年全球竞争力报告》(2015—2016 *Global Competitiveness Report*)，南非在全球竞争力指数中排名第 49 位，其金融市场发展排名第 12 位，市场规模排名第 29 位，商业创新度排名第 38 位。然而在众多高排位的情况下，南非却是世界上失业率最高、就业率最低的几个国家之一，社会分化也较为严重。

为改变社会不平等现象，2010 年 11 月南非政府启动新增长路径政策(New Growth Path)，该政策中最重要的组成部分为发展绿色经济，计划重塑经济结构，确保经济可持续发展，并在 2020 年创造 500 万个新增岗位。① 2011 年南非政府出台的《绿色经济协议》承诺在未来 5 年内投资 250 亿兰特(约 31 亿美元)推动可再生能源产业发展，在未来 10 年内创造 30 万个绿色岗位。②《绿色经济协议》内容主要集中在以下十大领域：安装太阳能热水器；促进在绿色经济领域的投资；推广可再生能源的利用；提高能源的利用效率；回收再利用废弃物；发展生物燃料；实施清洁煤方案；改装现有系统与建筑物之新技术与方法；减少交通碳排放量；减少使用化石燃料进行烹调和取暖。

此外，南非政府推广的生物燃料对于南非节能减排，减少碳排放的绿色环境事业产生了巨大成效。生物燃料产业战略出台于 2007 年 12 月，此后以每 5 年为期进行试点，但是由于前期政策执行过程中出现了大量的寻租现象，强制政策并没有产生实质性的效果，然而这也促使南非政府建立更为有利的监管环境，推动生物燃料产业的健康发展。因此南非政府专门设立生物燃料执行委员会(Biofuels Implementation Committee，BIC)监督国内所有汽油、燃油中混合生物燃料，即在汽油中最少添加 2%的生物乙醇，在柴油中最少添加 5%的生物

---

① South Africa：Economy Overview [EB/OL]. http://www.southafrica.info/business/economy/econoverview.htm#.V33j_f79nIU.

② 科技日报. 誓为绿色经济“买单”[EB/OL]. [2011-11-22]. http://news.xinhuanet.com/world/2011-11/22/c_122318491.htm.

柴油。[①] 虽然南非政府在推广生物燃料过程中采取了强制性的政策手段，但其国内企业、社会组织及社会公众并没有因强制执行产生消极情绪，他们与决策者达成政策共识，积极行动加速了该政策对绿色经济的推动。

专栏 7-3 南非拟推进生物燃料市场管理

南非能源部近日发布了市场期待已久的生物燃料定价征求意见草案，为管理生物燃料定价提供了依据。根据草案要求，从 2015 年 10 月开始，南非所有炼油厂将被要求添加 2% 当地生产的生物乙醇到汽油中。

南非能源部决定，用高粱和大豆分别作为生物汽油和生物柴油的原料，并禁止用玉米作为生物燃料原料，以缓解市场对粮食安全问题的担忧。

南非政府同时也希望能重振高粱种植业，因高粱啤酒受欢迎程度下降，南非高粱年产量已从约 90 万吨大幅降至 15 万吨。

业内人士提醒说，南非政府必须尽快确定生物燃料市场规则，为筹建生物燃料工厂做准备。到目前为止，南非能源部已批准和签发了 4 张生物乙醇和 4 张生物柴油制造许可证。

资料来源：新华网，2014-01-17.

南非政府倡导的生物燃料环保计划不仅将国内各组织、个人纳入计划当中，南非还借助国际平台展开多边合作争取获得推动绿色经济发展的外部动力。2010 年 4 月南非与美国第一次开启了双边能源对话，2012 年 1 月双方再次就能源问题在美国华盛顿召开会议。第二次双边能源对话确定了未来双方在能源效率、智能电网、碳捕获和存储领域以及核能领域的合作，并确定了南非与美国政府部门之间建立合作关系以助力两国在绿色经济与环境保护方面的新发

① Department of Energy-Republic of South Africa：Media Statement：Mandatory Blending of Biofuels with Petrol and Diesel to be effective from the 01 October 2015[EB/OL]. http://www.4-traders.com/news/Department-of-Energy-Republic-of-South-Africa-Media-Statement-Mandatory-Blending-of-Biofuels-wi-17309992/.

展。[①] 南非在与美国达成合作协议的同时，还与欧盟及其成员国加强在绿色能源投资方面的合作。南非政府与欧洲投资银行的合作不仅促进了新能源的发展，减少了温室气体的排放，帮助获得更多的能源，还在促进绿色产业的发展，在绿色能源产业中创造更多的绿色岗位和产业链。[②]

(4)马来西亚：绿色旅游助力减贫。

马来西亚坐落于亚洲东南部，是一个多民族、多元文化兼容并蓄的热带国家。1990年以后马来西亚经济的迅猛发展使其发展成为亚洲地区引人注目的多元化新兴工业国家和世界新兴市场经济体。为刺激马来西亚经济发展，自1971年以来马来西亚政府制定4个专门的阶段性经济发展政策，旨在促进经济快速发展，消除社会贫困现象。例如，1971年至1990年旨在提高社会公平，制定了着重强调消除贫困和社会结构重置的新经济发展政策；1991年至2000年制定了促进平衡发展的发展政策；2001年至2010年建制定了立具有强竞争力国家的远景政策。

马来西亚的旅游资源十分丰富，阳光充足，气候宜人，拥有很多高质量的海滩、奇特的海岛、原始热带丛林、珍贵的动植物、千姿百态的洞穴、古老的民俗民风。悠久的历史与现代化都市的融合使马来西亚成为世界上著名的旅游胜地。旅游业也成为马来西亚第三大外汇收入的来源，它已成为马来西亚第五大产业。仅2009年马来西亚旅游业创造了370亿令吉的国民总收入。

马来西亚旅游业的发展不仅得益于得天独厚的自然资源，还源于马来西亚政府、行业、社会公众对绿色旅游业发展的支持，如马来西亚强大的政府、企业和社会组织机构的支持以及金融制造业、工程业及相关行业的支持，电力产业、石油化工业、物流产业、食品加工业等产业的支持为绿色旅游业的发展提供了优良的设备基础、完美的工作生活环境。旅游业的迅猛发展是马来西亚经济发展的助推器。2014年7月21日马来西亚旅游文化部部长默罕默德纳兹里(Mohamed Nazri)表示绿色旅游业已成为马来西亚绿色经济可持续发展的重要

① Deputy Secretary Poneman statement on second meeting of the U. S. -South Africa bilateral energy dialogue. [EB/OL]. https://www. environmental-expert. com/news/deputy-secretary-poneman-statement-on-second meeting of the us south africa bilateral-energy-dialogue-276054.

② Official Investment Gateway Malaysia Economic Corridors[EB/OL]. http://www. mycorridor. malaysia. gov. my/IS/Pages/Tourism. aspx.

贡献产业。绿色旅游业的发展通过创造绿色经济增长和绿色产业推动着马来西亚向绿色经济发展模式过渡，与此同时，资源使用效率的提高、环境退化的减少以及旅行者环保意识的增强都归功于绿色旅游业的良好发展。根据联合国世界旅游组织(United Nations World Tourism Organization，UNWTO)2030全球旅游概览的研究：从2012年至2030年游客人数每年将会增长3个百分点，预计旅游总人数将从2012年的9.4亿人增长到18亿人。[①] 绿色旅游业的发展对马来西亚未来经济发展、消除贫困意义深远。

专栏7-4 "三亚—吉隆坡"航线带旺入境游　马来西亚游客同增93%

据三亚旅游委统计，2016年1～5月，来自马来西亚的入境游客达3944人次，同比增长93.62%，其中将近4成是通过新开通的三亚—槟城—吉隆坡航线入境三亚。该航线成为马来西亚游客来琼的新选择，同时有效带旺了三亚的入境游市场。

2015年12月20日，三亚—槟城—吉隆坡航线开通，打破了21年以来中国和马来西亚之间只有1条航线(广州—槟城)往来的历史，也为马来西亚游客来琼旅游提供新的选择。据悉，三亚—槟城—吉隆坡航线是马来西亚马印航空公司在我国内地开通的第一条国际航线。该航线采用波音737—800型客机执飞，航班号为OD604/3，每周五、周日执行。

几年来，受国际经济形势低迷、航线资源少等因素影响，三亚过夜入境旅游接待量持续下滑。为此，三亚市旅游部门加大了旅游推介力度。从2015年年底开始，三亚入境游市场结束近4年来的持续下跌颓势，来自日本、韩国、马来西亚、新加坡、泰国、越南、法国等地的客源增势迅猛。2016年1～5月，来自马来西亚的客源为3944人次，与上一年度同期相比增长93.62%，增长将近翻倍!

据海南联合航空统计，3944人次的马籍入境游客中，通过乘坐三亚—槟城—吉隆坡航线入境的客源达1575人次，占比39%，刚开通不久的航线已经成为马籍游客入境三亚的重要途径。

资料来源：新华网马来西亚频道，2016-07-06，内容有删减.

① Malaysia：Sustainable Tourism Major Contributor to Economy[EB/OL]. http://www.eturbonews.com/41939/malaysia-sustainable-tourism-major-contributor-economy.

为推动绿色旅游产业的发展，自2006年11月起至2008年2月马来西亚政府开展九项计划，通过公私合作的方式推动国家经济的增长从而改善社会不平等现象。马来西亚九项计划中包含建设五大经济区：北部走廊经济区、南部走廊依斯干达发展区、东海岸经济区、沙巴发展走廊、沙捞越再生能源走廊。2012年第一季度东海岸经济区吸引了在旅游业、制造业、水产品养殖业、教育行业约9亿元人民币的投资。而2012年第二季度开始在东海岸经济区建造的综合高尔夫球场将使东部经济区成为下一个旅游热门地，这一工程的建设为当地居民创造了约3000个就业岗位，完美地完成了绿色旅游产业的发展与消除地区贫困。

为继续增强绿色旅游产业对马来西亚经济发展的贡献，马来西亚政府计划对旅游产业结构进行调整。据统计，马来西亚旅游业的快速发展75％依赖于旅游人数的增长，25％依赖于旅游领域的扩大。因此提高旅游质量，扩展旅游市场是未来马来西亚旅游业持续增长的方向。为实现马来西亚政府设立的2020年旅游产业发展目标——国民收入达到1040亿元人民币、创造约50万个工作岗位，马来西亚政府从六个主题进行了细致的目标设定。[①]

购物：马来西亚旅游产业收入中的28％来源于游客的购物支出，这与新加坡的35％、中国香港的57％的购物收入差距甚远。为此政府将提高购物收入确定为发展目标，到2020年旅游购物收入提升到35％。多样化的旅行胜地：马来西亚有着得天独厚的自然资源，马来西亚政府试图成为世界上生物多样化输出最多的国家之一，生物多样化网络的建设可以提高游客的再旅游率。家庭旅行：针对印度、中国、中东中产阶级的旅行者人数占据世界总人口的48％，创造适合中产阶级收入的旅游项目，是开拓新的旅游市场的重要手段。娱乐活动：与泰国等邻边国家旅游娱乐活动相比，马来西亚旅游娱乐活动显得更为单薄，一旦增加在娱乐活动方面投入，马来西亚旅游产业将迎来旅游新高峰。商务旅行：2009年马来西亚商务旅行人数仅占旅行总人数的5％，商务旅行子市场带来的旅游收入仅占总收入的19％。而新加坡开展的商务旅行人数占总人数的30％，旅行收入占总收入的40％。

---

① Official Investment Gateway Malaysia Economic Corridors[EB/OL]. http://www.mycorridor.malaysia.gov.my/IS/Pages/Tourism.aspx.

由此可见，经过调整之后的旅游产业依旧有着巨大的发展潜力。据估计，为实现旅游产业目标，未来10年马来西亚旅游业的发展需要投入204亿元人民币，其中只有2%是来源于公共部门的投入，因此产业之间、机构之间建立合作关系是推动马来西亚绿色旅游业发展的重要途径。

为实现经济社会发展与环境保护共赢的绿色经济在世界各国都有着不同的成功经验，对经验的总结可以充当发展我国绿色经济、消除社会贫困的范本。从各国发展绿色经济的特点来看，国际绿色发展的经验可以分为三个类型：欧日的生态现代化模式、美澳加的生态行政主义模式和"金砖国家"的可持续增长模式。生态现代化模式的核心理念是环境保护与经济增长目标的并重和共赢，而且主要依靠一个具有法政能力和生态自觉的国家(准国家)促动与掌控的绿色经济或市场来实现。以美国、澳大利亚和加拿大等国为代表的"新大陆"工业化国家属于另外一种类型，可以大致将其概括为生态行政主义的绿色发展模式。"金砖国家"对于绿色发展有着相似的认知，即在维持高速经济发展的前提下适当考虑自然生态尤其是资源的可持续性。①

>> 7.2　绿色扶贫的中国行动 <<

7.3.1　绿色扶贫是"精准扶贫"成功的主要环节

一直以来，缓解和消除贫困是全人类共同面临的严峻挑战。作为世界上最大的发展中国家，中国贫困问题的解决是关系中国乃至全人类命运的重大历史课题。改革开放以来，中国政府适时实施各项扶贫政策，在扶贫减贫方面取得了举世瞩目的成就。

2011年后，为了进一步加快贫困地区发展，促进共同富裕，实现到2020年全面建成小康社会的奋斗目标，我国制定了《中国农村扶贫开发纲要(2011—2020年)》，将区域发展与扶贫攻坚充分结合，从扶贫理念、扶贫内容、扶贫方

① 郇庆治．国际比较视野下的绿色发展[J]．江西社会科学，2013(2)．

式以及扶贫对象等方面进行了新一轮的调整和改革。① 同时，为了打赢脱贫攻坚战，实现贫困人口如期脱贫，我国开始实施精准扶贫的基本战略，而实施绿色减贫是精准扶贫的重要内容之一。

旨在以生态环境的治理与重建促进贫困地区的经济发展，主张贫困地区根据现有资源与环境状况选择适宜自身发展的扶贫项目，如发展生态农业、光伏产业，开发绿色旅游业等。这种扶贫方式改变了过去以经济上脱贫为单一目标的思维方式，强调贫困地区的可持续发展，这不仅是我国环境与经济的双赢选择，也是社会发展和市场经济对新时代扶贫理念提出的客观要求。

“十三五”规划中提出的创新、协调、绿色、开放、共享五大发展理念，对新时期脱贫攻坚和实现全面建成小康社会目标具有独特的时代价值和指导意义。2015年6月，国务院扶贫办在“生态文明与开放式扶贫”论坛上指出，中国正在实施的移民搬迁扶贫、光伏产业扶贫、旅游扶贫已成为中国绿色扶贫的重要支柱。中国将在贫困地区继续实施退耕还林、退牧还草、水土保持、天然林保护、防护林体系建设和石漠化、荒漠化治理等重点生态修复工程，建立生态补偿机制，加大重点生态功能区生态补偿力度。② 比如，2015年12月，国家发展改革委、环境保护部、国务院扶贫办等八部门联合印发了《关于扩大新一轮退耕还林还草规模的通知》，从2016年起，国家有关部门在安排新一轮退耕还林还草任务时，开始重点向扶贫开发任务重、贫困人口较多的省倾斜。总之，绿色扶贫是对国家精准扶贫战略的有益补充，它为我国的扶贫政策注入了新的思维方式。

7.2.2　生态产业扶贫

自改革开放以来，扶贫开发和生态建设就一直是我国社会发展所面临的两项重要任务。党的十八届五中全会指出：坚持绿色发展，必须坚持绿色富国、绿色惠民，推动形成绿色发展方式和生活方式，为人民提供更多优质生态产品。培育和发展生态产业是实现绿色扶贫的重要途径。按照习近平总书记贵州

---

① 张琦，冯丹萌．我国减贫实践探索及其理论创新：1978—2016年[J]．改革，2016(4)：27 42.

② 中共中央，国务院．中国农村扶贫开发纲要(2011—2020年)[2011-12-01]．http://www.gov.cn/gongbao/content/2011/content_2020905.htm.

考察重要讲话中"四个一批"的要求，我国扶贫开发应通过扶持生产和就业发展一批。对有劳动能力、可以通过生产和务工实现脱贫的贫困人口，加大产业培育扶持力度，因地制宜发展一些贫困人口参与度高的区域特色产业。①

作为扶贫工作的重点，生态产业扶贫是实现绿色精准扶贫的重要举措。产业扶贫具有市场化、规模化、特色化和专业化等特点，它不仅可以帮助贫困个体迅速脱贫，而且可以提高贫困地域整体发展能力。在 2011 年出台的《中国农村扶贫开发纲要(2011—2020 年)》中，我国政府按照"集中连片、突出重点、全国统筹、区划完整"的原则，在全国划分了 14 个集中连片特殊困难地区作为新阶段扶贫攻坚的主战场，产业扶贫在客观上为我国集中连片特困地区反贫提供了有效的路径选择。通过全国性的生态产业扶贫，不仅可以保住贫困地区的青山绿水，避免走发展不计后果、生存环境全面恶化的老路，而且可以提高广大贫困地区生产者的收入，帮助他们脱贫致富，实现扶贫开发和生态保护的可持续发展。

尽管目前我国的生态产业扶贫具有良好的造血功能，在改善环境、消除贫困上取得了一定的成绩，但它在实践中仍存在许多困难和问题。一是产业扶贫主体单一。我国传统意义上的扶贫是单一的政府扶贫模式，但仅凭政府扶贫是远远不够的，它需要发动全社会的个体、企业和非政府组织等广泛参与。二是产业扶贫资金缺乏。我国西部地区大多经济基础落后，地方财政能力有限，扶贫资金主要依靠国家财政支持，资金供给远不能适应脱贫致富的实际需求。三是产业扶贫目标设置模糊。这种模糊化处理易导致扶贫"短期行为"，从而导致产业扶贫变相异化为发放生产资料，异化为救济性"给予"式扶贫。②

专栏 7-5　库布其沙漠里的绿色"精准脱贫"模式

扶贫之道，关键在精准，最终看成效。2016 年"两会"期间，全国政协常委、亿利资源集团有限公司董事长王文彪向总书记立下了"军令状"，"十三五"期间

① 人民网. 精准扶贫的更大功夫怎么下　四个切实怎样落实(上)[EB/0L]. [2015-07-06]. http://gx.people.com.cn/n/2015/0707/c179435-25488605.html.

② 纪丽娟，裴蓓. 参与式治理视角下的产业扶贫模式创新——基于陕西 LT 县的扶贫调研[J]. 陕西行政学院学报，2015(3)：118-121.

亿利资源集团积极参加“万企帮万村”的精准扶贫行动，5 年内通过投资沙漠生态产业，再绿化沙漠 1 万平方公里，带动 10 万农牧民脱贫。

亿利资源集团是一家民营企业，过去的 28 年，一直在治沙脱贫领域探寻着。在董事长王文彪的带领下，作为非公有制经济的典型代表，亿利资源集团研发了 100 多项生态种植与产业技术，培育了 1000 多个耐寒、耐旱、耐盐碱生态种子，研发了土地地理信息大数据，在内蒙古等地治理沙漠 1 万多平方公里，形成千亿规模的沙漠绿洲经济产业，并成功探索出一套沙漠里的“精准脱贫”模式——“库布其生态财富创造模式”。通过治沙扶贫，沙漠地区实现了生态有改善、群众有收入、投资有回报，在大漠中走出了一条“生态与生意、扶贫与发展”互促共赢的新路子。甘草是治沙植物，也是中药材，亿利资源集团通过发展中药健康产业带动群众大种甘草，被老乡称作“甜蜜事业”；沙漠非常适宜发展光伏与光热产业，理论上 1 年 1 平方公里沙漠可产生 400 万度电，亿利资源集团板上发电、板下种草、中间养羊，企业靠发电收益，农牧民靠土地租赁、种草、养羊脱贫致富。为了发展沙漠光热，亿利资源集团在欧洲购并了全球最先进的光热核心技术。经过 28 年努力，库布其 10 多万沙区群众人均收入由 1988 年的 392 元增加到 14000 多元。当地老乡说，过去的“沙窝窝”成了现在的“香饽饽”，治沙扶贫看到了实实在在的效果。

脱贫攻坚是全面建成小康社会最艰巨的任务之一，荒漠化脱贫更是精准脱贫中难啃的一块硬骨头。目前，我国 7000 多万贫困人口中有近 1/3 生活在荒漠化地区，南疆 33 万平方公里沙漠对应着 300 多万贫困人口，而且苦咸水成为生态顽疾。“库布其”在蒙古语中意思是“弓上的弦”，治沙扶贫工作如“箭在弦上”，王文彪带领的亿利资源集团以“时不我待”的紧迫感，快马加鞭、争分夺秒，将治沙与扶贫工作、国家战略有机结合起来，提出了“统筹全国治沙扶贫工作”“出台治沙扶贫特殊政策”将沙漠治理纳入“一带一路”战略规划等三点建议，其倡导的“库布其模式”就是 10 多万沙区群众与全国人民同步进入全面小康的法宝。

资料来源：根据 2016 年 3 月 8 日光明网资料改写。

开发绿色环保新能源，推进生态环境建设，是我国绿色精准扶贫的重要内容。光伏扶贫作为一种扶贫新途径，日益受到各国政府的关注和青睐。光伏发电清洁环保，技术可靠，收益稳定，在光照资源条件较好的地区因地制宜开展光伏扶贫，既符合国家清洁低碳能源发展战略的要求，又有利于扩大光伏发电市场，促进贫困人口稳收增收、脱贫致富。目前，我国的贫困人口主要集中在14个连片地区，它们大多分布在中西部地区，如青海、宁夏、甘肃等。这些地区大多自然资源丰富、人口稀少、生态环境恶劣、经济发展滞后，但他们具有较好的光热资源，年均日照在1200小时以上，这为我国光伏产业的发展提供了得天独厚的条件。

专栏 7-6 造血扶贫绿色扶贫 光伏产业不能缺位

2015年11月29日，中共中央、国务院颁布了《关于打赢脱贫攻坚战的决定》(以下简称《决定》)，为当前和今后一个时期的脱贫攻坚指明了方向。《决定》指出，当前我国扶贫开发已进入啃硬骨头、攻坚拔寨的冲刺期，能否实现2020年让7000多万农村贫困人口脱贫的目标，是检验我国全面建成小康社会的一项重要标志。

在全国围绕扶贫工作攻坚克难的关键时期，依托贫困地区丰富的自然资源及日照充足的优势，在贫困地区积极推广光伏扶贫工程，是实现产业与项目有效结合的扶贫新路子，不仅真正让贫困户月月有收入、年年有经济来源，还可以真正解决未来10年、20年甚至更长时期的经济发展问题。

据了解，2015年国家能源局、国务院扶贫办确定在河北、甘肃、宁夏等6省区开展试点工作。其中以安徽省国家级贫困县金寨县取得的光伏扶贫成绩尤为瞩目，目前该县为贫困户共建成2008座分布式光伏电站，家庭电站数量居全国第一。

通过利用光伏产业，家家户户安装太阳能设备，通过发电增加收入，这样就能真正做到扶持对象、项目安排、资金使用、措施到户、因地派人、脱贫成效“六个精准”，真正增加贫困人口基本生活收入。这对实现脱贫、全面建成小康社会的目标而言，具有重要意义。

资料来源：中国改革报，2016-03-07.

7.2.3 旅游扶贫

近年来，随着我国扶贫工作的深入开展，旅游扶贫作为一种反贫困形式，开始受到越来越多人的关注。我国旅游资源蕴藏丰富的地区与贫困地区有着很大的耦合性，据统计，我国70%的优质旅游资源分布在中西部地区、边境地区和革命老区等贫困地区；在全国832个贫困县中，有近300个县属于国家主体功能区的限制开发县，经济发展落后但生态环境良好；在全国12.8万个贫困村中，至少有50%具备发展乡村旅游的基本条件。① 这些都为我国旅游扶贫提供了重要的资源基础，对我国的扶贫减贫工作产生着深远的影响。

随着我国旅游扶贫实践的开展，旅游扶贫的概念于1991年在全国旅游局长会议上首次被提出。所谓旅游扶贫，是指通过开发贫困地区丰富的旅游资源，兴办旅游经济实体，使旅游业形成区域支柱产业，实现贫困地区居民和地方财政双脱贫致富。它是一种有别于传统扶贫模式的造血式扶贫，它以旅游发展为基础，以实现贫困地区经济发展和脱贫致富为目标。2000年8月，国家旅游局试办了全国第一个国家级"旅游扶贫实验区"——六盘山旅游扶贫实验区，之后在2002年1月召开的全国旅游工作会议上，进一步提出了试办国家旅游扶贫实验区的工作设想和具体意见，从而在政府层面拉开了旅游扶贫工作的序幕。2011年出台的政府扶贫纲领性文件——《中国农村扶贫开发纲要(2011—2020年)》和2014年国务院下发的《关于促进旅游产业改革的若干意见》更是特别强调要充分发挥旅游在扶贫中的作用，提出要大力推进旅游扶贫和加强乡村旅游精准扶贫。根据国家旅游局和国务院扶贫办的规划，到2020年，通过引导和支持贫困地区发展旅游，将带动约1200万贫困人口实现脱贫，约占全国7000万贫困人口的17%。到2020年，要在全国形成15万个乡村旅游特色村，300万家乡村旅游经营户，乡村旅游年接待游客超过20亿人次，收入将超过1万亿元，受益农民5000万人。②

---

① 人民网. 旅游扶贫：用美丽打开致富门[EB/OL]. [2015-12-19]. http://politics.people.com.cn/n1/2015/1219/c1001－27948909.html.

② 人民网. 旅游扶贫：用美丽打开致富门[EB/OL]. [2015-12-19]. http://politics.people.com.cn/n1/2015/1219/c1001-27948909.html.

作为一种特殊的扶贫开发形式，旅游扶贫以强大的市场优势、强劲的造血功能在我国扶贫实践中产生了巨大的经济和生态效应。它不仅促进了贫困地区的经济发展，减少了贫困人口数量，加快了贫困地区脱贫致富的步伐，而且也减少了当地居民对自然资源的过度依赖，增强了人们的环境保护意识，具有一定的环境正效应。尽管我国的旅游扶贫成效显著，但它仍存在许多不足。第一，扶贫认识不到位，将旅游扶贫简单地等同于旅游开发，忽视贫困人口和社区利益，没有起到旅游扶贫的作用；第二，片面跟风随大流，盲目开发效仿，没有联系自身实际，缺乏创新精神；第三，急于求成乱开发，片段追求短期效应和眼前利益，不注重环境保护，竭泽而渔，导致环境破坏严重；第四，产品配套设施差，产品单调无特色，缺乏市场营销意识，难以形成区域性和规模性。不过总的来说，旅游扶贫仍实现了生态文明建设、旅游产业发展和扶贫开发的有机结合，是我国贫困地区脱贫致富的有效渠道。

专栏 7-7　河池“美丽经济”年赚百亿元　旅游扶贫成示范

河池是广西旅游资源富集区，也是广西扶贫攻坚主战场。对此，市委、市政府立足市情，积极探索创新乡村旅游扶贫新模式，鼓励农民集资入股，或以村组集体经济的“村支两委＋村民”“公司＋农户”“公司＋农民旅游协会”等经营模式，参与发展乡村旅游。

在罗城仫佬族自治县怀群镇伦洞村元蒙屯，村民成立了农业合作社，通过土地或资金入股，参与当地“剑江天门山”乡村旅游区的开发经营管理，人均年收入从 5 年前的 3000 元提高到如今的 1 万多元，并创建了三星级乡村旅游区。

在巴马瑶族自治县那桃乡平林村，旅游开发公司与农户签订协议，建设长寿文化园，并解决贫困户的就业问题，5 年来，村民的人均年收入从 2000 元提高到如今的 1.5 万元。

在东兰县三石镇板文村，个体户依托“红水河第一湾”的旅游资源，开办八仙乐乡村旅游区，仅用 1 年时间，受益的贫困户人均年收入就从不足 3000 元提高到 1 万多元……

此外，河池市在国家旅游局公布的中国乡村旅游“千千万万”品牌榜单中，荣获“中国乡村旅游模范村”“中国乡村旅游模范户”“中国乡村旅游致富带头人”“中国乡村旅游金牌农家乐”的数量均位居广西前列。

资料来源：中国旅游新闻网，2016-06-29.

7.3　绿色扶贫优化路径

7.3.1　绿水青山就是金山银山

生态环境没有替代品，用之不觉，失之难存。环境就是民生，青山就是美丽，蓝天也是幸福，绿水青山就是金山银山；保护环境就是保护生产力，改善环境就是发展生产力。失去了绿水青山，就等于失去了美丽和幸福，这是最大的贫困。因此，在生态环境保护上，一定要树立大局观、长远观、整体观，不能因小失大、顾此失彼、寅吃卯粮、急功近利。我们要坚持节约资源和保护环境的基本国策，像保护眼睛一样保护生态环境，像对待生命一样对待生态环境，推动形成绿色发展方式和生活方式，协同推进人民富裕、国家强盛、中国美丽。精准扶贫，一定要坚持生态优先、绿色发展，把修复生态环境摆在压倒性位置，共抓大保护，不搞大开发。

精准扶贫，首先要坚定保护生态环境的信念，坚决摒弃损害甚至破坏生态环境的发展模式和做法，决不能为了精准扶贫，用牺牲生态环境为代价换取一时一地的经济增长。要坚定推进绿色发展，推动自然资本大量增值，让良好生态环境成为人民生活的增长点，成为展现我国良好形象的发力点，让老百姓呼吸上新鲜的空气，喝上干净的水，吃上放心的食物，生活在宜居的环境中、切实感受到经济发展带来的实实在在的环境效益，让中华大地天更蓝，山更绿，水更清，环境更优美，走向生态文明新时代。

7.3.2　绿色发展是最有效的精准扶贫

中国的先人们早就认识到了生态环境的重要性。孔子说：“子钓而不纲，弋不射宿。”意思是不用大网打鱼，不射夜宿之鸟。荀子说：“草木荣华滋硕之时则斧斤不入山林，不夭其生，不绝其长也；鼋鼍、鱼鳖、鳅鳝孕别之时，罔罟、毒药不入泽，不夭其生，不绝其长也。”《吕氏春秋》中说：“竭泽而渔，岂不获得？而明年无鱼；焚薮而田，岂不获得？而明年无兽。”这些关于对自然要取之以时、取之有度的思想，有十分重要的现实意义。

绿色发展是最好的精准扶贫，这就要求做到：第一，发展绿色经济，推进产业结构优化升级，突破资源环境破坏对经济发展的制约。对环境资源的浪费与低效使用是自然资源快速枯竭的根本原因。为发展绿色经济，我们需要大力发展环保产业，突出绿色、循环、低碳发展理念，注重发挥地方自然资源优势，创新发展太阳能、风能、生物质能等新能源和可再生能源以及节能环保产业，推进以天然气、能源绿色技术为主要内容的化石能源高效清洁利用。加快淘汰落后产能，促进废弃物循环处理与大气、水、土污染防治。

第二，借鉴国际经验，推动多元合作。发达国家在绿色经济发展方面积累了很多，拥有先进的清洁能源使用技术，与世界各国共同应对能源、资源、环境、气候变化、空气安全等全球性挑战，积极学习先进经验，引进清洁能源发展技术；多方联动，多元合作，发展国际合作关系。政府、企业与社会组织在各自领域有着相对优势。政府对绿色产业发展的政策支持、资金资助，将绿色经济发展作为国家发展的核心能够激发国内高新环保技术的开发与环保产业的发展。企业对环保技术的研发与资助可以有效激励环保产业技术的发展。而非营利组织已经成为绿色经济发展的重要支撑力量。政府、企业与非营利组织合作关系的建构不应局限于本国范围之内，更要跨越国界与他国政府、企业、非营利组织建立合作关系，互帮互助，实现保护地球环境、发展各国经济的环境承诺。

第三，转变发展方式，创新扶贫开发模式。绿色精准扶贫是新时期我国扶贫开发的主要战略。我们应适时转变发展方式，走生态扶贫、旅游扶贫和光伏扶贫的新途径。通过创建生态特区，树立生态补偿与生态资本运营理念，坚持生态保护、资源节约和环境友好的方式，走出生态保护与经济发展的困境，实现对贫困地区的生态式扶贫。通过实施特惠政策，开发旅游资源，提供金融支持，改善交通条件，发挥乡村优势的方式，实现旅游扶贫与生态建设的双赢。通过开发环保新能源，安装光伏发电系统，发展光伏产业，实现贫困地区产业结构调整与贫困群众增收脱贫的目标。

第四，加大财政资金投入，动员全体人员共同参与。我国扶贫主体主要包括政府、企业和公众，其中政府在国家扶贫减贫中发挥着主导作用。目前，我国的扶贫开发实践多由政府财政支持，但国家的财力、物力和人力是有限的，在实施绿色减贫工程的新阶段，我们应打破单一依靠行政组织的格局，鼓励非营利组织、企业以及个人的广泛参与。我们应积极提倡慈善扶贫机构和民间环保组织参与绿色减贫，增强绿色减贫的力量，解决人力、物力紧缺的现状。充分发挥市场机制的作用，积极寻求与市场需求相适应的绿色减贫项目，解决扶贫资金不足的难题。实施绿色减贫优惠政策，积极引导群众参与扶贫项目，调动贫困地区人民参与的热情和激情，使广大人民群众真正成为绿色减贫的主力军和生力军。

专栏7-8　政府、社区、商家齐参与，打造5A景区的身边公益

2016年7月25日，在100余位席下嘉宾和景区工作人员的注目下，来自云台山风景服务区的六名商家作为首批善商联盟代表走到了台前，接受了由友成基金会理事长王平和修武县委书记郭鹏所授予的“善商诚信承诺书”的牌匾，这标志着全国首个5A景区内的多方参与社区公益平台——由修武县政府和友成基金会共同发起的云台山社会公益平台正式开始运行。平台首批31名爱心商户将秉持“人人公益”的理念，基于自身业务架构，依托路人甲公益平台诚信经营，深度参与社会公益实践，传递爱心正能量，并助力本地域良好文化品牌的建设。

云台山社会公益平台是全国首个在县域内通过联结本地公益项目、本地商家和景区、外来游客而搭建的慈善公益生态平台。平台实现了动员多方社会力量的参与：云台山景区提供面向游客的宣传，并开通绿色通道鼓励游客捐赠本地社区的各个公益项目，同时，景区商圈的商家联合成立善商联盟，承诺诚信经营的同时，更为捐赠公益项目的游客提供到店消费可用的优惠券，用以树立在消费者心目中的旅游品牌和商家形象，同时持续促进本地公益项目获得捐赠。

此次在与路人甲公益平台共同打造善商平台，是县政府在引进社会力量进行社会治理创新方面的一个突破。友成基金会所倡导的“精神扶贫和物资扶贫并举”“YouChange”的新公益理念与修武的“万物一体，悟则全悟”的治县理念高度契合，双方由此提出未来共同为中国的公益慈善贡献修武人的力量。

资料来源：公益中国，2016-07-29，内容有删减.

第五，因地制宜，获取长远经济社会效应。绿色减贫项目的开发必须要立足于当地的生态资源环境，科学选择与当地自然条件相适应的绿色减贫项目。还要根据地域经济的特点，进行合理规划，统一布局，发展区域经济，为绿色减贫提供市场基础，在绿色减贫项目基础上，大力发展农产品的深加工、精加工，提高本地工业化水平。把工业和农业结合在一起，通过增加农产品来提高农民的收入，而且农产品的加工也延长了存储时间，可根据市场旺淡的需求变化进行调节，改变农民在市场竞争中的不利地位。

第六，保护农民的切身利益，促进经济可持续发展。绿色减贫要想使经济发展和环境保护双赢，必须建立在解决人口生存危机的基础上。在实施绿色减贫工程的同时，一定要注意维护当地农民的利益，处理好农户个人利益同社会效益的关系，不能出现树越高人越穷的现象，绿色减贫要满足农户的当前利益。另外在解决生态环境治理初期农民收入的问题时，针对退耕还林、治沙种草的农户，可根据成活率给予相应的补贴；同时对于参与绿色减贫的农户，相关的部门应根据具体的情况对其进行适当的税收减免。

参考文献

[1]世界环境与发展委员会．我们共同的未来[R]．长春：吉林人民出版社，1997.

[2]United Nations Development Programme (UNDP), Human Development Report 1996, New York, Oxford, Oxford University Press, 1996.

[3]何运鸿．消除生态贫困的有效途径——黔东南州积极实施生态工程的几点思考[J]．农村经济与技术，2001(2)：33-34.

[4]陈南岳．我国农村生态贫困研究[J]．中国人口资源与环境，2003(13)：42-45.

[5]鲍青青，唐善茂，王瑛．生态贫困初探[J]．资源与产业，2009(10)：112.

[6]李虹．中国生态贫困的主体分析[J]．生态经济，2013(8)：41-44，50.

[7]范中启．中国企业绿色发展新视角：绿色复合观的内涵与应用[J]．生态经济，2014(10).

[8]北京师范大学中国扶贫研究中心．中国绿色减贫指数研究　绿色减贫理论综述[J]．经济研究参考资料，2015(10)：25-32.

[9]Jane Carter Ingram. Fabrice DeClerck Cristina Rumbaitis del Rio, Integrating Ecology and Poverty Reduction, Springer, 2012.

[10]张琦，冯丹萌．我国减贫实践探索及其理论创新：1978—2016年[J]．改革，2016(4)：

27-42.

[11]徐秀军. 解读绿色扶贫[J]. 生态经济，2005(2)：78-79.

[12]纪丽娟，裴蓓. 参与式治理视角下的产业扶贫模式创新——基于陕西LT县的扶贫调研[J]. 陕西行政学院学报，2015(3)：118-121.

[13]王高峰，郑遥. 光伏扶贫潮起[J]. 能源，2016(3)：70-71.

[14]刘慧，叶尔肯・吾扎提. 中国西部地区生态扶贫策略研究[J]. 中国人口・资源与环境，2013(10)：52-58.

[15]杨占国，于跃洋. 当代中国农村扶贫30年(1979—2009)述评[J]. 北京社会科学，2009(5)：80-87.

[16]李蓝. 建议国家加大"生态扶贫"的政策扶持力度[J]. 前进论坛，2016(4)：59-60.

[17]李佳，钟林生，成升魁. 中国旅游扶贫研究进展[J]. 中国人口・资源与环境，2009(3)：156-162.

[18]郭清霞. 旅游扶贫开发中存在的问题及对策[J]. 经济地理，2003(4)：558-560.

[19]中国环境报. 绿色经济是可持续发展重要手段[EB/OL]. [2012-06-04]. http://news.xinhuanet.com/energy/2012-06/04/c_123231947.htm? prolongation=1.

[20]于洋. 深度解读美国清洁电力计划的背景和影响[EB/OL]. [2015-05-08]. http://news.bjx.com.cn/html/20150805/649373.shtml.

[21]GRID Alternatives[EB/OL]，http://www.gridalternatives.org/.

[22]South Africa：economy overview [EB/OL]. http://www.southafrica.info/business/economy/econoverview.htm#.V33j_f79nIU.

[23]科技日报. 誓为绿色经济"买单"[EB/OL]. [2011-11-22]. http://news.xinhuanet.com/world/2011-11/22/c_122318491.htm.

[24]Department of Energy-Republic of South Africa：Media Statement：Mandatory Blending of Biofuels with Petrol and Diesel to be effective from the 01 October 2015[EB/OL]. http://www.4-traders.com/news/Department-of-Energy-Republic-of-South-Africa-Media-Statement-Mandatory-Blending-of-Biofuels-wi-17309992/.

[25]Deputy Secretary Poneman statement on second meeting of the U. S. -South Africa bilateral energy dialogue[EB/OL]. https：//www. environmental-expert. com/news/deputy-secretary-poneman-statement-on-second-meeting-of-the-us-south-africa-bilateral-energy-dialogue-276054.

[26]Official Investment Gateway Malaysia Economic Corridors[EB/OL]. http://www.mycorridor.malaysia.gov.my/IS/Pages/Tourism.aspx.

[27]Malaysia：Sustainable tourism major contributor to economy[EB/OL]. http://www.eturbonews.com/41939/malaysia-sustainable-tourism-major-contributor-economy.

[28]Official Investment Gateway Malaysia Economic Corridors[EB/OL]. http://www.my-corridor.malaysia.gov.my/IS/Pages/Tourism.aspx.

[29]中国经济新闻网. 精准扶贫为新时期中国扶贫格局带来新变化[EB/0L]. [2014-10-09]. http://www.cet.com.cn/ycpd/sdyd/1327473.shtml.

[30]人民网. 精准扶贫的更大功夫怎么下　四个切实怎样落实(上)[EB/0L]. [2015-07-06]. http://gx.people.com.cn/n/2015/0707/c179435-25488605.html.

第8章 项目扶贫，为精准脱贫创造造血机制

中国现阶段的贫困问题兼具区域性、复杂性和综合性。贫困人口相对分散，连片特困地区问题突出，致贫原因复杂，返贫现象多发，随之带来的脱贫扶贫难度较大。伴随着我国经济发展步入新常态，GDP增长减速，产业结构提质升级对劳动力提出更高要求，新时期减贫工作挑战很多。2020年我国要全面建成小康社会，尽快补上贫困地区贫困人口这块"短板"刻不容缓。为此，扶贫开发工作必须走向精准，改传统"大水漫灌"为"滴灌喷灌"，通过扶贫项目、产业发展带动贫困地区脱贫致富，由一味"输血"转变为"输血"与"造血"相结合，以群众脱贫需求为第一信号，找准脱贫门路，制定发展规划，因地制宜、因村施策、因户施法。

自2013年11月习近平总书记提出精准扶贫以来，各地积极响应，瞄准扶贫对象进行重点施策。各地采取的扶贫项目有教育项目、医疗卫生、整村推进、光伏扶贫、产业扶贫、农牧业项目扶贫等多种方式。由于光伏扶贫、农牧业项目扶贫和产业扶贫三种扶贫项目在全国开展范围较广，在各扶贫项目中较为典型，故本章选取这三种扶贫项目分别做详细阐述。

>> 8.1 光伏扶贫是造血式扶贫的新途径 <<

我国的贫困人口主要集中在14个连片贫困地区，这些地区主要分布在我国的淮河以北省份以及西北部地区等，这些贫困地区的特点是传统产业比重

大，发展滞后。但这些地区中较大部分的光热资源比较好，年均日照在1200小时以上，光伏与扶贫的契合点高。光伏扶贫是实施项目扶贫的重要举措之一，是造福贫困地区、贫困群众的民生工程，有助于加快贫困地区脱贫步伐。

8.1.1 光伏扶贫从试点到如火如荼发展

光伏扶贫项目是国家十大精准扶贫工程之一，它是借助光伏发电项目来扶持贫困地区，帮助贫困地区人口脱贫的一种扶贫项目，它与普通的光伏发电项目的区别在于政府的保护、补贴以及企业的投资较多，建造成本相对而言比较低，贫困地区可以借助这些项目获得固定的收益，从而达到扶贫的目的。

光伏扶贫作为精准扶贫的项目，2013年安徽省金寨县作为试点，在全国率先开展了“光伏下乡扶贫工程”，拉开了我国光伏扶贫的序幕。由于其独特的优势，很快在全国范围内广泛开展并取得了显著的成效，项目实施范围也迅速覆盖全国的多数省份。2014年10月，国家能源局、国务院扶贫办联合下发了《关于实施光伏扶贫工程工作方案》，决定计划利用6年时间开展光伏发电产业扶贫工程。其中，安徽、宁夏、山西、河北、甘肃、青海的30个县被确定为首批光伏扶贫试点。这意味着我国光伏市场的大规模运用领域再一次得到了创新。2015年3月，国家能源局发布《光伏扶贫实施方案编制大纲(试行)》，给予光伏扶贫项目更多的投资补贴和政策优惠。据统计，2015年我国光伏扶贫试点工作成效显著，全国建设规模达到1836兆瓦，年均收益22.6亿元，近43万建档立卡贫困户实现增收，助力956个贫困村摆脱了无集体收入的窘境。[①] 为了我国光伏产业的进一步发展，2016年3月，国家发展改革委、国家能源局等5部门又联合下发了《关于实施光伏发电扶贫工作的意见》，要求各地区将光伏扶贫作为资产收益扶贫的重要方式，进一步加大工作力度，为打赢脱贫攻坚战增添新的力量。按照规划，在2020年之前，重点在前期开展试点的、光照条件较好的16个省的471个县的约3.5万个建档立卡贫困村，以整村推进的方式保障200万建档立卡无劳动能力贫困户(包括残疾人)每年每户增加收入3000元以上。

---

① 中国财经报．我国开启光伏扶贫模式[EB/OL][2016-05-12]．http://wcm.mof.gov.cn/preview/zgcjb/dzb/dzb/page_8/201605/t20160512_1987285.html?randid=0.24588062008935996.

光伏扶贫正在我国如火如荼地开展，它兼具绿色扶贫、造血扶贫和产业扶贫的三大特点，对于探索我国扶贫渠道、加快国内光伏产业的发展具有创新开拓意义。然而，光伏扶贫模式的实际推进过程并非是一帆风顺的，它还存在许多亟待解决的难题。一方面，光伏资金投入巨大，随着我国光伏扶贫的规模越来越大，财政拨款、企业捐款、贫困户自筹等融资渠道的压力越来越大，如何引入更多社会资本，解决融资难题是当前较为棘手的问题。另一方面，政策落地困难，我国政策虽然规定了项目建设方式、质量要求、运行维护管理方法及保障措施，但对于保障措施如何制定、落实、监管等都未明确，① 这就需要平衡各单位利益，使政策落实到实处。作为一种新扶贫模式，光伏扶贫在我国的发展前途一片光明，未来我们应该正确处理好光伏产业发展与贫困问题的关系，切实发挥光伏扶贫的优势和作用。其中首批光伏项目的实施地点包括安徽、宁夏、山西、河北、甘肃、青海等省份的三十多个县。2016 年，国家能源局网站发布关于印发加快贫困地区能源开发建设推进脱贫攻坚实施意见的通知，明确提出了将在 2020 年以前完成 200 万建档立卡贫困户光伏扶贫项目建设，扩大光伏扶贫实施范围，在现有试点工作的基础上，继续扩大光伏扶贫的范围。在光照条件良好(年均利用小时数大于 1100 小时)的 15 个省(区)451 个贫困县的 3.57 万个建档立卡贫困村范围内开展光伏扶贫工作。到 2020 年，实现 200 万建档立卡贫困户户均增收 3000 元以上的目标。②

8.1.2　光伏扶贫发展的类型和模式

经过几年的试点以及正式开展，全国各地开展的光伏扶贫项目大致可以分为四种类型：一是户用光伏发电扶贫。即利用贫困户的屋顶或者是院落空地来建设发电系统，支持贫困县内已建档立卡的贫困户安装进行光伏发电系统的分布式安装，发电系统的产权以及发电获得的经济收益均归贫困户所有。二是村级光伏电站扶贫。即以村集体为电站的建设主体，利用村里的集体征地来建设小型的光伏电站，电站的产权归村集体所有，收益也由村集体、贫困户按比例

---

① 工高峰，郑遥. 光伏扶贫潮起[J]. 能源，2016(3)：70-71.

② 光伏系统工程. 国家能源局：扩大光伏扶贫实施范围到 2020 年完成 200 万贫困户光伏项目建设[EB/OL]. [2016-01-06]http://guangfu.bjx.com.cn/news/20160106/698570.shtml.

进行分配。三是光伏大棚扶贫。即利用农业大棚等现代农业设施来建设光伏电站，产权归投资企业和贫困户共有。四是光伏地面电站扶贫，利用荒山荒坡建设大型的地面光伏电站，产权归投资企业所有。

光伏扶贫在国家扶贫办、国家能源局的领导下，各地结合不同地区、不同条件，探索出不同的扶贫模式，比较成功的模式大致有五种：

一是扶贫资金＋农户银行贷款模式，又称云南模式，云南红河州安装了200 套光伏设备，政府出资 70%，政府担保、农户从信用社贷款 30%。

二是扶贫资金＋农户银行贷款模式，又称江苏模式，江苏盱眙 228 户每户 3 千瓦，政府出资 9 万元，第三方担保公司担保，农户从当地农商行贷款 95% 以上，贷款期 15 年内每年净收益 1000 元，15 年后每年收益 3000 元。相比云南模式，该模式政府出资很少，关键要延长银行贷款期。

三是扶贫资金＋企业垫付模式，又称贵州模式。贵州罗甸安装光伏设备 40 套，政府出资 80%，企业垫付 20%，后期农户以发电收益分期偿还企业。

四是扶贫资金＋地方财政配套模式，又称山西模式。山西临汾光伏地面电站 100 千瓦，中央扶贫资金和地方财政配套，农户没有负担。

五是扶贫资金＋地方投资公司垫付模式，又称安徽模式。安徽泗县安装 5000 套光伏设备，政府出资 70%，当地投资公司垫付 30%，后期农户以发电收益分期偿还投资公司。①

专栏 8-1　光伏扶贫政策整理

2014 年 10 月 11 日国家能源局、国务院扶贫开发领导小组办公室联合印发《关于实施光伏扶贫工程工作方案》，利用 6 年时间，到 2020 年，组织实施光伏扶贫工程。安徽、宁夏、山西、河北、甘肃、青海的 30 个县开展首批光伏试点。明确工作原则为：统筹规划、分步实施，政策扶持、依托市场，社会动员、合力推进，完善标准、保障质量。由此光伏扶贫在全国各地广泛开展，各地结合当地特色，进行项目创新，呈现出多种多样的项目模式。

---

① 张卫红. 光伏精准扶贫模式汇总. [EB/OL]. [2016-03-10] http://www.shengyidi.com/news/d-232.

山西：补贴最大方的试点

试点地区：汾西县、大宁县、吉县、天镇县、浑源县

规模：每县确定10个建档立卡贫困村，共50个村率先启动100KW分布式光伏电站；1-2个10MW以上的地面集中光伏电站。

筹资方式：省专项补贴资金5/8（+临汾市市补助资金1/8）+企业垫付或捐资+小部分村民集资、土地入股分红等方式。

分配方式：村庄100KW电站产权归村集体所有，电站收益全部归村集体支配。10MW以上的地面集中光伏电站由企业自筹资金建设，产权归投资企业，投资企业每年拿出光伏电站收益的一定比例支持扶贫开发（大致比例约为30%-50%）。

宁夏：对企业要求最高的试点

试点地区：盐池县、同心县、红寺堡区、海原县、原州区、彭阳县、永宁县、贺兰县

筹资方式：2015年光伏扶贫试点项目造价不得高于8.5元/瓦，且该定额主要用于核算专项扶贫资金配置金额以及农户回购光伏电站时的资金筹措比例。对于高出定额部分项目，由企业自行承担。

运营模式：企业先行垫资建设，国家和自治区政策支持，鼓励农户特别是贫困户回购电站产权和股份，自治区按实施情况奖励参与企业。

保障政策：自治区扶贫办和能源局筛选光伏企业作为实施单位，要求实施单位负责运维工作。

河北：运营方式最特别的试点

试点地区：平山县、曲阳县、巨鹿县、临城县、赤城县、平泉县

目标：3年内逐步实现6个试点县所有光伏扶贫对象——3万余户、5万余人建档立卡贫困户收益达到每年3000元，持续20年。

运营模式：参与项目的光伏企业按照1：2.5的比例建设光伏扶贫电站和商业光伏电站，并优先安排年度建设规模指标，企业则拿出部分商业电站收益弥补光伏扶贫支出。

青海：企业唱主角的试点

试点地区：湟中县、互助县、循化县、民和县、同仁县、共和县、兴海县、贵南县

规模：2015年扶持贫困户8333户。每户建设扶贫光伏电站3千瓦，建设分布式光伏电站150兆瓦，占今年全省光伏电站总额度的15%。

筹资方式：光伏扶贫电站建设9元/瓦，由合作企业全额投资。

分配方式：按当地年实际发电量和当前光伏电价所获收益扣除不可免除税费后，全额支付给贫困户，合作企业将贫困户收益按年度打入县扶贫局（办）设立光伏扶贫项目收益资金专户，由县扶贫局（办）直接打入扶持对象一卡通。

保障政策：国网青海省电力公司负责落实光伏扶贫电站优先全额上网，承办上网电量的计量和电价结算。项目合作企业负责项目建设和运营管理，对所建设的光伏电站质量终身负责（20年），具体通过购买20年的商业保险予以保障。

资料来源：搜狐公众平台的作者撰写。

光伏扶贫既是扶贫工作新的发展途径，开启了扶贫开发由“输血式扶贫”向“精准扶贫”的转变；也扩大了光伏市场的新领域，实现了推动产业发展、光伏应用与农村资源的有效综合利用，有力推动了经济效益与环境保护的双赢，契合民生发展的需求，是实现扶贫脱贫的有效路径。

对于贫困地区而言，通过开展光伏扶贫项目，提高贫困户的经济收益，有

利于帮助贫困户加快脱贫步伐，增加收入来源，同时也能够满足贫困地区人口的用电需求。

对于投资项目的企业而言，一方面能够促进企业的发展，增加企业的收益；另一方面企业对光伏扶贫项目的投资，有利于企业树立良好的社会形象，体现企业的社会责任感，提升企业社会声誉。

相较其他扶贫项目而言，光伏扶贫项目本身也有着较多独特的优势。首先，它能够扩大光伏产品的国内需求，推动光伏企业的发展。其次，光伏扶贫项目能够提高能源利用率，通过利用清洁能源来创造收益，符合低碳生活和可持续发展的理念，优化能源结构，节能减排，保护环境，绿色清洁。再次，光伏扶贫项目可以结合原有的农牧业、林业开展多种“光伏＋”项目，有利于第二三产业和第一产业的结合，直接提高当地农民的经济收入。最后，光伏电站利用荒地、房顶、大棚等闲置资源，能够节约土地资源，不会占用大量的土地，技术稳定，一次投资，长期收益，投资回报率高，无需过多劳力投入，既适合建设户用和村级的小电站，也适合建设大规模的集中式电站，灵活多变。

总而言之，在光照资源条件比较好的地区因地制宜来开展光伏扶贫项目，既符合项目扶贫、精准扶贫的战略，又符合国家清洁低碳能源发展的战略；既有利于扩大光伏发电产业市场，又有利于促进贫困人口稳收增收。

专栏8-2　安徽省金寨县——户用发电模式

光伏扶贫项目的实施范围广泛，全国各地创新性因地制宜地创造了多种开展模式，在各地的运营情况各不相同，其中开展较为成熟且成功的是安徽省金寨县。

安徽省金寨县被称为“光伏扶贫第一县”，是全国扶贫开发工作的重点县，也是光伏扶贫项目最早的全国试点，自项目实施以来，金寨县为安徽乃至全国各地的光伏项目扶贫提供了可借鉴学习样板，先后有20多个省90多个县的考察团到金寨县学习项目的成功经验。金寨县光照十分充足，全年日照时间约为1100小时，最高可达到2200小时，非常适合太阳能开发利用。安徽省金寨县在2014年3月初，率先建设了1008座分布式光伏扶贫电站，截至6月，第一批电站全部建成并网发电。每座电站由政府、光伏企业、贫困户各出资8000元，产权归贫困户所有。2014年10月，金寨县开展了第二批光伏扶贫电站的建设工作，第二批项目对农民参与的模式进行了调整，由县政府和光伏企业各出资8000元，无力自筹的贫困户可以享受政府提供的无息贷款，贷款从光伏发电收益中分6年逐年偿还，借款利息则由县财政统一贴息解决，电站产权依旧属于贫困户。2015年，金寨县进一步扩大了光伏发电工程，到6月30日完成6733户光伏扶贫电站建设，其中贫困户5799户。此外，为解决村集体经济薄弱问题，在218个村每村筹资建设一座60千瓦的村集体光伏电站。

金寨县在项目的开展过程中不断调整相关政策，扶贫工作日新月异，2016年4月24日，习近平总书记到金寨县进行扶贫工作考察，强调要打好扶贫攻坚战，金寨县的光伏扶贫项目也因此更加备受关注。

目前，金寨县建设光伏发电32万千瓦，218个符合条件的行政村建设集体光伏发电站，平均每年给村集体带来6万多元收入，帮扶安装光伏发电的山区贫困农户达7808户，农户并网发电平均年收入3000余元。

资料来源：根据相关资料改写。

8.1.3 光伏项目扶贫存在的问题及其改进措施

尽管光伏扶贫项目的优势很大，但项目依旧存在许多发展瓶颈，包括光伏征地后农民的再就业、光伏组件日常维护以及故障产生的维修费用，补贴政策的及时性和稳定性等一系列问题。

光伏扶贫项目实施区域为贫困地区，电网消纳能力弱，农网改造滞后，部分农网尚未进行改造，线路质量差，电压过低；改造后的线路则因白天负荷小、电压高，电压不能满足逆变器运行的要求，反复出现停机现象，导致发电不正常，对光伏设备造成损坏。

户用光伏扶贫发电模式面临农村屋顶参差不齐，设计难度较大等问题，对屋顶承重的评估和对后期运营年限的保证都会对电站后期运行和贫困户效益产生影响；村级光伏发电模式占用农民的耕地，被占用耕地的农民由于缺乏就业技能和知识水平，再就业成为棘手难题。

光伏发电对天气依赖度非常高，受天气阴晴、气温高低等自然条件的影响大，另外，组件、逆变器效率、遮挡、灰尘和角度等因素均会影响到发电量，发电量不能够很好地保证，经济效益不稳定。

光伏项目在农村的普及程度不高，农民的参与意愿低，多方面的顾虑不能得到有效解决，农民甚至一些地方政府认知程度不够，因此在项目建设过程中受到了大量来自村民方面的阻碍，由于前期的沟通不够充分，村民一方面怀疑项目的安全性，另一方面存在坐地起价的情况。除此之外，光伏发电设备在安装成功后，还将会面临一系列的后期维护修理问题，对于户用光伏扶贫模式而言，大多数的贫困户缺乏相关的专业知识，没有形成定期清理维护的意识，导致光伏发电量降低，设备损坏程度大，难以达到预期的经济收益。

光伏发电系统的建设和维修费用对于贫困地区人口而言不是小数目，尽管各地采用了不同的模式筹集项目资金，比如政府、企业和个体各自出 1/3，政府提供无息贷款等，但财政补贴政策的不稳定性、补贴资金的欠缺以及光伏设备故障产生的维修费用等一系列问题仍然会严重影响到农民参与项目的积极性。随着项目扶贫的规模不断扩大，国家的初始补贴取消，资金问题的重担落到了县级政府的层面，政府资金吃紧，补贴政策的稳定性和及时性成为贫困户最担心的问题。保障措施该如何制定、落实、监管，责任的主体是谁，如果无法明确，那么必然会出现编造虚假材料、套骗资金、重复申报、以次充好等问题，最终将会导致工程的质量不达标、后续运维和发电量难以保证的烂尾工程。

光伏扶贫是一项惠及百万贫困人口的惠民工程，针对目前在实施中出现的问题，必须立足各省市的实际需求，结合地域特色，全面考量地区经济发展的需要，利用政策和项目优势，解决当前光伏扶贫政策面临的困境。

一是加大光伏扶贫项目的宣传力度，增强贫困地区农民对光伏扶贫项目的认知和理解，普及相关专业知识，提高农民参与意愿。二是建立健全相关政策，包括光伏扶贫电站申报和审批手续，简化流程，明确补贴政策，增强项目吸引力，提高企业投资，保障项目运行资金充足，通过稳定及时的补贴政策消除农民顾虑，制定落实保障政策。三是加强项目监管，一方面加大对享受补贴的贫困人口的监督，避免超过贫困线的人口享受政策优惠，防止非贫困户冒用贫困户指标，挤占扶贫补贴资金，加强贫困户建档立卡信息的比对以及资格审查。另一方面，建设投资的企业基本上在一年内就可以获利撤出，接下来 20 年的发电量风险便由村民用户自己承担，加大了贫困户承担的项目风险，因此，应设立项目监管机制，加大对投资企业监管。四是开拓多元化项目资金融资渠道，包括银行、当地企业及政府的多方面投资，降低融资资本，提供强有力的资金支持，减轻地方的财政负担，借鉴成功典范，选择合适的模式开展项目。

专栏 8-3 山西省吉县屯里镇窑渠村——村级光伏电站模式

窑渠村全村 1076 口人，人均年收入只有 2000 多元，但是该村年平均日照约 2000 小时。据窑渠村党支部书记刘创立介绍，2014 年省里给村里安了一座 100 千瓦的光伏电站，估算年发电量约为 13 万千瓦时，可收入 12 万多元，这部分钱将归村集体支配，用于支持扶贫开发。据测算，在山西的贫困村建设 1 个 100 千瓦光伏电站，并网发电后每年收入在 12 万～15 万元，可为村集体提供 25 年连续稳定的经济收入。

山西省吉县扶贫局局长党建民说，"光伏扶贫试点工程静态投资约 0.8 万元/千瓦，建设一个 100 千瓦的光伏电站约需要 80 万元，省里计划安排 50 万元整村推进项目资金，但仍有 30 万元的缺口。"据《经济参考报》报道，对于村级 100 千瓦光伏电站建设缺口资金，多数试点村采取企业垫资或村民捐资等方式解决，如临汾市组织每个参与地面集中电站建设的竞标企业，建设 1 个试点村 100 千瓦光伏电站并补足资金缺口；浑源县 10 个试点村光伏电站建设缺口资金，全部由光伏扶贫地面集中电站建设企业浑源风光新能源有限公司垫资。

资料来源：经济参考报，2015-12-17.

8.2 农牧业扶贫是造血式扶贫的基础

农牧业是贫困偏远地区的基础性产业，尤其是边疆民族地区和革命老区的支柱产业，在我国项目扶贫中起着举足轻重的作用。国家近年来一直对特色农牧业的项目脱贫机制给予高度重视，2016 年通过的《"十三五"规划纲要》中明确指出要鼓励企业从事农业产业化经营，促进贫困农户稳步增收，力争每个有条件的贫困农户掌握 1～2 项实用技术，至少参与 1 项养殖、种植、林下经济、花卉苗木培育、沙产业、设施农业等增收项目，到 2020 年，初步构建特色支柱产业体系。[①] 在中央对农牧业项目精准脱贫的大力支持下，地方坚持深入贯彻落实《关于创新机制扎实推进农村扶贫开发工作的意见》和《农业行业扶贫开发规划(2011—2020 年)》，深深立足于贫困地区当地的资源优势和环境条件，充分发挥农业系统的整体合力，以集中连片特困地区为主战场，以促进农牧业可持续发展为方向，帮助贫困地区努力强化农业基础设施，做大做强特色产业，加大科技创新和农民培训，开拓农产品市场，切实提高农民的自我发展、持续发展能力。如今，围绕特色农牧业开展的扶贫项目仍在探索，旨在走出一条具有中国特色的贫困地区现代农牧业发展道路。

8.2.1　农业扶贫项目

农业扶贫项目属于传统的扶贫项目，通过引入特色农作物，进行良种培育等方式，将农业与扶贫开发有机结合，对农户持续增加收益、提高农业发展水平起到重要作用，为贫困地区经济发展提供源源不断的动力。

农业扶贫项目具有时间长、种类多、范围广的特点，各种各样的农业扶贫项目在全国各地范围内得到推广。新型农业扶贫项目强调现代农业为中心的综合建设，通过改良土地，加强农业基础设施建设，引入新品种等多种方式推动贫困地区农业发展，提高贫困农户的经济水平。农业扶贫项目的科学技术化是其亮点，具有较大发展空间，它推广了先进的农业科学技术，帮助提升农民自身能力，引导农户通过农业科技脱贫致富，将先进科学技术转化成丰硕的农业成果。而不同贫困地区的地域特征、气候条件和地区资源优势不尽相同，如有的贫困地区少雨水多干燥，有的贫困地区气温高湿度大等，因此，因地制宜的农业扶贫项目是农业扶贫的关键，也是农业扶贫项目呈现出多样性的原因。为了以实际情况为基础，考虑到当地农民的生产生活习惯与地理条件，全国不同贫困地区的农业扶贫项目千差万别、种类丰富，涉及各类蔬菜、水果、花卉和苗木，如甘肃省渭源县的马铃薯，江西省广昌县的新品种“太空莲”，贵州省石阡县的甜茶、油茶和香果树，山东省平邑县的花生等。

---

① 中华人民共和国国民经济和社会发展第十三个五年规划纲要[N]. 人民日报，2016-03-18.

专栏 8-4　功能农业扶贫前景光明

功能农业与扶贫项目的首次结合成为值得关注的农业扶贫项目的一大亮点。2016 年 5 月，国内首个功能农业扶贫综合示范区正式落户河北承德。功能农业是继高产农业、绿色农业之后的第三个农业发展阶段，它侧重于增加农产品的健康内涵，实际上是生态高值农业发展的进一步延伸。功能农业与脱贫攻坚的结合有三大突出优势：既符合供给侧改革，解决“粮贱伤农”问题；又便于产业布局适度超前，解决“易返贫”问题；同时功能农业开辟蓝海，具有“可复制、可推广”的价值。

承德市作为国内的首个功能农业扶贫综合示范区，将在多个县区挑选优势品种和特色农产品进行产业化推广，培育 3～5 家以功能农业为主赢利点的上市企业。争取在 2020 年实现产值 100 亿元，带动 20 万贫困人口脱贫。至 2025 年，功能农业规模达到 300 万亩，产值达到 800 亿～1000 亿元，培育出新的“功能农业千亿产业”。这项扶贫项目的创新发展将有效促进承德的农业产业转型升级，提升承德特色农产品竞争力，形成功能农业产品产供销一体化体系，对承德市的脱贫攻坚将起到巨大的推动作用，同时也为功能农业项目脱贫模式在全国的推广奠定了坚实的基础。

资料来源：根据相关资料整理。

但在实际中，农业扶贫项目的成效会受到贫困地区的自然条件、农户自身素质等多种因素的影响，仍存在制约条件和注意事项。第一，环境限制。部分贫困地区自然环境恶劣，不适宜大多数农作物的生长发育，甚至在有些贫困地区农业扶贫项目难以实行。这为是否选择农业扶贫项目，选择什么样的农业扶贫项目的决策增加了难度。农业扶贫项目要真正做到宜林则林，宜农则农，宜草则草，而不能单纯根据市场需求选择种植作物，否则不仅难以达到扶贫成效，还可能起反作用。第二，农民自身素质限制。越来越多的农业扶贫项目强调新品种、新技术，而某些贫困地区的农户对于新型品种的农作物种植缺乏经验，自身能力有待提高或者缺乏科技脱贫意识，难以在短时间内掌握新技术。部分新型农业扶贫项目涉及对新设备的使用和维护，这也为农户掌握种植技术增加了难度。第三，农业发展与生态保护之间的矛盾。贫困地区要合理把握农业发展与退耕还林还草之间的关系，坚持经济发展与生态保护并重原则，尽可能引进特色环保农业项目进行脱贫致富。

8.2.2　畜牧业扶贫项目

畜牧业是边疆民族贫困地区的基础产业，尤其是新疆、青海、西藏与内蒙古四大牧区的传统优势产业，对当地的经济发展和脱贫致富起着举足轻重的作用，而来自畜牧业的收入几乎是农户维持基本生活的全部来源和重要保障。因此，有效推动畜牧业快速发展、扩大产业效益，是民族贫困地区精准扶贫重要的切入点之一，是实现 2020 年贫困地区农牧民全面脱贫、贫困县全部摘帽的有力支撑。因此，国家在畜牧业方面的扶贫项目投入也在逐年增加，已经有效地将改善畜牧业基础设施建设、培育特色农场畜牧业产品等以扶贫项目的形式进行一定范围的试点与推广，收获颇丰。连续三年获省级引领型重点园区的松桃盘石生态畜牧业示范园区的脱贫致富之道引起全国的关注，堪称农牧业项目脱贫的典范。

专栏 8-5　盘石镇畜牧业扶贫富了老乡

盘石镇，曾经交通不便，山高路远，贫困面广，贫困程度深，是极为贫困落后的乡镇。该镇总人口 2.2 万余人，其中苗族人口占 98.1%，是典型的少数民族聚集区，属于全省 100 个一类贫困乡镇之一。

但在如今的盘石镇，早已不见昔日破旧不堪的景象，成为用生态畜牧业项目带动百姓脱贫致富的典型案例。2013 年 10 月，盘石镇正式成为省级重点现代高效扶贫示范园区，为了加快脱贫步伐，乡政府出台相关优惠政策进行招商引资，引进全国 500 强企业四川华西希望集团德康牧业、全国 100 强牧业成都大哥大牧业等 20 多家企业，近几年来带动农户脱贫累计达 4272 户，18147 人，园区建设不断加速发展。

“我种植牧草三年，很有赚头，今年种了 100 亩，销路不愁。按每公斤 0.4 元计算，一亩产量 7 吨，亩产值可达 2400 元，每亩除去成本 1000 元，纯收入达 1400 元，比种玉米、水稻强多了。”村民田海成乐呵呵地算起了经济账。33 岁的石胜国则通过努比亚牧业采取的“10＋1”模式，逐步发起了“羊财”。努比亚牧业是一家集种羊培育、生产、技术研发与推广等环节为一体化的“全国百强牧业”和农业部认定的“肉羊标准示范场”。为引领广大农村贫困群众养羊脱贫致富，开创了农村每个贫困户扶助养殖努比亚种母羊10只、种公羊1只的“10＋1”精准扶贫模式，目前已经形成成熟的产业链。在盘石园区产业发展的带动下，像田海成、石胜国这样的例子不胜枚举。这种因地制宜脱贫致富的牧业项目扶贫模式对当地的脱贫工作产生了深远的影响。

资料来源：贵州日报，2015-10-21.

然而，畜牧业方面的扶贫项目除了有一般扶贫项目的特点外，在引种、生产、加工和销售等多个环节中呈现出许多不同于其他扶贫项目的特点，在扶贫项目实施过程中实际需要考虑的因素非常多，比如要充分考虑引进畜牧品种的生活习性与当地环境特点、农户的养殖习惯等多方面的匹配情况，还要防止疫情发生等。

畜牧业的扶贫项目同样具备农业扶贫项目所潜在的问题，比如畜牧业发展、过度放牧与生态环境保护之间的矛盾，与科技结合的畜牧业新品种引进与养殖一定程度上会受到牧民个人知识水平的限制，有可能会存在专家与牧民之间语言和养殖技巧上的沟通障碍，除此之外，还应该高度重视和亟待解决的是畜牧业扶贫项目工作长期缺乏权威性政策支持与理论指导的问题。畜牧业扶贫开发的相关政策大多散见在中共中央、国务院和一些相关部门颁布的偏宏观性的扶贫开发政策之中，至今没有出台过全国性的专门针对牧区扶贫开发的规划或纲要等具有长期指导性的文件。国家一直强调三农问题，将农牧业合在一起提出一系列强农、富农政策，但是几乎没有一个完整的、系统的畜牧业扶贫开发政策体系，这在一定程度上影响了畜牧业扶贫项目开发的实际效果。[①] 因此，政策的支持与理论方面的指导是目前畜牧业扶贫项目开展所面临较为重要的一个问题。

目前，农牧业方面的扶贫模式依旧处于积极的探索阶段，需要因地制宜，

① 王艳，韩广富．当代中国牧区扶贫开发存在的问题及对策[J]．东北师大学报（哲学社会科学版），2014(5)：83－87.

充分考虑不同贫困地区的自然特征与发展现状，注意项目开展中所遇到的条件制约和潜在问题，通过政策引领、制度支持推进精准扶贫项目的开展，积极为全面脱贫工作贡献力量。

>> 8.3　产业扶贫是造血式扶贫的构建 <<

在全面建成小康社会的决胜阶段，中央出台了《关于打赢脱贫攻坚战的决定》，其中明确提出，到2020年农村贫困人口实现脱贫，是全面建成小康社会“最艰巨的任务”。为此根据贫困地区和贫困人口的具体情况提出“五个一批”工程，即发展生产脱贫一批、易地搬迁脱贫一批、生态补偿脱贫一批、发展教育脱贫一批、社会保障兜底一批。其中产业扶贫是扶贫工程的战略重心，重中之重。“产业扶贫涉及对象最广、涵盖面最大，不仅要解决7000万贫困人口中3000万人的脱贫问题，而且易地搬迁脱贫、生态保护脱贫等其他‘四个一批’都离不开产业扶贫这个支撑，一定要唱好、唱响、唱红。”[①]

8.3.1　产业扶贫才能拔除贫困之根

产业扶贫是我国开发式扶贫的重要组成部分，是我国正在实践探索的一种新型扶贫方式。它以市场为导向，以经济效益为中心，以龙头企业为依托，通过产业发展和产业集聚，结合贫困地区的资源优势，实行贫困地区经济区域化布局、工业化生产、一体化经营、专门化服务，形成一种利益共同体的经营机制，把贫困地区产业的产前、产中、产后各环节结成统一的产业链体系，以此提高贫困人口的收入，推动贫困农民脱贫增收。[②] 因此，产业扶贫有两大内在要求：一是依托贫困地区的优势资源，找准优势产业，将其发展为可持续、有市场竞争力的主导产业，以此推动贫困地区经济发展；二是通过优惠政策，使农户参与到特色产业发展中，形成“产工农一体化”的产业链，实现农户与企业双赢，达到脱贫的目的。

---

① 国务院扶贫开发领导小组办公室．产业扶贫在脱贫攻坚主战场发力[N]．2016-03-14．http://www.cpad.gov.cn/art/2016/3/4/art_35_46006.html．

② 徐翔，刘尔思．产业扶贫融资模式创新研究[J]．经济纵横，2011(7)：85-88．

早在 2013 年 11 月 3 日，习近平总书记在湖南湘西州视察扶贫工作时首次提出精准扶贫重要思想并强调把帮助贫困农户发展生产作为扶贫工作重点办好的三件实事之一。从此产业扶贫工程在全国各贫困县、乡如火如荼地展开。在甘肃定西，土豆从脱毒种薯培育、农民种植、鲜薯购销与储藏到马铃薯精淀粉与变性淀粉加工，形成了完整的产业链条和产业集群，成为“中国薯都”；四川作为全国乡村旅游的“排头兵”，在锦江区建成了花乡农居、荷塘月色、东篱菊园、幸福梅林、江家菜地“五朵金花”，形成“三圣花乡”，让三圣乡四季鲜花常开，游人不断；重庆丰都县结合自身优势，形成以肉牛产业为主导，同时林业、蔬果等产业并举，大力打造“1＋X”特色扶贫产业体系，建立了“公司＋基地＋农户”的合作发展机制，使当地农户走上了脱贫致富之路，同时肉牛也逐渐成了丰都的地理标志。

专栏 8-6　产业扶贫拔“穷根”　丰都肉牛让 8 万农户走上致富路

“1＋6”中的“1”指的是肉牛，“6”指的是红心柚、榨菜、烤烟、花椒、龙眼、有机大米。如今，这样的特色效益农业体系在重庆市丰都县正成为助推产业扶贫的强力军，带动贫困户 12570 户，覆盖贫困人口 4.4 万人，贫困农户特色产业参与率达 60％。

肉牛产业助推丰都扶贫 8 万农户走上致富路。说起肉牛，已经逐渐成了丰都的地理标志，而恒都肉牛更成为助推丰都扶贫的龙头产业。据了解，恒都建立了“公司＋基地＋农户”的合作发展机制，创造性推出“公司购牛、农户领养、回收犊牛、母牛归户”的“母牛领养”模式，使缺乏启动资金的农户“零投入”即可参与肉牛产业发展，带动 8 万农户走上了致富之路。在 2012 年，恒都集中流转农户土地 3000 亩，统一提供牧草种植技术服务，招聘农户规模种草，农户通过土地租金、劳务佣金增收致富。同时，充分发动广大农户利用自有土地从事牧草种植。“2012 年收购牧草 22685 吨，2013 年牧草 28973 吨，农户分别增收 635 万元和 811 万元。”恒都公司副总经理朱刚泉说。

除牧草收购外，恒都公司还大量收购玉米秸秆、红苕藤、稻草等农业副产物，年均收购稻草 1 万吨、玉米秸秆 3 万吨、其他作物秸秆 1 万吨，直接增加农民收入3000万元。此外，恒都还大力推行“土地流转＋返聘就业”的劳动合作方式，优先吸纳土地流转农户就近务工。目前，已有1663名农民加入公司发展，成为肉牛全产业链工人。

产业扎根拔除“穷根”打造“1＋6”特色农业体系。丰都面积2901平方公里，辖30个镇乡街、85万人。该县为国家贫困县，现有贫困村89个、贫困人口9.6万人，农民人均纯收入低于全市和全国平均水平。据了解，2009年，北京中恒兴业科技集团出资15亿元，在丰都组建成立重庆恒都农业集团有限公司。经过6年发展，现已成为一家集牧草种植、饲料生产、肉牛繁育、规模育肥、综合交易、屠宰精深加工及科技研发为一体的农业产业化龙头企业。

恒都积极与西南大学、市畜科院合作，引进日本和牛实施品种改良，成功开发恒都黑牛优质肉牛新品种。严格按照国际食品卫生标准进行肉牛屠宰和精深加工，进入国家储备牛肉库，获得出口备案证明，并通过香港食环署“供港冰鲜牛肉企业备案”审核，成为中国南方唯一供港冰鲜牛肉指定企业。今年公司进入商超终端将达到3000家，三年内将实现1万个销售终端目标。

拔除“穷根”，产业“扎根”是关键。恒都肉牛的发展无疑为丰都产业扶贫带来了极大助力。近年来，丰都已成功举办“中国产业扶贫·肉牛发展峰会”、红心柚文化节等4个特色品牌节会活动，“丰都肉牛”享誉全国。带动贫困户12570户，覆盖贫困人口4.4万人，贫困农户特色产业参与率达60%。丰都被授予“全市产业扶贫示范县”。

资料来源：华龙网，2014 10 07.

经济学家阿马蒂亚·森认为：发展意味着消除贫困。我国正处于消除贫困、精准扶贫的攻坚拔寨的冲刺时期，如何更快更好地实现贫困人口脱贫，防止返贫现象的产生，是我国目前亟需解决的问题。产业扶贫作为扶贫工程的战略重点，区别于其他扶贫方式的优势何在？意义何在？

产业扶贫是一种生产经营过程中的技术经济扶贫方式，通过相似于工业化的组织方式，整合农户、生产、管理、市场等各个环节的优势，实现种植、养殖环节—生产环节—营销环节的一体化运作。产业扶贫的关键在于产业链的建设，在贫困地区延伸产业的功能作用，对接贫困地区农民与生产与技术与市场的联系，才能真正做到造血扶贫。

产业扶贫可以帮助贫困地区解决生存和发展问题。实践证明，以往我国扶贫一味“大水漫灌式”发放扶贫资金，向贫困人口“输血”，最终并未真正实现贫困人口脱贫，脱贫后返贫现象严重。产业扶贫很好地将贫困人口、贫困地区优势资源与龙头企业相结合，形成产业链条，有效实现贫困人口脱贫致富，走上可持续发展道路。

国家在集中连片特困地区近年来扶贫开发的投入很大，但贫困地区面临的主要问题还是产业发展问题。实施精准扶贫、精准脱贫，关键是要加大产业扶贫开发力度。扶贫的核心问题是产业扶贫，产业发展不上去，扶贫成果也不会巩固。① 只有将以往的“授人以鱼”的扶贫方式转变为“授人以渔”的扶贫方式，改“输血”扶贫为“造血”扶贫，才能彻底实现贫困地区的可持续发展。

8.3.2 产业精准扶贫的“十大”模式

经过近几年全国各地产业扶贫工程的深入探索，各省、县集合自身资源优势，创新扶贫模式，突出产业发展，形成了具有地方特色的产业扶贫模式。较为典型的当属湖北省通山县。通山县在积极响应精准扶贫工作中，探索出“政策驱动”模式、“龙头带动”模式、“挂靠帮带”模式、“乡村旅游”模式、“能人引领”模式、“抱团发展”模式等十种产业扶贫模式，在当地发展油茶、香菇、小龙虾、黑山猪等特色种养业，为贫困人口脱贫致富打下了坚实的基础，当地经济也步入良性循环。

第一，“政策驱动”模式：实行“政策＋资源”带贫困户。利用中央精准扶贫、产业扶贫的优惠政策，结合本地区特色，通过奖补扶持政策与资源开发对接，让贫困户在产业发展中受益。

第二，“龙头带动”模式：实行“企业＋市场”带贫困户。坚持以市场为导向，充分发挥市场在产业发展中的引领作用，引进龙头企业，利用企业的市场和技术优势发展产业，带领贫困户增收。

第三，“挂靠帮带”模式：实行“挂靠经营＋保底分红”带贫困户。整合财政、扶贫、农业、林业等部门项目资金，设立产业扶贫基金，专门用于支持产

① 人民网. 产业扶贫是脱贫的必由之路——广西富川县、贵州威宁县产业扶贫调查与思考[EB/OL]. [2013-01-16]. http://politics.people.com.cn/n/2013/0116/c1026-20221712.html.

业发展。开发“精准扶贫贷”，作为贷款风险补偿金，按 1∶10 比例放大，实行免抵押、免担保，财政贴息，支持贫困户发展产业。

第四，“乡村旅游”模式：实行“景区景点＋农家乐”带贫困户。通过景区景点开发，带动贫困户融入旅游产业链，发展乡村旅游和农家乐，实现脱贫致富。

第五，“能人引领”模式：实行“能人＋托管代养”带贫困户。发挥能人的技能、经济、创业优势，带动贫困户致富。

第六，“租赁返聘”模式：实行“土地租赁＋返聘务工”带贫困户。开展农村土地经营权确权登记颁证，鼓励和引导贫困户将土地经营权有序流转。将土地流转后释放的贫困户劳动力组织起来，成立农机、施肥、修剪、打药等劳务服务队，返聘到产业基地务工，让贫困户由农民变成产业工人。

第七，“集体反哺”模式：实行“集体经济＋共建共管”带贫困户。整合各项扶贫资金，重点用于集体经济薄弱村软化和村级集体经济发展，进而各村将村集体经济收入重点支持贫困户。

第八，“抱团经营”模式：实行“捆绑抱团＋合作经营”带贫困户。通过合作社、能人、大户，将有劳动能力有技术无资金贫困户组织起来，集中互保贷款，自主发展产业，既解决贫困户无钱创业，又解决了生产分散、产品销售无门的问题。

第九，“培训造血”模式：实行“培训＋产业”带贫困户。紧扣贫困户需求，对症卜药、因户精准施策开展订单培训、上门培训、电商培训、创业培训、特色种养殖技术培训，带动贫困人口发展产业实现增收。

第十，“电商扶贫”模式：实行“互联网＋产业链”带贫困户。抢抓电子商务发展机遇，利用优惠政策，坚持线上农产品与线下产业链相结合，引导贫困户通过开网店或参与产业链实现增收。①

---

①　咸宁日报．创新十种模式　推进产业扶贫——通山县精准扶贫工作的实践与探索[EB/OL]．[2016-06-20]．http://szb.xnnews.com.cn/xnrb/html/2016-06/20/content_175174.html.

专栏 8-7　山乡因旅游而变

娄山关村位于遵义市汇川区北面，地处红色旅游景区娄山关脚下，距该区板桥镇 1.5 公里。尽管如此，以前全村 1000 多户，3000 多人并未因此而变得富足。他们守着宝贵的资源，却过着贫穷的生活。

随着我省旅游逐渐走向世界，来娄山关的游客越来越多，每天从各地来的游客游完娄山关后，都会在板桥镇的一些农家饭馆吃上一顿农家饭。这让有心的娄山关人找到了发财的路子。

2006 年，板桥镇决定在娄山关村发展乡村旅游，一些大胆的村民将自己的房屋改成饭馆和旅馆。第一年就赚了几万元。此时，村民们纷纷效仿，将房屋建在 210 国道边上，开起了乡村旅馆。

这种趋势向整个板桥镇蔓延，如今，这里的旅游直接从业人员达到 300 人，去年，板桥镇接待休闲避暑的游客 18.3 万人次，共接待观光游客 60 万人次，实现年综合收入近 3500 万元，乡村旅游带动板桥镇 148 户致富奔小康，人均收入达到 8000 元。

汇川区板桥镇党委书记说：“娄山关村依托娄山关景区，发挥环境优美、气候凉爽的优势，以休闲旅游为主，打造了适合都市人群避暑度假的休闲区。”

旅游扶贫改变了山村贫困的面貌，带着农民奔小康。适应了城里人渴望回归自然的需求，一些农民纷纷办起“农家乐”旅游项目。贵州省荔波县依托大小七孔风景名胜区，在周围的村寨开办农家乐，每年村民们都能赚几万元；开阳县禾丰乡依靠乡村旅游声名鹊起，有的农民年收入超过 10 万元，是 5 年前的 5 倍，该乡的贫困人口也从 6 年前的 7000 多人减少到现在的几百人。

据相关数据显示，2010 年，我省开展乡村旅游的自然村寨突破 3000 个，实现旅游收入 178 亿元。

省扶贫办主任叶韬说：“近两年的探索，实践证明，发展乡村旅游业是增加农民收入最现实、最直接、来得最快、增收最多的途径。在‘十二五’期间，每年将投入 1 亿元以上资金，培育乡村旅游点，让更多的山村吃上旅游饭，从而带动广大群众脱贫致富。”

资料来源：贵州日报，2011-12-09.

8.3.3　产业精准扶贫存在的问题

实践证明，产业扶贫可以有效解决贫困地区生存和发展问题，是贫困人口实现脱贫致富的必由之路。但从大量的调查结果可以看出，由于产业扶贫自身存在许多困难和问题，加之一些地方对于产业扶贫工程存在认知上的偏差，相当一部分产业扶贫进展和效果不尽如人意。各地在实施产业扶贫中出现的问题和难点主要体现在以下几个方面。

第一，部分农户对发展特色产业参与度不够，自组织水平低。大多数特色农牧产业生产要求生产专业化，但目前绝大多数贫困村仍然以单打独斗、各自为政的方式从事生产，农产品五花八门，没有形成"一村一品"的专业化生产格局，难以形成规模效应。大多数农户处于小农经营状态，市场竞争激烈，难以应对风险。尤其贫困农户由于自身素质差，技术水平低，在产业发展中处于弱势地位。

第二，产业发展规模偏小，未形成产业链，管理水平与效益偏低。特色产业较之于传统农牧业投入较大、管理水平要求较高、资金回笼时间较长、市场相对较远而且风险相对较大，只有形成一定的规模才有效益。但在贫困山区，政府与农民的投入能力与抗风险能力都非常有限。甚至有些贫困地区由于产业定位不准、技术不到位、管理水平不足，导致产业发展速度偏慢、规模偏小，没有形成完整的产业链，效益不高，应对风险能力较弱，对山区农民的扶贫作用远未得到充分发挥。

第三，农民文化素质偏低，产业建设人才匮乏，发展产业后劲不足。由于贫困地区绝大多数有文化的青壮年劳动力都在外打工，留守农民文化素质普遍偏低，多为老幼妇残等人员，他们大多只能满足自给自足。此外，贫困地区发展特色产业，需要专业人才支撑，但由于贫困地区引进人才难，基层人员知识结构老化，技能较差，使得特色产业发展力不从心。

第四，产业融资渠道不足，金融机构借贷困难。据调查统计，全国绝大部分省产业扶贫最大的问题在于有产品没资金。主要表现在资金来源方式较少，虽有小额信贷，但对于贫困人口而言依然遥不可及，同时农村金融机构服务情况较差。资金匮乏严重影响贫困地区特色产业的发展。

8.3.4 提升产业精准扶贫效果的政策建议

产业扶贫的内在要求是通过产业发展带动农民脱贫致富。产业扶贫是一项复杂的系统性工程，既要讲究发展效率，又要注重市场和自然风险，更需协调各方面的利益关系。为更好地推进产业扶贫工程的进行，必须用系统的思维，将产业发展与现代农牧业、旅游业、优势资源以及农户自身相结合。

第一，组建强有力的合作组织，提高农户参与度和自组织能力。特色产业的发展，需要在农户和市场间建立起一座沟通的桥梁——特色产业合作社（企业），一方面为农户提供销售市场、生产技术和优良品种；另一方面将分散的农户结合成利益共同体，增强在市场中地位，提高谈判能力，切实维护农民利益。

第二，找准优势高效产业，提高产业化和专业化生产水平。从以往实践经验得知，贫困地区发展特色产业，必须依托本地优势资源，突出本地优势，形成产业规模。各地需从传统的十几个产业甚至几十个产业中选择最具优势和特色的产业，形成"一村一品"的专业化道路，避免产品种类多而不精，更好地提高产业发展水平。

第三，引进专业人才，培养新型农民，提高农民素质。贫困地区应加强与科研院所、农牧院校以及企业的联系，通过从外界聘任专业技术人员调查研究，指导当地产业发展，强化特色产业的技术支撑。对于当地农户，着力培养当地种养大户、科技示范户、返乡创业农民、专业合作组织负责人，他们虽然不属"贫困户"范畴，不是扶贫攻坚的对象，但他们身处基层，扎根群众，对其他农民脱贫致富起着极强的示范与带动作用，对其进行有组织、有计划的系统培训，使其逐步成为有文化、懂科技、善经营、会管理的"新型农民"，成为农业理念创新的"先锋"、科技成果转化的"平台"与"桥梁"，成为促进贫困地区农民脱贫致富的"生力军"与"带头人"。

第四，加大金融扶持力度，构建产业扶贫创新融资模式。政府应督促指导相关金融部门加大产业扶贫资金支持力度，要克服惧贷心理，可采取涉农站所或村级组织提供担保的形式鼓励农村信用社等金融部门给贫困农户发放贷款支持产业发展。此外，可以通过特许经营创新资金供给模式，即以产业项目为对象，把项目预期收益作为偿还债务保证，确定经营期，通过预期购买、预先投资、项目投资置换、代建等模式实现产业融资。同时构建产业资金退出机制，确保投资者能够获得稳定的投资收益。

第五，创建龙头企业机制，增强龙头企业带动能力。通过扶贫贷款贴息、扶贫互助资金注入的方式，加大对新品种、新技术引进扶持，培植新产业，逐步建立适应市场需求、适应农民种养能力的产业链，推进“企业＋合作社＋农户”或“合作社＋农户”的产业链发展。走大户带动，培植加工业，引导贫困农户走龙头带基地，基地带农户，形成以加工促增值的脱贫路子。①

在我国全面消除贫困的决胜时期，产业扶贫是我国实施开发式扶贫的重要一步。农村发展、农业增效、农民增收，离不开优势高效产业的支撑。通过推进产业发展带动贫困人口参与扶贫开发，充分发挥贫困地区群众在扶贫攻坚战中的主体作用，变“输血”为“造血”，探索开发式扶贫新路。

参考文献

[1]光伏系统工程．国家能源局：扩大光伏扶贫实施范围到2020年完成200万贫困户光伏项目建设[EB/OL]．[2016-01-06]．http://guangfu.bjx.com.cn/news/20160106/698570.shtml.

[2]张卫红．光伏精准扶贫模式汇总．[EB/OL]．[2016-03-10]．http://www.shengyidi.com/news/d-2328162/.

[3]无所不能．“两会”上大佬们提的光伏扶贫只是看上去很美？[EB/OL]．[2016-03-10]．http://mt.sohu.com/20160311/n440096281.shtml? qq-pf-to＝pcqq.group.

[4]经济参考报．山西吉县：光伏扶贫　收益到户[EB/OL]．[2015-12-17]．http://shanxi.sina.com.cn/economy/qyjj/2015-12-17/ec-ifxmttcq1687992.shtml.

[5]中华人民共和国国民经济和社会发展第十三个五年规划纲要[N]．人民日报，2016-03-18.

[6]王艳，韩广富．当代中国牧区扶贫开发存在的问题及对策[J]．东北师大学报(哲学社会科学版)，2014(5)：83-87.

[7]国务院扶贫开发领导小组办公室．产业扶贫在脱贫攻坚主战场发力[N]．http://www.cpad.gov.cn/art/2016/3/4/art_35_46006.html.

---

①　青海省人民政府．海西州产业化扶贫工作现状及存在的问题和对策措施[EB/OL]．[2012-04－19]．http://www.qh.gov.cn/zwgk/system/2012/04/19/000053316.shtm.

[8]徐翔，刘尔思. 产业扶贫融资模式创新研究[J]. 经济纵横，2011(7)：85-88.

[9]人民网. 产业扶贫是脱贫的必由之路——广西富川县、贵州威宁县产业扶贫调查与思考[EB/OL]. [2013-01-16]. http://politics.people.com.cn/n/2013/0116/c1026-20221712.html.

[10]咸宁日报. 创新十种模式　推进产业扶贫——通山县精准扶贫工作的实践与探索[EB/OL]. [2016-06-20]. http://szb.xnnews.com.cn/xnrb/html/2016-06/20/content_175174.html.

[11]青海省人民政府. 产业化扶贫工作现状及存在的问题和对策措施[EB/OL]. [2012-04-19]. http://www.qh.gov.cn/zwgk/system/2012/04/19/000053316.shtml.

2016 中国民生发展指数报告

>> 一、编制中国民生发展指数的背景及意义 <<

高度关注民生是近年来我们党和政府的核心议题。在现代社会中，民生和民主、民权相互倚重，而民生之本，也由原来的满足人们的衣、食、住、行等物质层面的东西，上升为政治形态及民众精神文化等非物质层面的整体样态。从社会发展史角度看，"民生"一直与"国计"有着不可分割的关系。从现实角度看，民生问题能够得到有效解决是现阶段发展社会主义事业、全面建成小康社会、实现"中国梦"的重要影响因素。

当今中国在国际社会上的地位大幅度提高，但是在经济高度发展的同时，贫困居民底数不清、情况不明、针对性不强、扶贫资金和项目指向不准的问题仍较为突出。2013 年 11 月，习近平总书记到湖南湘西考察时首次做出了"实事求是、因地制宜、分类指导、精准扶贫"的重要指示。2016 年 6 月，习近平总书记指出，扶贫开发工作已进入"啃硬骨头、攻坚拔寨"的冲刺期。各级党委和政府必须增强紧迫感和主动性，在扶贫攻坚上进一步理清思路、强化责任，采取力度更大、针对性更强、作用更直接、效果更可持续的措施，特别要在精准扶贫、精准脱贫上下更大功夫。尤其在民生问题中，困难群体往往有更多更强烈的诉求，因此需要给予更多的关注和帮扶。

自 2011 年起，北京师范大学"中国民生发展研究"课题组依托北京师范大学相关专业中青年专家团队，在国家"985"基金的支持下，充分研究与总结国内外民生、幸福度等相关理论与实践成果，结合中国经济、社会发展现实，构建了民生发展的监测指标体系和指数测算体系，即“中国民生发展指数”，以测度中国民生发展状况、监测中国民生发展进展。

2011 年构建的民生发展指数测算体系已连续三年对全国各省民生发展状态进行科学测评，在省域民生发展上起到战略导向作用。2014 年构建的“中国民生发展指数 2.0 版”将民生发展程度测评深入到包括直辖市、计划单列市与省会城市的 35 个城市(拉萨除外)，并保留对 30 个省(区、市)进行测算。2015 年，民生课题组对去除掉了省域的民生测评，将重点放在城市这一级别，并将地级市也囊括在测评范围内，构建了“中国民生发展指数 3.0 版”。“中国民生发展指数 3.0 版”是在之前测评体系的基础上不断修改，并经过多次专家论证以及实地调研后，构建出来的更为科学合理的指标体系。今年，民生课题组继续沿用“中国民生发展指数 3.0 版”对全国地级以上城市民生状况进行测评，同时，为了方便对中国城市民生保障与改善进行横向比较、纵向考察，课题组首次对直辖市、计划单列市、省会城市以及地级市的民生发展指数测评统一采用“中国民生发展指数 3.0 版”中地级以上城市民生发展指数指标体系，着力探索与理解中国民生问题区域发展的基本规律，深入研究民生区域差异的深层次理论与实践问题。

二、中国民生发展指数的指标设计原则、思路及结构

(一)指标设计原则

设计一套较为系统、科学，同时又能充分反映各个地区民生发展水平及存在问题的评价体系是一个复杂的过程，涉及指标体系构建、指标数据处理、评价指数计算等各个方面。中国民生发展指数指标设计的原则是指构建该评价指标体系时必须遵守的原则，主要包括科学性、系统性、可操作性、可比性及可量化性等五个方面。

1. 科学性

一项评价活动是否科学在很大程度上依赖于其评价指标体系是否科学。民

生发展指数评价指标体系必须从民生本质出发，具备充分理论依据，针对其内涵、理论和实践研究为基础，体现区域民生发展普遍规律与特征。要注意体系中各指标内涵准确、内容完备、体系层次、结构合理以及指标间协调统一。

2. 系统性

民生发展水平是相关要素系统发展的集成结果，其评价体系必须具有广泛的覆盖面，对相关各重要方面都有很强的反映功能。一个科学的中国民生发展指数评价指标体系并不是方方面面指标简单的集合体，指标之间必须相辅相成地从各个不同角度、层面来度量和评价各地区民生发展水平。

3. 可操作性

民生发展指数评价指标体系的建立必须考虑其可操作性。这就要求每个指标具有可采集性，对于无法采集的指标须充分考察其是否可用类似指标代替。指标内容要容易理解，不能产生歧义，使构建的指标体系在实践中能准确、便捷地应用。

4. 可比性

各地民生发展水平评价结果必须有利于进行区域间横向比较。因此必须尽量采用国际通用或者相对成熟的指标，把握指标内涵和外延，考虑到其差别对评价结果合理性的影响。

5. 可量化性

即采取量化方法，使用具有一定信息量宽度和广度的指标，侧重对各地民生发展水平各个方面的数量特点进行评价。对于一些在理论上有较好解释力、但实际统计中无法或暂时尚未统计的指标，如无替代指标则暂不纳入评价体系。

(二)指标设计思路

构建民生发展指数指标框架的思路要点主要体现如下三点：

1. 强调从总体上来测量民生发展

从总体上测量民生发展，有助于反映一段时间内民生发展的整体面貌，从深层次上更利于形成关于民生发展成因的假设，并对这些假设进行验证，使得政府或社会各界在保障与不断改善民生的决策与行动中，找到正确的、合适的、可量化的目标。

2. 强调民生发展质量与政府服务、管理相结合，即突出水平与进度的比较

民生发展质量主要是衡量现阶段各市的民生发展水平，反映当地一定条件下的民生状态；政府在推进民生发展中作用则体现在其提供公共服务、实施社会管理的实践之中，反映民生状态的改善进度。两者结合，从横向和纵向、从静态和动态两个层面对民生发展进行测度。

3. 强调数据来源的公开性与权威性

本报告采用的基础数据全部来源于公开出版的年鉴、统计公报或者相关部门公布的权威指标数据。原始数据主要来源于 2015 年各省会城市、副省级城市以及地级市国民经济和社会发展统计公报。

(三)指标结构及各指标权重设置

民生课题组在“中国民生发展指数”与“中国民生发展指数 2.0”的基础上，多次举行专家研讨以及实地调研，走访浙江湖州、金华、湖南益阳、河南郑州，收集第一手资料，经过归类、梳理和反复论证，构建“中国民生发展指数 3.0 版”。2016 年，民生课题组继续沿用“中国民生发展指数 3.0 版”对全国地级以上城市民生状况进行测评，同时，为了方便对中国城市民生保障与改善进行横向比较、纵向考察，课题组首次对直辖市、计划单列市、省会城市以及地级市的民生发展指数测评统一采用“中国民生发展指数 3.0 版”中地级以上城市民生发展指数指标体系。

地级以上城市民生发展指数指标体系包括五个二级指标：民生基础、收入消费、居住出行、文化教育、安全健康；三级指标 29 个，并依据德尔菲法，确定了二、三级指标的权重，如表 1 所示。

表 1　　2016 中国地级以上城市民生发展指数二、三级指标及权重

一级指标	二级指标	权重	三级指标	权重
中国民生发展指数	民生基础	28%	地区生产总值	5.6%
			人均生产总值	5.6%
			财政收入	5.6%
			固定资产投资	5.6%
			社会消费品零售总额	5.6%
	收入消费	18%	城镇居民人均可支配收入	3%
			农村居民人均纯收入	3%
			城镇消费品零售额	3%
			乡村消费品零售额	3%
			享受城市居民最低生活保障的人数	3%
			享受农村最低生活保障的人数	3%
	居住出行	18%	房地产开发投资	3%
			每万人拥有民用汽车	3%
			邮电业务总量	3%
			移动电话普及率	3%
			本地固定电话用户数	3%
			旅游总收入	3%
	文化教育	18%	每万人口在校大学生数	3%
			每万人口在校高中学生数	3%
			每万人口在校初中学生数	3%
			每万人口在校小学生数	3%
			公共图书馆数	3%
			有线电视用户数	3%
	安全健康	18%	每千人拥有卫生机构数	3%
			每千人拥有卫生机构床位	3%
			每千人拥有卫生技术人员	3%
			城镇基本养老保险参保人数	3%
			失业保险参保人数	3%
			城镇基本医疗保险参保人数	3%

>> 三、数据处理及测算方法 <<

(一)数据处理

1. 样本选取

省会城市与计划单列市报告部分选取的样本是中国内地包括省会城市、计划单列市、直辖市在内的 36 个城市，以市为单位进行区域民生发展指数的测算与比较。由于历史原因，中国台湾、香港、澳门等地区的统计数据与中国内地各城市的数据具有不同程度差异，未列入本报告研究范围。地级城市报告部分选取的样本是全国 27 个省所包含的 262 个地级市，以市为单位进行区域民生发展指数的测算与比较。①

2. 数据收集

为保障数据科学、准确，本报告采用的基础数据全部来源于公开出版的年鉴或者相关部门公布的权威指标数据，主要有 2015 年各省会城市、副省级城市、计划单列市、地级市国民经济和社会发展统计公报。

3. 数据无量纲化

本报告中，数据处理主要是指数据无量纲化处理。由于各项指标数据的量纲不同，要对这些指标进行综合集成，所有指标数据都必须进行无量纲化处理，再进行统一计算。对于客观指标原始数据无量纲处理，本文主要采取阈值法对数据进行无量纲化处理。阈值法的计算公式：$X_i=\frac{(x_i-x_{\mathrm{Min}})}{(x_{\mathrm{Max}}-x_{\mathrm{Min}})}$，$X_i$ 为转换后的值，x_{Max} 为最大样本值，x_{Min} 为最小样本值，x_i 为原始值。

① 因各省会城市的民生发展指数在“省会城市与计划单列市报告”部分已做测算与分析，所以在地级城市报告部分中，测算范围为去除掉省会城市与计划单列市以外的 262 个地级市。海南省三沙市、西藏日喀则、西藏昌都、西藏山南因数据缺失未被列入评价体系。

(二)测算方法

本报告结合国内外通用规则以及报告的具体目标，拟采用综合评价指数法对我国区域民生发展水平进行评价。综合指数法分为线性加权模型、乘法评价模型、加乘混合评价模型等几种形式。本报告的指标体系中各指标的重要程度较大，指标值的差异不大，且各个指标间基本相互独立，各指标只影响综合评价值而指标之间不相互影响，因此采用线性加权模型进行计算。为了保证测度结果的客观公正，所有指标口径概念均与国家统计局相关统计制度保持一致。各指标的权重由德尔菲法确定，并将在测算结果的具体分析中加以具体说明。

四、"2016 中国民生发展指数"——省会城市与计划单列市部分

(一)总体测算结果

表 2　　2016 中国省会城市与计划单列市民生发展指数排名

指标	中国民生发展指数				
地区	指数值	排名	地区	指数值	排名
北京	0.6519	1	沈阳	0.2668	19
上海	0.6075	2	济南	0.2641	20
重庆	0.4708	3	哈尔滨	0.2584	21
广州	0.4626	4	福州	0.2537	22
深圳	0.4029	5	石家庄	0.2316	23
杭州	0.4017	6	南昌	0.2275	24
天津	0.3931	7	厦门	0.2236	25
成都	0.3736	8	长春	0.2187	26
武汉	0.3592	9	贵阳	0.2145	27

续表

指标	中国民生发展指数				
地区	指数值	排名	地区	指数值	排名
长沙	0.3374	10	太原	0.2106	28
南京	0.3206	11	南宁	0.2010	29
青岛	0.3179	12	兰州	0.1922	30
郑州	0.3071	13	呼和浩特	0.1906	31
宁波	0.3037	14	乌鲁木齐	0.1865	32
合肥	0.2980	15	海口	0.1759	33
西安	0.2905	16	银川	0.1707	34
昆明	0.2801	17	西宁	0.1503	35
大连	0.2719	18	拉萨	0.1432	36

一级指标得分前五的城市分别为北京、上海、重庆、广州、深圳，得分后五名的城市分别为乌鲁木齐、海口、银川、西宁、拉萨。省会城市与计划单列市民生发展水平总体呈现出“东部——东北部——中部——西部”由高到低阶梯状分布。① 但部分副省级城市与省会城市呈现出与所在区域总体位次趋势不一样的情形，例如东三省的省会城市沈阳、长春、哈尔滨差异较大，沈阳排名第19位，哈尔滨排名第21位，长春排名第26位。

(二)2016 五大民生指标排名及分析

1. 民生基础排名及分析

二级指标“民生基础”主要考察各地区发展民生事业的经济基础，下设五个三级指标，即地区生产总值、人均地区生产总值、财政收入、固定资产投资、社会消费品零售总额。

① 本报告中东部地区、中部地区、西部地区、东北地区的划分参照国家统计部门划分标准。其中，东部地区包括：北京、天津、河北、上海、江苏、浙江、福建、山东、广东和海南10省市；中部地区包括山西、安徽、江西、河南、湖北和湖南6省；西部地区包括内蒙古、广西、重庆、四川、贵州、云南、西藏、陕西、甘肃、青海、宁夏和新疆12省(区、市)；东北地区包括辽宁、吉林和黑龙江3省。

表 3　　2016 中国省会城市与计划单列市民生基础排名

指标 / 地区	民生基础	
	指数值	排名
上海	0.7744	1
北京	0.7593	2
广州	0.6814	3
天津	0.6009	4
重庆	0.5765	5
武汉	0.4649	6
深圳	0.4530	7
杭州	0.4302	8
青岛	0.4258	9
南京	0.3861	10
成都	0.3829	11
长沙	0.3711	12
宁波	0.3584	13
郑州	0.3265	14
沈阳	0.3060	15
大连	0.3056	16
西安	0.2806	17
福州	0.2758	18
济南	0.2734	19
合肥	0.2706	20
哈尔滨	0.2491	21
石家庄	0.2433	22
长春	0.2433	23
南昌	0.2120	24
厦门	0.1949	25
昆明	0.1773	26
南宁	0.1702	27
呼和浩特	0.1672	28
贵阳	0.1631	29
太原	0.1452	30
兰州	0.1349	31
乌鲁木齐	0.1324	32

续表

地区\指标	民生基础	
	指数值	排名
银川	0.1125	33
海口	0.0909	34
西宁	0.0804	35
拉萨	0.0693	36

民生基础排在前五名的省会城市与计划单列市分别是上海、北京、广州、天津、重庆，排在后五位的是乌鲁木齐、银川、海口、西宁、拉萨，依据排名可以看出民生基础与当前的经济发展程度有很大的相关性，同时大多数城市民生基础排名与民生发展的排名较为接近。

2. 收入消费排名及分析

二级指标“收入消费”重点考察各地区城镇和农村居民收入、消费、保障水平。下设六个三级指标，即城镇居民人均可支配收入、农村居民人均纯收入、城镇消费品零售额、乡村消费品零售额、享受城市居民最低生活保障的人数、享受农村居民最低生活保障的人数。

表 4　　2016 中国省会城市与计划单列市收入消费排名

地区\指标	收入消费	
	指数值	排名
上海	0.7068	1
北京	0.6536	2
合肥	0.5415	3
广州	0.4310	4
杭州	0.4272	5
宁波	0.4264	6
重庆	0.4183	7
南京	0.3968	8
长沙	0.3879	9
天津	0.3793	10
武汉	0.3654	11

续表

指标 地区	收入消费	
	指数值	排名
深圳	0.3581	12
青岛	0.3390	13
成都	0.3096	14
哈尔滨	0.2904	15
济南	0.2833	16
沈阳	0.2818	17
厦门	0.2616	18
福州	0.2609	19
郑州	0.2595	20
昆明	0.2538	21
西安	0.2372	22
石家庄	0.2118	23
南昌	0.2080	24
大连	0.2063	25
南宁	0.1963	26
呼和浩特	0.1934	27
乌鲁木齐	0.1762	28
太原	0.1728	29
兰州	0.1592	30
长春	0.1586	31
贵阳	0.1561	32
海口	0.1288	33
银川	0.1221	34
拉萨	0.1033	35
西宁	0.1010	36

就业收入排名前五位的省会城市与计划单列市分别是上海、北京、合肥、广州、杭州，排名后五位的分别是贵阳、海口、银川、拉萨、西宁。总体而言，由于与当地经济发展水平高度相关等原因，东部沿海地区城市收入就业质量指数排名普遍高于东北部、中西部等全国其他副省级以上城市。

3. 居住出行排名及分析

二级指标“居住出行”重点考察了各地区的房地产开发情况、交通设施、邮电业务等方面的内容。下设六个三级指标，即房地产开发投资、城市每万人拥有民用汽车、邮电业务总量、移动电话普及率、本地固定电话用户数、旅游总收入。

表 5　　2016 中国省会城市与计划单列市居住出行排名

地区＼指标	居住出行	
	指数值	排名
北京	0.6793	1
上海	0.6167	2
深圳	0.4228	3
成都	0.3721	4
重庆	0.3656	5
广州	0.3620	6
杭州	0.3302	7
昆明	0.3120	8
武汉	0.2451	9
西安	0.2401	10
南京	0.2331	11
天津	0.2204	12
沈阳	0.2055	13
郑州	0.1948	14
青岛	0.1944	15
长沙	0.1870	16
福州	0.1679	17
大连	0.1645	18
合肥	0.1550	19
哈尔滨	0.1441	20
贵阳	0.1395	21
厦门	0.1395	22
济南	0.1339	23

续表

地区＼指标	居住出行	
	指数值	排名
太原	0.1193	24
宁波	0.1192	25
长春	0.1178	26
南宁	0.1085	27
石家庄	0.0994	28
海口	0.0985	29
南昌	0.0940	30
乌鲁木齐	0.0887	31
兰州	0.0851	32
呼和浩特	0.0740	33
银川	0.0645	34
西宁	0.0515	35
拉萨	0.0469	36

居住出行排名前五位的省会城市与计划单列市分别是北京、上海、深圳、成都、重庆，排名后五位的城市为兰州、呼和浩特、银川、西宁、拉萨。随着我国城镇化进程不断推进，高房价、交通拥堵等“城市病”不断凸显，从而成为民众最为关心的民生议题之一。只有妥善、切实解决好住房和交通问题，才能真正改善民生，推进民生发展水平。

4. 文化教育排名及分析

二级指标“文化教育”重点考察了各地区居民的文化素质、人均占有公共教育资源及文娱消费比重等因素。下设六个三级指标，即每万人口在校大学生数、每万人口在校高中学生数、每万人口在校初中学生数、每万人口在校小学生数、人公共图书馆数、有线电视用户数。

表 6　　2016 中国省会城市与计划单列市文化教育排名

指标 地区	文化教育	
	指数值	排名
重庆	0.4685	1
郑州	0.3836	2
南昌	0.3742	3
上海	0.3543	4
成都	0.3501	5
昆明	0.3358	6
北京	0.3316	7
长沙	0.3290	8
太原	0.3271	9
南宁	0.3154	10
贵阳	0.3090	11
石家庄	0.3036	12
天津	0.3029	13
西安	0.2987	14
广州	0.2899	15
哈尔滨	0.2869	16
福州	0.2835	17
银川	0.2775	18
杭州	0.2766	19
合肥	0.2762	20
兰州	0.2762	21
青岛	0.2716	22
济南	0.2681	23
大连	0.2649	24
厦门	0.2633	25
呼和浩特	0.2618	26
拉萨	0.2598	27
长春	0.2590	28
海口	0.2575	29
武汉	0.2515	30

续表

地区＼指标	文化教育	
	指数值	排名
宁波	0.2278	31
西宁	0.2255	32
南京	0.2078	33
乌鲁木齐	0.2066	34
深圳	0.1997	35
沈阳	0.1912	36

文化教育排名前五位的省会城市与计划单列市分别是重庆、郑州、南昌、上海、成都，排名后五位的分别是西宁、南京、乌鲁木齐、深圳、沈阳。值得注意的是，文化教育的指标中凸显出个别城市虽然整体城市实力很强，但存在人均教育资源不足的问题。

5. 安全健康排名及分析

二级指标“安全健康”问题与每个人息息相关，是保障个人生存和发展的重要前提条件。下设六个三级指标，即：每千人拥有卫生机构数、每千人拥有卫生机构床位、每千人拥有卫生技术人员、城镇居民基本养老保险参保人数、失业保险参保人数、城镇居民基本医疗保险参保人数。

表 7　　2016 中国省会城市与计划单列市安全健康排名

地区＼指标	安全健康	
	指数值	排名
北京	0.7758	1
深圳	0.5528	2
杭州	0.5283	3
上海	0.4930	4
重庆	0.4665	5
成都	0.4480	6
广州	0.4271	7
武汉	0.4101	8
西安	0.4016	9

续表

地区＼指标	安全健康	
	指数值	排名
大连	0.3995	10
长沙	0.3931	11
昆明	0.3786	12
郑州	0.3605	13
乌鲁木齐	0.3589	14
济南	0.3567	15
宁波	0.3564	16
海口	0.3511	17
天津	0.3468	18
南京	0.3428	19
兰州	0.3373	20
贵阳	0.3336	21
西宁	0.3317	22
沈阳	0.3278	23
哈尔滨	0.3265	24
太原	0.3249	25
银川	0.3092	26
长春	0.3011	27
青岛	0.2988	28
石家庄	0.2935	29
拉萨	0.2779	30
厦门	0.2749	31
呼和浩特	0.2696	32
福州	0.2680	33
合肥	0.2618	34
南昌	0.2581	35
南宁	0.2317	36

安全健康指标排名前五位的省会城市与计划单列市分别是北京、深圳、杭州、上海、重庆，排名后五位的分别是呼和浩特、福州、合肥、南昌、南宁。

在安全健康这一指标之下，发现排在末尾的几个城市，如福州、合肥、南昌经济实力较强，这从一定程度上可归因于这些城市中庞大的流动人口群体并没有获得充分的医疗卫生资源和社会保障支持。

>> 五、“2016 中国民生发展指数”——地级市部分 <<

（一）总体测算结果

表 8　　2016 中国地级市民生发展指数排名

指标	中国民生发展指数				
地区	指数值	排名	地区	指数值	排名
苏州	0.3639	1	无锡	0.2854	2
东莞	0.2663	3	佛山	0.2606	4
金华	0.2444	5	湖州	0.2438	6
温州	0.2436	7	泉州	0.2413	8
绍兴	0.2394	9	烟台	0.2392	10
常州	0.2365	11	珠海	0.2254	12
台州	0.2242	13	南通	0.2228	14
徐州	0.2199	15	唐山	0.2182	16
柳州	0.2162	17	中山	0.2118	18
潍坊	0.2076	19	东营	0.2013	20
嘉兴	0.2008	21	济宁	0.2002	22
保定	0.2002	23	鄂尔多斯	0.1966	24
包头	0.1942	25	泰州	0.1939	26
临沂	0.1923	27	洛阳	0.1905	28
盐城	0.1902	29	威海	0.1884	30
宜昌	0.1882	31	镇江	0.1880	32
衡阳	0.1872	33	南阳	0.1836	34
菏泽	0.1830	35	惠州	0.1822	36
延安	0.1822	37	襄阳	0.1821	38
扬州	0.1801	39	泰安	0.1790	40

续表

指标	中国民生发展指数				
地区	指数值	排名	地区	指数值	排名
郴州	0.177 9	41	邯郸	0.1775	42
阿拉善盟	0.1775	43	榆林	0.1772	44
遵义	0.1764	45	舟山	0.1750	46
马鞍山	0.1738	47	克拉玛依	0.1712	48
新乡	0.1707	49	吉林	0.1677	50
芜湖	0.1669	51	江门	0.1668	52
湛江	0.1658	53	廊坊	0.1657	54
铜陵	0.1654	55	株洲	0.1653	56
漳州	0.1648	57	岳阳	0.1647	58
资阳	0.1635	59	衢州	0.1626	60
桂林	0.1626	61	赣州	0.1618	62
汕头	0.1613	63	焦作	0.1610	64
铜仁	0.1606	65	湘潭	0.1605	66
毕节	0.1598	67	秦皇岛	0.1597	68
沧州	0.1595	69	内江	0.1592	70
通辽	0.1589	71	淄博	0.1584	72
肇庆	0.1584	73	九江	0.1583	74
泸州	0.1582	75	张家口	0.1579	76
盘锦	0.1579	77	安阳	0.1576	78
三明	0.1575	79	聊城	0.1571	80
绵阳	0.1562	81	滨州	0.1561	82
宝鸡	0.1560	83	茂名	0.1556	84
鞍山	0.1556	85	锡林郭勒盟	0.1555	86
长治	0.1554	87	上饶	0.1544	88
德州	0.1537	89	三亚	0.1535	90
乌兰察布	0.1534	91	枣庄	0.1529	92
攀枝花	0.1524	93	南充	0.1523	94
龙岩	0.1522	95	永州	0.1519	96
新余	0.1518	97	荆门	0.1513	98
德阳	0.1506	99	邢台	0.1506	100

续表

指标	中国民生发展指数				
地区	指数值	排名	地区	指数值	排名
嘉峪关	0.1505	101	淮安	0.150 0	102
阳江	0.1490	103	玉溪	0.1488	104
吉安	0.1478	105	咸阳	0.1474	106
韶关	0.1473	107	宁德	0.1466	108
本溪	0.1465	109	宜春	0.1459	110
常德	0.1459	111	咸宁	0.1456	112
大庆	0.1456	113	承德	0.1456	114
自贡	0.1454	115	鹤壁	0.1452	116
曲靖	0.1452	117	乌海	0.1448	118
百色	0.1447	119	许昌	0.1445	120
濮阳	0.1442	121	乐山	0.1440	122
衡水	0.1435	123	黄冈	0.1435	124
呼伦贝尔	0.1435	125	莆田	0.1435	126
十堰	0.1432	127	南平	0.1424	128
蚌埠	0.1422	129	萍乡	0.1420	130
临汾	0.1419	131	宜宾	0.1416	132
贵港	0.1413	133	朔州	0.1411	134
宿迁	0.1403	135	开封	0.1403	136
景德镇	0.1401	137	酒泉	0.1398	138
晋中	0.1392	139	大同	0.1389	140
安康	0.1385	141	赤峰	0.1382	142
益阳	0.1377	143	六盘水	0.1366	144
清远	0.1364	145	丽水	0.1363	146
达州	0.1359	147	平顶山	0.1357	148
娄底	0.1356	149	北海	0.1356	150
晋城	0.1354	151	阳泉	0.1348	152
巴彦淖尔	0.1348	153	信阳	0.1347	154
商丘	0.1346	155	牡丹江	0.1344	156
昭通	0.1343	157	抚顺	0.1342	158
运城	0.1336	159	梅州	0.1336	160

续表

指标	中国民生发展指数				
地区	指数值	排名	地区	指数值	排名
锦州	0.1334	161	忻州	0.1332	162
怀化	0.1330	163	驻马店	0.1323	164
抚州	0.1320	165	日照	0.1319	166
铜川	0.1319	167	金昌	0.1317	168
周口	0.1317	169	荆州	0.1315	170
安顺	0.1311	171	眉山	0.1311	172
营口	0.1307	173	阜阳	0.1306	174
黄石	0.1305	175	张掖	0.1302	176
鹰潭	0.1302	177	丹东	0.1298	178
莱芜	0.1293	179	淮南	0.1292	180
孝感	0.1290	181	三门峡	0.1289	182
玉林	0.1283	183	来宾	0.1283	184
朝阳	0.1281	185	揭阳	0.1281	186
连云港	0.1280	187	四平	0.1275	188
广元	0.1274	189	随州	0.1270	190
漯河	0.1270	191	河源	0.1265	192
吕梁	0.1257	193	防城港	0.1251	194
铁岭	0.1249	195	滁州	0.1233	196
雅安	0.1232	197	渭南	0.1230	198
广安	0.1229	199	平凉	0.1226	200
钦州	0.1221	201	黄山	0.1219	202
商洛	0.1218	203	辽源	0.1217	204
鄂州	0.1212	205	安庆	0.1211	206
辽阳	0.1202	207	葫芦岛	0.1199	208
阜新	0.1197	209	儋州	0.1188	210
云浮	0.1186	211	巴中	0.1177	212
梧州	0.1176	213	河池	0.1174	214
固原	0.1169	215	吴忠	0.1169	216
遂宁	0.1168	217	石嘴山	0.1168	218
哈密	0.1164	219	白山	0.1161	220

续表

指标	中国民生发展指数				
地区	指数值	排名	地区	指数值	排名
通化	0.1160	221	池州	0.1155	222
汉中	0.1147	223	吐鲁番	0.1141	224
宿州	0.1140	225	庆阳	0.1139	226
松原	0.1136	227	淮北	0.1136	228
佳木斯	0.1133	229	张家界	0.1128	230
邵阳	0.1125	231	白银	0.1123	232
武威	0.1120	233	宣城	0.1117	234
崇左	0.1117	235	保山	0.1097	236
兴安盟	0.1097	237	黑河	0.1087	238
鸡西	0.1078	239	贺州	0.1075	240
六安	0.1066	241	海东	0.1066	242
白城	0.1058	243	定西	0.1055	244
汕尾	0.1051	245	鹤岗	0.1050	246
临沧	0.1043	247	齐齐哈尔	0.1043	248
中卫	0.1035	249	延边朝鲜族自治州	0.1033	250
伊春	0.1029	251	丽江	0.1028	252
普洱	0.1020	253	亳州	0.1015	254
天水	0.1006	255	大兴安岭	0.1005	256
双鸭山	0.1001	257	绥化	0.1001	258
潮州	0.0998	259	七台河	0.0957	260
林芝	0.0915	261	陇南	0.0907	262

(二)2016 地级市民生发展 100 强

表 9　　2016 中国地级市民生发展 100 强

地区	指数值	排名
苏州	0.3639	1
无锡	0.2854	2

续表

地区	指数值	排名
东莞	0.2663	3
佛山	0.2606	4
金华	0.2444	5
湖州	0.2438	6
温州	0.2436	7
泉州	0.2413	8
绍兴	0.2394	9
烟台	0.2392	10
常州	0.2365	11
珠海	0.2254	12
台州	0.2242	13
南通	0.2228	14
徐州	0.2199	15
唐山	0.2182	16
柳州	0.2162	17
中山	0.2118	18
潍坊	0.2076	19
东营	0.2013	20
嘉兴	0.2008	21
济宁	0.2002	22
保定	0.2002	23
鄂尔多斯	0.1966	24
包头	0.1942	25
泰州	0.1939	26
临沂	0.1923	27
洛阳	0.1905	28
盐城	0.1902	29
威海	0.1884	30
宜昌	0.1882	31
镇江	0.1880	32
衡阳	0.1872	33
南阳	0.1836	34
菏泽	0.1830	35

续表

地区	指数值	排名
惠州	0.1822	36
延安	0.1822	37
襄阳	0.1821	38
扬州	0.180 1	39
泰安	0.179 0	40
郴州	0.177 9	41
邯郸	0.1775	42
阿拉善盟	0.1775	43
榆林	0.1772	44
遵义	0.1764	45
舟山	0.1750	46
马鞍山	0.1738	47
克拉玛依	0.1712	48
新乡	0.1707	49
吉林	0.1677	50
芜湖	0.1669	51
江门	0.1668	52
湛江	0.1658	53
廊坊	0.1657	54
铜陵	0.1654	55
株洲	0.1653	56
漳州	0.1648	57
岳阳	0.1647	58
资阳	0.1635	59
衢州	0.1626	60
桂林	0.1626	61
赣州	0.1618	62
汕头	0.1613	63
焦作	0.1610	64
铜仁	0.1606	65
湘潭	0.1605	66
毕节	0.1598	67
秦皇岛	0.1597	68

续表

地区	指数值	排名
沧州	0.1595	69
内江	0.1592	70
通辽	0.1589	71
淄博	0.1584	72
肇庆	0.1584	73
九江	0.1583	74
泸州	0.1582	75
张家口	0.1579	76
盘锦	0.1579	77
安阳	0.1576	78
三明	0.1575	79
聊城	0.1571	80
绵阳	0.1562	81
滨州	0.1561	82
宝鸡	0.1560	83
茂名	0.1556	84
鞍山	0.1556	85
锡林郭勒盟	0.1555	86
长治	0.1554	87
上饶	0.1544	88
德州	0.1537	89
三亚	0.1535	90
乌兰察布	0.1534	91
枣庄	0.1529	92
攀枝花	0.1524	93
南充	0.1523	94
龙岩	0.1522	95
永州	0.1519	96
新余	0.1518	97
荆门	0.1513	98
德阳	0.1506	99
邢台	0.1506	100

(三)地级市民生发展指数省内排名

1. 河北

表 10　　河北各城市民生指数排名

河北省			
城市	指数值	2016 年排名	2015 年排名
石家庄	0.2316	1	2
唐山	0.2182	2	1
保定	0.2002	3	3
邯郸	0.1775	4	4
廊坊	0.1657	5	6
秦皇岛	0.1597	6	7
沧州	0.1595	7	5
张家口	0.1579	8	9
邢台	0.1506	9	8
承德	0.1456	10	10
衡水	0.1435	11	11

河北省民生指数排名前三位的城市为石家庄、唐山、保定，排名后三位的城市为邢台、承德、衡水，各城市民生发展程度 2015 年与 2016 年基本持衡。

2. 山西

表 11　　山西各城市民生指数排名

山西			
城市	指数值	2016 年排名	2015 年排名
太原	0.2106	1	1
长治	0.1554	2	4
临汾	0.1419	3	8
朔州	0.1411	4	6
晋中	0.1392	5	3
大同	0.1389	6	2

续表

山西			
城市	指数值	2016 年排名	2015 年排名
晋城	0.1354	7	7
阳泉	0.1348	8	9
运城	0.1336	9	5
忻州	0.1332	10	11
吕梁	0.1257	11	10

山西省民生指数排名变化较大，前三位的城市为太原、长治、临汾，排名后三位的城市为运城、忻州、吕梁，其中临汾、长治、朔州的民生改善情况较为明显。

3. 内蒙古

表 12　　内蒙古各城市民生指数排名

内蒙古			
城市	指数值	2016 年排名	2015 年排名
鄂尔多斯	0.1966	1	1
包头	0.1942	2	2
呼和浩特	0.1906	3	3
阿拉善盟	0.1775	4	4
通辽	0.1589	5	7
锡林郭勒盟	0.1555	6	10
乌兰察布	0.1534	7	11
乌海	0.1448	8	6
呼伦贝尔	0.1435	9	8
赤峰	0.1382	10	5
巴彦淖尔	0.1348	11	9
兴安盟	0.1097	12	12

内蒙古自治区民生指数排名有所变化，前三位的城市为鄂尔多斯、包头、呼和浩特，排名后三位的城市为赤峰、巴彦淖尔、兴安盟，其中通辽、锡林郭勒盟、乌兰察布的民生改善情况较为明显。

4. 辽宁

表 13　　辽宁各城市民生指数排名

辽宁			
城市	指数值	2016 年排名	2015 年排名
大连	0.2719	1	1
沈阳	0.2668	2	2
盘锦	0.1579	3	4
鞍山	0.1556	4	3
本溪	0.1465	5	5
抚顺	0.1342	6	8
锦州	0.1334	7	9
营口	0.1307	8	6
丹东	0.1298	9	7
朝阳	0.1281	10	13
铁岭	0.1249	11	12
辽阳	0.1202	12	10
葫芦岛	0.1199	13	11
阜新	0.1197	14	14

辽宁省民生指数排名前三位的城市为大连、沈阳、盘锦，排名后三位的城市为辽阳、葫芦岛、阜新，其中排名上升较明显的是抚顺、锦州、朝阳、铁岭。

5. 吉林

表 14　　吉林各城市民生指数排名

吉林			
城市	指数值	2016 年排名	2015 年排名
长春	0.2187	1	1
吉林	0.1677	2	2
四平	0.1275	3	4
辽源	0.1217	4	8

续表

吉林			
城市	指数值	2016 年排名	2015 年排名
白山	0.1161	5	7
通化	0.1160	6	3
松原	0.1136	7	6
白城	0.1058	8	9
延边朝鲜族自治州	0.1033	9	5

吉林省民生指数排名前三位的城市为长春、吉林、四平，排名后三位的城市为松原、白城、延边朝鲜族自治州，其中四平、辽源、白山排名上升较明显。

6. 黑龙江

表 15　　黑龙江各城市民生指数排名

黑龙江			
城市	指数值	2016 年排名	2015 年排名
哈尔滨	0.2584	1	1
大庆	0.1456	2	2
牡丹江	0.1344	3	3
佳木斯	0.1133	4	4
黑河	0.1087	5	12
鸡西	0.1078	6	10
鹤岗	0.1050	7	7
齐齐哈尔	0.1043	8	5
伊春	0.1029	9	13
大兴安岭	0.1005	10	9
双鸭山	0.1001	11	8
绥化	0.1001	12	6
七台河	0.0957	13	11

黑龙江省民生指数排名情况变化较大，其中排名前三位的城市为哈尔滨、大庆、牡丹江，后三位的城市为双鸭山、绥化、七台河，其中改善较明显的为黑河、鸡西、伊春，分别从第 12、10、13 位上升至第 5、6、9 位。

7. 江苏

表 16　　江苏省各城市民生指数排名

江苏			
城市	指数值	2016 年排名	2015 年排名
苏州	0.3639	1	1
南京	0.3206	2	2
无锡	0.2854	3	3
常州	0.2365	4	4
南通	0.2228	5	5
徐州	0.2199	6	6
泰州	0.1939	7	10
盐城	0.1902	8	11
镇江	0.1880	9	9
扬州	0.180 1	10	8
淮安	0.150 0	11	7
宿迁	0.1403	12	13
连云港	0.1280	13	12

江苏省民生指数排名前三位的城市为苏州、南京、无锡，后三位的城市为淮安、宿迁、连云港，其中改善较明显的为泰州、盐城。

8. 浙江

表 17　　浙江各城市民生指数排名

浙江			
城市	指数值	2016 年排名	2015 年排名
杭州	0.4017	1	1
宁波	0.3037	2	2
金华	0.2444	3	5
湖州	0.2438	4	8
温州	0.2436	5	3
绍兴	0.2394	6	4
台州	0.2242	7	7

续表

浙江			
城市	指数值	2016 年排名	2015 年排名
嘉兴	0.2008	8	6
舟山	0.1750	9	10
衢州	0.1626	10	11
丽水	0.1363	11	9

浙江省民生指数排名前三位的城市为杭州、宁波、金华，后三位的城市为舟山、衢州、丽水，其中改善较明显的为金华、湖州。

9. 安徽

表 18　　安徽各城市民生指数排名

安徽			
城市	指数值	2016 年排名	2015 年排名
合肥	0.2980	1	1
马鞍山	0.1738	2	2
芜湖	0.1669	3	3
铜陵	0.1654	4	4
蚌埠	0.1422	5	8
阜阳	0.1306	6	10
淮南	0.1292	7	7
滁州	0.1233	8	6
黄山	0.1219	9	14
安庆	0.1211	10	13
池州	0.1155	11	16
宿州	0.1140	12	15
淮北	0.1136	13	5
宣城	0.1117	14	9
六安	0.1066	15	11
亳州	0.1015	16	12

安徽省民生指数排名情况变化较大，其中排名前三位的城市为合肥、马鞍

山、芜湖，后三位的城市为宣城、六安、亳州，其中上升较明显的为蚌埠、阜阳、黄山、安庆、池州、宿州。

10. 福建

表 19　　福建各城市民生指数排名

福建			
城市	指数值	2016 年排名	2015 年排名
福州	0.2537	1	1
泉州	0.2413	2	2
厦门	0.2236	3	3
漳州	0.1648	4	5
三明	0.1575	5	8
龙岩	0.1522	6	7
宁德	0.1466	7	9
莆田	0.1435	8	4
南平	0.1424	9	6

福建省民生指数排名情况变化较大，其中排名前三位的城市为福州、泉州、厦门，后三位的城市为宁德、莆田、南平，其中改善较明显的为三明、宁德。

11. 江西

表 20　　江西各城市民生指数排名

江西			
城市	指数值	2016 年排名	2015 年排名
南昌	0.2275	1	1
赣州	0.1618	2	3
九江	0.1583	3	2
上饶	0.1544	4	5
新余	0.1518	5	7
吉安	0.1478	6	6
宜春	0.1459	7	8
萍乡	0.1420	8	10

续表

江西			
城市	指数值	2016 年排名	2015 年排名
景德镇	0.1401	9	4
抚州	0.1320	10	9
鹰潭	0.1302	11	11

江西省民生指数排名前三位的城市为南昌、赣州、九江，后三位的城市为景德镇、抚州、鹰潭，其中改善较明显的为赣州、上饶、新余、宜春、萍乡。

12. 山东

表 21 山东各城市民生指数排名

山东			
城市	指数值	2016 年排名	2015 年排名
青岛	0.3179	1	1
济南	0.2641	2	2
烟台	0.2392	3	3
潍坊	0.2076	4	4
东营	0.2013	5	7
济宁	0.2002	6	5
临沂	0.1923	7	6
威海	0.1884	8	9
菏泽	0.1830	9	16
泰安	0.179 0	10	10
淄博	0.1584	11	8
聊城	0.1571	12	12
滨州	0.1561	13	11
德州	0.1537	14	13
枣庄	0.1529	15	15
日照	0.1319	16	14
莱芜	0.1293	17	17

山东省民生指数排名前三位的城市为青岛、济南、烟台，后三位的城市为

枣庄、日照、莱芜，其中改善较明显的为东营、威海、菏泽。需要说明的是，莱芜城市规模较小，因经济总量等指标的影响而排名靠后，但莱芜人均指标的排名较为靠前。

13. 河南

表 22　　河南各城市民生指数排名

河南			
城市	指数值	2016 年排名	2015 年排名
郑州	0.3071	1	1
洛阳	0.1905	2	2
南阳	0.1836	3	3
新乡	0.1707	4	4
焦作	0.1610	5	5
安阳	0.1576	6	7
鹤壁	0.1452	7	17
许昌	0.1445	8	11
濮阳	0.1442	9	13
开封	0.1403	10	8
平顶山	0.1357	11	9
信阳	0.1347	12	10
商丘	0.1346	13	12
驻马店	0.1323	14	14
周口	0.1317	15	6
三门峡	0.1289	16	15
漯河	0.1270	17	16

河南省民生指数排名情况变化较大，其中排名前三位的城市为郑州、洛阳、南阳，后三位的城市为周口、三门峡、漯河，其中改善较明显的为鹤壁、许昌、濮阳，分别从第 17、11、13 位上升至第 7、8、9 位。

14. 湖北

表 23　　湖北各城市民生指数排名

湖北			
城市	指数值	2016 年排名	2015 年排名
武汉	0.3592	1	1
宜昌	0.1882	2	2
襄阳	0.1821	3	3
荆门	0.1513	4	4
咸宁	0.1456	5	10
黄冈	0.1435	6	9
十堰	0.1432	7	6
荆州	0.1315	8	7
黄石	0.1305	9	5
孝感	0.1290	10	11
随州	0.1270	11	8
鄂州	0.1212	12	12

湖北省民生指数排名情况变化较大，其中排名前三位的城市为武汉、宜昌、襄阳，后三位的城市为孝感、随州、鄂州，其中改善较明显的为咸宁、黄冈，分别从第 10、9 位上升至第 5、6 位。

15. 湖南

表 24　　湖南各城市民生指数排名

湖南			
城市	指数值	2016 年排名	2015 年排名
长沙	0.3374	1	1
衡阳	0.1872	2	2
郴州	0.177 9	3	6
株洲	0.1653	4	3
岳阳	0.1647	5	4
湘潭	0.1605	6	5
永州	0.1519	7	10
常德	0.1459	8	7

续表

湖南			
城市	指数值	2016 年排名	2015 年排名
益阳	0.1377	9	9
娄底	0.1356	10	12
怀化	0.1330	11	8
张家界	0.1128	12	13
邵阳	0.1125	13	11

湖南省民生指数排名情况变化较大，其中排名前三位的城市为长沙、衡阳、郴州，后三位的城市为怀化、张家界、邵阳，其中改善较明显的为郴州、永州、娄底，分别从第 6、10、12 位上升至第 3、7、10 位。

16. 广东

表 25　　广东各城市民生指数排名

广东			
城市	指数值	2016 年排名	2015 年排名
广州	0.4626	1	1
深圳	0.4029	2	2
东莞	0.2663	3	4
佛山	0.2606	4	3
珠海	0.2254	5	6
中山	0.2118	6	5
惠州	0.1822	7	7
江门	0.1668	8	8
湛江	0.1658	9	11
汕头	0.1613	10	10
肇庆	0.1584	11	12
茂名	0.1556	12	9
阳江	0.1490	13	19
韶关	0.1473	14	13
清远	0.1364	15	14
梅州	0.1336	16	18
揭阳	0.1281	17	15
河源	0.1265	18	21

续表

广东			
城市	指数值	2016 年排名	2015 年排名
云浮	0.1186	19	17
汕尾	0.1051	20	16
潮州	0.0998	21	20

广东省民生指数排名情况变化较大，其中排名前三位的城市为广州、深圳、东莞，后三位的城市为云浮、汕尾、潮州，其中上升较明显的为东莞、湛江、阳江、梅州、河源。

17. 广西

表 26　广西各城市民生指数排名

广西			
城市	指数值	2016 年排名	2015 年排名
柳州	0.2162	1	1
南宁	0.2010	2	2
桂林	0.1626	3	3
百色	0.1447	4	14
贵港	0.1413	5	7
北海	0.1356	6	10
玉林	0.1283	7	4
来宾	0.1283	8	8
防城港	0.1251	9	13
钦州	0.1221	10	6
梧州	0.1176	11	5
河池	0.1174	12	12
崇左	0.1117	13	11
贺州	0.1075	14	9

广西省民生指数排名情况变化较大，其中排名前三位的城市为柳州、南宁、桂林，后三位的城市为河池、崇左、贺州，其中上升最明显的为百色、北海、防城港，分别从第 14、10、13 位上升至第 4、6、9 位。

18. 海南

表 27　　海南各城市①民生指数排名

海南			
城市	指数值	2016 年排名	2015 年排名
海口	0.1759	1	1
三亚	0.1535	2	2
儋州	0.1188	3	3

海南省三的民生指数排名保持不变。

19. 四川

表 28　　四川各城市民生指数排名

四川			
城市	指数值	2016 年排名	2015 年排名
成都	0.3736	1	1
资阳	0.1635	2	18
内江	0.1592	3	11
泸州	0.1582	4	6
绵阳	0.1562	5	3
攀枝花	0.1524	6	2
南充	0.1523	7	7
德阳	0.1506	8	4
自贡	0.1454	9	8
乐山	0.1440	10	9
宜宾	0.1416	11	5
达州	0.1359	12	10
眉山	0.1311	13	12
广元	0.1274	14	15
雅安	0.1232	15	14
广安	0.1229	16	16
巴中	0.1177	17	13
遂宁	0.1168	18	17

① 三沙市因数据缺失较多未列入评价体系。

四川省民生指数排名情况变化很大，其中排名前三位的城市为成都、资阳、内江，后三位的城市为广安、巴中、遂宁，其中上升最明显的为资阳、内江、泸州，分别从第 18、11、6 位上升至第 2、3、4 位。

20. 贵州

表 29　　贵州各城市民生指数排名

贵州			
城市	指数值	2016 年排名	2015 年排名
贵阳	0.2145	1	1
遵义	0.1764	2	2
铜仁	0.1606	3	6
毕节	0.1598	4	5
六盘水	0.1366	5	3
安顺	0.1311	6	4

贵州省民生指数排名前三位的城市为贵阳、遵义、铜仁，后三位的城市为毕节、六盘水、安顺，其中改善较明显的为铜仁、毕节。

21. 云南

表 30　　云南各城市民生指数排名

云南			
城市	指数值	2016 年排名	2015 年排名
昆明	0.2801	1	1
玉溪	0.1488	2	2
曲靖	0.1452	3	3
昭通	0.1343	4	6
保山	0.1097	5	4
临沧	0.1043	6	7
丽江	0.1028	7	8
普洱	0.1020	8	5

云南省民生指数排名情况如表 30 所示，其中排名前三位的城市为昆明、玉溪、曲靖，后三位的城市为临沧、丽江、普洱，其中改善最明显的为昭通、临沧、丽江。

22. 西藏

表 31　　西藏各城市①民生指数排名

西藏			
城市	指数值	2016 年排名	2015 年排名
拉萨	0.1432	1	1
林芝	0.0915	2	2

西藏自治区两市的民生指数排名保持不变。

23. 陕西

表 32　　陕西各城市民生指数排名

陕西			
城市	指数值	2016 年排名	2015 年排名
西安	0.2905	1	1
延安	0.1822	2	4
榆林	0.1772	3	2
宝鸡	0.1560	4	5
咸阳	0.1474	5	3
安康	0.1385	6	9
铜川	0.1319	7	10
渭南	0.1230	8	6
商洛	0.1218	9	8
汉中	0.1147	10	7

陕西省民生指数排名前三位的城市为西安、延安、榆林，后三位的城市为渭南、商洛、汉中，其中改善最明显的为延安、安康、铜川。

① 日喀则、昌都因数据缺失较多未被列入评价体系。

24. 甘肃

表 33　　甘肃各城市民生指数排名

甘肃			
城市	指数值	2016 年排名	2015 年排名
兰州	0.1922	1	1
嘉峪关	0.1505	2	2
酒泉	0.1398	3	3
金昌	0.1317	4	4
张掖	0.1302	5	5
平凉	0.1226	6	11
庆阳	0.1139	7	9
白银	0.1123	8	7
武威	0.1120	9	6
定西	0.1055	10	8
天水	0.1006	11	10
陇南	0.0907	12	12

甘肃省民生指数排名前三位的城市为兰州、嘉峪关、酒泉，后三位的城市为定西、天水、陇南，其中上升最明显的为平凉、庆阳。

25. 青海

表 34　　青海各城市民生指数排名

青海			
城市	指数值	2016 年排名	2015 年排名
西宁	0.1503	1	1
海东	0.1066	2	2

青海省两市的民生指数排名保持不变。

26. 宁夏

表35　宁夏各城市民生指数排名

宁夏			
城市	指数值	2016年排名	2015年排名
银川	0.1707	1	1
固原	0.1169	2	4
吴忠	0.1169	3	3
石嘴山	0.1168	4	2
中卫	0.1035	5	5

宁夏回族自治区民生指数排名前三位的城市为银川、固原、吴忠，其中上升较明显的为固原。

27. 新疆

表36　新疆各城市民生指数排名

新疆			
城市	指数值	2016年排名	2015年排名
乌鲁木齐	0.1865	1	1
克拉玛依	0.1712	2	2
哈密	0.1164	3	—
吐鲁番	0.1141	4	3

新疆维吾尔自治区的民生指数排名次序为：乌鲁木齐、克拉玛依、哈密、吐鲁番。哈密因数据公开可得性，今年首次列入民生报告评价体系。

>> 六、数据处理说明 <<

1. 样本选取

省会城市与计划单列市报告部分选取的样本是中国内地包括省会城市、计划单列市、直辖在内的36个城市，以为单位进行区域民生发展指数的测算与比较。由于历史原因，中国台湾、香港、澳门等地区的统计数据与中国内地各城市的数据具有不同程度差异，未列入本报告研究范围。

地级城市报告部分选取的样本是全国 27 个省所包含的 262 个城市，以市为单位进行区域民生发展指数的测算与比较。因各省会城市的民生发展指数在“省会城市与计划单列市报告”部分已做测算与分析，所以在地级城市报告部分中，测算范围为去除掉省会城市与计划单列市以外的 262 个地级。海南省三沙、西藏日喀则、西藏昌都、西藏山南因数据缺失未被列入评价体系。

2. 数据收集

为保障数据科学、准确，本报告采用的基础数据全部来源于公开出版的年鉴或者相关部门公布的权威指标数据，主要有 2015 年各省会城市、副省级城市、地级市国民经济和社会发展统计公报。

3. 缺失数据处理

对于缺失的数据主要有两种处理方法：1)报告中，有些城市的统计指标各个年度出现变化，一些指标在 2015 统计公报中找不到数据，使用了 2014 年公报中的数据。2)在使用第一种数据处理方法后仍未能够对数据进行补全的，取所在省份该指标平均值的方法进行补全，第二种方法主要体现在地级城市民生发展报告中。

指标定义与数据来源

1. 地区生产总值：指按场价格计算的一个地区所有常住单位在一定时期内生产活动的最终成果。

数据来源：2015 年各城市国民经济和社会发展统计公报。

2. 人均生产总值：指一定时期内按平均常住人口计算的地区生产总值。

数据来源：2015 年各城市国民经济和社会发展统计公报。

3. 财政收入：即公共财政预算收入与上划中央收入之和，反映本地区当年组织的财政收入总规模，是计算当年地方可用财力的主要依据。与国内生产总值比较，可反映财政的集中程度。

数据来源：2015 年各城市国民经济和社会发展统计公报。

4. 固定资产投资：指以货币形式表现的在一定时期内全社会建造和购置固定资产的工作量以及与此有关的费用的总称。

数据来源：2015 年各城市国民经济和社会发展统计公报。

5. 社会消费品零售总额：社会消费品零售总额(Total Retail Sales of Consumer Goods)批发和零售业、住宿和餐饮业以及其他行业直接售给城市乡居民和社会集团的消费品零售额。其中，对居民的消费品零售额，是指售予城市乡居民用于生活消费的商品金额；对社会集团的消费品零售额，是指售给机关、社会团体、部队、学校、企事业单位、居委会或村委会等，公款购买的用作非生产、非经营使用与公共消费的商品金额。

数据来源：2015 年各城市国民经济和社会发展统计公报。

6. 城市镇居民人均可支配收入：指居民得到可用于最终消费支出和其他非义务性支出以及储蓄的总和，即居民个人可以用来自由支配的收入。

数据来源：2015 年各城市国民经济和社会发展统计公报。

7. 农村常住居民人均纯收入：指农村住户当年从各个来源得到的总收入相应地扣除所发生的费用后的收入总和。计算方法：纯收入＝总收入－税费支出－家庭经营费用支出－生产性固定资产折旧－赠送农村内部亲友支出。纯收入主要用于再生产投入和当年生活消费支出，也可用于储蓄和各种非义务性支出。“农民人均纯收入”是按人口平均的纯收入水平，反映的是一个地区农村居民的平均收入水平。

数据来源：2015 年各城市国民经济和社会发展统计公报。

8. 城市镇消费品零售额：批发和零售业、住宿和餐饮业以及其他行业直接售给城市镇居民和社会集团的消费品零售额。

数据来源：2015 年各城市国民经济和社会发展统计公报。

9. 乡村消费品零售额：批发和零售业、住宿和餐饮业以及其他行业直接售给乡村居民和社会集团的消费品零售额。

数据来源：2015 年各城市国民经济和社会发展统计公报。

10. 享受城市居民最低生活保障的人数：城市居民中享受最低生活保障的人数。

数据来源：2015 年各城市国民经济和社会发展统计公报。

11. 享受农村最低生活保障的人数：农村居民中享受最低生活保障的人数。

数据来源：2015 年各城市国民经济和社会发展统计公报。

12. 房地产开发投资：以货币形式表现的房地产开发企业(单位)在一定时期内进行房屋建设及土地开发所完成的工作量及有关费用的总称。

数据来源：2015 年各城市国民经济和社会发展统计公报。

13. 每万人拥有民用汽车量：指报告期末城市区内每万人平均拥有的民用汽车标台数。计算公式：每万人拥有民用汽车量＝民用汽车标台数/城市人口总数。

数据来源：2015 年各城市国民经济和社会发展统计公报。

14. 邮电业务总量：指以货币形式表现的邮电企业为社会提供各类邮电服务的数量。

数据来源：2015 年各城市国民经济和社会发展统计公报。

15. 移动电话普及率：指移动电话用户总数占总人口的比重。计算方法：

移动电话普及率＝移动电话年末用户数/年末总人口×100%。其中，移动电话用户指在电信运营企业营业网点办理开户登记手续，通过移动电话交换机进入移动电话网，占用移动电话号码的各类电话用户。包括 GSM 数字移动电话用户、CDMA 数字移动电话用户和电信运营企业发行的报告期末已激活充值的能异地漫游的各种智能卡用户。

数据来源：2015 年各城市国民经济和社会发展统计公报。

16. 本地固定电话用户数：指报告期末城市区内的固定电话用户数。

数据来源：2015 年各城市国民经济和社会发展统计公报。

17. 旅游总收入：包括国内游客旅游收入与国外游客旅游收入。

数据来源：2015 年各城市国民经济和社会发展统计公报。

18. 每万人口在校大学生数：在校大学生在每万人口中所占的数量。计算公式：在校大学生数/人口总数×10000

数据来源：2015 年各城市国民经济和社会发展统计公报。

19. 每万人口在校高中学生数：在校中学生在每万人口中所占的数量。计算公式：在校中学生数/人口总数×10000

数据来源：2015 年各城市国民经济和社会发展统计公报。

20. 每万人口在校初中学生数：在校中学生在每万人口中所占的数量。计算公式：在校中学生数/人口总数×10000

数据来源：2015 年各城市国民经济和社会发展统计公报。

21. 每万人口在校小学生数：在校小学生在每万人口中所占的数量。计算公式：在校小学生数/人口总数×10000

数据来源：2015 年各城市国民经济和社会发展统计公报。

22. 公共图书馆数：指报告期末城市区内的公共图书馆数。

数据来源：2015 年各城市国民经济和社会发展统计公报。

23. 有线电视用户数：指报告期末城市区内的有线电视用户数。

数据来源：2015 年各城市国民经济和社会发展统计公报。

24. 每千人拥有卫生机构数：指报告期内该地区每一千人拥有卫生机构数。

数据来源：2015 年各城市国民经济和社会发展统计公报。

25. 每千人拥有卫生机构床位：指每一千人口中医院和卫生院的平均床位数。计算方法：每千人口医院卫生院床位数＝(医院床位数＋卫生院床位数)/

人口数×1000。人口数系公安部户籍人口。

数据来源：2015 年各城市国民经济和社会发展统计公报。

26. 每千人拥有卫生技术人员：指每一千人口中执业医师和执业医师的平均人数。计算方法：每千人口执业(助理)医师=(执业医师数+执业助理医师数)/人口数×1000。人口数系公安部户籍人口。其中，执业医师指具有《医师执业证》及其“级别”为“执业医师”且实际从事医疗、预防保健工作的人员，不包括实际从事管理工作的执业医师。执业医师类别分为临床、中医、口腔和公共卫生。执业助理医师指具有《医师执业证》及其“级别”为“执业助理医师”且实际从事医疗、预防保健工作的人员，不包括实际从事管理工作的执业助理医师。执业助理医师类别同样分为临床、中医、口腔和公共卫生四类。

数据来源：2015 年各城市国民经济和社会发展统计公报。

27. 城市镇居民养老保险：指年满 16 周岁(不含在校学生)、不符合职工基本养老保险参保条件的城市镇非从业居民，可以在户籍地自愿参加城市镇居民养老保险。

数据来源：2015 年各城市国民经济和社会发展统计公报。

28. 失业保险：指国家通过立法强制实行的，由社会集中建立基金，对因失业而暂时中断生活来源的劳动者提供物质帮助的制度。

数据来源：2015 年各城市国民经济和社会发展统计公报。

29. 城市镇居民医疗保险：城市镇居民基本医疗保险是社会医疗保险的组成部分，采取以政府为主导，以居民个人(家庭)缴费为主，政府适度补助为辅的筹资方式，按照缴费标准和待遇水平相一致的原则，为城市镇居民提供医疗需求的医疗保险制度。

数据来源：2015 年各城市国民经济和社会发展统计公报。

附录　中国民生发展指数测算过程

1. 原始数据搜集

表 1　　民生基础原始数据

省份	指标	民生基础				
		地区生产总值	人均生产总值	财政收入	固定资产投资	社会消费品零售总额
	正负	正	正	正	正	正
	单位	亿元	元	亿元	亿元	亿元
山西	大同	1052.90	17472.00	90.40	1145.40	567.70
	晋城	1040.20	44994.00	192.50	1105.10	358.80
	晋中	1046.10	31434.00	100.20	1312.50	529.70
	临汾	1161.10	26239.00	88.20	1401.20	572.00
	吕梁	955.80	25003.00	90.70	1166.40	406.00
	朔州	901.10	51256.00	54.30	937.10	270.10
	太原	2735.34	63483.00	274.24	2025.61	1540.80
	忻州	681.20	21731.00	73.70	1119.60	311.20
	阳泉	595.70	42688.00	44.20	600.70	288.30
	运城	1140.10	21887.00	91.10	1008.90	552.10
	长治	1195.10	39474.00	96.44	1441.50	524.41

续表

省份	指标	民生基础				
		地区生产总值	人均生产总值	财政收入	固定资产投资	社会消费品零售总额
	正负	正	正	正	正	正
	单位	亿元	元	亿元	亿元	亿元
陕西	安康	772.46	29193.00	287.12	758.16	219.20
	宝鸡	1788.59	47591.00	195.51	2589.88	612.84
	汉中	1064.83	32000.00	100.20	1039.40	319.00
	商洛	621.83	26415.00	45.02	767.69	154.66
	铜川	324.54	3889.50	36.10	383.98	110.05
	渭南	1469.08	27408.72	72.06	2085.21	503.25
	西安	5810.03	66739.00	1114.98	5165.98	3405.38
	咸阳	2155.91	43426.00	218.70	3063.20	601.58
	延安	1198.63	53718.91	161.17	1637.17	241.09
	榆林	2621.29	77267.00	640.38	1384.37	396.41
四川	巴中	501.34	15061.59	39.05	1030.30	254.47
	成都	10801.20	73688.09	1157.60	7007.00	4946.20
	达州	1347.83	24370.85	72.41	1176.20	560.46
	德阳	1605.10	45690.29	88.60	981.30	616.00
	广安	1005.60	21514.76	56.70	1132.00	413.50
	广元	605.43	19830.01	70.39	583.23	296.62
	乐山	1301.23	39973.00	148.29	987.81	552.01
	泸州	1353.41	31583.36	128.27	1463.71	559.66
	眉山	1029.86	34379.00	207.40	1032.37	388.76
	绵阳	1700.33	31171.26	104.13	1154.09	879.16
	南充	1516.20	20424.88	85.07	1388.98	698.82
	内江	1198.58	32080.00	50.27	803.80	408.60
	攀枝花	925.18	75078.00	53.34	644.51	286.20
	遂宁	915.81	27836.17	98.30	1011.61	415.41
	雅安	502.58	32491.60	30.31	531.41	200.15
	宜宾	1525.90	34060.00	162.76	1295.51	676.01
	资阳	1270.40	35595.40	61.80	1045.70	464.70
	自贡	1143.11	41447.00	106.40	638.95	501.63

续表

省份	指标	民生基础				
		地区生产总值	人均生产总值	财政收入	固定资产投资	社会消费品零售总额
	正负	正	正	正	正	正
	单位	亿元	元	亿元	亿元	亿元
西藏	拉萨	376.73	59223.00	62.42	546.04	205.80
	林芝	81.83	39859.00	6.95	100.03	20.68
新疆	克拉玛依	670.10	166912.43	283.00	305.60	58.80
	吐鲁番	250.20	36866.00	30.30	347.80	44.40
	哈密	308.94	63819.00	63.35	476.69	67.33
	乌鲁木齐	2680.00	74000.00	465.09	326.70	1152.00
云南	保山	551.96	21385.51	76.98	501.83	178.49
	昆明	3970.00	59686.00	180.70	3497.88	2061.66
	丽江	290.01	22702.00	67.39	321.90	93.60
	临沧	502.12	20077.00	58.14	729.19	154.56
	普洱	514.41	19789.00	76.48	449.75	145.64
	曲靖	1630.26	27044.00	342.05	1378.79	502.40
	玉溪	1245.70	52887.00	506.30	667.60	291.40
	昭通	709.18	13112.00	137.59	612.98	212.07
浙江	杭州	10053.58	112268.00	2238.75	5556.32	4697.23
	湖州	2084.30	79025.00	327.80	1402.60	963.90
	嘉兴	3517.06	76834.00	638.80	2513.82	1494.57
	金华	3406.48	71478.00	516.96	1836.16	1783.10
	丽水	1102.34	51632.00	151.60	751.52	519.28
	宁波	8011.50	102475.00	2072.70	4506.60	3349.60
	衢州	1146.16	53848.00	669.94	882.04	550.98
	绍兴	4466.65	90017.00	602.19	2582.84	1621.06
	台州	3558.13	81822.00	539.78	1996.03	1826.68
	温州	4619.84	50809.00	677.92	3456.39	2674.38
	舟山	1095.00	95272.00	159.59	1134.76	415.52

续表

省份	指标	民生基础				
		地区生产总值	人均生产总值	财政收入	固定资产投资	社会消费品零售总额
	正负	正	正	正	正	正
	单位	亿元	元	亿元	亿元	亿元
福建	厦门	3466.01	90378.00	1001.71	1896.52	1168.42
	龙岩	1738.45	66864.00	269.81	1934.21	639.58
	南平	1339.51	50900.00	124.28	1802.51	503.85
	宁德	1487.65	52016.00	147.40	1288.32	465.45
	莆田	1655.16	57873.00	185.20	1765.10	558.85
	泉州	6137.74	72422.00	388.30	3406.25	2459.59
	三明	1713.05	67978.00	130.67	1943.05	444.47
	漳州	2767.45	55571.00	274.75	2573.73	776.99
	福州	5618.10	75259.00	848.04	4893.91	3488.74
广西	南宁	3410.09	49066.00	572.48	3418.40	1786.68
	百色	917.92	25806.00	108.70	926.34	201.06
	北海	856.01	53603.00	127.40	786.16	185.81
	崇左	649.72	31944.00	73.16	581.49	108.44
	防城港	620.72	67972.00	70.64	549.74	101.03
	贵港	805.40	19004.00	66.11	611.41	359.56
	桂林	1942.97	39329.00	209.19	1970.83	751.96
	河池	601.39	17474.00	54.67	399.65	223.79
	贺州	448.38	22345.00	40.60	530.30	133.60
	来宾	557.70	25667.00	50.02	498.15	145.11
	柳州	2298.62	60232.70	343.81	2082.89	944.11
	钦州	854.96	26880.46	138.31	714.73	303.25
	梧州	1078.60	36104.00	123.70	1061.30	364.90
	玉林	1446.13	25444.00	139.57	1351.09	600.34
贵州	贵阳	2891.16	63003.00	723.30	2804.45	1060.17
	安顺	625.41	27065.00	97.60	535.43	155.82
	毕节	1461.35	22230.00	296.80	1344.90	302.00
	六盘水	1201.08	41618.00	130.26	1112.48	292.72
	铜仁	770.89	24712.00	98.02	1261.20	165.64
	遵义	2168.34	35123.00	432.24	3236.91	639.93

续表

省份	指标	民生基础				
		地区生产总值	人均生产总值	财政收入	固定资产投资	社会消费品零售总额
	正负	正	正	正	正	正
	单位	亿元	元	亿元	亿元	亿元
安徽	安庆	1613.20	29840.00	258.80	1577.50	671.90
	蚌埠	1253.05	38267.00	228.36	1457.97	570.65
	亳州	942.60	18771.00	130.10	767.30	436.40
	池州	544.70	38014.00	95.80	600.50	198.00
	滁州	1305.70	32634.00	230.30	1457.60	457.00
	阜阳	1267.40	16121.00	200.00	1005.00	674.70
	淮北	760.40	35057.00	93.20	925.30	283.40
	淮南	770.60	32298.00	131.00	781.90	381.30
	黄山	530.90	38793.00	92.50	552.50	281.10
	六安	1143.40	19885.00	150.00	1131.30	562.60
	马鞍山	1365.30	60358.09	210.00	1859.84	418.55
	铜陵	721.30	97471.00	135.00	871.00	208.80
	芜湖	2457.32	67592.00	470.01	2709.19	733.04
	宿州	1235.83	22415.00	125.57	1133.39	424.50
	合肥	5660.27	73102.00	1000.50	6153.35	2183.65
	宣城	971.50	37610.00	131.60	1283.40	422.50
广东	深圳	17502.99	157985.00	619.60	3298.31	5017.84
	潮州	910.10	34466.96	47.20	391.90	443.10
	东莞	6275.06	75616.00	1155.50	1446.52	2154.70
	佛山	8003.92	107715.66	619.60	3035.52	2687.22
	河源	810.08	26401.00	619.60	564.14	482.99
	惠州	3140.03	66231.00	619.60	1863.93	1070.72
	江门	2240.02	49608.00	198.98	1307.87	1032.31
	揭阳	1890.01	31255.00	77.39	1362.10	857.42
	茂名	2445.63	40324.00	113.92	1115.50	1214.38
	梅州	955.09	22047.00	103.58	568.06	555.50
	清远	1187.74	31214.00	619.60	596.35	570.28

续表

省份	指标	民生基础				
		地区生产总值	人均生产总值	财政收入	固定资产投资	社会消费品零售总额
	正负	正	正	正	正	正
	单位	亿元	元	亿元	亿元	亿元
广东	汕头	1850.01	33406.00	619.60	1274.32	1339.34
	汕尾	716.99	23928.00	49.21	500.97	520.11
	韶关	1150.00	39380.00	85.20	701.70	579.80
	阳江	1250.01	49777.40	619.60	691.13	583.46
	云浮	710.07	28953.00	58.70	794.15	299.71
	湛江	2380.02	32900.00	491.60	1313.69	1297.95
	肇庆	1970.01	48670.00	619.60	1330.03	632.36
	中山	3010.03	94030.00	287.50	1055.40	1079.74
	广州	18100.41	134066.19	5116.00	5405.95	7932.96
	珠海	2024.98	123920.20	269.96	1305.14	913.20
海南	海口	1161.28	52501.00	290.49	1012.04	595.53
	三亚	435.02	58361.00	88.92	705.97	181.72
	儋州	230.20	25813.00	16.03	130.33	69.48
江苏	常州	5273.20	112221.00	466.30	3399.00	1990.50
	淮安	2745.09	56460.00	510.13	2203.24	970.74
	连云港	2160.64	48416.00	291.77	2077.35	830.71
	南京	9720.77	118171.00	1020.03	5484.47	4590.17
	南通	6148.40	84236.00	625.60	4376.00	2379.50
	苏州	14500.00	136300.00	1560.80	6124.40	4424.80
	泰州	3655.53	78756.00	322.22	2695.66	1001.64
	无锡	8518.26	130900.00	830.00	4901.19	2847.61
	宿迁	2126.19	43853.00	411.98	1838.97	626.64
	徐州	5319.88	61511.00	530.68	4266.12	2358.45
	盐城	4212.50	58299.00	477.50	3372.90	1468.60
	扬州	4016.84	89646.00	515.18	2856.82	1236.96
	镇江	3502.48	110351.00	711.98	2541.07	1113.71

续表

省份	指标	民生基础				
		地区生产总值	人均生产总值	财政收入	固定资产投资	社会消费品零售总额
	正负	正	正	正	正	正
	单位	亿元	元	亿元	亿元	亿元
江西	抚州	1105.14	27735.00	165.18	1099.67	428.20
	赣州	1973.87	20547.66	353.32	1892.21	705.21
	吉安	1328.52	27168.00	219.99	1486.95	396.48
	景德镇	772.06	42984.44	111.56	690.88	268.26
	九江	1902.68	39505.00	385.61	2119.92	578.56
	南昌	4000.01	75879.00	727.20	4000.07	1662.87
	萍乡	912.39	47992.74	130.48	1026.74	303.06
	上饶	1650.80	24633.00	290.16	1560.20	640.40
	新余	946.80	81357.00	132.86	822.60	213.75
	宜春	1621.02	29459.00	308.80	1588.14	530.66
	鹰潭	639.26	55568.00	112.43	531.56	171.71
宁夏	固原	217.04	17910.55	21.30	345.87	59.97
	石嘴山	482.38	61816.00	31.24	498.95	96.06
	吴忠	403.90	29413.05	82.18	686.40	95.30
	银川	1480.73	68983.00	243.80	1540.88	477.63
	中卫	316.55	27827.00	32.39	351.63	60.59
辽宁	鞍山	2349.00	67675.00	218.40	1568.10	967.70
	本溪	1164.62	67652.00	66.60	584.50	361.40
	朝阳	862.70	29120.00	218.40	500.10	427.90
	大连	7731.60	110673.00	579.90	4559.30	3084.30
	丹东	984.90	40850.30	134.90	583.50	505.00
	抚顺	1216.50	58555.00	218.40	597.40	624.00
	阜新	542.10	30420.00	218.40	207.80	274.30
	葫芦岛	720.20	28176.00	218.40	190.40	434.70
	锦州	1357.50	44191.00	218.40	782.10	597.70
	辽阳	1029.20	55694.00	67.00	454.30	388.80
	盘锦	1267.90	88141.00	95.00	983.10	346.60
	沈阳	7280.50	87833.00	606.20	5326.00	3883.20
	铁岭	867.50	28727.00	93.40	646.30	391.40
	营口	1513.80	61925.00	104.20	906.20	471.00

续表

省份	指标	民生基础				
		地区生产总值	人均生产总值	财政收入	固定资产投资	社会消费品零售总额
	正负	正	正	正	正	正
	单位	亿元	元	亿元	亿元	亿元
内蒙古	呼和浩特	3090.50	93130.02	247.40	1618.60	1353.50
	阿拉善盟	322.58	133187.00	44.29	348.22	68.06
	巴彦淖尔	887.40	53000.00	158.36	664.50	234.50
	包头	3781.90	134385.00	252.30	2582.90	1276.60
	赤峰	1861.27	43269.00	104.46	1272.10	637.08
	鄂尔多斯	4226.10	206645.15	445.90	2737.20	660.30
	呼伦贝尔	1595.96	63131.00	167.74	969.70	545.88
	通辽	1877.27	60123.00	120.48	1362.38	469.32
	乌海	609.82	109877.00	80.48	398.64	139.06
	乌兰察布	921.00	93130.02	158.36	658.50	290.70
	锡林郭勒盟	1002.60	96292.00	93.84	625.71	223.31
	兴安盟	502.31	31391.00	26.66	425.33	209.68
青海	海东	384.40	26531.20	13.67	611.39	80.05
	西宁	1131.62	49200.00	67.11	1295.95	461.94
山东	滨州	2355.33	61189.00	204.15	1990.24	813.63
	德州	2750.94	48062.00	264.76	2237.91	1257.41
	东营	3450.64	163938.00	183.79	3084.68	728.05
	菏泽	2400.96	28245.59	159.30	1073.35	1352.10
	济南	6100.23	85919.00	929.00	3498.40	3410.30
	济宁	4013.12	48529.00	302.20	2891.00	1910.98
	莱芜	665.83	49377.00	46.76	619.07	320.88
	聊城	2663.62	73621.68	135.55	2100.82	1060.22
	临沂	3763.20	73621.68	216.10	3219.20	2235.00
	青岛	9300.07	102519.00	2713.70	6555.70	3713.70
	日照	1670.80	58013.89	834.07	1407.81	603.87
	泰安	3158.40	56490.00	168.80	2618.20	1331.60
	威海	3001.57	106996.40	195.22	2543.72	1311.66

续表

省份	指标	民生基础				
		地区生产总值	人均生产总值	财政收入	固定资产投资	社会消费品零售总额
	正负	正	正	正	正	正
	单位	亿元	元	亿元	亿元	亿元
山东	潍坊	5170.50	55824.00	383.90	4516.70	2277.50
	烟台	6446.08	91979.00	437.23	4667.14	2679.45
	枣庄	2031.00	73621.68	130.72	1625.93	805.40
	淄博	807.70	73621.68	57.90	414.70	240.30
甘肃	白银	434.27	25410.00	50.95	474.46	177.65
	定西	304.92	10975.06	42.94	555.35	107.38
	嘉峪关	190.00	78336.00	39.80	144.16	54.95
	金昌	224.50	52336.00	48.47	248.60	76.00
	酒泉	544.80	48920.00	100.60	1104.70	176.60
	兰州	2095.99	56972.00	593.42	1803.75	1152.15
	陇南	315.14	12163.34	51.49	590.61	90.81
	平凉	347.70	16595.00	48.11	602.95	177.50
	庆阳	609.43	30090.00	149.25	1081.30	204.00
	天水	553.80	16722.53	110.22	602.79	262.42
	武威	416.19	22385.00	43.45	836.20	131.70
	张掖	373.53	30704.00	52.96	312.81	147.60
河北	保定	3000.30	29067.00	355.50	2424.70	1509.30
	沧州	3240.60	41847.00	446.70	3103.30	1104.30
	承德	1358.60	36239.00	163.50	1535.10	488.70
	邯郸	3145.40	29965.00	307.70	3526.60	1358.60
	衡水	1220.00	27506.00	163.30	1129.50	606.40
	廊坊	2473.90	53769.00	481.30	2166.80	793.20
	秦皇岛	1250.44	40689.00	205.73	892.45	631.33
	石家庄	5440.60	50839.00	778.50	5727.50	2693.00
	唐山	6103.10	80836.00	574.60	4619.60	2138.20
	邢台	1764.70	22631.00	176.50	1825.90	871.80
	张家口	1363.54	30837.00	230.68	1554.23	615.65

续表

省份	指标	民生基础				
		地区生产总值	人均生产总值	财政收入	固定资产投资	社会消费品零售总额
	正负	正	正	正	正	正
	单位	亿元	元	亿元	亿元	亿元
吉林	白城	715.40	36278.00	61.30	670.27	310.50
	白山	690.20	55040.00	63.80	641.00	266.10
	吉林	2455.20	57506.00	300.20	2582.70	1313.20
	辽源	750.06	62091.00	42.06	615.50	206.74
	四平	1266.20	38793.00	102.10	812.30	551.50
	松原	1680.30	60421.00	83.60	1311.00	610.00
	通化	1034.45	46787.00	116.13	979.10	483.28
	延边朝鲜族自治州	886.10	41390.00	161.20	840.40	481.30
	长春	5342.40	70891.00	1156.60	3924.50	2217.50
黑龙江	大庆	4070.00	32307.00	254.80	919.50	1010.90
	大兴安岭	162.32	31979.62	19.14	106.49	50.55
	哈尔滨	5751.20	59821.00	656.00	4595.70	3394.50
	鹤岗	320.00	29684.60	40.40	170.10	106.80
	黑河	447.80	26671.00	28.90	254.40	103.80
	鸡西	514.70	28222.00	57.90	222.70	222.20
	佳木斯	792.50	30863.28	42.00	483.10	361.20
	牡丹江	1186.30	44913.00	107.40	1019.90	501.80
	七台河	214.26	25100.00	32.50	105.61	89.10
	齐齐哈尔	1238.80	24830.00	141.80	755.10	618.40
	双鸭山	555.10	36761.59	33.70	495.10	100.60
	绥化	1210.00	20862.07	64.40	753.80	407.60
	伊春	248.20	20413.00	14.20	101.00	107.70
河南	安阳	1672.20	37512.00	100.30	1682.00	592.40
	鹤壁	713.23	43754.00	223.29	692.43	183.67
	焦作	1943.37	55080.00	115.11	1879.95	624.72
	开封	1604.84	31060.00	136.24	1354.45	747.14
	洛阳	3508.80	50105.00	286.70	3537.00	1605.10

续表

省份	指标	民生基础				
		地区生产总值	人均生产总值	财政收入	固定资产投资	社会消费品零售总额
	正负	正	正	正	正	正
	单位	亿元	元	亿元	亿元	亿元
河南	漯河	992.90	37997.00	120.10	908.50	437.40
	南阳	2522.32	25079.00	255.65	2708.87	1429.29
	平顶山	1335.40	33104.00	135.80	1341.10	572.00
	濮阳	1333.64	34030.00	116.52	1324.34	470.68
	三门峡	1260.55	55159.00	129.21	1551.36	396.86
	商丘	1803.93	19835.00	110.71	1458.54	666.21
	新乡	1982.25	32664.00	144.57	1927.21	777.51
	信阳	1877.75	21584.00	120.63	2085.29	880.28
	许昌	2170.60	44334.00	138.50	1931.10	707.20
	郑州	7315.20	77217.00	1419.50	6288.00	3294.70
	周口	2082.38	18235.00	100.42	1607.30	974.73
	驻马店	1648.26	27000.00	142.62	1382.84	699.20
湖南	邵阳	1387.00	19100.00	131.05	1522.59	745.50
	常德	2709.00	46408.00	148.80	1857.90	945.50
	郴州	2012.10	42682.00	162.70	2169.00	809.60
	衡阳	2601.57	35538.00	261.86	2125.93	1009.10
	怀化	1273.25	24213.00	110.79	1008.00	502.76
	娄底	1291.38	33436.00	95.37	1108.39	433.82
	湘潭	1703.10	60430.00	173.90	1805.40	520.60
	益阳	1354.41	30776.00	104.61	1223.80	573.90
	永州	1418.17	26222.00	131.14	1541.35	527.83
	岳阳	2886.28	51273.00	302.82	2154.71	1020.64
	张家界	447.70	29425.00	45.70	296.40	177.40
	长沙	8510.13	115443.00	1113.48	6363.29	3690.59
	株洲	2335.10	58363.00	290.40	2181.40	839.70

续表

省份	指标	民生基础				
		地区生产总值	人均生产总值	财政收入	固定资产投资	社会消费品零售总额
	正负	正	正	正	正	正
	单位	亿元	元	亿元	亿元	亿元
湖北	鄂州	730.01	68921.00	66.27	823.69	261.95
	黄冈	1589.24	25262.00	270.44	2027.30	880.91
	黄石	1144.00	38074.00	78.36	960.00	450.00
	荆门	1388.46	47939.00	163.29	1404.58	541.43
	荆州	1480.49	2585.04	133.81	1651.63	831.44
	十堰	1300.12	38431.00	139.60	1307.25	639.40
	随州	785.26	35844.00	66.85	959.66	399.56
	武汉	10905.60	104132.00	2231.67	7725.26	5102.24
	咸宁	1030.07	41088.00	109.72	1372.52	401.04
	襄阳	3382.10	60244.00	464.90	3071.90	1165.10
	孝感	1457.20	25957.00	169.44	1762.35	797.14
	宜昌	3384.80	82360.00	422.64	3085.35	1089.47
补充	天津	16538.19	106908.37	2666.99	13065.86	5245.69
	上海	24964.99	103100.00	5519.50	6352.70	10055.76
	重庆	15719.72	52330.00	2155.10	15480.33	6424.02
	北京	22968.60	106284.00	4723.90	7990.90	10338.00

表 2　　收入消费原始数据

省份	指标	收入消费					
		城镇居民人均可支配收入	农村居民人均纯收入	城镇消费品零售额	乡村消费品零售额	享受城市居民最低生活保障的人数	享受农村最低生活保障的人数
	正负	正	正	正	正	正	正
	单位	元	元	亿元	亿元	万人	万人
山西	大同	24771.00	7708.00	478.20	89.50	13.28	15.44
	晋城	26651.00	10914.00	303.70	55.10	1.90	6.49
	晋中	27525.00	10877.00	342.10	187.60	1.12	2.85

续表

省份	指标	收入消费					
		城镇居民人均可支配收入	农村居民人均纯收入	城镇消费品零售额	乡村消费品零售额	享受城市居民最低生活保障的人数	享受农村最低生活保障的人数
	正负	正	正	正	正	正	正
	单位	元	元	亿元	亿元	万人	万人
山西	临汾	25498.00	9376.00	455.60	116.40	6.14	9.01
	吕梁	22903.00	7193.00	308.80	97.10	9.47	2.12
	朔州	27500.00	10816.00	190.40	79.70	4.90	8.20
	太原	27727.00	13626.00	1433.61	107.19	3.32	3.98
	忻州	23452.00	6550.00	219.10	92.10	7.74	2.56
	阳泉	26414.00	11494.00	260.20	28.10	3.85	3.99
	运城	20718.00	7198.00	441.70	110.40	8.90	18.80
	长治	26407.00	11095.00	367.60	58.20	4.50	12.20
陕西	安康	27191.00	8196.00	183.24	35.96	3.96	17.42
	宝鸡	29475.00	7926.00	552.49	60.35	4.39	15.16
	汉中	23625.00	8164.00	260.98	58.02	5.10	16.00
	商洛	23509.00	7706.00	115.72	36.89	3.73	12.78
	铜川	29560.00	10058.00	82.82	27.23	2.03	6.19
	渭南	25472.00	8705.00	378.03	125.22	2.60	8.15
	西安	33188.00	14072.00	3292.83	112.55	3.30	4.30
	咸阳	29425.00	9690.00	453.00	148.59	4.09	12.46
	延安	33127.00	10775.00	190.14	50.94	4.97	11.70
	榆林	27765.00	9802.00	272.47	123.94	6.72	20.48
四川	巴中	23845.00	9084.00	211.77	42.70	11.33	26.86
	成都	33476.00	17690.00	4749.80	196.40	3.40	10.90
	达州	20939.00	8945.00	380.70	179.77	13.27	37.02
	德阳	27049.00	12787.00	403.80	212.20	9.00	10.00
	广安	26072.00	11371.00	307.30	106.20	8.80	19.04
	广元	23628.00	8939.00	197.57	99.05	11.21	16.90
	乐山	26361.00	11649.00	447.96	104.05	7.40	13.43
	泸州	26656.00	11359.00	398.29	161.37	5.10	17.06

续表

省份	指标	收入消费					
		城镇居民人均可支配收入	农村居民人均纯收入	城镇消费品零售额	乡村消费品零售额	享受城市居民最低生活保障的人数	享受农村最低生活保障的人数
	正负	正	正	正	正	正	正
	单位	元	元	亿元	亿元	万人	万人
四川	眉山	26395.00	12756.00	245.57	143.19	6.47	13.21
	绵阳	27170.00	12349.00	586.45	292.71	10.16	16.77
	南充	23950.00	10292.00	499.48	199.35	22.88	54.72
	内江	25787.00	11428.00	249.70	158.90	8.50	17.38
	攀枝花	30362.00	12861.00	232.25	53.95	1.49	1.99
	遂宁	25012.00	11379.00	308.64	106.77	8.50	2.25
	雅安	25318.00	10195.00	145.94	54.21	0.92	2.42
	宜宾	26207.00	11745.00	517.67	158.34	6.24	15.39
	资阳	26424.00	12284.00	375.30	89.30	9.86	20.14
	自贡	26267.00	12088.00	387.41	114.22	8.50	17.38
西藏	拉萨	26908.00	10378.00	180.62	25.18	1.44	2.49
	林芝	17847.00	8612.00	14.32	6.36	0.26	0.84
新疆	克拉玛依	33430.00	19033.00	58.50	0.30	1.02	2.76
	吐鲁番	25869.00	10322.00	32.40	12.00	1.02	2.76
	哈密	25409.00	12380.00	65.29	2.04	0.87	0.93
	乌鲁木齐	31604.00	15007.00	1147.33	4.67	1.02	2.76
云南	保山	25647.00	8572.00	130.75	47.74	4.20	26.00
	昆明	33955.00	11444.00	1614.86	446.80	9.93	16.52
	丽江	25803.00	7924.00	72.92	20.68	3.67	14.59
	临沧	21225.00	8063.00	110.15	44.41	6.97	39.15
	普洱	22830.00	7914.00	121.37	24.27	8.18	33.42
	曲靖	27100.00	9451.00	385.14	117.26	8.71	42.21
	玉溪	30592.00	8654.29	249.70	41.70	8.18	33.42
	昭通	21773.00	7212.00	166.11	45.96	15.61	62.07
浙江	杭州	48316.00	25719.00	4457.76	239.47	1.39	7.43
	湖州	42238.00	24410.00	803.25	160.65	0.57	2.51

续表

省份	指标	收入消费					
		城镇居民人均可支配收入	农村居民人均纯收入	城镇消费品零售额	乡村消费品零售额	享受城市居民最低生活保障的人数	享受农村最低生活保障的人数
	正负	正	正	正	正	正	正
	单位	元	元	亿元	亿元	万人	万人
浙江	嘉兴	45499.00	17522.00	1268.79	225.78	0.19	1.94
	金华	43193.00	20297.00	1557.89	225.21	0.51	5.30
	丽水	32875.00	15000.00	402.64	116.64	0.71	6.81
	宁波	47852.00	26469.00	2754.80	594.90	0.43	4.47
	衢州	33212.00	16884.00	459.13	91.85	0.47	6.10
	绍兴	46747.00	25648.00	1305.39	315.67	0.54	5.65
	台州	43266.00	21225.00	1489.44	337.24	0.69	7.26
	温州	44026.00	21235.00	2277.82	396.56	1.15	12.33
	舟山	44845.00	25903.00	346.25	69.27	0.17	0.95
福建	厦门	42607.00	17558.00	1044.27	124.15	1.45	8.96
	龙岩	28218.00	13274.00	567.74	71.84	0.89	9.48
	南平	26120.00	12264.00	434.18	69.67	1.43	7.41
	宁德	26029.00	19175.00	402.74	62.71	1.58	11.99
	莆田	29272.00	13882.00	492.82	66.03	0.70	7.93
	泉州	37275.00	15861.00	2111.82	347.77	1.95	10.81
	三明	27393.00	12806.00	389.83	54.64	0.88	4.20
	漳州	28092.00	13866.00	684.46	92.53	2.79	12.11
	福州	34982.00	15203.00	3262.00	227.00	1.40	7.75
广西	南宁	29106.00	9408.00	1639.24	147.44	8.57	31.96
	百色	23282.00	6145.00	175.83	25.22	8.57	31.96
	北海	25818.00	9079.00	170.89	14.91	8.57	31.96
	崇左	23184.00	7707.00	79.87	28.56	3.51	13.45
	防城港	28433.00	10429.00	90.26	10.77	3.79	9.31
	贵港	23262.00	9131.00	286.66	90.91	0.59	2.21
	桂林	28768.00	10365.00	635.05	116.92	4.97	25.86
	河池	21363.00	5723.00	175.76	48.03	4.63	46.94

续表

省份	指标	收入消费					
		城镇居民人均可支配收入	农村居民人均纯收入	城镇消费品零售额	乡村消费品零售额	享受城市居民最低生活保障的人数	享受农村最低生活保障的人数
	正负	正	正	正	正	正	正
	单位	元	元	亿元	亿元	万人	万人
广西	贺州	23590.00	7337.00	100.00	33.60	2.69	14.87
	来宾	27077.00	8379.00	110.84	34.27	11.75	1.57
	柳州	28722.00	9449.00	890.95	53.16	34.89	120.27
	钦州	15316.00	8892.00	265.14	38.11	8.57	31.96
	梧州	25898.00	9051.00	322.19	42.71	2.30	23.40
	玉林	28842.00	10292.00	540.16	60.17	8.57	31.96
贵州	贵阳	27241.00	11918.00	984.58	75.59	6.14	4.83
	安顺	22936.00	7402.00	113.48	42.34	2.37	19.45
	毕节	23121.00	6945.00	227.60	74.40	5.50	41.10
	六盘水	23327.00	7522.00	257.59	35.13	3.41	30.04
	铜仁	22471.00	6931.00	131.24	34.40	6.17	56.46
	遵义	24997.00	9249.00	547.60	92.33	4.92	34.79
安徽	安庆	23966.20	9854.20	449.40	222.50	5.19	19.40
	蚌埠	26369.00	11552.00	498.03	72.62	7.64	25.95
	亳州	23120.00	9738.00	262.20	174.20	2.40	18.40
	池州	24279.00	11511.00	154.30	43.70	1.59	5.10
	滁州	24168.00	10070.00	385.80	71.20	4.80	13.90
	阜阳	23496.00	9001.00	471.70	203.00	9.90	34.50
	淮北	25690.00	9882.00	220.90	62.50	4.34	3.10
	淮南	28106.00	11433.00	325.60	55.70	4.98	4.48
	黄山	26226.00	11872.00	235.70	45.40	1.72	3.71
	六安	22238.00	9074.00	294.30	268.30	7.64	25.95
	马鞍山	35262.00	16331.00	253.40	165.15	22.51	77.39
	铜陵	31748.00	17898.00	187.40	21.40	1.43	1.06
	芜湖	29766.00	15964.00	663.05	69.99	5.70	7.50
	宿州	23631.00	9140.00	352.50	72.00	7.64	25.95
	合肥	31989.00	15733.00	2046.39	137.26	47.10	191.70
	宣城	28602.40	12308.60	255.00	167.50	2.50	8.50

续表

省份	指标	收入消费					
		城镇居民人均可支配收入	农村居民人均纯收入	城镇消费品零售额	乡村消费品零售额	享受城市居民最低生活保障的人数	享受农村最低生活保障的人数
	正负	正	正	正	正	正	正
	单位	元	元	亿元	亿元	万人	万人
广东	深圳	44633.30	14740.38	4279.21	738.63	0.15	0.11
	潮州	20457.00	11459.00	354.50	88.60	6.20	4.71
	东莞	39793.00	24225.00	1837.53	317.17	4.51	6.18
	佛山	39757.00	22063.00	2079.23	607.99	4.51	6.18
	河源	20016.00	10803.00	371.19	111.80	1.92	13.97
	惠州	30057.00	15830.00	873.02	197.71	4.51	6.18
	江门	27117.00	13817.00	784.56	247.75	1.47	4.65
	揭阳	21344.00	11333.00	731.21	126.21	1.94	6.15
	茂名	21397.00	13224.00	828.22	386.16	4.59	14.53
	梅州	21810.30	11799.40	389.13	166.37	1.18	18.21
	清远	21093.00	10600.00	452.26	118.02	0.98	10.40
	汕头	23260.00	12455.00	974.15	365.19	2.71	8.57
	汕尾	19238.00	10415.00	443.55	76.56	4.51	6.18
	韶关	23504.00	11607.00	494.45	85.35	1.50	5.90
	阳江	23088.00	12543.00	455.41	128.05	1.84	5.82
	云浮	20154.00	12008.00	233.81	65.90	0.14	0.44
	湛江	23129.40	12405.40	1151.29	146.66	4.20	16.94
	肇庆	23746.00	13982.40	454.47	177.89	0.57	4.97
	中山	37254.00	24405.00	988.03	91.70	0.11	0.34
	广州	46734.60	19323.10	7708.97	223.99	2.40	3.30
	珠海	38322.00	20510.20	778.78	134.42	0.36	0.52
海南	海口	28535.00	11635.00	531.09	64.44	0.71	2.88
	三亚	28782.00	12228.00	162.06	19.66	0.23	0.80
	儋州	24557.00	11200.00	61.97	7.50	0.66	1.86
江苏	常州	42710.00	21912.00	1861.10	129.40	1.31	2.66
	淮安	28105.00	13128.00	865.77	104.97	1.42	5.36

续表

省份	指标	收入消费					
		城镇居民人均可支配收入	农村居民人均纯收入	城镇消费品零售额	乡村消费品零售额	享受城市居民最低生活保障的人数	享受农村最低生活保障的人数
	正负	正	正	正	正	正	正
	单位	元	元	亿元	亿元	万人	万人
江苏	连云港	25728.00	12778.00	721.72	108.99	1.42	5.36
	南京	46104.00	19483.00	3987.94	602.23	2.07	7.81
	南通	36291.00	17267.00	1749.50	629.90	1.42	5.36
	苏州	50400.00	25700.00	3864.70	560.10	0.76	2.84
	泰州	34092.00	16410.00	928.45	73.19	1.30	7.36
	无锡	45129.00	24155.00	2429.70	417.92	0.73	2.73
	宿迁	22233.00	12772.00	498.11	128.54	1.42	5.36
	徐州	26219.00	13982.00	1953.13	405.32	3.85	14.50
	盐城	28200.00	15748.00	1391.80	76.80	1.42	5.36
	扬州	32946.00	16619.00	1147.82	89.14	1.51	5.69
	镇江	38666.00	19214.00	1049.94	63.77	1.42	5.36
江西	抚州	25065.00	11441.00	348.38	79.82	5.64	12.39
	赣州	25001.00	7786.00	585.35	119.86	8.44	33.10
	吉安	27078.00	10355.00	153.27	93.31	8.92	12.39
	景德镇	29101.00	12736.00	235.74	32.52	5.64	12.39
	九江	27635.00	11143.00	450.09	128.47	5.64	12.39
	南昌	31942.00	13693.00	1550.06	112.81	5.65	9.72
	萍乡	28335.00	11533.60	218.94	84.12	5.64	12.39
	上饶	26924.00	10112.00	461.70	178.70	5.64	12.39
	新余	29836.00	13986.00	188.74	25.01	3.01	3.51
	宜春	25381.00	11621.00	421.87	108.79	5.64	12.39
	鹰潭	26952.00	12463.00	154.30	17.42	2.16	3.23
宁夏	固原	21144.10	7002.10	48.48	11.49	4.39	18.09
	石嘴山	24168.00	10995.00	88.34	7.72	1.99	1.64
	吴忠	21552.94	9150.35	81.20	14.10	3.80	9.70
	银川	28261.00	11148.00	465.63	12.00	2.10	2.70
	中卫	21604.00	8002.00	51.13	9.46	2.99	8.30

续表

省份	指标	收入消费					
		城镇居民人均可支配收入	农村居民人均纯收入	城镇消费品零售额	乡村消费品零售额	享受城市居民最低生活保障的人数	享受农村最低生活保障的人数
	正负	正	正	正	正	正	正
	单位	元	元	亿元	亿元	万人	万人
辽宁	鞍山	29943.00	13117.00	819.50	148.20	3.88	3.72
	本溪	27720.00	12667.00	347.40	14.00	4.34	5.78
	朝阳	21211.00	10514.00	386.90	41.00	6.30	8.10
	大连	35889.00	14667.00	661.73	82.41	4.60	6.30
	丹东	24724.00	12493.00	433.00	72.00	3.70	4.60
	抚顺	26818.00	11766.00	586.30	37.70	5.30	5.78
	阜新	22662.00	11109.00	204.90	69.50	8.50	5.00
	葫芦岛	24768.00	10233.00	327.50	107.20	5.30	5.78
	锦州	27040.00	12599.00	524.50	73.20	5.30	5.78
	辽阳	26389.00	12036.00	360.30	28.40	3.60	5.80
	盘锦	32465.00	13763.00	305.20	41.40	5.30	5.78
	沈阳	36643.00	13486.00	3636.10	247.20	7.04	5.40
	铁岭	19276.00	10888.00	254.90	136.50	5.30	5.78
	营口	30458.00	13631.00	416.00	55.00	5.70	7.30
内蒙古	呼和浩特	37362.00	13491.00	418.43	62.10	2.98	8.87
	阿拉善盟	32253.36	15563.12	61.38	6.68	0.35	0.15
	巴彦淖尔	24314.00	13479.00	204.50	30.00	3.63	11.41
	包头	38098.00	13667.00	1244.90	31.70	3.63	11.41
	赤峰	25195.00	8812.00	522.20	114.88	6.95	29.36
	鄂尔多斯	37432.00	14420.00	552.00	108.30	1.40	4.10
	呼伦贝尔	26844.00	11632.00	499.77	46.11	3.63	11.41
	通辽	25364.00	10757.00	327.57	141.75	7.25	13.24
	乌海	33968.00	14402.00	418.43	62.10	1.56	11.41
	乌兰察布	30330.58	12394.47	418.43	62.10	3.63	11.41
	锡林郭勒盟	30409.00	12222.00	179.67	43.65	3.63	11.41
	兴安盟	22397.00	7894.00	173.89	35.79	4.93	12.75

续表

省份	指标	收入消费					
		城镇居民人均可支配收入	农村居民人均纯收入	城镇消费品零售额	乡村消费品零售额	享受城市居民最低生活保障的人数	享受农村最低生活保障的人数
	正负	正	正	正	正	正	正
	单位	元	元	亿元	亿元	万人	万人
青海	海东	23373.00	8196.00	51.45	28.60	3.85	11.61
	西宁	25232.00	8865.00	423.49	38.45	4.31	3.65
山东	滨州	28388.00	12727.00	556.15	257.48	2.33	13.95
	德州	21039.00	11269.00	1126.05	131.36	2.30	15.90
	东营	38735.00	13887.00	639.20	88.85	2.33	13.95
	菏泽	20370.00	9802.00	1114.50	237.60	5.50	33.90
	济南	39889.00	14232.00	3095.40	314.90	2.20	8.10
	济宁	27887.00	12570.00	1485.72	425.26	3.49	22.67
	莱芜	30219.00	13714.00	1376.03	323.36	0.86	3.51
	聊城	21570.00	10512.00	815.49	244.73	2.33	13.95
	临沂	28627.00	10828.00	1688.30	546.70	2.33	13.95
	青岛	40370.00	16730.00	3109.10	604.60	2.33	13.95
	日照	19547.00	12319.00	488.52	115.36	2.33	13.95
	泰安	28132.00	13322.00	1166.80	164.80	1.88	13.28
	威海	36336.00	16313.00	1087.63	224.03	2.33	13.95
	潍坊	31060.00	14890.00	1549.30	728.20	2.33	13.95
	烟台	35907.00	15540.00	2133.05	546.40	2.33	13.95
	枣庄	25792.00	12038.00	585.20	220.20	2.33	13.95
	淄博	35058.00	16671.00	1376.03	323.36	0.06	0.30
甘肃	白银	23438.00	7065.00	150.54	27.11	6.64	22.74
	定西	19167.00	5823.00	91.93	15.44	5.12	50.45
	嘉峪关	30714.00	15371.00	204.82	53.95	4.16	0.73
	金昌	29670.00	11459.00	204.82	53.95	1.54	1.26
	酒泉	27793.00	13603.00	137.30	39.20	3.10	10.80
	兰州	27088.00	9621.00	972.18	179.97	4.99	23.44
	陇南	18915.00	5405.00	65.08	25.74	5.90	46.59

续表

省份	指标	收入消费					
		城镇居民人均可支配收入	农村居民人均纯收入	城镇消费品零售额	乡村消费品零售额	享受城市居民最低生活保障的人数	享受农村最低生活保障的人数
	正负	正	正	正	正	正	正
	单位	元	元	亿元	亿元	万人	万人
甘肃	平凉	21490.00	6501.00	122.00	55.50	5.25	21.73
	庆阳	23426.00	6945.00	123.02	40.99	5.06	34.54
	天水	20809.00	6006.00	186.94	75.48	8.48	40.32
	武威	21702.00	9101.00	88.00	43.70	4.82	20.38
	张掖	19673.00	10832.00	111.20	36.40	4.83	8.34
河北	保定	23663.00	10558.00	1181.20	328.10	5.20	24.60
	沧州	26350.00	10389.00	807.30	297.60	4.76	19.81
	承德	22885.00	7923.00	362.90	125.80	6.40	23.80
	邯郸	24630.00	11247.00	1041.00	317.60	4.76	19.81
	衡水	21615.00	9030.00	436.00	170.40	4.76	19.81
	廊坊	31925.00	13159.00	422.90	370.30	1.00	5.10
	秦皇岛	28158.00	10782.00	531.44	99.89	2.45	5.03
	石家庄	28168.00	11442.00	2274.80	418.20	2.76	15.45
	唐山	31272.00	13935.00	1754.00	384.20	3.50	15.30
	邢台	21895.00	9152.00	691.60	180.20	7.15	25.52
	张家口	23841.00	8341.00	476.56	139.09	9.60	43.80
吉林	白城	19820.00	7751.00	267.60	42.90	9.66	8.47
	白山	19879.00	9090.00	236.70	29.40	9.40	4.90
	吉林	23873.00	11495.00	1205.50	107.70	10.60	11.50
	辽源	28010.00	10973.00	188.68	18.06	6.40	4.60
	四平	22231.00	11281.00	460.90	90.60	9.66	8.47
	松原	28950.00	9561.00	501.10	108.90	9.66	8.47
	通化	22254.00	10117.00	451.61	31.67	9.66	8.47
	延边朝鲜族自治州	21734.00	8965.00	439.90	41.40	8.10	5.70
	长春	26034.00	10060.00	376.02	53.29	13.78	15.65

续表

省份	指标	收入消费					
		城镇居民人均可支配收入	农村居民人均纯收入	城镇消费品零售额	乡村消费品零售额	享受城市居民最低生活保障的人数	享受农村最低生活保障的人数
	正负	正	正	正	正	正	正
	单位	元	元	亿元	亿元	万人	万人
黑龙江	大庆	28500.00	12443.00	935.40	75.50	14.11	9.25
	大兴安岭	16656.00	9032.00	457.07	54.53	14.11	9.25
	哈尔滨	30978.00	13375.00	3053.90	340.60	14.10	19.00
	鹤岗	16001.00	14900.00	99.80	7.00	6.66	4.24
	黑河	22935.00	12177.00	77.70	26.10	14.11	9.25
	鸡西	20132.00	14409.00	185.40	36.80	14.11	9.25
	佳木斯	21518.00	12326.00	318.00	43.20	14.11	9.25
	牡丹江	26673.00	14711.00	420.70	81.00	14.11	9.25
	七台河	20068.00	10088.00	72.98	16.07	14.11	9.25
	齐齐哈尔	19064.00	9984.00	532.40	86.00	14.11	9.25
	双鸭山	18734.00	10689.00	91.80	8.90	7.14	3.44
	绥化	17684.00	9089.00	457.07	54.53	28.65	18.25
	伊春	20844.00	12001.00	102.60	5.10	14.00	1.30
河南	安阳	26834.00	12844.00	420.60	171.98	5.96	21.19
	鹤壁	24540.00	12995.00	173.86	9.81	5.96	21.19
	焦作	25236.00	13751.00	505.64	119.08	3.20	10.60
	开封	22923.00	10304.00	535.40	128.40	5.96	21.19
	洛阳	28686.00	10667.00	1400.20	204.90	5.96	21.19
	漯河	18807.00	11980.00	349.10	88.30	2.39	14.46
	南阳	25140.00	10777.00	1112.71	316.58	10.10	46.22
	平顶山	25592.00	10450.00	503.90	68.10	5.71	15.02
	濮阳	24928.00	9790.00	339.17	131.51	2.98	17.80
	三门峡	23825.00	11084.00	332.06	64.80	3.30	8.70
	商丘	23572.00	8885.00	483.33	182.88	10.16	32.82
	新乡	25349.00	11772.00	646.92	62.26	6.17	21.19
	信阳	22434.00	9844.00	715.29	164.99	12.35	36.09

续表

省份	指标	收入消费					
		城镇居民人均可支配收入	农村居民人均纯收入	城镇消费品零售额	乡村消费品零售额	享受城市居民最低生活保障的人数	享受农村最低生活保障的人数
	正负	正	正	正	正	正	正
	单位	元	元	亿元	亿元	万人	万人
河南	许昌	25225.00	13355.00	567.70	139.50	2.60	6.70
	郑州	31099.00	17125.00	2769.00	277.40	2.20	10.60
	周口	21019.00	8576.00	791.04	183.69	5.96	21.19
	驻马店	22608.00	9174.00	511.90	187.30	10.33	34.13
湖南	邵阳	21070.00	8716.00	267.90	21.00	8.21	19.29
	常德	24513.00	11744.00	796.30	149.20	12.21	25.07
	郴州	25534.00	11778.00	566.70	242.90	12.00	24.00
	衡阳	26515.00	14407.00	613.53	395.57	10.49	22.62
	怀化	20693.00	7203.00	429.07	73.68	9.02	33.50
	娄底	21838.00	8655.00	385.92	47.90	7.37	17.29
	湘潭	29237.00	15347.00	443.10	77.50	4.60	8.70
	益阳	22571.00	12344.00	461.40	112.50	8.21	19.29
	永州	21938.00	10765.00	434.10	93.73	8.21	19.29
	岳阳	25202.00	12091.00	889.06	131.59	8.21	19.29
	张家界	19473.00	7094.00	140.90	36.50	3.30	10.80
	长沙	39961.00	23601.00	3457.38	233.21	8.21	19.29
	株洲	33977.00	15637.00	783.70	56.00	6.70	12.30
湖北	鄂州	24774.00	13812.00	236.65	25.29	1.20	2.50
	黄冈	22620.00	10252.00	771.75	109.17	8.56	18.17
	黄石	21553.00	8374.00	303.09	146.91	6.58	18.00
	荆门	26731.00	14716.00	406.75	134.68	5.67	6.44
	荆州	23128.00	12625.00	623.54	207.90	13.40	20.21
	十堰	24057.00	7779.00	501.90	137.40	4.00	11.33
	随州	22791.00	13022.00	325.64	73.92	7.61	12.93
	武汉	36436.00	17722.00	4755.29	346.95	11.41	10.26
	咸宁	23505.00	11940.00	270.26	130.78	12.20	17.40

续表

省份	指标	收入消费					
		城镇居民人均可支配收入	农村居民人均纯收入	城镇消费品零售额	乡村消费品零售额	享受城市居民最低生活保障的人数	享受农村最低生活保障的人数
	正负	正	正	正	正	正	正
	单位	元	元	亿元	亿元	万人	万人
湖北	襄阳	26282.00	13650.00	1059.90	105.20	7.61	12.93
	孝感	25753.00	12655.00	633.41	163.73	7.61	12.93
	宜昌	27275.00	12990.00	934.99	154.49	5.44	12.03
	天津	34101.00	18482.00	4514.75	730.94	5.15	19.36
	上海	52962.00	23205.00	8379.80	1675.96	20.47	3.23
	重庆	27239.00	10505.00	6105.58	318.44	37.52	50.26
	北京	52859.00	20569.00	8615.00	1723.00	8.50	4.90

表 3　　居住出行原始数据

省份	指标	居住出行					
		房地产开发投资	每万人拥有民用汽车	邮电业务总量	移动电话普及率	本地固定电话用户数	旅游总收入
	正负	正	正	正	正	正	正
	单位	亿元	辆/万人	亿元	%	万户	亿元
山西	大同	139.20	1481.04	38.19	115.05	37.62	281.20
	晋城	74.60	1438.44	24.30	99.01	58.77	295.00
	晋中	118.90	14389.81	40.20	90.45	45.10	513.40
	临汾	112.60	1052.82	50.40	89.29	34.05	294.94
	吕梁	67.50	775.01	40.20	81.55	58.77	227.05
	朔州	67.70	1046.99	4.40	82.17	58.77	133.70
	太原	604.22	2600.09	107.22	171.65	102.23	588.35
	忻州	52.40	865.97	19.60	86.37	58.77	284.60
	阳泉	46.60	1308.73	18.56	106.85	58.77	181.94
	运城	93.00	1736.25	35.40	80.20	62.30	212.60
	长治	94.20	1009.50	26.60	84.92	71.33	320.87

续表

省份	指标	居住出行					
		房地产开发投资	每万人拥有民用汽车	邮电业务总量	移动电话普及率	本地固定电话用户数	旅游总收入
	正负	正	正	正	正	正	正
	单位	亿元	辆/万人	亿元	%	万户	亿元
陕西	安康	65.50	1654.48	21.75	86.15	36.70	144.90
	宝鸡	94.78	635.88	27.21	112.69	58.48	363.50
	汉中	68.20	1550.32	44.39	73.56	49.84	302.01
	商洛	19.35	1654.48	11.23	81.00	71.47	174.87
	铜川	28.30	1587.97	44.59	96.28	12.01	65.61
	渭南	83.05	1654.48	32.02	82.84	77.62	323.80
	西安	1831.67	2750.07	165.07	202.97	292.08	1073.69
	咸阳	181.82	1654.48	31.18	91.10	48.50	271.60
	延安	296.58	1654.48	40.73	112.71	33.20	192.60
	榆林	296.58	1748.19	27.69	110.95	48.54	107.50
四川	巴中	104.49	372.23	35.52	71.70	26.96	130.70
	成都	2442.00	2257.47	477.20	151.52	487.00	2035.32
	达州	275.47	1072.00	27.15	63.42	47.68	90.42
	德阳	115.40	1027.61	47.10	104.30	52.30	155.70
	广安	184.30	1072.00	10.70	51.71	32.30	245.60
	广元	86.80	525.70	17.99	70.59	36.75	207.16
	乐山	152.86	728.54	48.55	118.70	59.90	499.21
	泸州	196.87	1325.96	29.98	80.05	52.53	253.07
	眉山	195.15	1072.00	34.50	81.98	3.10	230.38
	绵阳	198.35	1072.00	65.17	77.76	78.14	343.60
	南充	213.22	1072.00	58.27	55.75	72.56	321.72
	内江	123.90	1072.00	18.70	63.50	50.76	170.50
	攀枝花	58.94	2112.78	11.55	105.09	29.78	202.11
	遂宁	111.91	1390.88	17.88	64.96	30.62	349.48
	雅安	27.45	1072.00	10.51	90.81	23.78	152.33
	宜宾	150.42	402.48	88.84	83.30	54.06	332.30
	资阳	105.10	1072.00	19.80	69.66	34.10	221.50
	自贡	125.81	576.34	31.45	208.00	33.62	349.48

续表

省份	指标	居住出行					
		房地产开发投资	每万人拥有民用汽车	邮电业务总量	移动电话普及率	本地固定电话用户数	旅游总收入
	正负	正	正	正	正	正	正
	单位	亿元	辆/万人	亿元	%	万户	亿元
西藏	拉萨	46.13	1244.57	29.40	177.03	21.00	154.93
	林芝	5.44	1244.57	1.23	43.03	3.53	22.63
新疆	克拉玛依	34.70	2964.12	6.36	108.08	16.10	28.60
	吐鲁番	18.40	2294.30	5.50	87.40	17.00	51.00
	哈密	22.18	1854.00	6.52	121.40	16.58	7.33
	乌鲁木齐	388.37	1824.51	63.88	128.76	135.34	298.35
云南	保山	82.13	639.18	17.40	73.09	11.95	112.79
	昆明	1451.31	30296.08	117.89	144.80	127.90	723.46
	丽江	49.01	1747.44	8.51	73.79	7.20	483.48
	临沧	110.09	516.14	13.02	71.30	15.71	65.61
	普洱	60.46	1747.44	15.42	82.20	19.58	107.52
	曲靖	144.30	834.44	23.52	76.37	31.20	105.23
	玉溪	65.60	5000.00	28.60	86.69	12.70	126.40
	昭通	63.34	1747.44	17.75	77.24	16.39	113.30
浙江	杭州	2472.07	3035.60	335.45	191.48	293.44	2200.67
	湖州	323.40	2097.38	31.30	170.74	89.14	700.00
	嘉兴	375.60	1409.62	109.66	131.36	124.29	679.44
	金华	350.22	1409.62	86.42	193.30	111.07	756.62
	丽水	158.27	1409.62	24.76	137.40	41.30	426.02
	宁波	375.60	1409.62	87.50	137.03	109.09	1233.30
	衢州	99.51	1321.14	19.85	129.00	43.05	287.42
	绍兴	622.65	29.84	57.11	121.25	144.09	746.12
	台州	438.69	1942.79	72.68	123.81	120.44	749.25
	温州	766.29	2223.10	314.69	123.10	179.36	804.53
	舟山	193.59	1531.25	14.85	137.03	109.09	552.18

续表

省份	指标	居住出行					
		房地产开发投资	每万人拥有民用汽车	邮电业务总量	移动电话普及率	本地固定电话用户数	旅游总收入
	正负	正	正	正	正	正	正
	单位	亿元	辆/万人	亿元	%	万户	亿元
福建	厦门	774.07	1215.80	177.41	151.20	131.22	832.36
	龙岩	193.30	3380.84	46.31	96.89	50.38	196.25
	南平	152.82	1215.80	47.51	98.52	51.20	371.63
	宁德	238.03	532.06	56.95	98.42	49.66	150.29
	莆田	415.94	760.28	44.55	90.23	63.77	159.24
	泉州	681.59	1181.67	264.54	930.54	213.90	617.89
	三明	130.22	737.55	43.73	99.79	50.38	150.00
	漳州	502.51	702.40	95.58	91.92	90.40	239.58
	福州	1381.12	1215.80	246.40	121.11	183.59	537.29
广西	南宁	657.19	868.28	157.96	169.77	26.84	743.05
	百色	54.36	479.71	19.86	85.54	26.84	156.01
	北海	157.49	778.68	21.98	169.77	23.14	168.11
	崇左	34.66	392.69	19.15	73.59	14.98	102.64
	防城港	80.20	979.97	15.64	103.35	10.74	100.64
	贵港	77.88	381.14	28.57	56.00	39.66	109.41
	桂林	191.14	868.28	67.53	92.02	57.96	517.33
	河池	27.13	448.80	41.98	64.55	25.51	146.59
	贺州	17.80	490.22	14.96	66.52	12.93	129.64
	来宾	73.86	512.61	22.56	85.54	26.84	102.68
	柳州	301.64	868.28	64.40	85.54	26.84	163.94
	钦州	76.18	4154.25	23.66	58.54	29.77	76.75
	梧州	69.00	352.20	32.10	85.54	26.84	158.10
	玉林	95.96	580.85	57.33	85.54	26.84	199.32
贵州	贵阳	1005.00	2397.77	132.23	185.35	21.25	1040.53
	安顺	76.03	1495.00	14.54	78.00	16.69	378.35
	毕节	152.40	1495.00	30.50	52.12	25.10	312.60
	六盘水	76.85	1495.00	34.09	94.42	26.48	73.82

续表

省份	指标	居住出行					
		房地产开发投资	每万人拥有民用汽车	邮电业务总量	移动电话普及率	本地固定电话用户数	旅游总收入
	正负	正	正	正	正	正	正
	单位	亿元	辆/万人	亿元	%	万户	亿元
贵州	铜仁	110.90	592.24	19.88	79.46	16.74	240.18
	遵义	341.72	1495.00	24.75	76.00	21.25	547.09
安徽	安庆	146.60	535.12	33.60	54.07	71.60	418.26
	蚌埠	428.60	683.38	31.23	75.38	41.77	162.56
	亳州	205.20	705.37	34.10	56.21	27.20	109.70
	池州	82.80	738.16	9.60	72.08	21.50	478.60
	滁州	334.40	602.44	43.36	80.33	47.50	137.50
	阜阳	264.80	694.85	47.70	55.85	53.90	88.20
	淮北	147.80	881.31	14.62	70.17	25.20	144.14
	淮南	98.10	881.31	19.80	70.13	27.50	91.10
	黄山	101.20	1070.83	15.57	106.78	24.80	400.70
	六安	200.00	723.81	29.10	58.91	45.80	202.70
	马鞍山	201.28	881.31	18.48	84.12	32.90	172.25
	铜陵	97.30	1262.87	7.69	100.41	14.12	72.63
	芜湖	452.84	1472.91	43.57	88.71	55.39	388.70
	宿州	219.81	544.85	31.45	72.72	112.44	99.42
	合肥	1259.14	1500.39	129.40	105.47	155.84	974.40
	宣城	184.80	922.07	27.90	76.43	39.60	168.80
广东	深圳	1331.03	2765.65	1040.96	230.38	754.12	387.38
	潮州	50.80	473.40	46.00	98.73	51.40	141.60
	东莞	575.21	2235.13	248.98	212.83	298.23	395.18
	佛山	945.37	2385.41	281.68	181.57	258.47	546.29
	河源	128.59	598.67	41.95	77.53	41.50	211.01
	惠州	610.45	1352.96	60.87	140.70	108.59	330.23
	江门	311.01	6118.38	102.18	123.32	129.06	249.34
	揭阳	48.67	476.16	94.56	82.99	84.08	206.97
	茂名	102.67	2313.87	86.82	59.40	64.10	85.01

续表

省份	指标	居住出行					
		房地产开发投资	每万人拥有民用汽车	邮电业务总量	移动电话普及率	本地固定电话用户数	旅游总收入
	正负	正	正	正	正	正	正
	单位	亿元	辆/万人	亿元	%	万户	亿元
广东	梅州	168.40	596.89	68.45	83.04	56.62	313.46
	清远	219.06	344.56	48.45	96.38	41.53	218.39
	汕头	245.51	1856.59	134.00	110.52	78.30	260.09
	汕尾	11.61	197.27	30.76	63.49	99.64	96.44
	韶关	24.10	609.24	45.30	93.09	109.00	270.00
	阳江	104.86	1549.07	90.70	96.77	42.60	181.30
	云浮	62.77	1549.07	90.70	122.75	99.64	214.61
	湛江	179.05	432.24	90.70	89.31	66.40	271.56
	肇庆	159.77	787.27	69.78	122.75	99.64	241.62
	中山	481.01	1549.07	156.52	210.52	98.40	227.04
	广州	2137.59	1549.07	543.04	181.57	298.23	2872.18
	珠海	524.12	2790.53	91.40	233.16	65.88	277.32
海南	海口	534.76	2402.16	86.00	214.13	72.00	160.06
	三亚	466.65	2402.16	46.82	81.77	72.00	302.31
	儋州	26.82	2402.16	7.63	81.77	72.00	11.07
江苏	常州	508.00	2059.14	84.00	113.57	133.00	731.00
	淮安	283.69	1483.70	35.95	75.65	67.97	266.87
	连云港	662.51	1483.70	38.86	94.69	351.62	343.92
	南京	1429.02	2403.26	250.92	125.65	248.25	1688.12
	南通	690.90	727.40	91.24	146.10	205.78	463.50
	苏州	1865.00	2531.08	294.85	151.75	269.00	1884.50
	泰州	247.48	1160.81	40.42	91.13	156.68	243.41
	无锡	991.66	1810.78	158.41	135.69	156.68	1389.29
	宿迁	362.53	1483.70	65.66	84.75	56.92	175.60
	徐州	470.22	982.24	98.89	103.97	123.22	488.46
	盐城	367.70	1483.70	64.60	109.43	156.68	808.78
	扬州	378.18	1483.70	56.90	108.98	115.34	600.71
	镇江	355.78	1114.43	70.40	97.46	87.23	621.23

续表

省份	指标	居住出行					
		房地产开发投资	每万人拥有民用汽车	邮电业务总量	移动电话普及率	本地固定电话用户数	旅游总收入
	正负	正	正	正	正	正	正
	单位	亿元	辆/万人	亿元	%	万户	亿元
江西	抚州	110.00	958.13	37.00	80.54	59.73	184.00
	赣州	274.35	583.78	48.92	70.06	113.14	390.19
	吉安	82.00	555.43	25.69	70.15	47.07	409.90
	景德镇	27.44	958.13	37.00	80.54	59.73	261.32
	九江	132.91	958.13	30.08	77.42	72.15	922.37
	南昌	485.37	1395.46	90.33	114.84	107.00	537.60
	萍乡	45.46	958.13	23.41	73.64	25.00	196.98
	上饶	129.40	958.13	37.00	80.54	90.00	790.20
	新余	26.33	1068.10	18.91	98.55	14.76	115.80
	宜春	149.08	958.13	21.68	68.24	54.29	400.84
	鹰潭	57.76	1187.90	37.00	71.41	14.19	200.00
宁夏	固原	68.30	2059.75	6.99	79.30	6.43	12.56
	石嘴山	53.74	1222.08	6.77	112.03	10.29	16.59
	吴忠	44.80	2279.35	15.10	82.00	9.41	15.10
	银川	409.17	2675.02	31.61	129.07	51.07	94.40
	中卫	57.64	882.97	10.92	78.92	11.43	23.82
辽宁	鞍山	206.10	1143.88	58.80	96.56	73.20	299.10
	本溪	76.40	1143.88	21.21	98.14	79.37	241.70
	朝阳	88.60	836.02	34.10	52.21	61.30	129.80
	大连	897.50	1143.88	171.10	122.34	229.00	1008.70
	丹东	85.50	1143.88	34.70	82.45	65.10	321.25
	抚顺	77.40	959.67	30.20	92.26	46.50	223.50
	阜新	43.30	1219.35	24.42	78.68	38.60	69.20
	葫芦岛	97.10	903.25	33.70	98.14	50.00	145.00
	锦州	114.00	1143.88	40.40	73.56	75.00	153.10
	辽阳	68.80	1055.87	26.50	103.46	35.80	158.30
	盘锦	239.50	1143.88	27.30	135.52	41.00	168.00

续表

省份	指标	居住出行					
		房地产开发投资	每万人拥有民用汽车	邮电业务总量	移动电话普及率	本地固定电话用户数	旅游总收入
	正负	正	正	正	正	正	正
	单位	亿元	辆/万人	亿元	%	万户	亿元
辽宁	沈阳	1337.70	1984.08	196.50	162.74	229.20	1221.20
	铁岭	131.20	1143.88	16.46	90.63	37.60	173.52
	营口	104.90	1048.91	39.60	87.31	49.50	185.10
内蒙古	呼和浩特	509.00	2156.17	65.20	109.88	70.80	178.26
	阿拉善盟	1.90	3190.97	5.76	155.53	4.27	47.00
	巴彦淖尔	25.80	1216.46	13.80	120.63	24.00	35.20
	包头	197.30	1852.24	38.40	109.58	25.75	325.00
	赤峰	85.70	2156.17	35.65	85.94	34.73	190.70
	鄂尔多斯	119.60	2694.24	20.10	67.23	21.60	255.90
	呼伦贝尔	66.94	2156.17	22.65	102.66	31.85	448.36
	通辽	31.57	2156.17	23.18	112.04	25.75	110.00
	乌海	37.01	2677.22	0.89	137.26	23.93	32.94
	乌兰察布	103.25	2156.17	23.18	112.04	25.75	178.26
	锡林郭勒盟	35.49	2278.92	17.59	128.47	9.50	282.14
	兴安盟	25.39	1183.17	11.76	103.23	11.07	55.40
青海	海东	44.39	140.89	6.96	77.18	10.92	28.49
	西宁	280.43	140.89	46.02	120.01	66.99	156.46
山东	滨州	108.50	1802.76	20.33	95.03	35.85	116.21
	德州	214.60	1760.86	55.14	77.86	35.19	144.01
	东营	193.94	1760.86	45.77	114.75	34.78	124.81
	菏泽	258.48	1760.86	56.55	80.04	19.70	118.50
	济南	1014.10	2348.57	160.50	152.89	54.76	744.90
	济宁	308.50	1760.86	45.88	83.71	36.30	528.29
	莱芜	31.85	1760.86	14.56	96.56	18.21	53.20
	聊城	190.40	1760.86	22.45	99.49	37.36	142.65
	临沂	392.90	1760.86	58.02	99.49	54.76	392.34
	青岛	1122.30	1760.86	218.00	146.82	213.80	1270.00

续表

省份	指标	居住出行					
		房地产开发投资	每万人拥有民用汽车	邮电业务总量	移动电话普及率	本地固定电话用户数	旅游总收入
	正负	正	正	正	正	正	正
	单位	亿元	辆/万人	亿元	%	万户	亿元
山东	日照	108.85	1572.22	23.45	92.90	25.84	264.00
	泰安	145.20	1760.86	37.90	104.16	80.80	582.30
	威海	313.19	1903.54	47.70	115.71	50.30	392.34
	潍坊	467.90	1760.86	91.80	116.10	107.20	559.40
	烟台	607.06	1759.60	75.07	119.65	83.74	700.24
	枣庄	186.64	1178.44	8.78	86.80	34.70	144.30
	淄博	26.70	1760.86	4.50	99.49	7.60	392.34
甘肃	白银	29.94	1406.70	12.39	91.24	20.22	42.50
	定西	31.11	1406.70	12.74	69.60	12.22	18.89
	嘉峪关	25.98	2214.51	7.93	174.95	10.52	35.98
	金昌	68.79	1069.92	4.31	101.19	4.17	11.91
	酒泉	42.10	1125.41	12.80	106.51	20.60	151.90
	兰州	339.01	2178.66	92.39	165.24	67.43	290.44
	陇南	68.79	1406.70	24.67	103.79	23.31	48.80
	平凉	66.59	916.59	21.63	78.16	19.12	70.53
	庆阳	39.60	1161.26	17.28	102.19	23.21	20.71
	天水	35.99	1406.70	31.28	78.90	33.60	125.70
	武威	24.09	1406.70	12.34	70.99	17.98	31.75
	张掖	53.53	1180.52	8.47	102.71	27.32	76.00
河北	保定	444.60	1480.75	65.10	84.20	127.40	614.10
	沧州	238.10	1480.75	52.56	91.93	73.24	326.27
	承德	131.50	1480.75	24.30	73.90	73.24	338.20
	邯郸	341.30	1020.00	90.40	69.00	67.40	336.70
	衡水	158.90	1480.75	52.56	91.93	73.24	66.62
	廊坊	670.90	1480.75	44.30	110.00	72.30	201.90
	秦皇岛	257.23	1837.00	28.58	111.80	57.35	362.37
	石家庄	986.30	1480.75	52.56	91.93	73.24	590.50

续表

省份	指标	居住出行					
		房地产开发投资	每万人拥有民用汽车	邮电业务总量	移动电话普及率	本地固定电话用户数	旅游总收入
	正负	正	正	正	正	正	正
	单位	亿元	辆/万人	亿元	%	万户	亿元
河北	唐山	568.70	2038.00	62.60	117.90	73.24	310.30
	邢台	182.00	1028.00	71.00	67.50	75.30	140.30
	张家口	211.67	1480.75	34.18	101.10	39.70	301.67
吉林	白城	27.59	1239.68	1.20	103.79	67.99	48.16
	白山	24.10	789.00	1.50	92.00	30.80	99.00
	吉林	139.40	2121.00	55.42	93.40	90.00	542.10
	辽源	16.36	848.00	13.50	103.79	67.99	30.96
	四平	24.70	1612.00	17.20	104.50	44.00	38.50
	松原	50.30	1194.00	16.30	87.10	32.80	88.30
	通化	63.20	760.00	14.78	105.60	45.20	122.80
	延边朝鲜族自治州	77.70	1239.68	5.80	94.30	55.40	268.40
	长春	534.40	1353.79	57.60	149.61	177.70	685.80
黑龙江	大庆	157.40	663.59	34.40	145.94	50.40	75.30
	大兴安岭	9.16	663.59	4.23	99.90	12.90	35.94
	哈尔滨	581.80	663.59	177.90	130.80	208.80	908.00
	鹤岗	12.60	528.76	9.20	104.27	16.20	27.90
	黑河	22.90	663.59	34.59	103.55	52.83	52.80
	鸡西	18.60	982.00	16.00	94.80	29.00	46.20
	佳木斯	54.80	663.59	20.60	96.74	39.20	17.00
	牡丹江	69.90	663.59	34.59	103.55	52.83	93.10
	七台河	5.12	663.59	27.67	99.90	57.06	106.30
	齐齐哈尔	130.00	663.59	42.30	57.50	66.40	124.50
	双鸭山	20.50	663.59	11.01	118.54	28.70	10.89
	绥化	100.50	663.59	27.67	99.90	57.06	106.30
	伊春	10.00	534.00	9.50	90.80	15.40	61.40

续表

省份	指标	居住出行					
		房地产开发投资	每万人拥有民用汽车	邮电业务总量	移动电话普及率	本地固定电话用户数	旅游总收入
	正负	正	正	正	正	正	正
	单位	亿元	辆/万人	亿元	%	万户	亿元
河南	安阳	209.20	1502.20	71.13	81.38	46.10	253.40
	鹤壁	68.98	1502.20	17.10	94.60	16.61	67.03
	焦作	98.90	1502.20	50.12	84.00	38.09	301.66
	开封	168.21	743.00	63.36	80.29	32.55	245.10
	洛阳	333.90	1502.20	92.70	87.00	98.30	780.00
	漯河	48.10	1502.20	33.10	81.38	46.10	32.70
	南阳	150.67	2254.00	71.89	67.00	70.12	214.80
	平顶山	194.50	1502.20	42.30	81.38	46.10	169.80
	濮阳	95.12	1500.00	43.84	90.00	27.57	8.79
	三门峡	106.72	1502.20	26.95	79.20	21.10	225.60
	商丘	217.84	1502.20	76.55	53.10	47.88	22.09
	新乡	257.54	1502.20	77.54	91.30	65.59	202.00
	信阳	292.50	434.00	59.68	50.10	43.20	135.03
	许昌	151.70	1502.20	50.78	81.38	46.10	59.70
	郑州	2000.20	2580.00	297.80	118.60	46.10	1004.20
	周口	192.29	1502.20	78.08	81.38	46.10	129.00
	驻马店	216.14	1502.20	56.20	81.38	46.10	134.70
湖南	邵阳	135.67	938.00	57.68	50.40	56.26	200.00
	常德	121.40	560.00	65.90	77.00	51.50	276.10
	郴州	194.40	1516.00	54.80	74.39	53.96	282.20
	衡阳	140.88	1010.00	66.33	56.86	73.60	307.70
	怀化	117.21	433.00	49.76	68.57	37.07	226.80
	娄底	107.94	638.00	44.77	70.00	30.15	163.87
	湘潭	145.40	868.00	41.10	95.10	24.50	245.90
	益阳	103.90	1497.00	65.90	61.60	32.60	177.80
	永州	89.48	473.00	39.07	53.30	32.90	190.50
	岳阳	151.40	618.00	47.00	69.80	64.20	339.37

续表

省份	指标	居住出行					
		房地产开发投资	每万人拥有民用汽车	邮电业务总量	移动电话普及率	本地固定电话用户数	旅游总收入
	正负	正	正	正	正	正	正
	单位	亿元	辆/万人	亿元	%	万户	亿元
陕西	安康	65.50	1654.48	21.75	86.15	36.70	144.90
	宝鸡	94.78	635.88	27.21	112.69	58.48	363.50
	汉中	68.20	1550.32	44.39	73.56	49.84	302.01
	商洛	19.35	1654.48	11.23	81.00	71.47	174.87
	铜川	28.30	1587.97	44.59	96.28	12.01	65.61
	渭南	83.05	1654.48	32.02	82.84	77.62	323.80
	西安	1831.67	2750.07	165.07	202.97	292.08	1073.69
	咸阳	181.82	1654.48	31.18	91.10	48.50	271.60
	延安	296.58	1654.48	40.73	112.71	33.20	192.60
	榆林	296.58	1748.19	27.69	110.95	48.54	107.50
四川	巴中	104.49	372.23	35.52	71.70	26.96	130.70
	成都	2442.00	2257.47	477.20	151.52	487.00	2035.32
	达州	275.47	1072.00	27.15	63.42	47.68	90.42
	德阳	115.40	1027.61	47.10	104.30	52.30	155.70
	广安	184.30	1072.00	10.70	51.71	32.30	245.60
	广元	86.80	525.70	17.99	70.59	36.75	207.16
	乐山	152.86	728.54	48.55	118.70	59.90	499.21
	泸州	196.87	1325.96	29.98	80.05	52.53	253.07
	眉山	195.15	1072.00	34.50	81.98	3.10	230.38
	绵阳	198.35	1072.00	65.17	77.76	78.14	343.60
	南充	213.22	1072.00	58.27	55.75	72.56	321.72
	内江	123.90	1072.00	18.70	63.50	50.76	170.50
	攀枝花	58.94	2112.78	11.55	105.09	29.78	202.11
	遂宁	111.91	1390.88	17.88	64.96	30.62	349.48
	雅安	27.45	1072.00	10.51	90.81	23.78	152.33
	宜宾	150.42	402.48	88.84	83.30	54.06	332.30
	资阳	195.10	1072.00	19.80	69.66	34.10	221.50
	自贡	125.81	576.34	31.45	208.00	33.62	349.48

续表

省份	指标	居住出行					
		房地产开发投资	每万人拥有民用汽车	邮电业务总量	移动电话普及率	本地固定电话用户数	旅游总收入
	正负	正	正	正	正	正	正
	单位	亿元	辆/万人	亿元	%	万户	亿元
西藏	拉萨	46.13	1244.57	29.40	177.03	21.00	154.93
	林芝	5.44	1244.57	1.23	43.03	3.53	22.63
新疆	克拉玛依	34.70	2964.12	6.36	108.08	16.10	28.60
	吐鲁番	18.40	2294.30	5.50	87.40	17.00	51.00
	哈密	22.18	1854.00	6.52	121.40	16.58	7.33
	乌鲁木齐	388.37	1824.51	63.88	128.76	135.34	298.35
云南	保山	82.13	639.18	17.40	73.09	11.95	112.79
	昆明	1451.31	30296.08	117.89	144.80	127.90	723.46
	丽江	49.01	1747.44	8.51	73.79	7.20	483.48
	临沧	110.09	516.14	13.02	71.30	15.71	65.61
	普洱	60.46	1747.44	15.42	82.20	19.58	107.52
	曲靖	144.30	834.44	23.52	76.37	31.20	105.23
	玉溪	65.60	5000.00	28.60	86.69	12.70	126.40
	昭通	63.34	1747.44	17.75	77.24	16.39	113.30
浙江	杭州	2472.07	3035.60	335.45	191.48	293.44	2200.67
	湖州	323.40	2097.38	31.30	170.74	89.14	700.00
	嘉兴	375.60	1409.62	109.66	131.36	124.29	679.44
	金华	350.22	1409.62	86.42	193.30	111.07	756.62
	丽水	158.27	1409.62	24.76	137.40	41.30	426.02
	宁波	375.60	1409.62	87.50	137.03	109.09	1233.30
	衢州	99.51	1321.14	19.85	129.00	43.05	287.42
	绍兴	622.65	29.84	57.11	121.25	144.09	746.12
	台州	438.69	1942.79	72.68	123.81	120.44	749.25
	温州	766.29	2223.10	314.69	123.10	179.36	804.53
	舟山	193.59	1531.25	14.85	137.03	109.09	552.18

续表

省份	指标	居住出行					
		房地产开发投资	每万人拥有民用汽车	邮电业务总量	移动电话普及率	本地固定电话用户数	旅游总收入
	正负	正	正	正	正	正	正
	单位	亿元	辆/万人	亿元	%	万户	亿元
福建	厦门	774.07	1215.80	177.41	151.20	131.22	832.36
	龙岩	193.30	3380.84	46.31	96.89	50.38	196.25
	南平	152.82	1215.80	47.51	98.52	51.20	371.63
	宁德	238.03	532.06	56.95	98.42	49.66	150.29
	莆田	415.94	760.28	44.55	90.23	63.77	159.24
	泉州	681.59	1181.67	264.54	930.54	213.90	617.89
	三明	130.22	737.55	43.73	99.79	50.38	150.00
	漳州	502.51	702.40	95.58	91.92	90.40	239.58
	福州	1381.12	1215.80	246.40	121.11	183.59	537.29
广西	南宁	657.19	868.28	157.96	169.77	26.84	743.05
	百色	54.36	479.71	19.86	85.54	26.84	156.01
	北海	157.49	778.68	21.98	169.77	23.14	168.11
	崇左	34.66	392.69	19.15	73.59	14.98	102.64
	防城港	80.20	979.97	15.64	103.35	10.74	100.64
	贵港	77.88	381.14	28.57	56.00	39.66	109.41
	桂林	191.14	868.28	67.53	92.02	57.96	517.33
	河池	27.13	448.80	41.98	64.55	25.51	146.59
	贺州	17.80	490.22	14.96	66.52	12.93	129.64
	来宾	73.86	512.61	22.56	85.54	26.84	102.68
	柳州	301.64	868.28	64.40	85.54	26.84	163.94
	钦州	76.18	4154.25	23.66	58.54	29.77	76.75
	梧州	69.00	352.20	32.10	85.54	26.84	158.10
	玉林	95.96	580.85	57.33	85.54	26.84	199.32
贵州	贵阳	1005.00	2397.77	132.23	185.35	21.25	1040.53
	安顺	76.03	1495.00	14.54	78.00	16.69	378.35
	毕节	152.40	1495.00	30.50	52.12	25.10	312.60
	六盘水	76.85	1495.00	34.09	94.42	26.48	73.82

续表

省份	指标	居住出行					
		房地产开发投资	每万人拥有民用汽车	邮电业务总量	移动电话普及率	本地固定电话用户数	旅游总收入
	正负	正	正	正	正	正	正
	单位	亿元	辆/万人	亿元	%	万户	亿元
贵州	铜仁	110.90	592.24	19.88	79.46	16.74	240.18
	遵义	341.72	1495.00	24.75	76.00	21.25	547.09
安徽	安庆	146.60	535.12	33.60	54.07	71.60	418.26
	蚌埠	428.60	683.38	31.23	75.38	41.77	162.56
	亳州	205.20	705.37	34.10	56.21	27.20	109.70
	池州	82.80	738.16	9.60	72.08	21.50	478.60
	滁州	334.40	602.44	43.36	80.33	47.50	137.50
	阜阳	264.80	694.85	47.70	55.85	53.90	88.20
	淮北	147.80	881.31	14.62	70.17	25.20	144.14
	淮南	98.10	881.31	19.80	70.13	27.50	91.10
	黄山	101.20	1070.83	15.57	106.78	24.80	400.70
	六安	200.00	723.81	29.10	58.91	45.80	202.70
	马鞍山	201.28	881.31	18.48	84.12	32.90	172.25
	铜陵	97.30	1262.87	7.69	100.41	14.12	72.63
	芜湖	452.84	1472.91	43.57	88.71	55.39	388.70
	宿州	219.81	544.85	31.45	72.72	112.44	99.42
	合肥	1259.14	1500.39	129.40	105.47	155.84	974.40
	宣城	184.80	922.07	27.90	76.43	39.60	168.80
广东	深圳	1331.03	2765.65	1040.96	230.38	754.12	387.38
	潮州	50.80	473.40	46.00	98.73	51.40	141.60
	东莞	575.21	2235.13	248.98	212.83	298.23	395.18
	佛山	945.37	2385.41	281.68	181.57	258.47	546.29
	河源	128.59	598.67	41.95	77.53	41.50	211.01
	惠州	610.45	1352.96	60.87	140.70	108.59	330.23
	江门	311.01	6118.38	102.18	123.32	129.06	249.34
	揭阳	48.67	476.16	94.56	82.99	84.08	206.97
	茂名	102.67	2313.87	86.82	59.40	64.10	85.01

续表

省份	指标	居住出行					
		房地产开发投资	每万人拥有民用汽车	邮电业务总量	移动电话普及率	本地固定电话用户数	旅游总收入
	正负	正	正	正	正	正	正
	单位	亿元	辆/万人	亿元	%	万户	亿元
广东	梅州	168.40	596.89	68.45	83.04	56.62	313.46
	清远	219.06	344.56	48.45	96.38	41.53	218.39
	汕头	245.51	1856.59	134.00	110.52	78.30	260.09
	汕尾	11.61	197.27	30.76	63.49	99.64	96.44
	韶关	24.10	609.24	45.30	93.09	109.00	270.00
	阳江	104.86	1549.07	90.70	96.77	42.60	181.30
	云浮	62.77	1549.07	90.70	122.75	99.64	214.61
	湛江	179.05	432.24	90.70	89.31	66.40	271.56
	肇庆	159.77	787.27	69.78	122.75	99.64	241.62
	中山	481.01	1549.07	156.52	210.52	98.40	227.04
	广州	2137.59	1549.07	543.04	181.57	298.23	2872.18
	珠海	524.12	2790.53	91.40	233.16	65.88	277.32
海南	海口	534.76	2402.16	86.00	214.13	72.00	160.06
	三亚	466.65	2402.16	46.82	81.77	72.00	302.31
	儋州	26.82	2402.16	7.63	81.77	72.00	11.07
江苏	常州	508.00	2059.14	84.00	113.57	133.00	731.00
	淮安	283.69	1483.70	35.95	75.65	67.97	266.87
	连云港	662.51	1483.70	38.86	94.69	351.62	343.92
	南京	1429.02	2403.26	250.92	125.65	248.25	1688.12
	南通	690.90	727.40	91.24	146.10	205.78	463.50
	苏州	1865.00	2531.08	294.85	151.75	269.00	1884.50
	泰州	247.48	1160.81	40.42	91.13	156.68	243.41
	无锡	991.66	1810.78	158.41	135.69	156.68	1389.29
	宿迁	362.53	1483.70	65.66	84.75	56.92	175.60
	徐州	470.22	982.24	98.89	103.97	123.22	488.46
	盐城	367.70	1483.70	64.60	109.43	156.68	808.78
	扬州	378.18	1483.70	56.90	108.98	115.34	600.71
	镇江	355.78	1114.43	70.40	97.46	87.23	621.23

续表

省份	指标	居住出行					
		房地产开发投资	每万人拥有民用汽车	邮电业务总量	移动电话普及率	本地固定电话用户数	旅游总收入
	正负	正	正	正	正	正	正
	单位	亿元	辆/万人	亿元	%	万户	亿元
江西	抚州	110.00	958.13	37.00	80.54	59.73	184.00
	赣州	274.35	583.78	48.92	70.06	113.14	390.19
	吉安	82.00	555.43	25.69	70.15	47.07	409.90
	景德镇	27.44	958.13	37.00	80.54	59.73	261.32
	九江	132.91	958.13	30.08	77.42	72.15	922.37
	南昌	485.37	1395.46	90.33	114.84	107.00	537.60
	萍乡	45.46	958.13	23.41	73.64	25.00	196.98
	上饶	129.40	958.13	37.00	80.54	90.00	790.20
	新余	26.33	1068.10	18.91	98.55	14.76	115.80
	宜春	149.08	958.13	21.68	68.24	54.29	400.84
	鹰潭	57.76	1187.90	37.00	71.41	14.19	200.00
宁夏	固原	68.30	2059.75	6.99	79.30	6.43	12.56
	石嘴山	53.74	1222.08	6.77	112.03	10.29	16.59
	吴忠	44.80	2279.35	15.10	82.00	9.41	15.10
	银川	409.17	2675.02	31.61	129.07	51.07	94.40
	中卫	57.64	882.97	10.92	78.92	11.43	23.82
辽宁	鞍山	206.10	1143.88	58.80	96.56	73.20	299.10
	本溪	76.40	1143.88	21.21	98.14	79.37	241.70
	朝阳	88.60	836.02	34.10	52.21	61.30	129.80
	大连	897.50	1143.88	171.10	122.34	229.00	1008.70
	丹东	85.50	1143.88	34.70	82.45	65.10	321.25
	抚顺	77.40	959.67	30.20	92.26	46.50	223.50
	阜新	43.30	1219.35	24.42	78.68	38.60	69.20
	葫芦岛	97.10	903.25	33.70	98.14	50.00	145.00
	锦州	114.00	1143.88	40.40	73.56	75.00	153.10
	辽阳	68.80	1055.87	26.50	103.46	35.80	158.30
	盘锦	239.50	1143.88	27.30	135.52	41.00	168.00

续表

省份	指标	居住出行					
		房地产开发投资	每万人拥有民用汽车	邮电业务总量	移动电话普及率	本地固定电话用户数	旅游总收入
	正负	正	正	正	正	正	正
	单位	亿元	辆/万人	亿元	%	万户	亿元
辽宁	沈阳	1337.70	1984.08	196.50	162.74	229.20	1221.20
	铁岭	131.20	1143.88	16.46	90.63	37.60	173.52
	营口	104.90	1048.91	39.60	87.31	49.50	185.10
内蒙古	呼和浩特	509.00	2156.17	65.20	109.88	70.80	178.26
	阿拉善盟	1.90	3190.97	5.76	155.53	4.27	47.00
	巴彦淖尔	25.80	1216.46	13.80	120.63	24.00	35.20
	包头	197.30	1852.24	38.40	109.58	25.75	325.00
	赤峰	85.70	2156.17	35.65	85.94	34.73	190.70
	鄂尔多斯	119.60	2694.24	20.10	67.23	21.60	255.90
	呼伦贝尔	66.94	2156.17	22.65	102.66	31.85	448.36
	通辽	31.57	2156.17	23.18	112.04	25.75	110.00
	乌海	37.01	2677.22	0.89	137.26	23.93	32.94
	乌兰察布	103.25	2156.17	23.18	112.04	25.75	178.26
	锡林郭勒盟	35.49	2278.92	17.59	128.47	9.50	282.14
	兴安盟	25.39	1183.17	11.76	103.23	11.07	55.40
青海	海东	44.30	140.89	6.96	77.18	10.92	28.49
	西宁	280.43	140.89	46.02	120.01	66.99	156.46
山东	滨州	108.50	1802.76	20.33	95.03	35.85	116.21
	德州	214.60	1760.86	55.14	77.86	35.19	144.01
	东营	193.94	1760.86	45.77	114.75	34.78	124.81
	菏泽	258.48	1760.86	56.55	80.04	19.70	118.50
	济南	1014.10	2348.57	160.50	152.89	54.76	744.90
	济宁	308.50	1760.86	45.88	83.71	36.30	528.29
	莱芜	31.85	1760.86	14.56	96.56	18.21	53.20
	聊城	190.40	1760.86	22.45	99.49	37.36	142.65
	临沂	302.90	1760.86	58.02	99.49	54.76	392.34
	青岛	1122.30	1760.86	218.00	146.82	213.80	1270.00

续表

省份	指标	居住出行					
		房地产开发投资	每万人拥有民用汽车	邮电业务总量	移动电话普及率	本地固定电话用户数	旅游总收入
	正负	正	正	正	正	正	正
	单位	亿元	辆/万人	亿元	%	万户	亿元
山东	日照	108.85	1572.22	23.45	92.90	25.84	264.00
	泰安	145.20	1760.86	37.90	104.16	80.80	582.30
	威海	313.19	1903.54	47.70	115.71	50.30	392.34
	潍坊	467.90	1760.86	91.80	116.10	107.20	559.40
	烟台	607.06	1759.60	75.07	119.65	83.74	700.24
	枣庄	186.64	1178.44	8.78	86.80	34.70	144.30
	淄博	26.70	1760.86	4.50	99.49	7.60	392.34
甘肃	白银	29.94	1406.70	12.39	91.24	20.22	42.50
	定西	31.11	1406.70	12.74	69.60	12.22	18.89
	嘉峪关	25.98	2214.51	7.93	174.95	10.52	35.98
	金昌	68.79	1069.92	4.31	101.19	4.17	11.91
	酒泉	42.10	1125.41	12.80	106.51	20.60	151.90
	兰州	339.01	2178.66	92.39	165.24	67.43	290.44
	陇南	68.79	1406.70	24.67	103.79	23.31	48.80
	平凉	66.59	916.59	21.63	78.16	19.12	70.53
	庆阳	39.60	1161.26	17.28	102.19	23.21	20.71
	天水	35.99	1406.70	31.28	78.90	33.60	125.70
	武威	24.09	1406.70	12.34	70.99	17.98	31.75
	张掖	53.53	1180.52	8.47	102.71	27.32	76.00
河北	保定	444.60	1480.75	65.10	84.20	127.40	614.10
	沧州	238.10	1480.75	52.56	91.93	73.24	326.27
	承德	131.50	1480.75	24.30	73.90	73.24	338.20
	邯郸	341.30	1020.00	90.40	69.00	67.40	336.70
	衡水	158.90	1480.75	52.56	91.93	73.24	66.62
	廊坊	670.90	1480.75	44.30	110.00	72.30	201.90
	秦皇岛	257.23	1837.00	28.58	111.80	57.35	362.37
	石家庄	986.30	1480.75	52.56	91.93	73.24	590.50

续表

省份	指标	居住出行					
		房地产开发投资	每万人拥有民用汽车	邮电业务总量	移动电话普及率	本地固定电话用户数	旅游总收入
	正负	正	正	正	正	正	正
	单位	亿元	辆/万人	亿元	%	万户	亿元
河北	唐山	568.70	2038.00	62.60	117.90	73.24	310.30
	邢台	182.00	1028.00	71.00	67.50	75.30	140.30
	张家口	211.67	1480.75	34.18	101.10	39.70	301.67
吉林	白城	27.59	1239.68	1.20	103.79	67.99	48.16
	白山	24.10	789.00	1.50	92.00	30.80	99.00
	吉林	139.40	2121.00	55.42	93.40	90.00	542.10
	辽源	16.36	848.00	13.50	103.79	67.99	30.96
	四平	24.70	1612.00	17.20	104.50	44.00	38.50
	松原	50.30	1194.00	16.30	87.10	32.80	88.30
	通化	63.20	760.00	14.78	105.60	45.20	122.80
	延边朝鲜族自治州	77.70	1239.68	5.80	94.30	55.40	268.40
	长春	534.40	1353.79	57.60	149.61	177.70	685.80
黑龙江	大庆	157.40	663.59	34.40	145.94	50.40	75.30
	大兴安岭	9.16	663.59	4.23	99.90	12.90	35.94
	哈尔滨	581.80	663.59	177.90	130.80	208.80	908.00
	鹤岗	12.60	528.76	9.20	104.27	16.20	27.90
	黑河	22.90	663.59	34.59	103.55	52.83	52.80
	鸡西	18.60	982.00	16.00	94.80	29.00	46.20
	佳木斯	54.80	663.59	20.60	96.74	39.20	17.00
	牡丹江	69.90	663.59	34.59	103.55	52.83	93.10
	七台河	5.12	663.59	27.67	99.90	57.06	106.30
	齐齐哈尔	130.00	663.59	42.30	57.50	66.40	124.50
	双鸭山	20.50	663.59	11.01	118.54	28.70	10.89
	绥化	100.50	663.59	27.67	99.90	57.06	106.30
	伊春	10.00	534.00	9.50	90.80	15.40	61.40

续表

省份	指标	居住出行					
		房地产开发投资	每万人拥有民用汽车	邮电业务总量	移动电话普及率	本地固定电话用户数	旅游总收入
	正负	正	正	正	正	正	正
	单位	亿元	辆/万人	亿元	%	万户	亿元
河南	安阳	209.20	1502.20	71.13	81.38	46.10	253.40
	鹤壁	68.98	1502.20	17.10	94.60	16.61	67.03
	焦作	98.90	1502.20	50.12	84.00	38.09	301.66
	开封	168.21	743.00	63.36	80.29	32.55	245.10
	洛阳	333.90	1502.20	92.70	87.00	98.30	780.00
	漯河	48.10	1502.20	33.10	81.38	46.10	32.70
	南阳	150.67	2254.00	71.89	67.00	70.12	214.80
	平顶山	194.50	1502.20	42.30	81.38	46.10	169.80
	濮阳	95.12	1500.00	43.84	90.00	27.57	8.79
	三门峡	106.72	1502.20	26.95	79.20	21.10	225.60
	商丘	217.84	1502.20	76.55	53.10	47.88	22.09
	新乡	257.54	1502.20	77.54	91.30	65.59	202.00
	信阳	292.50	434.00	59.68	50.10	43.20	135.03
	许昌	151.70	1502.20	50.78	81.38	46.10	59.70
	郑州	2000.20	2580.00	297.80	118.60	46.10	1004.20
	周口	192.29	1502.20	78.08	81.38	46.10	129.00
	驻马店	216.14	1502.20	56.20	81.38	46.10	134.70
湖南	邵阳	135.67	938.00	57.68	50.40	56.26	200.00
	常德	121.40	560.00	65.90	77.00	51.50	276.10
	郴州	194.40	1516.00	54.80	74.39	53.96	282.20
	衡阳	140.88	1010.00	66.33	56.86	73.60	307.70
	怀化	117.21	433.00	49.76	68.57	37.07	226.80
	娄底	107.94	638.00	44.77	70.00	30.15	163.87
	湘潭	145.40	868.00	41.10	95.10	24.50	245.90
	益阳	103.90	1497.00	65.90	61.60	32.60	177.80
	永州	89.48	473.00	39.07	53.30	32.90	190.50
	岳阳	151.40	618.00	47.00	69.80	64.20	339.37
	张家界	31.40	1904.00	15.04	64.60	9.06	340.70
	长沙	996.60	1032.08	250.08	151.05	181.70	1351.50
	株洲	225.90	1930.00	59.30	74.39	53.96	233.30

续表

省份	指标	居住出行					
		房地产开发投资	每万人拥有民用汽车	邮电业务总量	移动电话普及率	本地固定电话用户数	旅游总收入
	正负	正	正	正	正	正	正
	单位	亿元	辆/万人	亿元	%	万户	亿元
湖北	鄂州	21.09	1016.74	10.21	90.60	19.05	58.01
	黄冈	200.05	1016.74	33.20	80.55	38.33	121.60
	黄石	87.79	369.67	16.66	93.44	45.50	51.17
	荆门	118.11	1016.74	22.23	73.60	32.65	130.10
	荆州	292.30	838.29	35.16	68.52	72.86	137.72
	十堰	83.00	1016.74	27.11	77.70	2.40	299.83
	随州	28.77	1016.74	12.71	53.20	11.34	109.52
	武汉	2581.79	1864.00	277.90	80.55	38.33	2188.97
	咸宁	59.94	1016.74	15.26	99.00	41.31	206.00
	襄阳	334.60	1016.74	46.26	80.20	63.10	262.00
	孝感	171.58	1016.74	26.98	80.55	38.33	114.97
	宜昌	241.89	995.00	31.41	88.70	56.74	450.36
	天津	1871.55	1829.73	321.58	90.88	360.62	194.49
	上海	3468.94	1168.90	1166.05	134.97	797.30	3404.00
	重庆	3751.28	1532.61	552.30	92.45	564.98	98.22
	北京	4226.30	2464.87	990.90	186.70	784.60	4607.10

表 4　　文化教育原始数据

省份	指标	文化教育					
		每万人口在校大学生数	每万人口在校高中学生数	每万人口在校初中学生数	每万人口在校小学生数	公共图书馆数	有线电视用户数
	正负	正	正	正	正	正	正
	单位	个	个	个	个	个	万户
山西	大同	80.07	191.11	288.28	583.44	13.00	48.60
	晋城	27.14	272.16	319.57	531.88	6.00	79.12

续表

省份	指标	文化教育					
		每万人口在校大学生数	每万人口在校高中学生数	每万人口在校初中学生数	每万人口在校小学生数	公共图书馆数	有线电视用户数
	正负	正	正	正	正	正	正
	单位	个	个	个	个	个	万户
山西	晋中	219.69	239.64	332.70	547.44	11.00	57.20
	临汾	108.06	213.40	302.99	622.54	13.00	79.12
	吕梁	219.69	232.28	322.49	69.32	14.00	335.20
	朔州	107.25	315.23	432.83	728.19	7.00	17.40
	太原	1030.89	195.72	282.57	638.20	12.00	107.08
	忻州	219.69	239.64	332.70	547.44	14.00	12.80
	阳泉	219.69	239.64	332.70	547.44	6.00	33.20
	运城	88.80	252.99	348.40	573.43	13.00	58.24
	长治	95.63	244.22	364.49	632.49	14.00	42.40
陕西	安康	80.03	216.42	315.92	672.83	11.00	72.27
	宝鸡	108.10	206.63	275.26	514.54	13.00	72.27
	汉中	98.56	207.16	268.17	507.26	11.00	72.27
	商洛	41.03	184.06	247.80	534.24	11.13	72.27
	铜川	182.90	220.52	240.89	894.06	5.00	72.27
	渭南	31.72	239.31	223.20	458.22	11.00	72.27
	西安	870.13	245.88	229.33	650.39	13.00	72.27
	咸阳	182.90	516.05	260.57	618.61	11.13	72.27
	延安	182.90	570.52	260.57	834.94	13.00	72.27
	榆林	50.73	211.76	284.03	722.93	12.00	72.27
四川	巴中	116.68	253.92	114.07	597.31	6.00	37.95
	成都	515.76	137.50	236.36	534.86	22.00	413.50
	达州	40.05	211.08	362.83	761.05	8.00	53.14
	德阳	204.95	153.71	222.03	481.07	7.00	53.14
	广安	294.17	190.42	269.83	600.09	7.00	53.14
	广元	294.17	58.14	230.34	475.85	8.00	36.75
	乐山	294.17	135.07	210.43	494.05	11.00	40.66
	泸州	103.01	187.39	402.08	965.18	9.00	53.14

续表

省份	指标	文化教育					
		每万人口在校大学生数	每万人口在校高中学生数	每万人口在校初中学生数	每万人口在校小学生数	公共图书馆数	有线电视用户数
	正负	正	正	正	正	正	正
	单位	个	个	个	个	个	万户
四川	眉山	294.17	169.93	229.90	476.46	7.00	44.80
	绵阳	273.89	169.17	290.79	458.68	10.00	53.14
	南充	94.84	187.52	235.47	487.65	10.00	95.25
	内江	1526.59	156.80	269.83	600.09	4.00	53.14
	攀枝花	316.65	222.27	382.06	669.89	6.00	53.14
	遂宁	118.84	59.27	415.50	485.11	6.00	70.00
	雅安	294.17	50.34	86.53	612.67	9.00	23.00
	宜宾	49.45	149.80	315.35	681.24	10.00	40.56
	资阳	294.17	181.37	311.77	778.93	5.00	89.30
	自贡	169.30	148.73	271.82	641.47	7.00	53.14
西藏	拉萨	164.54	120.79	393.25	872.07	8.00	25.00
	林芝	14.70	120.79	393.25	872.07	8.00	10.00
新疆	克拉玛依	192.99	254.68	381.64	592.15	1.00	9.22
	吐鲁番	350.72	222.83	333.92	593.96	3.00	9.22
	哈密	14.70	260.30	309.49	547.24	2.00	9.22
	乌鲁木齐	508.45	190.99	286.20	595.77	2.00	9.22
云南	保山	47.90	140.85	455.50	725.47	7.00	124.15
	昆明	653.59	111.74	361.38	725.48	15.00	150.00
	丽江	39.41	181.35	539.30	672.98	6.00	124.15
	临沧	24.44	108.19	349.88	736.83	9.00	98.30
	普洱	40.53	102.86	332.66	675.66	11.00	124.15
	曲靖	42.83	167.71	542.37	914.64	11.00	124.15
	玉溪	63.23	55.32	379.19	652.89	10.00	124.15
	昭通	17.50	213.44	537.20	1019.34	12.00	124.15
浙江	杭州	527.39	121.98	236.19	581.61	15.00	179.22
	湖州	1627.92	234.7	415.92	977.3	5.00	179.22
	嘉兴	180.37	122.79	231.84	536.10	6.00	179.22

续表

省份	指标	文化教育					
		每万人口在校大学生数	每万人口在校高中学生数	每万人口在校初中学生数	每万人口在校小学生数	公共图书馆数	有线电视用户数
	正负	正	正	正	正	正	正
	单位	个	个	个	个	个	万户
浙江	金华	180.53	174.34	329.89	863.27	10.00	473.69
	丽水	141.21	124.73	276.21	635.42	10.00	50.10
	宁波	267.09	112.46	236.42	613.42	8.50	179.22
	衢州	64.14	177.22	337.55	668.07	7.00	179.22
	绍兴	189.12	219.36	313.24	625.80	7.00	179.22
	台州	56.18	258.92	327.37	804.87	10.00	162.74
	温州	91.92	135.57	267.52	694.64	13.00	179.22
	舟山	203.72	98.54	183.27	413.91	5.00	30.36
福建	厦门	413.47	167.76	306.33	722.54	10.00	69.99
	龙岩	68.38	178.61	298.86	686.59	7.00	41.32
	南平	92.71	192.22	322.56	758.73	10.00	98.60
	宁德	35.90	169.69	289.55	760.98	9.00	51.98
	莆田	78.58	222.82	349.20	843.44	3.00	45.80
	泉州	145.83	53.23	292.71	808.70	11.00	126.48
	三明	97.45	188.14	297.23	697.23	13.00	43.93
	漳州	143.00	177.80	309.20	697.20	10.00	81.80
	福州	455.92	168.78	308.21	746.92	13.00	69.99
广西	南宁	578.72	150.98	403.11	861.78	8.00	66.68
	百色	578.72	164.20	559.85	959.43	7.00	103.25
	北海	135.91	209.64	406.95	953.87	3.00	66.68
	崇左	163.25	47.55	304.93	831.94	7.00	48.12
	防城港	38.77	164.54	405.61	977.61	4.00	8.51
	贵港	578.72	282.19	547.78	1039.10	6.00	66.68
	桂林	4.61	141.08	278.14	710.66	14.00	66.68
	河池	43.96	196.05	393.90	1005.97	7.00	66.68
	贺州	51.65	153.97	380.45	907.42	5.00	10.37
	来宾	578.72	210.14	403.11	861.78	7.00	212.96

续表

省份	指标	文化教育					
		每万人口在校大学生数	每万人口在校高中学生数	每万人口在校初中学生数	每万人口在校小学生数	公共图书馆数	有线电视用户数
	正负	正	正	正	正	正	正
	单位	个	个	个	个	个	万户
广西	柳州	578.72	210.14	403.11	861.78	11.00	66.68
	钦州	59.74	158.46	517.20	1077.16	5.00	66.68
	梧州	49.97	157.05	384.84	819.82	5.00	34.86
	玉林	30.84	708.40	403.11	196.64	8.00	66.68
贵州	贵阳	823.71	192.35	339.48	714.22	11.00	24.26
	安顺	59.93	246.36	478.22	999.68	6.00	24.26
	毕节	22.31	350.90	681.17	1257.96	10.00	24.26
	六盘水	38.33	310.12	551.81	875.59	6.00	24.26
	铜仁	93.30	313.96	662.59	1043.46	11.00	24.26
	遵义	226.48	308.58	592.25	1067.58	14.00	24.26
安徽	安庆	67.09	187.43	260.73	491.40	11.00	90.79
	蚌埠	184.44	187.78	299.91	769.98	7.00	82.38
	亳州	23.78	156.53	380.42	951.06	5.00	24.50
	池州	159.32	243.25	304.58	609.62	5.00	82.38
	滁州	153.85	201.94	302.91	597.46	7.21	57.50
	阜阳	51.89	196.18	405.01	932.79	8.00	82.38
	淮北	168.45	197.34	290.61	641.73	5.00	29.00
	淮南	324.69	173.06	280.48	650.25	7.00	82.38
	黄山	161.43	155.81	242.61	497.81	11.00	30.00
	六安	75.32	181.78	319.30	681.40	7.00	84.64
	马鞍山	170.89	330.24	304.05	652.44	7.00	82.38
	铜陵	483.17	207.10	266.88	518.58	5.00	230.20
	芜湖	445.81	166.61	249.92	512.59	9.00	169.91
	宿州	49.09	185.89	293.99	762.50	6.00	82.38
	合肥	789.99	195.64	272.40	595.25	9.00	82.38
	宣城	44.07	157.41	236.11	516.98	8.00	24.90

续表

省份	指标	文化教育					
		每万人口在校大学生数	每万人口在校高中学生数	每万人口在校初中学生数	每万人口在校小学生数	公共图书馆数	有线电视用户数
	正负	正	正	正	正	正	正
	单位	个	个	个	个	个	万户
广东	深圳	79.18	138.79	199.73	760.00	10.00	54.38
	潮州	72.90	234.80	314.33	729.03	4.00	54.38
	东莞	871.45	252.84	252.84	871.45	8.00	54.38
	佛山	66.48	155.17	256.64	659.57	6.00	54.38
	河源	36.93	212.79	361.15	902.88	7.00	41.13
	惠州	225.42	238.12	348.71	796.45	8.00	5.00
	江门	105.54	175.24	298.71	677.51	8.00	98.17
	揭阳	19.82	254.17	410.97	810.38	6.00	45.00
	茂名	52.12	287.15	435.77	842.63	6.00	85.78
	梅州	58.29	245.60	321.51	720.02	10.00	46.10
	清远	36.76	198.17	335.40	738.74	10.00	54.38
	汕头	18.02	449.92	416.60	901.28	9.00	54.38
	汕尾	15.10	276.55	397.96	673.19	4.00	20.00
	韶关	161.89	252.82	370.24	845.62	19.00	51.90
	阳江	225.42	201.50	312.60	823.91	5.00	54.38
	云浮	225.42	206.06	347.49	840.89	6.00	50.00
	湛江	109.83	252.85	410.97	787.55	9.00	65.50
	肇庆	162.82	207.41	406.94	844.42	9.00	77.99
	中山	124.63	186.25	268.01	862.10	25.00	54.38
	广州	772.68	156.46	225.14	694.68	15.00	54.38
	珠海	813.90	219.79	316.28	910.59	4.00	65.99
海南	海口	555.94	189.38	335.58	815.11	2.00	19.32
	三亚	614.23	227.35	389.56	894.65	1.00	19.32
	儋州	426.65	238.21	397.10	928.26	1.00	19.32
江苏	常州	248.91	246.49	322.08	869.82	4.00	117.60
	淮安	139.37	153.94	280.79	353.24	9.00	151.89
	连云港	142.80	192.00	167.95	548.28	9.00	192.58

续表

省份	指标	文化教育					
		每万人口在校大学生数	每万人口在校高中学生数	每万人口在校初中学生数	每万人口在校小学生数	公共图书馆数	有线电视用户数
	正负	正	正	正	正	正	正
	单位	个	个	个	个	个	万户
江苏	南京	129.19	114.81	152.19	434.68	15.00	249.87
	南通	123.29	113.70	212.47	446.03	10.00	228.98
	苏州	202.34	192.00	167.95	548.28	11.00	192.58
	泰州	121.08	136.59	232.89	477.21	9.00	456.27
	无锡	177.08	139.35	184.72	535.09	10.00	165.00
	宿迁	142.80	192.00	167.95	548.28	9.00	139.60
	徐州	193.56	147.19	253.78	970.12	8.00	264.79
	盐城市	96.84	158.23	209.75	611.47	9.00	192.58
	扬州	142.80	192.00	167.95	548.28	7.00	108.80
	镇江	239.16	100.50	195.75	444.82	9.00	100.32
江西	抚州	242.09	199.85	361.48	875.30	10.00	61.90
	赣州	95.28	195.60	423.26	953.44	19.00	61.90
	吉安	38.26	190.73	344.97	929.29	15.00	61.90
	景德镇	213.35	192.07	347.40	875.30	5.00	61.90
	九江	184.01	208.26	333.42	826.60	15.00	60.00
	南昌	1107.70	194.99	358.48	766.94	10.00	147.07
	萍乡	59.44	182.18	336.12	796.54	6.00	15.00
	上饶	242.09	199.85	361.48	875.30	13.00	69.00
	新余	330.02	221.21	334.98	863.35	3.00	26.69
	宜春	80.67	196.86	382.60	888.72	10.00	101.90
	鹰潭	70.08	186.97	338.18	977.50	4.00	13.64
宁夏	固原	51.94	290.45	504.23	1034.82	5.00	33.57
	石嘴山	93.91	219.00	369.00	671.32	4.00	33.57
	吴忠	26.22	211.91	452.96	993.30	5.00	12.79
	银川	452.84	257.38	344.25	749.04	8.00	54.35
	中卫	156.23	219.02	408.92	911.43	3.00	33.57

续表

省份	指标	文化教育					
		每万人口在校大学生数	每万人口在校高中学生数	每万人口在校初中学生数	每万人口在校小学生数	公共图书馆数	有线电视用户数
	正负	正	正	正	正	正	正
	单位	个	个	个	个	个	万户
辽宁	鞍山	98.59	135.25	253.53	480.77	9.00	67.75
	本溪	147.18	156.70	256.45	455.47	7.00	67.75
	朝阳	15.23	237.79	389.16	455.47	8.00	60.00
	大连	488.54	154.99	253.65	455.47	13.00	226.00
	丹东	119.59	165.80	239.34	398.36	8.00	67.75
	抚顺	203.99	114.29	187.05	347.71	7.00	67.75
	阜新	253.19	171.47	56.69	467.34	8.00	15.00
	葫芦岛	32.13	153.52	285.61	553.37	7.00	67.75
	锦州	280.90	145.41	224.72	432.91	8.17	58.90
	辽阳	29.44	134.08	245.81	418.99	9.00	18.60
	盘锦	54.77	230.27	304.96	524.85	5.00	28.00
	沈阳	487.28	122.28	200.12	440.36	8.17	67.75
	铁岭	55.05	134.42	219.98	455.47	9.00	67.75
	营口	174.30	137.56	249.33	490.07	8.00	67.75
内蒙古	呼和浩特	768.07	213.43	263.75	552.36	10.00	40.40
	阿拉善盟	158.12	444.27	493.10	527.00	4.00	6.60
	巴彦淖尔	58.69	166.36	239.33	441.10	9.60	26.38
	包头	307.53	173.21	243.90	445.39	10.00	26.38
	赤峰	28.14	293.76	272.36	587.28	14.00	26.38
	鄂尔多斯	28.82	152.99	248.13	602.20	9.00	33.00
	呼伦贝尔	68.63	157.28	210.81	421.71	15.00	26.38
	通辽	118.73	213.09	287.75	592.48	9.00	26.38
	乌海	63.62	115.03	142.15	532.66	4.00	26.38
	乌兰察布	158.12	210.50	263.82	527.00	9.60	26.38
	锡林郭勒盟	79.36	219.03	270.66	557.12	14.00	26.38
	兴安盟	59.62	167.03	230.12	537.67	7.00	25.52

续表

省份	指标	文化教育					
		每万人口在校大学生数	每万人口在校高中学生数	每万人口在校初中学生数	每万人口在校小学生数	公共图书馆数	有线电视用户数
	正负	正	正	正	正	正	正
	单位	个	个	个	个	个	万户
青海	海东	302.49	74.45	122.67	803.91	6.00	13.00
	西宁	302.49	201.69	332.33	640.04	6.00	30.46
山东	滨州	133.07	262.94	228.31	628.25	8.00	79.36
	德州	89.34	262.21	227.67	723.75	12.00	79.36
	东营	142.30	200.36	422.33	563.51	6.00	33.55
	菏泽	57.49	1937.11	386.81	1084.90	10.00	85.90
	济南	792.62	226.35	196.53	581.04	12.00	79.36
	济宁	129.64	164.11	312.32	765.50	12.00	79.36
	莱芜	223.24	325.89	282.96	643.78	2.00	14.90
	聊城	223.24	325.89	282.96	643.78	8.23	75.46
	临沂	223.24	325.89	282.96	643.78	8.23	79.36
	青岛	388.04	128.61	262.72	589.21	13.00	217.54
	日照	218.40	256.66	222.85	685.76	5.00	46.10
	泰安	194.62	324.93	282.13	494.57	8.23	98.70
	威海	251.94	122.71	277.60	395.65	5.00	89.77
	潍坊	169.23	19.40	271.63	638.12	8.23	79.36
	烟台	257.05	139.15	286.14	380.95	14.00	79.36
	枣庄	78.41	192.01	301.48	837.90	7.00	52.32
	淄博	223.24	325.89	282.96	643.78	1.00	79.36
甘肃	白银	83.20	332.09	352.99	607.32	6.00	19.52
	定西	42.00	284.18	357.02	628.75	8.00	11.36
	嘉峪关	115.95	258.71	342.35	679.75	2.00	19.52
	金昌	59.63	248.16	369.30	616.44	4.00	7.50
	酒泉	160.19	257.02	352.04	640.73	7.00	33.54
	兰州	932.28	189.54	270.78	563.21	8.00	59.00
	陇南	38.82	197.48	373.65	756.05	9.00	9.41
	平凉	25.59	260.70	412.34	712.11	8.00	9.81

续表

省份	指标	文化教育					
		每万人口在校大学生数	每万人口在校高中学生数	每万人口在校初中学生数	每万人口在校小学生数	公共图书馆数	有线电视用户数
	正负	正	正	正	正	正	正
	单位	个	个	个	个	个	万户
甘肃	庆阳	73.44	270.32	352.04	640.73	9.00	5.99
	天水	129.84	257.02	352.04	640.73	8.00	19.52
	武威	99.01	293.93	363.62	585.91	4.00	19.52
	张掖	162.39	235.09	326.32	617.01	7.00	19.52
河北	保定	166.60	143.00	303.00	784.00	23.00	227.70
	沧州	84.00	124.00	303.00	754.20	15.00	116.71
	承德	166.60	143.00	303.00	711.00	16.10	55.74
	邯郸	166.60	143.00	303.00	925.00	20.00	77.31
	衡水	166.60	143.00	303.00	760.00	12.00	116.71
	廊坊	166.60	154.00	302.00	878.00	11.00	116.71
	秦皇岛	505.00	143.00	303.00	636.00	6.00	106.60
	石家庄	166.60	143.00	303.00	720.00	25.00	113.16
	唐山	147.00	143.00	303.00	662.00	13.00	135.00
	邢台	61.00	143.00	303.00	795.00	20.00	101.47
	张家口	36.00	151.00	304.00	671.00	16.00	116.71
吉林	白城	12.00	149.00	230.00	453.00	6.00	24.02
	白山	12.00	150.00	194.00	366.00	6.00	29.23
	吉林	157.55	142.00	196.00	419.00	6.75	24.02
	辽源	60.00	149.00	224.00	424.00	3.00	24.02
	四平	208.00	152.75	213.89	548.00	5.00	24.02
	松原	10.00	174.00	258.00	574.00	5.00	24.02
	通化	57.00	146.00	217.00	421.00	8.00	24.02
	延边朝鲜族自治州	99.00	126.00	145.00	403.00	9.00	24.02
	长春	814.40	186.00	247.11	524.78	12.00	18.80

续表

省份	指标	文化教育					
		每万人口在校大学生数	每万人口在校高中学生数	每万人口在校初中学生数	每万人口在校小学生数	公共图书馆数	有线电视用户数
	正负	正	正	正	正	正	正
	单位	个	个	个	个	个	万户
黑龙江	大庆	28.21	219.39	345.04	459.24	6.00	49.17
	大兴安岭	76.70	139.47	232.45	307.97	6.00	9.46
	哈尔滨	690.00	141.00	248.00	439.00	18.00	165.27
	鹤岗	130.50	128.29	213.83	304.68	3.00	16.90
	黑河	57.00	159.00	244.55	326.00	6.00	49.17
	鸡西	45.00	141.00	235.00	274.00	4.00	58.00
	佳木斯	149.01	139.16	231.93	418.19	6.00	49.17
	牡丹江	195.00	159.00	244.55	347.00	8.17	51.20
	七台河	18.32	163.11	268.60	392.56	2.00	49.17
	齐齐哈尔	91.56	131.06	188.51	393.18	13.00	49.17
	双鸭山	28.57	148.36	194.86	356.89	5.00	21.70
	绥化	139.01	136.21	375.86	98.28	11.00	53.30
	伊春	137.41	148.00	156.00	245.00	18.00	17.50
河南	安阳	170.62	164.00	375.00	991.00	8.81	62.99
	鹤壁	74.00	186.00	474.00	912.00	5.00	62.99
	焦作	263.00	199.00	383.00	675.00	7.00	62.99
	开封	173.00	176.00	379.00	872.00	5.00	34.00
	洛阳	187.00	186.00	393.00	832.00	17.00	62.99
	漯河	170.62	181.00	349.00	752.00	5.00	62.99
	南阳	100.00	176.00	420.00	1205.00	12.00	62.99
	平顶山	170.62	182.33	384.53	854.44	7.00	28.20
	濮阳	21.00	176.00	454.00	964.00	6.00	32.00
	三门峡	57.00	196.00	329.00	639.00	7.00	62.99
	商丘	93.00	183.00	363.00	804.00	8.00	62.99
	新乡	229.00	171.00	408.00	1000.00	11.00	84.50
	信阳	170.62	204.00	358.00	768.00	10.00	26.72
	许昌	92.00	141.00	333.00	821.00	7.00	62.99

续表

省份	指标	文化教育					
		每万人口在校大学生数	每万人口在校高中学生数	每万人口在校初中学生数	每万人口在校小学生数	公共图书馆数	有线电视用户数
	正负	正	正	正	正	正	正
	单位	个	个	个	个	个	万户
河南	郑州	861.00	192.00	342.00	827.00	15.00	197.40
	周口	40.00	204.00	408.00	796.00	10.00	62.99
	驻马店	28.00	182.33	384.53	813.00	9.00	38.10
湖南	邵阳	34.00	147.00	308.64	690.27	14.00	68.00
	常德	73.00	136.00	205.00	469.00	9.00	96.40
	郴州	51.00	148.00	425.00	992.00	11.00	71.50
	衡阳	207.00	178.00	382.00	767.00	14.00	71.15
	怀化	82.00	119.00	284.00	645.00	15.00	71.15
	娄底	66.00	195.00	361.00	829.00	7.00	52.50
	湘潭	453.00	166.00	251.00	506.00	6.00	49.50
	益阳	198.70	136.00	249.00	545.00	10.17	71.15
	永州	48.00	150.00	374.00	915.00	12.00	45.50
	岳阳	198.70	147.00	288.00	608.00	11.00	61.60
	张家界	198.70	153.42	308.64	690.27	4.00	27.90
	长沙	766.00	182.00	316.00	685.00	12.00	173.91
	株洲	207.00	137.00	260.00	632.00	7.00	64.70
湖北	鄂州	144.00	164.00	257.00	645.00	1.00	69.46
	黄冈	65.00	151.51	343.77	687.00	12.00	69.46
	黄石	158.89	172.04	573.48	963.14	3.00	42.86
	荆门	209.18	151.51	343.77	632.09	6.00	124.80
	荆州	197.76	103.01	343.38	553.72	8.00	35.37
	十堰	152.00	147.00	249.00	660.00	8.00	69.46
	随州	31.00	157.00	343.77	632.09	4.00	69.46
	武汉	902.00	151.51	343.77	447.00	2.00	69.46
	咸宁	209.18	166.00	296.00	844.00	7.00	69.46
	襄阳	91.00	151.51	343.77	622.00	8.00	74.80
	孝感	209.18	151.51	343.77	506.00	6.64	69.46
	宜昌	141.00	151.51	343.77	393.00	14.00	69.46

续表

省份	指标	文化教育					
		每万人口在校大学生数	每万人口在校高中学生数	每万人口在校初中学生数	每万人口在校小学生数	公共图书馆数	有线电视用户数
	正负	正	正	正	正	正	正
	单位	个	个	个	个	个	万户
	天津	331.56	110.41	165.62	389.22	31.00	313.00
	上海	211.82	65.50	170.71	330.69	25.00	754.83
	重庆	237.56	206.59	318.38	687.31	43.00	478.02
	北京	404.05	77.86	130.38	391.61	25.00	569.10

表5 安全健康原始数据

省份	指标	安全健康					
		每千人拥有卫生机构数	每千人拥有卫生机构床位	每千人拥有卫生技术人员	城镇基本养老保险参保人数	失业保险参保人数	城镇基本医疗保险参保人数
	正负	正	正	正	正	正	正
	单位	个	个	人	万人	万人	万人
山西	大同	0.91	5.22	6.02	108.60	45.10	132.90
	晋城	1.33	5.40	2.30	39.50	30.10	61.00
	晋中	0.32	4.40	4.92	47.90	32.40	36.10
	临汾	0.99	4.33	5.43	248.71	34.91	104.86
	吕梁	1.03	2.93	5.56	32.60	32.17	84.43
	朔州	1.23	4.14	3.63	21.90	18.30	47.00
	太原	0.65	8.50	4.60	82.98	86.75	242.18
	忻州	1.67	4.08	4.36	41.40	20.80	66.80
	阳泉	1.06	5.08	6.43	26.56	25.05	63.80
	运城	1.02	5.09	4.86	49.40	33.70	85.80
	长治	1.50	4.52	5.17	42.70	40.50	98.70
陕西	安康	1.17	4.99	7.52	16.81	9.70	42.00
	宝鸡	0.80	6.14	8.61	57.79	32.34	46.01
	汉中	0.30	5.44	5.28	34.48	23.00	37.60
	商洛	1.24	4.69	7.05	12.72	11.48	36.36

续表

省份	指标	安全健康					
		每千人拥有卫生机构数	每千人拥有卫生机构床位	每千人拥有卫生技术人员	城镇基本养老保险参保人数	失业保险参保人数	城镇基本医疗保险参保人数
	正负	正	正	正	正	正	正
	单位	个	个	人	万人	万人	万人
陕西	铜川	1.13	6.25	8.76	15.10	9.56	37.82
	渭南	0.79	4.14	5.01	42.40	25.70	115.20
	西安	0.67	6.28	9.36	335.37	149.62	419.52
	咸阳	0.03	4.56	7.85	57.03	39.21	63.85
	延安	1.45	5.78	6.81	91.40	35.83	222.90
	榆林	1.43	5.38	6.52	31.77	21.82	68.96
四川	巴中	0.95	4.67	4.19	152.25	7.49	365.42
	成都	0.58	7.85	9.21	570.80	16.02	620.80
	达州	0.80	4.07	3.13	254.34	15.93	107.57
	德阳	0.77	5.68	7.70	243.40	32.10	131.40
	广安	0.75	3.15	4.24	129.90	16.02	64.00
	广元	1.16	6.92	5.86	27.15	13.04	38.74
	乐山	0.88	5.45	6.72	50.34	21.68	55.12
	泸州	1.07	5.41	5.23	78.42	20.38	41.99
	眉山	0.69	5.43	4.88	161.80	10.93	75.20
	绵阳	0.81	5.88	6.82	113.30	16.02	67.62
	南充	1.17	4.40	3.82	106.17	17.04	191.05
	内江	0.88	5.78	5.72	133.87	16.02	38.12
	攀枝花	0.07	9.12	6.87	45.66	21.00	63.23
	遂宁	0.30	5.23	4.16	60.92	9.32	24.94
	雅安	0.97	7.60	8.25	34.76	6.76	41.78
	宜宾	0.90	4.78	4.13	74.53	23.59	49.76
	资阳	1.37	6.24	7.32	33.20	12.60	91.00
	自贡	0.85	6.37	4.73	67.40	12.36	88.21
西藏	拉萨	0.92	5.25	7.23	21.10	1.48	6.50
	林芝	0.37	4.10	4.30	1.14	1.08	1.95

续表

省份	指标	安全健康					
		每千人拥有卫生机构数	每千人拥有卫生机构床位	每千人拥有卫生技术人员	城镇基本养老保险参保人数	失业保险参保人数	城镇基本医疗保险参保人数
	正负	正	正	正	正	正	正
	单位	个	个	人	万人	万人	万人
新疆	克拉玛依	0.31	3.90	11.11	24.60	16.04	20.76
	吐鲁番	0.68	5.37	6.27	6.10	4.83	8.47
	哈密	0.61	5.67	6.24	10.13	6.44	10.38
	乌鲁木齐	0.50	7.90	9.86	124.01	78.05	178.66
云南	保山	0.52	2.91	3.97	12.59	23.66	14.75
	昆明	0.67	8.27	9.63	130.89	92.53	141.61
	丽江	0.16	3.49	3.00	8.11	3.47	19.21
	临沧	0.51	3.68	3.36	10.37	8.73	23.33
	普洱	0.20	3.73	3.95	16.52	10.20	20.60
	曲靖	0.37	4.37	2.68	26.98	23.98	42.92
	玉溪	0.60	5.43	6.26	30.50	14.80	0.66
	昭通	0.36	3.80	4.09	13.21	11.90	40.19
浙江	杭州	0.49	6.99	10.38	668.65	349.42	870.71
	湖州	0.52	5.15	7.79	133.33	64.47	111.01
	嘉兴	0.31	6.64	2.81	226.00	114.93	197.00
	金华	0.84	5.56	7.92	172.23	77.34	139.21
	丽水	0.13	4.50	6.47	67.04	22.04	38.27
	宁波	0.52	4.09	8.56	402.90	252.30	382.00
	衢州	0.37	5.16	6.39	171.10	25.54	244.79
	绍兴	0.57	5.28	2.91	333.56	122.64	487.52
	台州	0.58	4.15	6.33	198.77	99.37	140.78
	温州	0.61	3.86	6.23	256.94	110.80	162.92
	舟山	0.61	4.79	7.47	76.88	21.29	95.69
福建	厦门	0.37	3.71	6.50	237.17	182.41	332.12
	龙岩	0.28	6.36	6.82	35.85	33.89	89.07
	南平	0.23	6.05	5.83	35.18	34.09	42.00

续表

省份	指标	安全健康					
		每千人拥有卫生机构数	每千人拥有卫生机构床位	每千人拥有卫生技术人员	城镇基本养老保险参保人数	失业保险参保人数	城镇基本医疗保险参保人数
	正负	正	正	正	正	正	正
	单位	个	个	人	万人	万人	万人
福建	宁德	0.69	4.57	5.38	35.92	19.45	32.43
	莆田	0.46	4.40	4.71	32.91	26.60	55.65
	泉州	0.16	3.58	4.37	128.49	65.41	118.18
	三明	1.11	5.28	5.98	44.75	30.56	40.30
	漳州	0.90	4.12	4.62	54.36	37.11	57.53
	福州	0.55	4.41	6.65	157.74	115.27	152.44
广西	南宁	0.57	4.16	6.29	89.50	13.35	100.61
	百色	0.73	4.43	5.02	15.63	11.56	56.91
	北海	0.33	4.40	5.48	19.65	9.76	26.20
	崇左	0.70	3.65	7.09	15.69	7.65	31.24
	防城港	0.37	4.30	4.30	38.74	6.86	30.26
	贵港	1.00	3.03	6.13	19.45	9.95	59.40
	桂林	1.07	3.95	8.30	71.28	28.18	120.99
	河池	0.66	4.23	4.90	22.74	11.87	59.99
	贺州	0.56	3.67	6.79	82.36	6.56	12.71
	来宾	0.10	4.54	4.33	84.92	7.12	36.86
	柳州	0.60	5.71	7.60	90.70	36.60	81.48
	钦州	0.15	4.14	4.90	15.38	7.81	50.20
	梧州	0.49	3.30	4.85	20.10	13.50	72.90
	玉林	0.61	3.64	4.28	36.72	16.08	33.48
贵州	贵阳	0.67	6.84	8.34	155.96	64.58	126.43
	安顺	0.85	4.62	4.11	107.26	17.66	215.58
	毕节	0.16	5.04	3.84	21.70	18.60	695.20
	六盘水	0.60	5.09	4.53	28.26	16.26	70.14
	铜仁	1.11	6.00	5.21	10.68	9.81	46.40
	遵义	0.06	5.94	4.32	368.39	25.96	50.59

续表

省份	指标	安全健康					
		每千人拥有卫生机构数	每千人拥有卫生机构床位	每千人拥有卫生技术人员	城镇基本养老保险参保人数	失业保险参保人数	城镇基本医疗保险参保人数
	正负	正	正	正	正	正	正
	单位	个	个	人	万人	万人	万人
安徽	安庆	0.40	3.15	4.89	57.21	25.42	46.49
	蚌埠	0.43	5.41	5.26	54.02	21.69	46.70
	亳州	0.09	3.17	2.98	19.70	15.20	21.90
	池州	0.68	4.39	4.91	11.03	7.23	13.72
	滁州	0.41	3.98	3.73	237.61	22.40	109.30
	阜阳	0.33	3.97	3.81	35.10	25.30	71.80
	淮北	0.33	5.44	4.95	41.50	25.20	96.40
	淮南	0.51	5.84	5.80	47.51	29.23	52.97
	黄山	0.84	4.68	6.19	20.55	9.30	39.84
	六安	0.41	1.32	3.17	35.64	19.00	35.86
	马鞍山	0.45	3.74	5.00	40.10	24.83	98.18
	铜陵	0.23	8.22	7.95	24.90	16.24	29.19
	芜湖	0.18	5.04	5.41	54.80	40.20	104.60
	宿州	0.34	3.52	3.86	6.59	21.08	62.65
	合肥	0.28	5.58	6.15	187.26	121.46	160.13
	宣城	0.20	4.33	4.90	42.40	13.90	31.90
广东	深圳	0.26	2.97	6.58	954.34	974.69	1213.16
	潮州	0.03	2.37	4.86	45.60	31.80	22.90
	东莞	0.27	3.33	5.48	127.83	412.14	601.92
	佛山	0.20	4.46	5.87	380.47	222.32	277.74
	河源	0.71	3.93	4.60	68.72	28.56	30.11
	惠州	0.25	3.98	5.91	201.89	127.39	161.83
	江门	0.37	4.39	5.72	191.98	74.72	386.99
	揭阳	0.06	2.56	3.31	96.12	80.98	571.42
	茂名	0.08	3.90	3.92	125.80	26.00	685.00
	梅州	0.77	3.58	4.94	98.10	25.61	441.94

续表

省份	指标	安全健康					
		每千人拥有卫生机构数	每千人拥有卫生机构床位	每千人拥有卫生技术人员	城镇基本养老保险参保人数	失业保险参保人数	城镇基本医疗保险参保人数
	正负	正	正	正	正	正	正
	单位	个	个	人	万人	万人	万人
广东	清远	0.67	3.76	5.97	102.64	36.81	349.23
	汕头	0.24	2.79	4.57	124.31	75.04	368.57
	汕尾	0.56	2.25	3.13	50.43	16.60	300.57
	韶关	0.21	5.46	6.24	67.80	29.20	283.50
	阳江	0.71	4.35	5.33	165.63	21.12	262.96
	云浮	0.56	3.16	4.67	43.52	17.52	22.32
	湛江	0.48	4.29	4.66	111.16	38.40	665.59
	肇庆	0.77	3.41	5.25	76.35	43.05	61.82
	中山	0.21	4.10	6.22	238.52	141.81	254.62
	广州	0.20	6.08	9.38	607.62	12.41	1008.24
	珠海	0.42	5.24	10.72	111.97	89.59	110.50
海南	海口	0.42	6.92	13.85	53.17	29.93	56.49
	三亚	0.66	4.02	9.57	17.46	29.93	17.50
	儋州	0.52	4.23	6.31	26.55	29.93	17.46
江苏	常州	0.25	5.16	6.30	133.80	108.70	188.10
	淮安	0.16	5.33	6.26	120.62	63.30	84.01
	连云港	0.00	0.00	0.00	130.24	141.31	237.40
	南京	0.28	5.66	7.90	299.04	253.61	388.37
	南通	0.22	4.93	5.62	146.90	100.76	183.00
	苏州	0.29	5.65	6.41	138.99	421.99	609.90
	泰州	0.42	4.71	6.68	83.78	63.78	470.57
	无锡	0.34	5.74	6.83	236.27	200.37	307.53
	宿迁	0.30	4.75	5.85	130.24	141.31	237.40
	徐州	0.53	5.53	5.96	116.48	141.31	141.72
	盐城	0.45	5.15	6.86	130.24	141.31	237.40
	扬州	0.44	4.49	5.43	106.00	120.51	63.69
	镇江	0.30	4.61	5.98	89.35	51.10	88.05

续表

省份	指标	安全健康					
		每千人拥有卫生机构数	每千人拥有卫生机构床位	每千人拥有卫生技术人员	城镇基本养老保险参保人数	失业保险参保人数	城镇基本医疗保险参保人数
	正负	正	正	正	正	正	正
	单位	个	个	人	万人	万人	万人
江西	抚州	0.58	2.64	4.64	69.10	27.15	76.45
	赣州	0.92	3.77	3.62	88.89	36.21	139.67
	吉安	0.98	4.22	4.01	63.46	22.08	139.00
	景德镇	0.65	4.64	5.29	42.30	27.15	72.45
	九江	0.56	4.14	5.18	88.54	34.21	82.65
	南昌	0.40	5.69	6.75	116.24	60.90	98.19
	萍乡	0.74	5.03	8.57	36.63	14.71	46.26
	上饶	0.75	4.28	4.60	89.59	30.12	62.89
	新余	1.05	4.15	5.81	27.11	11.19	27.54
	宜春	0.75	4.11	4.05	69.10	27.15	76.45
	鹰潭	0.85	4.40	4.80	20.36	7.80	19.37
宁夏	固原	0.96	4.21	3.62	7.83	5.95	8.25
	石嘴山	0.12	5.92	7.04	26.07	12.44	18.72
	吴忠	0.64	4.39	4.77	18.26	20.66	13.21
	银川	0.45	6.51	9.43	69.73	43.58	161.12
	中卫	0.68	2.76	3.87	14.22	20.66	106.54
辽宁	鞍山	0.50	5.88	5.88	102.10	55.00	112.30
	本溪	0.45	7.53	9.00	79.50	52.20	104.00
	朝阳	1.31	4.60	4.76	57.90	24.10	57.60
	大连	0.46	7.22	10.01	195.10	145.10	506.70
	丹东	0.66	6.67	5.25	93.80	52.20	121.68
	抚顺	0.66	6.49	6.03	92.50	48.80	109.80
	阜新	0.79	6.29	8.95	52.40	19.80	88.10
	葫芦岛	1.04	4.56	3.72	55.20	27.10	94.90
	锦州	0.81	5.05	4.16	79.10	33.10	129.50
	辽阳	0.34	7.26	5.12	65.30	22.70	25.60

续表

省份	指标	安全健康					
		每千人拥有卫生机构数	每千人拥有卫生机构床位	每千人拥有卫生技术人员	城镇基本养老保险参保人数	失业保险参保人数	城镇基本医疗保险参保人数
	正负	正	正	正	正	正	正
	单位	个	个	人	万人	万人	万人
辽宁	盘锦	0.76	6.52	7.31	57.80	34.90	40.80
	沈阳	0.26	7.11	7.74	370.60	139.50	143.50
	铁岭	1.02	7.38	4.13	106.07	52.20	121.68
	营口	0.15	5.19	5.35	77.60	24.10	47.40
内蒙古	呼和浩特	0.66	5.12	7.12	43.80	47.30	114.60
	阿拉善盟	1.39	4.57	8.85	6.25	4.57	7.31
	巴彦淖尔	0.99	5.80	8.13	20.30	21.33	63.80
	包头	0.61	5.65	7.36	58.70	42.50	80.20
	赤峰	0.33	5.98	6.54	36.93	21.33	109.00
	鄂尔多斯	0.45	3.80	7.37	28.10	20.10	65.00
	呼伦贝尔	0.77	5.58	7.37	59.37	30.62	67.83
	通辽	1.47	4.96	7.55	23.89	18.31	104.03
	乌海	0.56	6.61	8.19	10.90	9.24	24.98
	乌兰察布	0.87	5.21	7.37	29.82	21.33	65.00
	锡林郭勒盟	1.23	4.31	6.67	11.49	9.77	18.41
	兴安盟	1.06	4.90	5.94	28.33	9.56	59.80
青海	海东	1.42	3.75	4.35	8.34	4.52	9.79
	西宁	0.77	7.38	8.99	51.46	16.83	29.49
山东	滨州	0.71	5.15	6.20	71.99	67.97	55.13
	德州	0.54	3.88	4.81	79.03	36.01	529.38
	东营	0.28	6.05	7.51	74.09	27.59	127.30
	菏泽	0.45	4.21	5.68	78.90	67.97	194.61
	济南	0.83	6.90	4.60	222.90	130.08	419.30
	济宁	0.82	5.35	9.11	112.42	80.50	194.61
	莱芜	0.23	4.82	5.65	30.01	21.03	120.40
	聊城	0.54	5.28	6.13	112.42	33.30	59.90

续表

省份	指标	安全健康					
		每千人拥有卫生机构数	每千人拥有卫生机构床位	每千人拥有卫生技术人员	城镇基本养老保险参保人数	失业保险参保人数	城镇基本医疗保险参保人数
	正负	正	正	正	正	正	正
	单位	个	个	人	万人	万人	万人
山东	临沂	0.54	5.28	6.13	136.90	59.30	109.36
	青岛	0.35	5.39	7.26	247.75	189.80	194.61
	日照	0.22	4.73	5.15	64.85	26.03	38.01
	泰安	0.80	5.18	4.70	128.90	61.30	527.20
	威海	0.41	6.23	7.03	86.20	67.97	91.60
	潍坊	0.54	5.28	6.13	112.42	67.97	194.61
	烟台	0.77	5.85	6.56	159.85	108.27	212.22
	枣庄	0.63	4.94	5.42	80.11	42.41	45.46
	淄博	0.54	5.28	6.13	112.42	67.97	194.61
甘肃	白银	0.79	4.64	4.73	82.91	12.98	27.90
	定西	1.00	4.98	3.51	10.02	8.55	32.65
	嘉峪关	0.54	6.94	9.85	9.00	5.55	8.74
	金昌	1.18	5.15	7.22	6.00	7.28	11.89
	酒泉	0.89	5.42	6.22	12.00	6.70	28.40
	兰州	0.65	7.85	8.39	68.76	56.75	106.82
	陇南	0.34	3.19	2.66	5.33	12.98	15.55
	平凉	1.31	5.67	5.02	10.33	8.68	17.47
	庆阳	0.83	3.71	3.95	7.46	8.26	28.24
	天水	0.15	3.90	4.71	11.91	14.20	27.67
	武威	1.18	4.89	3.02	7.81	6.48	17.60
	张掖	1.28	6.44	7.15	14.99	7.34	11.85
河北	保定	1.00	4.00	5.00	620.80	49.00	191.40
	沧州	0.20	4.00	5.00	89.23	46.49	111.02
	承德	1.00	5.00	5.00	59.50	22.20	83.10
	邯郸	0.80	4.00	4.00	124.20	68.50	140.83
	衡水	1.40	4.00	4.00	51.40	18.40	64.00

续表

省份	指标	安全健康					
		每千人拥有卫生机构数	每千人拥有卫生机构床位	每千人拥有卫生技术人员	城镇基本养老保险参保人数	失业保险参保人数	城镇基本医疗保险参保人数
	正负	正	正	正	正	正	正
	单位	个	个	人	万人	万人	万人
河北	廊坊	0.30	4.00	5.00	86.40	27.80	99.40
	秦皇岛	1.20	6.00	6.00	77.83	32.81	97.11
	石家庄	0.60	5.00	6.00	210.00	91.60	289.90
	唐山	0.30	5.40	6.10	216.20	81.10	221.40
	邢台	1.10	3.30	4.00	70.60	34.84	164.89
	张家口	1.30	5.20	4.40	76.84	38.60	96.06
吉林	白城	1.00	4.00	5.00	17.58	10.86	83.50
	白山	1.00	7.00	5.00	21.50	11.50	96.80
	吉林	1.00	6.00	7.00	65.10	41.70	236.50
	辽源	1.00	5.00	6.00	25.60	7.70	34.70
	四平	1.00	5.00	5.00	25.10	19.30	131.86
	松原	0.04	3.00	5.00	35.40	16.20	90.60
	通化	0.30	6.00	6.00	54.70	14.51	115.48
	延边朝鲜族自治州	0.10	5.00	6.00	38.70	29.50	151.50
	长春	0.56	5.97	5.78	90.00	188.30	245.80
黑龙江	大庆	0.50	5.17	5.35	33.83	45.49	86.95
	大兴安岭	0.66	5.44	6.83	33.83	45.49	86.95
	哈尔滨	0.20	8.00	7.00	138.20	125.80	369.20
	鹤岗	0.76	7.26	6.79	10.20	11.60	48.20
	黑河	0.70	5.00	6.00	10.30	7.10	50.40
	鸡西	0.50	6.00	6.00	23.89	15.87	88.67
	佳木斯	0.50	5.47	5.86	25.30	19.10	38.70
	牡丹江	0.52	5.38	5.59	59.20	14.40	93.30
	七台河	0.67	4.23	4.57	33.83	45.49	10.55
	齐齐哈尔	0.18	4.31	4.31	48.70	49.50	94.40

续表

省份	指标	安全健康					
		每千人拥有卫生机构数	每千人拥有卫生机构床位	每千人拥有卫生技术人员	城镇基本养老保险参保人数	失业保险参保人数	城镇基本医疗保险参保人数
	正负	正	正	正	正	正	正
	单位	个	个	人	万人	万人	万人
黑龙江	双鸭山	0.84	5.74	5.48	12.10	10.53	53.48
	绥化	0.06	2.93	2.92	33.83	45.49	86.95
	伊春	0.70	5.00	6.00	28.30	12.47	68.60
河南	安阳	0.60	4.93	5.13	58.74	46.21	89.91
	鹤壁	0.90	5.00	5.00	20.20	46.21	41.40
	焦作	0.80	6.00	6.00	57.16	35.28	95.18
	开封	0.60	5.00	5.00	58.74	46.21	89.91
	洛阳	0.10	6.00	6.00	115.27	63.64	109.43
	漯河	0.70	4.93	5.13	31.89	17.54	74.69
	南阳	0.70	5.00	4.00	62.00	56.24	149.22
	平顶山	0.20	4.93	6.00	42.80	42.50	116.80
	濮阳	1.00	5.00	5.00	32.07	29.72	60.00
	三门峡	0.20	6.00	6.00	31.90	23.07	59.83
	商丘	0.70	4.00	4.00	36.23	29.53	41.60
	新乡	0.90	5.00	6.00	60.70	41.68	135.30
	信阳	0.50	3.00	3.00	46.54	32.56	122.72
	许昌	0.80	4.00	5.00	48.60	27.50	43.90
	郑州	0.40	8.00	9.00	198.10	166.80	164.90
	周口	0.70	3.00	3.00	58.74	46.21	89.91
	驻马店	0.40	4.00	4.00	38.84	34.67	43.70
湖南	邵阳	0.10	4.00	4.00	74.20	31.08	52.72
	常德	0.80	4.00	5.00	101.10	29.20	151.90
	郴州	1.00	5.00	5.00	117.62	30.20	165.30
	衡阳	0.80	5.00	5.00	463.77	61.10	173.41
	怀化	1.00	5.00	5.00	54.99	43.95	110.10
	娄底	1.00	5.00	5.00	48.92	33.59	90.07

续表

省份	指标	安全健康					
		每千人拥有卫生机构数	每千人拥有卫生机构床位	每千人拥有卫生技术人员	城镇基本养老保险参保人数	失业保险参保人数	城镇基本医疗保险参保人数
	正负	正	正	正	正	正	正
	单位	个	个	人	万人	万人	万人
湖南	湘潭	1.00	6.00	6.00	61.40	32.00	92.90
	益阳	0.83	5.33	5.50	117.62	43.95	59.13
	永州	1.10	6.00	5.00	52.16	30.12	152.16
	岳阳	0.90	5.00	5.00	117.62	37.48	167.42
	张家界	0.90	5.00	7.00	19.76	43.95	34.38
	长沙	0.60	9.00	9.00	212.53	118.23	166.92
	株洲	0.70	5.00	5.00	87.40	36.50	126.20
湖北	鄂州	0.50	5.00	6.00	24.65	7.33	30.03
	黄冈	0.70	5.00	5.00	67.90	55.66	83.00
	黄石	0.14	4.07	5.48	30.85	53.95	106.43
	荆门	0.70	6.00	6.00	50.73	18.60	87.87
	荆州	0.58	4.09	4.51	32.12	90.17	60.95
	十堰	0.80	8.00	8.00	13.93	28.00	101.07
	随州	0.70	5.00	5.00	103.30	55.66	142.85
	武汉	0.30	8.00	9.00	265.49	184.05	602.35
	咸宁	0.50	5.00	8.00	39.18	13.35	71.74
	襄阳	0.70	6.00	8.00	73.37	55.66	142.85
	孝感	0.09	4.00	6.00	73.37	55.66	142.85
	宜昌	0.70	6.00	9.00	105.50	49.84	142.23
	天津	0.34	4.12	5.86	565.18	295.32	522.00
	上海	0.21	4.73	7.05	1493.80	680.40	262.87
	重庆	0.66	5.86	5.52	837.38	439.52	588.46
	北京	0.48	5.16	11.75	1423.40	1082.30	1475.70

2. 无量纲化处理

表 6　　民生基础无量纲化处理

省份	指标	民生基础				
		地区生产总值	人均生产总值	财政收入	固定资产投资	社会消费品零售总额
	正负	正	正	正	正	正
	单位	亿元	元	亿元	亿元	亿元
山西	大同	0.03903	0.07295	0.01514	0.06797	0.05302
	晋城	0.03851	0.20783	0.03366	0.06535	0.03277
	晋中	0.03875	0.14137	0.01692	0.07883	0.04934
	临汾	0.04337	0.11592	0.01474	0.08460	0.05344
	吕梁	0.03512	0.10986	0.01519	0.06933	0.03735
	朔州	0.03292	0.23851	0.00859	0.05442	0.02417
	太原	0.10664	0.29843	0.04849	0.12520	0.14734
	忻州	0.02409	0.09383	0.01211	0.06629	0.02816
	阳泉	0.02065	0.19653	0.00676	0.03255	0.02594
	运城	0.04253	0.09459	0.01527	0.05909	0.05151
	长治	0.04474	0.18077	0.01623	0.08722	0.04882
陕西	安康	0.02775	0.13039	0.05082	0.04279	0.01924
	宝鸡	0.06859	0.22055	0.03421	0.16189	0.05739
	汉中	0.03950	0.14415	0.01692	0.06108	0.02891
	商洛	0.02170	0.11678	0.00691	0.04341	0.01299
	铜川	0.00975	0.00639	0.00529	0.01846	0.00866
	渭南	0.05575	0.12165	0.01181	0.12907	0.04677
	西安	0.23020	0.31439	0.20100	0.32938	0.32806
	咸阳	0.08335	0.20014	0.03841	0.19266	0.05630
	延安	0.04488	0.25058	0.02798	0.09994	0.02136
	榆林	0.10206	0.36598	0.11491	0.08351	0.03642
四川	巴中	0.01686	0.06114	0.00582	0.06048	0.02266
	成都	0.43079	0.34844	0.20873	0.44908	0.47740
	达州	0.05088	0.10676	0.01187	0.06997	0.05232
	德阳	0.06122	0.21124	0.01481	0.05730	0.05770

续表

省份	指标	民生基础				
		地区生产总值	人均生产总值	财政收入	固定资产投资	社会消费品零售总额
	正负	正	正	正	正	正
	单位	亿元	元	亿元	亿元	亿元
四川	广安	0.03712	0.09277	0.00902	0.06710	0.03807
	广元	0.02104	0.08451	0.01151	0.03142	0.02675
	乐山	0.04901	0.18322	0.02564	0.05772	0.05150
	泸州	0.05110	0.14211	0.02201	0.08866	0.05224
	眉山	0.03810	0.15581	0.03636	0.06062	0.03568
	绵阳	0.06504	0.14009	0.01763	0.06853	0.08321
	南充	0.05764	0.08742	0.01417	0.08381	0.06573
	内江	0.04488	0.14454	0.00786	0.04576	0.03760
	攀枝花	0.03389	0.35525	0.00842	0.03540	0.02574
	遂宁	0.03352	0.12374	0.01657	0.05927	0.03826
	雅安	0.01691	0.14656	0.00424	0.02805	0.01740
	宜宾	0.05803	0.15424	0.02826	0.07773	0.06352
	资阳	0.04777	0.16177	0.00995	0.06149	0.04304
	自贡	0.04265	0.19044	0.01804	0.03504	0.04662
西藏	拉萨	0.01185	0.27756	0.01006	0.02900	0.01794
	林芝	0.00000	0.18266	0.00000	0.00000	0.00000
新疆	克拉玛依	0.02364	0.80529	0.05008	0.01337	0.00369
	吐鲁番	0.00677	0.16799	0.00424	0.01611	0.00230
	哈密	0.00913	0.30008	0.01023	0.02449	0.00452
	乌鲁木齐	0.10441	0.34997	0.08311	0.01474	0.10965
云南	保山	0.01889	0.09213	0.01270	0.02612	0.01530
	昆明	0.15626	0.27982	0.03152	0.22092	0.19782
	丽江	0.00837	0.09858	0.01096	0.01443	0.00707
	临沧	0.01689	0.08572	0.00929	0.04091	0.01298
	普洱	0.01738	0.08431	0.01261	0.02274	0.01211
	曲靖	0.06223	0.11986	0.06079	0.08314	0.04669
	玉溪	0.04677	0.24651	0.09058	0.03690	0.02624
	昭通	0.02521	0.05159	0.02370	0.03335	0.01855

续表

省份	指标	民生基础				
		地区生产总值	人均生产总值	财政收入	固定资产投资	社会消费品零售总额
	正负	正	正	正	正	正
	单位	亿元	元	亿元	亿元	亿元
浙江	杭州	0.40074	0.53750	0.40486	0.35476	0.45327
	湖州	0.08047	0.37460	0.05820	0.08469	0.09142
	嘉兴	0.13805	0.36386	0.11462	0.15694	0.14286
	金华	0.13361	0.33761	0.09252	0.11288	0.17082
	丽水	0.04101	0.24036	0.02624	0.04236	0.04833
	宁波	0.31868	0.48951	0.37474	0.28651	0.32265
	衢州	0.04277	0.25121	0.12027	0.05084	0.05140
	绍兴	0.17622	0.42846	0.10798	0.16143	0.15512
	台州	0.13970	0.38830	0.09666	0.12327	0.17505
	温州	0.18237	0.23632	0.12172	0.21822	0.25721
	舟山	0.04072	0.45421	0.02769	0.06728	0.03827
福建	厦门	0.13600	0.43023	0.18045	0.11680	0.11124
	龙岩	0.06658	0.31500	0.04768	0.11926	0.05999
	南平	0.05054	0.23677	0.02128	0.11069	0.04683
	宁德	0.05650	0.24224	0.02548	0.07726	0.04311
	莆田	0.06323	0.27094	0.03234	0.10826	0.05216
	泉州	0.24337	0.34224	0.06918	0.21496	0.23639
	三明	0.06556	0.32046	0.02244	0.11983	0.04108
	漳州	0.10793	0.25966	0.04858	0.16084	0.07330
	福州	0.22249	0.35614	0.15258	0.31169	0.33614
广西	南宁	0.13376	0.22778	0.10259	0.21575	0.17117
	百色	0.03360	0.11379	0.01846	0.05373	0.01748
	北海	0.03111	0.25001	0.02185	0.04461	0.01601
	崇左	0.02282	0.14387	0.01201	0.03130	0.00851
	防城港	0.02166	0.32043	0.01155	0.02924	0.00779
	贵港	0.02908	0.08046	0.01073	0.03325	0.03285
	桂林	0.07480	0.18006	0.03669	0.12164	0.07088

续表

省份	指标	民生基础				
		地区生产总值	人均生产总值	财政收入	固定资产投资	社会消费品零售总额
	正负	正	正	正	正	正
	单位	亿元	元	亿元	亿元	亿元
广西	河池	0.02088	0.07296	0.00866	0.01948	0.01969
	贺州	0.01473	0.09683	0.00610	0.02798	0.01094
	来宾	0.01912	0.11311	0.00781	0.02589	0.01206
	柳州	0.08909	0.28250	0.06111	0.12892	0.08950
	钦州	0.03107	0.11906	0.02383	0.03997	0.02739
	梧州	0.04006	0.16426	0.02118	0.06250	0.03336
	玉林	0.05483	0.11202	0.02406	0.08134	0.05618
贵州	贵阳	0.11290	0.29608	0.12995	0.17584	0.10075
	安顺	0.02185	0.11996	0.01644	0.02831	0.01310
	毕节	0.05544	0.09627	0.05258	0.08094	0.02727
	六盘水	0.04498	0.19128	0.02237	0.06583	0.02637
	铜仁	0.02769	0.10843	0.01652	0.07550	0.01405
	遵义	0.08385	0.15945	0.07715	0.20395	0.06002
安徽	安庆	0.06154	0.13356	0.04569	0.09606	0.06312
	蚌埠	0.04707	0.17486	0.04016	0.08829	0.05331
	亳州	0.03459	0.07932	0.02234	0.04338	0.04029
	池州	0.01860	0.17362	0.01612	0.03254	0.01719
	滁州	0.04918	0.14726	0.04052	0.08827	0.04229
	阜阳	0.04765	0.06633	0.03502	0.05884	0.06339
	淮北	0.02727	0.15913	0.01565	0.05366	0.02546
	淮南	0.02768	0.14561	0.02250	0.04433	0.03495
	黄山	0.01805	0.17744	0.01552	0.02942	0.02524
	六安	0.04266	0.08478	0.02595	0.06705	0.05253
	马鞍山	0.05158	0.28312	0.03683	0.11442	0.03856
	铜陵	0.02570	0.46499	0.02323	0.05013	0.01823
	芜湖	0.09547	0.31857	0.08400	0.16964	0.06905
	宿州	0.04638	0.09718	0.02152	0.06719	0.03914

续表

省份	指标	民生基础				
		地区生产总值	人均生产总值	财政收入	固定资产投资	社会消费品零售总额
	正负	正	正	正	正	正
	单位	亿元	元	亿元	亿元	亿元
安徽	合肥	0.22419	0.34557	0.18023	0.39358	0.20964
	宣城	0.03575	0.17164	0.02261	0.07694	0.03895
广东	深圳	0.70012	0.76154	0.11114	0.20795	0.48435
	潮州	0.03329	0.15624	0.00730	0.01898	0.04094
	东莞	0.24889	0.35789	0.20835	0.08755	0.20684
	佛山	0.31837	0.51519	0.11114	0.19086	0.25845
	河源	0.02927	0.11671	0.11114	0.03018	0.04481
	惠州	0.12290	0.31190	0.11114	0.11469	0.10177
	江门	0.08673	0.23044	0.03484	0.07853	0.09805
	揭阳	0.07267	0.14050	0.01278	0.08206	0.08110
	茂名	0.09500	0.18494	0.01940	0.06602	0.11570
	梅州	0.03509	0.09537	0.01753	0.03043	0.05184
	清远	0.04444	0.14030	0.11114	0.03227	0.05327
	汕头	0.07106	0.15104	0.11114	0.07635	0.12781
	汕尾	0.02553	0.10459	0.00767	0.02607	0.04841
	韶关	0.04293	0.18031	0.01419	0.03912	0.05419
	阳江	0.04695	0.23127	0.11114	0.03843	0.05455
	云浮	0.02525	0.12922	0.00939	0.04513	0.02704
	湛江	0.09236	0.14856	0.08792	0.07891	0.12380
	肇庆	0.07588	0.22584	0.11114	0.07997	0.05929
	中山	0.11768	0.44813	0.05089	0.06212	0.10265
	广州	0.72413	0.64433	0.92680	0.34498	0.76689
	珠海	0.07809	0.59460	0.04771	0.07835	0.08651
海南	海口	0.04338	0.24461	0.05144	0.05930	0.05572
	三亚	0.01419	0.27333	0.01487	0.03940	0.01561
	儋州	0.00596	0.11383	0.00165	0.00197	0.00473

续表

省份	指标	民生基础				
		地区生产总值	人均生产总值	财政收入	固定资产投资	社会消费品零售总额
	正负	正	正	正	正	正
	单位	亿元	元	亿元	亿元	亿元
江苏	常州	0.20863	0.53727	0.08333	0.21449	0.19092
	淮安	0.10703	0.26402	0.09128	0.13675	0.09208
	连云港	0.08354	0.22460	0.05167	0.12856	0.07851
	南京	0.38737	0.56643	0.18378	0.35009	0.44290
	南通	0.24380	0.40013	0.11223	0.27802	0.22863
	苏州	0.57943	0.65527	0.28187	0.39169	0.42687
	泰州	0.14362	0.37328	0.05719	0.16876	0.09508
	无锡	0.33904	0.62881	0.14930	0.31216	0.27400
	宿迁	0.08216	0.20223	0.07347	0.11306	0.05873
	徐州	0.21051	0.28877	0.09501	0.27087	0.22659
	盐城	0.16600	0.27303	0.08536	0.21280	0.14034
	扬州	0.15814	0.42664	0.09220	0.17924	0.11789
	镇江	0.13747	0.52811	0.12790	0.15871	0.10594
江西	抚州	0.04112	0.12325	0.02870	0.06499	0.03950
	赣州	0.07604	0.08803	0.06283	0.11652	0.06635
	吉安	0.05010	0.12047	0.03865	0.09018	0.03642
	景德镇	0.02774	0.19798	0.01898	0.03842	0.02400
	九江	0.07318	0.18093	0.06869	0.13133	0.05407
	南昌	0.15746	0.35918	0.13066	0.25357	0.15917
	萍乡	0.03338	0.22252	0.02241	0.06025	0.02737
	上饶	0.06305	0.10805	0.05138	0.09494	0.06007
	新余	0.03476	0.38602	0.02284	0.04698	0.01871
	宜春	0.06186	0.13170	0.05476	0.09675	0.04943
	鹰潭	0.02240	0.25964	0.01913	0.02806	0.01464
宁夏	固原	0.00543	0.07510	0.00260	0.01598	0.00381
	石嘴山	0.01610	0.29026	0.00441	0.02594	0.00731
	吴忠	0.01294	0.13147	0.01365	0.03812	0.00723

续表

省份	指标	民生基础				
		地区生产总值	人均生产总值	财政收入	固定资产投资	社会消费品零售总额
	正负	正	正	正	正	正
	单位	亿元	元	亿元	亿元	亿元
宁夏	银川	0.05622	0.32538	0.04297	0.09368	0.04429
	中卫	0.00943	0.12370	0.00461	0.01636	0.00387
辽宁	鞍山	0.09111	0.31897	0.03836	0.09545	0.09179
	本溪	0.04351	0.31886	0.01082	0.03150	0.03302
	朝阳	0.03138	0.13004	0.03836	0.02601	0.03947
	大连	0.30743	0.52969	0.10394	0.28993	0.29694
	丹东	0.03629	0.18752	0.02321	0.03143	0.04694
	抚顺	0.04560	0.27428	0.03836	0.03234	0.05848
	阜新	0.01850	0.13641	0.03836	0.00701	0.02458
	葫芦岛	0.02565	0.12541	0.03836	0.00588	0.04013
	锦州	0.05127	0.20389	0.03836	0.04435	0.05593
	辽阳	0.03807	0.26026	0.01089	0.02303	0.03568
	盘锦	0.04767	0.41927	0.01597	0.05742	0.03159
	沈阳	0.28930	0.41776	0.10871	0.33978	0.37437
	铁岭	0.03157	0.12811	0.01568	0.03552	0.03593
	营口	0.05755	0.29080	0.01764	0.05242	0.04365
内蒙古	呼和浩特	0.12091	0.44372	0.04362	0.09873	0.12918
	阿拉善盟	0.00968	0.64002	0.00677	0.01614	0.00459
	巴彦淖尔	0.03237	0.24706	0.02747	0.03670	0.02072
	包头	0.14870	0.64589	0.04451	0.16143	0.12173
	赤峰	0.07151	0.19937	0.01769	0.07621	0.05974
	鄂尔多斯	0.16655	1.00000	0.07963	0.17146	0.06199
	呼伦贝尔	0.06085	0.29671	0.02917	0.05654	0.05090
	通辽	0.07215	0.28197	0.02059	0.08208	0.04348
	乌海	0.02122	0.52579	0.01334	0.01942	0.01147
	乌兰察布	0.03372	0.44372	0.02747	0.03631	0.02617
	锡林郭勒盟	0.03700	0.45921	0.01576	0.03418	0.01964
	兴安盟	0.01690	0.14116	0.00358	0.02115	0.01832

续表

省份	指标	民生基础				
		地区生产总值	人均生产总值	财政收入	固定资产投资	社会消费品零售总额
	正负	正	正	正	正	正
	单位	亿元	元	亿元	亿元	亿元
青海	海东	0.01216	0.11735	0.00122	0.03325	0.00575
	西宁	0.04219	0.22844	0.01091	0.07776	0.04277
山东	滨州	0.09137	0.28719	0.03577	0.12290	0.07686
	德州	0.10727	0.22286	0.04677	0.13900	0.11987
	东营	0.13539	0.79071	0.03208	0.19406	0.06856
	菏泽	0.09320	0.12575	0.02764	0.06328	0.12905
	济南	0.24187	0.40838	0.16726	0.22096	0.32854
	济宁	0.15799	0.22515	0.05356	0.18146	0.18322
	莱芜	0.02347	0.22930	0.00722	0.03375	0.02910
	聊城	0.10376	0.34812	0.02333	0.13009	0.10076
	临沂	0.14795	0.34812	0.03794	0.20280	0.21462
	青岛	0.37046	0.48973	0.49102	0.41974	0.35794
	日照	0.06386	0.27163	0.15004	0.08503	0.05653
	泰安	0.12364	0.26416	0.02936	0.16373	0.12706
	威海	0.11734	0.51167	0.03415	0.15888	0.12513
	潍坊	0.20450	0.26090	0.06838	0.28716	0.21874
	烟台	0.25577	0.43808	0.07805	0.29695	0.25770
	枣庄	0.07833	0.34812	0.02245	0.09921	0.07606
	淄博	0.02917	0.34812	0.00924	0.02046	0.02129
甘肃	白银	0.01416	0.11185	0.00798	0.02434	0.01521
	定西	0.00897	0.04112	0.00653	0.02960	0.00840
	嘉峪关	0.00435	0.37122	0.00596	0.00287	0.00332
	金昌	0.00573	0.24381	0.00753	0.00966	0.00536
	酒泉	0.01861	0.22707	0.01699	0.06532	0.01511
	兰州	0.08094	0.26652	0.10639	0.11077	0.10967
	陇南	0.00938	0.04694	0.00808	0.03190	0.00680
	平凉	0.01068	0.06866	0.00747	0.03270	0.01520

续表

省份	指标	民生基础				
		地区生产总值	人均生产总值	财政收入	固定资产投资	社会消费品零售总额
	正负	正	正	正	正	正
	单位	亿元	元	亿元	亿元	亿元
甘肃	庆阳	0.02120	0.13479	0.02581	0.06380	0.01777
	天水	0.01897	0.06928	0.01873	0.03269	0.02343
	武威	0.01344	0.09703	0.00662	0.04786	0.01076
	张掖	0.01172	0.13780	0.00835	0.01383	0.01230
河北	保定	0.11729	0.12978	0.06323	0.15115	0.14428
	沧州	0.12694	0.19240	0.07977	0.19527	0.10503
	承德	0.05131	0.16492	0.02840	0.09331	0.04536
	邯郸	0.12312	0.13418	0.05456	0.22279	0.12968
	衡水	0.04574	0.12213	0.02836	0.06693	0.05677
	廊坊	0.09613	0.25083	0.08605	0.13438	0.07488
	秦皇岛	0.04696	0.18673	0.03606	0.05152	0.05919
	石家庄	0.21536	0.23647	0.13996	0.36589	0.25901
	唐山	0.24198	0.38347	0.10297	0.29385	0.20524
	邢台	0.06763	0.09824	0.03076	0.11221	0.08249
	张家口	0.05151	0.13845	0.04059	0.09455	0.05767
吉林	白城	0.02546	0.16511	0.00986	0.03708	0.02809
	白山	0.02445	0.25706	0.01031	0.03517	0.02379
	吉林	0.09538	0.26914	0.05320	0.16142	0.12528
	辽源	0.02685	0.29161	0.00637	0.03351	0.01803
	四平	0.04760	0.17744	0.01726	0.04631	0.05145
	松原	0.06424	0.28343	0.01390	0.07874	0.05712
	通化	0.03828	0.21661	0.01981	0.05716	0.04484
	延边朝鲜族自治州	0.03232	0.19016	0.02798	0.04814	0.04465
	长春	0.21141	0.33473	0.20855	0.24866	0.21293
黑龙江	大庆	0.16028	0.14565	0.04496	0.05328	0.09598
	大兴安岭	0.00323	0.14405	0.00221	0.00042	0.00289
	哈尔滨	0.22784	0.28049	0.11774	0.29230	0.32701

续表

省份	指标	民生基础				
		地区生产总值	人均生产总值	财政收入	固定资产投资	社会消费品零售总额
	正负	正	正	正	正	正
	单位	亿元	元	亿元	亿元	亿元
黑龙江	鹤岗	0.00957	0.13280	0.00607	0.00456	0.00835
	黑河	0.01471	0.11803	0.00398	0.01004	0.00806
	鸡西	0.01740	0.12563	0.00924	0.00798	0.01953
	佳木斯	0.02856	0.13858	0.00636	0.02491	0.03300
	牡丹江	0.04439	0.20743	0.01822	0.05981	0.04663
	七台河	0.00532	0.11033	0.00463	0.00036	0.00663
	齐齐哈尔	0.04650	0.10901	0.02446	0.04259	0.05793
	双鸭山	0.01902	0.16748	0.00485	0.02569	0.00775
	绥化	0.04534	0.08957	0.01042	0.04251	0.03750
	伊春	0.00669	0.08737	0.00132	0.00006	0.00843
河南	安阳	0.06391	0.17116	0.01693	0.10286	0.05541
	鹤壁	0.02537	0.20175	0.03924	0.03852	0.01580
	焦作	0.07481	0.25725	0.01962	0.11573	0.05855
	开封	0.06121	0.13954	0.02345	0.08156	0.07041
	洛阳	0.13772	0.23287	0.05075	0.22347	0.15357
	漯河	0.03661	0.17354	0.02053	0.05257	0.04039
	南阳	0.09808	0.11023	0.04512	0.16962	0.13653
	平顶山	0.05038	0.14956	0.02337	0.08069	0.05344
	濮阳	0.05031	0.15410	0.01988	0.07960	0.04362
	三门峡	0.04737	0.25764	0.02218	0.09436	0.03646
	商丘	0.06921	0.08453	0.01882	0.08833	0.06257
	新乡	0.07637	0.14740	0.02496	0.11880	0.07336
	信阳	0.07217	0.09310	0.02062	0.12908	0.08332
	许昌	0.08394	0.20459	0.02386	0.11905	0.06654
	郑州	0.29069	0.36574	0.25624	0.40233	0.31733
	周口	0.08040	0.07669	0.01696	0.09800	0.09247
	驻马店	0.06295	0.11965	0.02461	0.08341	0.06577

续表

省份	指标	民生基础				
		地区生产总值	人均生产总值	财政收入	固定资产投资	社会消费品零售总额
	正负	正	正	正	正	正
	单位	亿元	元	亿元	亿元	亿元
湖南	邵阳	0.05245	0.08093	0.02251	0.09249	0.07025
	常德	0.10558	0.21476	0.02573	0.11429	0.08964
	郴州	0.07757	0.19650	0.02825	0.13452	0.07647
	衡阳	0.10126	0.16149	0.04624	0.13172	0.09580
	怀化	0.04788	0.10599	0.01884	0.05903	0.04673
	娄底	0.04861	0.15119	0.01604	0.06556	0.04004
	湘潭	0.06516	0.28347	0.03029	0.11088	0.04845
	益阳	0.05114	0.13815	0.01772	0.07307	0.05362
	永州	0.05370	0.11583	0.02253	0.09371	0.04916
	岳阳	0.11270	0.23860	0.05367	0.13359	0.09692
	张家界	0.01470	0.13153	0.00703	0.01277	0.01519
	长沙	0.33872	0.55306	0.20073	0.40723	0.35570
	株洲	0.09055	0.27334	0.05142	0.13533	0.07938
湖北	鄂州	0.02605	0.32508	0.01076	0.04705	0.02338
	黄冈	0.06058	0.11113	0.04780	0.12531	0.08338
	黄石	0.04269	0.17391	0.01295	0.05591	0.04161
	荆门	0.05251	0.22226	0.02836	0.08482	0.05047
	荆州	0.05621	0.00000	0.02301	0.10088	0.07858
	十堰	0.04896	0.17566	0.02406	0.07849	0.05997
	随州	0.02827	0.16299	0.01087	0.05589	0.03672
	武汉	0.43498	0.49763	0.40357	0.49578	0.49253
	咸宁	0.03811	0.18868	0.01864	0.08274	0.03687
	襄阳	0.13263	0.28256	0.08307	0.19323	0.11092
	孝感	0.05527	0.11453	0.02948	0.10808	0.07526
	宜昌	0.13274	0.39094	0.07541	0.19410	0.10359

续表

省份	指标	民生基础				
		地区生产总值	人均生产总值	财政收入	固定资产投资	社会消费品零售总额
	正负	正	正	正	正	正
	单位	亿元	元	亿元	亿元	亿元
	天津	0.66135	0.51124	0.48254	0.84302	0.50643
	上海	1.00000	0.49258	1.00000	0.40654	0.97264
	重庆	0.62845	0.24378	0.38968	1.00000	0.62064
	北京	0.91977	0.50818	0.85567	0.51305	1.00000

表 7　　收入消费无量纲化处理

省份	指标	收入消费					
		城镇居民人均可支配收入	农村居民人均纯收入	城镇消费品零售额	乡村消费品零售额	享受城市居民最低生活保障的人数	享受农村最低生活保障的人数
	正负	正	正	正	正	正	正
	单位	元	元	亿元	亿元	万人	万人
山西	大同	0.25116	0.10933	0.05394	0.05178	0.28107	0.07999
	晋城	0.30109	0.26154	0.03365	0.03181	0.03911	0.03327
	晋中	0.32431	0.25978	0.03811	0.10872	0.02254	0.01428
	临汾	0.27047	0.18852	0.05131	0.06739	0.12930	0.04643
	吕梁	0.20154	0.08488	0.03424	0.05619	0.20013	0.01048
	朔州	0.32365	0.25688	0.02047	0.04609	0.10294	0.04221
	太原	0.32968	0.39029	0.16502	0.06205	0.06935	0.02018
	忻州	0.21612	0.05436	0.02381	0.05329	0.16336	0.01276
	阳泉	0.29480	0.28907	0.02859	0.01614	0.08062	0.02023
	运城	0.14349	0.08512	0.04969	0.06391	0.18797	0.09753
	长治	0.29461	0.27013	0.04108	0.03361	0.09443	0.06308
陕西	安康	0.31544	0.13250	0.01964	0.02070	0.08295	0.09033
	宝鸡	0.37611	0.11968	0.06257	0.03486	0.09210	0.07853
	汉中	0.22071	0.13098	0.02868	0.03351	0.10719	0.08292
	商洛	0.21763	0.10924	0.01179	0.02124	0.07807	0.06611

续表

省份	指标	收入消费					
		城镇居民人均可支配收入	农村居民人均纯收入	城镇消费品零售额	乡村消费品零售额	享受城市居民最低生活保障的人数	享受农村最低生活保障的人数
	正负	正	正	正	正	正	正
	单位	元	元	亿元	亿元	万人	万人
陕西	铜川	0.37837	0.22090	0.00796	0.01563	0.04194	0.03171
	渭南	0.26978	0.15667	0.04229	0.07251	0.05404	0.04194
	西安	0.47474	0.41146	0.38119	0.06516	0.06893	0.02185
	咸阳	0.37478	0.20343	0.05101	0.08608	0.08569	0.06446
	延安	0.47312	0.25494	0.02044	0.02940	0.10442	0.06047
	榆林	0.33069	0.20874	0.03002	0.07177	0.14159	0.10631
四川	巴中	0.22656	0.17466	0.02296	0.02461	0.23962	0.13960
	成都	0.48239	0.58322	0.55059	0.11383	0.07105	0.05630
	达州	0.14937	0.16806	0.04260	0.10418	0.28086	0.19263
	德阳	0.31167	0.35046	0.04528	0.12300	0.19009	0.05160
	广安	0.28571	0.28323	0.03406	0.06147	0.18584	0.09879
	广元	0.22079	0.16777	0.02131	0.05732	0.23707	0.08762
	乐山	0.29339	0.29643	0.05042	0.06022	0.15608	0.06950
	泸州	0.30123	0.28266	0.04464	0.09350	0.10719	0.08845
	眉山	0.29429	0.34898	0.02689	0.08295	0.13622	0.06838
	绵阳	0.31488	0.32966	0.06652	0.16974	0.21475	0.08694
	南充	0.22935	0.23201	0.05641	0.11555	0.48515	0.28502
	内江	0.27814	0.28594	0.02737	0.09206	0.17950	0.09013
	攀枝花	0.39967	0.35397	0.02534	0.03114	0.03055	0.00981
	遂宁	0.25756	0.28361	0.03422	0.06180	0.17950	0.01117
	雅安	0.26569	0.22740	0.01530	0.03129	0.01826	0.01201
	宜宾	0.28930	0.30099	0.05852	0.09174	0.13142	0.07973
	资阳	0.29506	0.32658	0.04197	0.05166	0.20829	0.10455
	自贡	0.29089	0.31727	0.04338	0.06613	0.17950	0.09013
西藏	拉萨	0.30792	0.23609	0.01934	0.01444	0.02939	0.01240
	林芝	0.06723	0.15225	0.00000	0.00352	0.00435	0.00378

续表

省份	指标	收入消费					
		城镇居民人均可支配收入	农村居民人均纯收入	城镇消费品零售额	乡村消费品零售额	享受城市居民最低生活保障的人数	享受农村最低生活保障的人数
	正负	正	正	正	正	正	正
	单位	元	元	亿元	亿元	万人	万人
新疆	克拉玛依	0.48117	0.64698	0.00514	0.00000	0.02045	0.01383
	吐鲁番	0.28032	0.23343	0.00210	0.00679	0.02045	0.01383
	哈密	0.26810	0.33113	0.00593	0.00101	0.01726	0.00426
	乌鲁木齐	0.43266	0.45585	0.13173	0.00254	0.02045	0.01383
云南	保山	0.27442	0.15035	0.01354	0.02754	0.08806	0.13511
	昆明	0.49511	0.28670	0.18609	0.25919	0.20986	0.08563
	丽江	0.27857	0.11959	0.00681	0.01183	0.07671	0.07556
	临沧	0.15696	0.12619	0.01114	0.02561	0.14694	0.20375
	普洱	0.19960	0.11911	0.01245	0.01391	0.17269	0.17386
	曲靖	0.31302	0.19208	0.04312	0.06789	0.18400	0.21970
	玉溪	0.40578	0.15426	0.02737	0.02403	0.17269	0.17386
	昭通	0.17152	0.08579	0.01765	0.02650	0.33060	0.32338
浙江	杭州	0.87659	0.96439	0.51664	0.13883	0.02832	0.03819
	湖州	0.71514	0.90225	0.09173	0.09308	0.01086	0.01248
	嘉兴	0.80176	0.57525	0.14586	0.13089	0.00273	0.00955
	金华	0.74050	0.70699	0.17947	0.13056	0.00956	0.02708
	丽水	0.46642	0.45552	0.04515	0.06753	0.01378	0.03495
	宁波	0.86426	1.00000	0.31864	0.34516	0.00787	0.02275
	衢州	0.47538	0.54496	0.05172	0.05314	0.00885	0.03124
	绍兴	0.83491	0.96102	0.15011	0.18307	0.01025	0.02888
	台州	0.74244	0.75104	0.17151	0.19559	0.01354	0.03732
	温州	0.76263	0.75152	0.26318	0.23002	0.02322	0.06376
	舟山	0.78439	0.97313	0.03859	0.04004	0.00248	0.00434
福建	厦门	0.72494	0.57696	0.11975	0.07189	0.02966	0.04617
	龙岩	0.34272	0.37358	0.06435	0.04153	0.01769	0.04889
	南平	0.28699	0.32563	0.04882	0.04027	0.02922	0.03808

续表

省份	指标	收入消费					
		城镇居民人均可支配收入	农村居民人均纯收入	城镇消费品零售额	乡村消费品零售额	享受城市居民最低生活保障的人数	享受农村最低生活保障的人数
	正负	正	正	正	正	正	正
	单位	元	元	亿元	亿元	万人	万人
福建	宁德	0.28457	0.65372	0.04516	0.03623	0.03236	0.06199
	莆田	0.37072	0.40244	0.05564	0.03816	0.01364	0.04079
	泉州	0.58330	0.49639	0.24388	0.20170	0.04017	0.05582
	三明	0.32080	0.35136	0.04366	0.03154	0.01748	0.02133
	漳州	0.33937	0.40168	0.07792	0.05354	0.05808	0.06261
	福州	0.52239	0.46515	0.37761	0.13160	0.02861	0.03984
广西	南宁	0.36631	0.19004	0.18893	0.08541	0.18095	0.16622
	百色	0.21160	0.03513	0.01878	0.01447	0.18095	0.16622
	北海	0.27897	0.17442	0.01820	0.00848	0.18095	0.16622
	崇左	0.20900	0.10929	0.00762	0.01640	0.07339	0.06961
	防城港	0.34843	0.23851	0.00883	0.00608	0.07934	0.04800
	贵港	0.21107	0.17689	0.03166	0.05260	0.01132	0.01094
	桂林	0.35733	0.23547	0.07217	0.06770	0.10442	0.13438
	河池	0.16063	0.01510	0.01877	0.02771	0.09720	0.24441
	贺州	0.21978	0.09172	0.00996	0.01933	0.05595	0.07702
	来宾	0.31241	0.14119	0.01122	0.01972	0.24855	0.00760
	柳州	0.35611	0.19199	0.10193	0.03068	0.74045	0.62716
	钦州	0.00000	0.16554	0.02916	0.02195	0.18095	0.16622
	梧州	0.28109	0.17309	0.03580	0.02462	0.04767	0.12154
	玉林	0.35929	0.23201	0.06114	0.03475	0.18095	0.16622
贵州	贵阳	0.31677	0.30920	0.11281	0.04370	0.12930	0.02462
	安顺	0.20241	0.09481	0.01153	0.02440	0.04916	0.10093
	毕节	0.20733	0.07311	0.02480	0.04301	0.11569	0.21393
	六盘水	0.21280	0.10050	0.02829	0.02022	0.07126	0.15620
	铜仁	0.19006	0.07245	0.01359	0.01979	0.12993	0.29410
	遵义	0.25716	0.18249	0.06200	0.05342	0.10336	0.18099

续表

省份	指标	收入消费					
		城镇居民人均可支配收入	农村居民人均纯收入	城镇消费品零售额	乡村消费品零售额	享受城市居民最低生活保障的人数	享受农村最低生活保障的人数
	正负	正	正	正	正	正	正
	单位	元	元	亿元	亿元	万人	万人
安徽	安庆	0.22978	0.21122	0.05059	0.12898	0.10910	0.10066
	蚌埠	0.29360	0.29182	0.05624	0.04198	0.16113	0.13483
	亳州	0.20730	0.20571	0.02882	0.10095	0.04979	0.09544
	池州	0.23809	0.28988	0.01628	0.02519	0.03257	0.02602
	滁州	0.23514	0.22147	0.04319	0.04116	0.10081	0.07196
	阜阳	0.21729	0.17072	0.05318	0.11766	0.20922	0.17948
	淮北	0.27557	0.21254	0.02402	0.03611	0.09103	0.01559
	淮南	0.33974	0.28618	0.03619	0.03216	0.10464	0.02279
	黄山	0.28981	0.30702	0.02574	0.02618	0.03534	0.01877
	六安	0.18387	0.17418	0.03255	0.15557	0.16113	0.13483
	马鞍山	0.52983	0.51870	0.02780	0.09569	0.47728	0.40335
	铜陵	0.43649	0.59310	0.02012	0.01225	0.02917	0.00494
	芜湖	0.38384	0.50128	0.07543	0.04045	0.11994	0.03855
	宿州	0.22087	0.17732	0.03932	0.04162	0.16113	0.13483
	合肥	0.44289	0.49032	0.23627	0.07950	1.00000	1.00000
	宣城	0.35293	0.32774	0.02798	0.09706	0.05192	0.04377
广东	深圳	0.77876	0.44319	0.49588	0.42859	0.00196	0.00000
	潮州	0.13656	0.28741	0.03955	0.05126	0.13057	0.02400
	东莞	0.65019	0.89347	0.21198	0.18394	0.09462	0.03168
	佛山	0.64923	0.79083	0.24009	0.35275	0.09462	0.03168
	河源	0.12485	0.25627	0.04149	0.06472	0.03959	0.07232
	惠州	0.39157	0.49492	0.09984	0.11459	0.09462	0.03168
	江门	0.31347	0.39935	0.08956	0.14364	0.02998	0.02367
	揭阳	0.16012	0.28143	0.08335	0.07309	0.04008	0.03152
	茂名	0.16153	0.37120	0.09463	0.22399	0.09633	0.07525
	梅州	0.17251	0.30357	0.04358	0.09640	0.02386	0.09445

续表

省份	指标	收入消费					
		城镇居民人均可支配收入	农村居民人均纯收入	城镇消费品零售额	乡村消费品零售额	享受城市居民最低生活保障的人数	享受农村最低生活保障的人数
	正负	正	正	正	正	正	正
	单位	元	元	亿元	亿元	万人	万人
广东	清远	0.15346	0.24663	0.05092	0.06833	0.01967	0.05370
	汕头	0.21102	0.33469	0.11160	0.21181	0.05632	0.04415
	汕尾	0.10418	0.23785	0.04991	0.04427	0.09462	0.03168
	韶关	0.21750	0.29444	0.05583	0.04937	0.03066	0.03020
	阳江	0.20645	0.33887	0.05129	0.07416	0.03786	0.02979
	云浮	0.12851	0.31347	0.02552	0.03808	0.00173	0.00171
	湛江	0.20755	0.33234	0.13220	0.08496	0.08806	0.08782
	肇庆	0.22393	0.40721	0.05118	0.10309	0.01089	0.02535
	中山	0.58274	0.90201	0.11321	0.05306	0.00107	0.00119
	广州	0.83458	0.66075	0.89466	0.12985	0.04979	0.01663
	珠海	0.61111	0.71711	0.08888	0.07786	0.00643	0.00212
海南	海口	0.35114	0.29577	0.06008	0.03723	0.01387	0.01444
	三亚	0.35770	0.32392	0.01718	0.01124	0.00366	0.00358
	儋州	0.24547	0.27511	0.00554	0.00418	0.01281	0.00911
江苏	常州	0.72767	0.78366	0.21472	0.07494	0.02662	0.01329
	淮安	0.33972	0.36664	0.09900	0.06076	0.02905	0.02737
	连云港	0.27658	0.35003	0.08225	0.06309	0.02904	0.02736
	南京	0.81783	0.66834	0.46201	0.34941	0.04288	0.04014
	南通	0.55716	0.56314	0.20175	0.36547	0.02904	0.02736
	苏州	0.93194	0.96349	0.44768	0.32496	0.01485	0.01425
	泰州	0.49875	0.52246	0.10629	0.04231	0.02641	0.03782
	无锡	0.79193	0.89014	0.28084	0.24242	0.01422	0.01367
	宿迁	0.18374	0.34974	0.05625	0.07444	0.02904	0.02736
	徐州	0.28962	0.40719	0.22543	0.23511	0.08069	0.07507
	盐城	0.34224	0.49103	0.16016	0.04441	0.02904	0.02736
	扬州	0.46831	0.53238	0.13179	0.05157	0.03092	0.02909
	镇江	0.62025	0.65557	0.12041	0.03684	0.02904	0.02736

续表

省份	指标	收入消费					
		城镇居民人均可支配收入	农村居民人均纯收入	城镇消费品零售额	乡村消费品零售额	享受城市居民最低生活保障的人数	享受农村最低生活保障的人数
	正负	正	正	正	正	正	正
	单位	元	元	亿元	亿元	万人	万人
江西	抚州	0.25897	0.28656	0.03884	0.04616	0.11856	0.06408
	赣州	0.25727	0.11304	0.06639	0.06940	0.17819	0.17217
	吉安	0.31244	0.23500	0.01616	0.05399	0.18839	0.06408
	景德镇	0.36617	0.34803	0.02574	0.01870	0.11856	0.06408
	九江	0.32723	0.27241	0.05067	0.07440	0.11856	0.06408
	南昌	0.44164	0.39347	0.17856	0.06531	0.11888	0.05014
	萍乡	0.34583	0.29095	0.02379	0.04866	0.11856	0.06408
	上饶	0.30835	0.22346	0.05202	0.10356	0.11856	0.06408
	新余	0.38570	0.40738	0.02028	0.01434	0.06267	0.01774
	宜春	0.26736	0.29510	0.04739	0.06298	0.11856	0.06408
	鹰潭	0.30909	0.33507	0.01628	0.00994	0.04467	0.01625
宁夏	固原	0.15481	0.07582	0.00397	0.00650	0.09210	0.09383
	石嘴山	0.23514	0.26538	0.00861	0.00431	0.04108	0.00796
	吴忠	0.16567	0.17781	0.00778	0.00801	0.07955	0.05003
	银川	0.34386	0.27265	0.05247	0.00679	0.04342	0.01350
	中卫	0.16703	0.12329	0.00428	0.00532	0.06234	0.04273
辽宁	鞍山	0.38854	0.36612	0.09362	0.08585	0.08117	0.01880
	本溪	0.32949	0.34476	0.03873	0.00795	0.09108	0.02956
	朝阳	0.15659	0.24255	0.04332	0.02363	0.13270	0.04168
	大连	0.54649	0.43971	0.07527	0.04766	0.09656	0.03229
	丹东	0.24991	0.33650	0.04868	0.04162	0.07743	0.02341
	抚顺	0.30553	0.30198	0.06650	0.02171	0.11134	0.02956
	阜新	0.19513	0.27079	0.02216	0.04017	0.17946	0.02550
	葫芦岛	0.25108	0.22921	0.03641	0.06205	0.11134	0.02956
	锦州	0.31143	0.34153	0.05932	0.04232	0.11134	0.02956
	辽阳	0.29413	0.31480	0.04023	0.01631	0.07530	0.02968

续表

省份	指标	收入消费					
		城镇居民人均可支配收入	农村居民人均纯收入	城镇消费品零售额	乡村消费品零售额	享受城市居民最低生活保障的人数	享受农村最低生活保障的人数
	正负	正	正	正	正	正	正
	单位	元	元	亿元	亿元	万人	万人
辽宁	盘锦	0.45553	0.39679	0.03382	0.02386	0.11134	0.02956
	沈阳	0.56651	0.38364	0.42110	0.14332	0.14843	0.02759
	铁岭	0.10519	0.26030	0.02797	0.07906	0.11134	0.02956
	营口	0.40222	0.39052	0.04670	0.03175	0.11994	0.03751
内蒙古	呼和浩特	0.58561	0.38388	0.04699	0.03587	0.06209	0.04572
	阿拉善盟	0.44991	0.48225	0.00547	0.00370	0.00617	0.00017
	巴彦淖尔	0.23902	0.38331	0.02211	0.01724	0.07597	0.05897
	包头	0.60516	0.39223	0.14308	0.01823	0.07597	0.05897
	赤峰	0.26242	0.16175	0.05905	0.06651	0.14651	0.15265
	鄂尔多斯	0.58747	0.42798	0.06252	0.06269	0.02854	0.02080
	呼伦贝尔	0.30622	0.29562	0.05644	0.02659	0.07597	0.05897
	通辽	0.26691	0.25408	0.03642	0.08211	0.15289	0.06851
	乌海	0.49546	0.42713	0.04699	0.03587	0.03200	0.05897
	乌兰察布	0.39884	0.33182	0.04699	0.03587	0.07597	0.05897
	锡林郭勒盟	0.40092	0.32363	0.01923	0.02516	0.07597	0.05897
	兴安盟	0.18809	0.11816	0.01855	0.02060	0.10357	0.06595
青海	海东	0.21402	0.13250	0.00432	0.01643	0.08062	0.06001
	西宁	0.26340	0.16426	0.04757	0.02215	0.09040	0.01846
山东	滨州	0.34723	0.34761	0.06300	0.14929	0.04822	0.07223
	德州	0.15202	0.27839	0.12926	0.07608	0.04767	0.08240
	东营	0.62208	0.40268	0.07265	0.05140	0.04822	0.07223
	菏泽	0.13425	0.20874	0.12792	0.13775	0.11569	0.17635
	济南	0.65274	0.41906	0.35824	0.18262	0.04554	0.04168
	济宁	0.33393	0.34015	0.17108	0.24668	0.07296	0.11773
	莱芜	0.39587	0.39446	0.15833	0.18753	0.01703	0.01773
	聊城	0.16613	0.24245	0.09315	0.14189	0.04822	0.07223

续表

省份	指标	收入消费					
		城镇居民人均可支配收入	农村居民人均纯收入	城镇消费品零售额	乡村消费品零售额	享受城市居民最低生活保障的人数	享受农村最低生活保障的人数
	正负	正	正	正	正	正	正
	单位	元	元	亿元	亿元	万人	万人
山东	临沂	0.35358	0.25745	0.19463	0.31718	0.04822	0.07223
	青岛	0.66552	0.53765	0.35983	0.35079	0.04822	0.07223
	日照	0.11239	0.32824	0.05514	0.06679	0.04822	0.07223
	泰安	0.34043	0.37585	0.13400	0.09549	0.03868	0.06874
	威海	0.55836	0.51785	0.12479	0.12987	0.04822	0.07223
	潍坊	0.41821	0.45029	0.17847	0.42253	0.04822	0.07223
	烟台	0.54696	0.48115	0.24634	0.31700	0.04822	0.07223
	枣庄	0.27828	0.31490	0.06638	0.12765	0.04822	0.07223
	淄博	0.52441	0.53485	0.15833	0.18753	0.00000	0.00096
甘肃	白银	0.21575	0.07881	0.01584	0.01556	0.14001	0.11808
	定西	0.10230	0.01984	0.00902	0.00879	0.10767	0.26272
	嘉峪关	0.40902	0.47313	0.02215	0.03114	0.08722	0.00322
	金昌	0.38129	0.28741	0.02215	0.03114	0.03159	0.00600
	酒泉	0.33143	0.38919	0.01430	0.02258	0.06467	0.05578
	兰州	0.31270	0.20015	0.11137	0.10430	0.10490	0.12177
	陇南	0.09560	0.00000	0.00590	0.01477	0.12419	0.24259
	平凉	0.16400	0.05203	0.01252	0.03204	0.11038	0.11283
	庆阳	0.21543	0.07311	0.01264	0.02362	0.10644	0.17968
	天水	0.14591	0.02853	0.02007	0.04364	0.17904	0.20986
	武威	0.16963	0.17547	0.00857	0.02519	0.10124	0.10578
	张掖	0.11574	0.25764	0.01126	0.02096	0.10145	0.04294
河北	保定	0.22172	0.24464	0.13567	0.19028	0.10931	0.12781
	沧州	0.29310	0.23661	0.09220	0.17258	0.09991	0.10282
	承德	0.20106	0.11954	0.04053	0.07285	0.13482	0.12363
	邯郸	0.24741	0.27735	0.11937	0.18419	0.09991	0.10282
	衡水	0.16732	0.17209	0.04903	0.09874	0.09991	0.10282

续表

省份	指标	收入消费					
		城镇居民人均可支配收入	农村居民人均纯收入	城镇消费品零售额	乡村消费品零售额	享受城市居民最低生活保障的人数	享受农村最低生活保障的人数
	正负	正	正	正	正	正	正
	单位	元	元	亿元	亿元	万人	万人
河北	廊坊	0.44119	0.36812	0.04751	0.21478	0.02003	0.02602
	秦皇岛	0.34113	0.25527	0.06013	0.05781	0.05086	0.02566
	石家庄	0.34139	0.28660	0.26283	0.24258	0.05745	0.08005
	唐山	0.42384	0.40496	0.20227	0.22285	0.07318	0.07926
	邢台	0.17476	0.17789	0.07875	0.10443	0.15077	0.13261
	张家口	0.22645	0.13938	0.05374	0.08057	0.20285	0.22802
吉林	白城	0.11964	0.11137	0.02945	0.02473	0.20404	0.04361
	白山	0.12121	0.17494	0.02586	0.01689	0.19860	0.02498
	吉林	0.22730	0.28912	0.13850	0.06234	0.22410	0.05943
	辽源	0.33719	0.26434	0.02027	0.01031	0.13482	0.02341
	四平	0.18368	0.27896	0.05192	0.05242	0.20404	0.04361
	松原	0.36216	0.19730	0.05660	0.06304	0.20404	0.04361
	通化	0.18430	0.22370	0.05084	0.01821	0.20404	0.04361
	延边朝鲜族自治州	0.17048	0.16901	0.04948	0.02386	0.17096	0.02916
	长春	0.28470	0.22099	0.04205	0.03076	0.29170	0.08109
黑龙江	大庆	0.35021	0.33412	0.10709	0.04365	0.29872	0.04766
	大兴安岭	0.03559	0.17219	0.05148	0.03148	0.29872	0.04766
	哈尔滨	0.41603	0.37837	0.35341	0.19754	0.29851	0.09858
	鹤岗	0.01820	0.45077	0.00994	0.00389	0.14035	0.02154
	黑河	0.20239	0.32150	0.00737	0.01498	0.29872	0.04766
	鸡西	0.12793	0.42746	0.01989	0.02119	0.29872	0.04766
	佳木斯	0.16475	0.32857	0.03531	0.02490	0.29872	0.04766
	牡丹江	0.30168	0.44180	0.04725	0.04685	0.29872	0.04766
	七台河	0.12623	0.22232	0.00682	0.00915	0.29872	0.04766
	齐齐哈尔	0.09956	0.21739	0.06024	0.04975	0.29872	0.04766

续表

省份	指标	收入消费					
		城镇居民人均可支配收入	农村居民人均纯收入	城镇消费品零售额	乡村消费品零售额	享受城市居民最低生活保障的人数	享受农村最低生活保障的人数
	正负	正	正	正	正	正	正
	单位	元	元	亿元	亿元	万人	万人
黑龙江	双鸭山	0.09079	0.25085	0.00901	0.00499	0.15057	0.01738
	绥化	0.06290	0.17490	0.05148	0.03148	0.60782	0.09466
	伊春	0.14684	0.31314	0.01026	0.00279	0.29638	0.00619
河南	安阳	0.30596	0.35316	0.04724	0.09966	0.12542	0.11003
	鹤壁	0.24502	0.36033	0.01855	0.00552	0.12542	0.11003
	焦作	0.26351	0.39622	0.05713	0.06895	0.06680	0.05473
	开封	0.20207	0.23258	0.06059	0.07436	0.12542	0.11003
	洛阳	0.35515	0.24981	0.16114	0.11877	0.12542	0.11003
	漯河	0.09273	0.31214	0.03892	0.05108	0.04958	0.07488
	南阳	0.26096	0.25503	0.12771	0.18360	0.21348	0.24065
	平顶山	0.27296	0.23951	0.05692	0.03936	0.12016	0.07780
	濮阳	0.25533	0.20818	0.03777	0.07617	0.06212	0.09231
	三门峡	0.22603	0.26961	0.03694	0.03744	0.06893	0.04481
	商丘	0.21931	0.16521	0.05453	0.10598	0.21475	0.17071
	新乡	0.26651	0.30227	0.07355	0.03597	0.12993	0.11003
	信阳	0.18908	0.21074	0.08150	0.09560	0.26130	0.18778
	许昌	0.26322	0.37742	0.06434	0.08080	0.05404	0.03438
	郑州	0.41925	0.55640	0.32029	0.16085	0.04554	0.05473
	周口	0.15149	0.15054	0.09031	0.10645	0.12542	0.11003
	驻马店	0.19370	0.17893	0.05785	0.10855	0.21836	0.17755
湖南	邵阳	0.15284	0.15719	0.02948	0.01202	0.17333	0.10006
	常德	0.24430	0.30094	0.09092	0.08643	0.25833	0.13026
	郴州	0.27142	0.30255	0.06423	0.14083	0.25386	0.12467
	衡阳	0.29748	0.42736	0.06967	0.22945	0.22177	0.11747
	怀化	0.14283	0.08536	0.04822	0.04260	0.19052	0.17426
	娄底	0.17325	0.15429	0.04321	0.02763	0.15544	0.08965

续表

省份	指标	收入消费					
		城镇居民人均可支配收入	农村居民人均纯收入	城镇消费品零售额	乡村消费品零售额	享受城市居民最低生活保障的人数	享受农村最低生活保障的人数
	正负	正	正	正	正	正	正
	单位	元	元	亿元	亿元	万人	万人
湖南	湘潭	0.36979	0.47199	0.04985	0.04481	0.09656	0.04481
	益阳	0.19272	0.32942	0.05198	0.06513	0.17333	0.10006
	永州	0.17590	0.25446	0.04881	0.05423	0.17333	0.10006
	岳阳	0.26260	0.31741	0.10171	0.07621	0.17333	0.10006
	张家界	0.11042	0.08018	0.01472	0.02101	0.06893	0.05578
	长沙	0.65465	0.86384	0.40032	0.13520	0.17333	0.10006
	株洲	0.49570	0.48576	0.08946	0.03233	0.14120	0.06361
湖北	鄂州	0.25124	0.39912	0.02585	0.01451	0.02428	0.01245
	黄冈	0.19402	0.23011	0.08807	0.06320	0.18074	0.09424
	黄石	0.16567	0.14095	0.03358	0.08510	0.13865	0.09336
	荆门	0.30322	0.44203	0.04563	0.07801	0.11931	0.03302
	荆州	0.20751	0.34276	0.07083	0.12051	0.28362	0.10489
	十堰	0.23219	0.11270	0.05669	0.07958	0.08381	0.05854
	随州	0.19856	0.36161	0.03620	0.04273	0.16047	0.06688
	武汉	0.56102	0.58474	0.55123	0.20123	0.24132	0.05296
	咸宁	0.21753	0.31024	0.02976	0.07574	0.25812	0.09023
	襄阳	0.29129	0.39143	0.12157	0.06089	0.16047	0.06688
	孝感	0.27724	0.34419	0.07198	0.09487	0.16047	0.06688
	宜昌	0.31767	0.36009	0.10705	0.08950	0.11442	0.06220
	天津	0.49899	0.62082	0.52326	0.42412	0.10814	0.10043
	上海	1.00000	0.84504	0.97265	0.97269	0.43391	0.01626
	重庆	0.31671	0.24212	0.70823	0.18468	0.79635	0.26174
	北京	0.99726	0.71990	1.00000	1.00000	0.17946	0.02498

表 8　　居住出行无量纲化处理

省份	指标	居住出行					
		房地产开发投资	每万人拥有民用汽车	邮电业务总量	移动电话普及率	本地固定电话用户数	旅游总收入
	正负	正	正	正	正	正	正
	单位	亿元	辆/万人	亿元	%	万户	亿元
山西	大同	0.03250	0.04795	0.03201	0.08114	0.04431	0.05954
	晋城	0.01721	0.04654	0.02009	0.06307	0.07092	0.06254
	晋中	0.02770	0.47446	0.03374	0.05343	0.05372	0.11002
	临汾	0.02620	0.03380	0.04249	0.05213	0.03982	0.06253
	吕梁	0.01553	0.02462	0.03374	0.04340	0.07092	0.04777
	朔州	0.01558	0.03361	0.00301	0.04410	0.07092	0.02747
	太原	0.14258	0.08492	0.09126	0.14492	0.12559	0.12632
	忻州	0.01195	0.02763	0.01606	0.04884	0.07092	0.06028
	阳泉	0.01058	0.04225	0.01516	0.07191	0.07092	0.03796
	运城	0.02157	0.05638	0.02962	0.04188	0.07536	0.04463
	长治	0.02185	0.03237	0.02206	0.04720	0.08672	0.06816
陕西	安康	0.01506	0.05368	0.01790	0.04858	0.04315	0.02991
	宝鸡	0.02199	0.02002	0.02259	0.07849	0.07055	0.07743
	汉中	0.01569	0.05024	0.03733	0.03440	0.05968	0.06406
	商洛	0.00413	0.05368	0.00887	0.04278	0.08689	0.03642
	铜川	0.00625	0.05148	0.03750	0.06001	0.01209	0.01267
	渭南	0.01921	0.05368	0.02672	0.04485	0.09463	0.06880
	西安	0.43314	0.08988	0.14091	0.18022	0.36442	0.23183
	咸阳	0.04259	0.05368	0.02600	0.05416	0.05799	0.05745
	延安	0.06976	0.05368	0.03419	0.07852	0.03875	0.04028
	榆林	0.06976	0.05677	0.02300	0.07653	0.05805	0.02178
四川	巴中	0.02429	0.01131	0.02972	0.03230	0.03090	0.02682
	成都	0.57762	0.07360	0.40879	0.12224	0.60964	0.44089
	达州	0.06476	0.03443	0.02254	0.02298	0.05696	0.01806
	德阳	0.02687	0.03297	0.03966	0.06903	0.06278	0.03226
	广安	0.04318	0.03443	0.00842	0.00978	0.03761	0.05180
	广元	0.02010	0.01638	0.01468	0.03105	0.04321	0.04344

续表

省份	指标	居住出行					
		房地产开发投资	每万人拥有民用汽车	邮电业务总量	移动电话普及率	本地固定电话用户数	旅游总收入
	正负	正	正	正	正	正	正
	单位	亿元	辆/万人	亿元	%	万户	亿元
四川	乐山	0.03574	0.02309	0.04090	0.08526	0.07234	0.10694
	泸州	0.04615	0.04282	0.02497	0.04171	0.06306	0.05342
	眉山	0.04575	0.03443	0.02885	0.04389	0.00088	0.04849
	绵阳	0.04650	0.03443	0.05517	0.03913	0.09528	0.07311
	南充	0.05002	0.03443	0.04925	0.01434	0.08826	0.06835
	内江	0.02888	0.03443	0.01528	0.02307	0.06084	0.03547
	攀枝花	0.01350	0.06882	0.00915	0.06992	0.03444	0.04235
	遂宁	0.02604	0.04497	0.01458	0.02471	0.03550	0.07438
	雅安	0.00605	0.03443	0.00826	0.05384	0.02690	0.03152
	宜宾	0.03516	0.01231	0.07548	0.04537	0.06499	0.07065
	资阳	0.04573	0.03443	0.01623	0.03000	0.03988	0.04656
	自贡	0.02933	0.01806	0.02623	0.18588	0.03928	0.07438
西藏	拉萨	0.01047	0.04014	0.02447	0.15099	0.02340	0.03209
	林芝	0.00084	0.04014	0.00029	0.00000	0.00142	0.00333
新疆	克拉玛依	0.00776	0.09695	0.00469	0.07330	0.01723	0.00462
	吐鲁番	0.00391	0.07482	0.00396	0.04999	0.01837	0.00949
	哈密	0.00480	0.06027	0.00483	0.08830	0.01784	0.00000
	乌鲁木齐	0.09149	0.05930	0.05406	0.09660	0.16724	0.06327
云南	保山	0.01899	0.02013	0.01417	0.03387	0.01201	0.02293
	昆明	0.34310	1.00000	0.10041	0.11466	0.15788	0.15569
	丽江	0.01115	0.05675	0.00654	0.03466	0.00604	0.10352
	临沧	0.02561	0.01607	0.01041	0.03185	0.01674	0.01267
	普洱	0.01386	0.05675	0.01247	0.04414	0.02161	0.02178
	曲靖	0.03371	0.02658	0.01942	0.03756	0.03623	0.02128
	玉溪	0.01508	0.16421	0.02378	0.04920	0.01296	0.02589
	昭通	0.01454	0.05675	0.01447	0.03855	0.01760	0.02304

续表

省份	指标	居住出行					
		房地产开发投资	每万人拥有民用汽车	邮电业务总量	移动电话普及率	本地固定电话用户数	旅游总收入
	正负	正	正	正	正	正	正
	单位	亿元	辆/万人	亿元	%	万户	亿元
浙江	杭州	0.58474	0.09931	0.28714	0.16727	0.36613	0.47684
	湖州	0.07611	0.06831	0.02610	0.14390	0.10912	0.15059
	嘉兴	0.08846	0.04559	0.09335	0.09952	0.15334	0.14612
	金华	0.08245	0.04559	0.07341	0.16932	0.13671	0.16290
	丽水	0.03702	0.04559	0.02049	0.10633	0.04894	0.09102
	宁波	0.08846	0.04559	0.07433	0.10592	0.13421	0.26653
	衢州	0.02311	0.04266	0.01627	0.09687	0.05114	0.06089
	绍兴	0.14694	0.00000	0.04825	0.08813	0.17825	0.16061
	台州	0.10340	0.06320	0.06161	0.09102	0.14850	0.16130
	温州	0.18095	0.07247	0.26932	0.09022	0.22262	0.17331
	舟山	0.04538	0.04961	0.01198	0.10592	0.13421	0.11845
福建	厦门	0.18279	0.03918	0.15150	0.12189	0.16206	0.17936
	龙岩	0.04531	0.11072	0.03898	0.06069	0.06036	0.04107
	南平	0.03573	0.03918	0.04001	0.06253	0.06139	0.07920
	宁德	0.05590	0.01659	0.04811	0.06241	0.05945	0.03108
	莆田	0.09801	0.02413	0.03747	0.05319	0.07720	0.03303
	泉州	0.16090	0.03806	0.22628	1.00000	0.26607	0.13274
	三明	0.03038	0.02338	0.03677	0.06396	0.06036	0.03102
	漳州	0.11850	0.02222	0.08127	0.05509	0.11071	0.05049
	福州	0.32649	0.03918	0.21071	0.08798	0.22794	0.11521
广西	南宁	0.15512	0.02770	0.13480	0.14280	0.03075	0.15995
	百色	0.01242	0.01486	0.01628	0.04790	0.03075	0.03232
	北海	0.03683	0.02474	0.01810	0.14280	0.02609	0.03495
	崇左	0.00775	0.01199	0.01567	0.03443	0.01583	0.02072
	防城港	0.01854	0.03139	0.01266	0.06797	0.01049	0.02029
	贵港	0.01799	0.01161	0.02376	0.01461	0.04687	0.02219
	桂林	0.04480	0.02770	0.05719	0.05520	0.06990	0.11088

续表

省份	指标	居住出行					
		房地产开发投资	每万人拥有民用汽车	邮电业务总量	移动电话普及率	本地固定电话用户数	旅游总收入
	正负	正	正	正	正	正	正
	单位	亿元	辆/万人	亿元	%	万户	亿元
广西	河池	0.00597	0.01384	0.03526	0.02425	0.02907	0.03028
	贺州	0.00376	0.01521	0.01207	0.02647	0.01325	0.02659
	来宾	0.01703	0.01595	0.01860	0.04790	0.03075	0.02073
	柳州	0.07095	0.02770	0.05451	0.04790	0.03075	0.03405
	钦州	0.01758	0.13627	0.01954	0.01748	0.03443	0.01509
	梧州	0.01588	0.01065	0.02679	0.04790	0.03075	0.03278
	玉林	0.02227	0.01821	0.04844	0.04790	0.03075	0.04174
贵州	贵阳	0.23745	0.07824	0.11272	0.16035	0.02371	0.22462
	安顺	0.01755	0.04841	0.01171	0.03941	0.01798	0.08066
	毕节	0.03563	0.04841	0.02541	0.01024	0.02856	0.06637
	六盘水	0.01774	0.04841	0.02849	0.05790	0.03029	0.01446
	铜仁	0.02580	0.01858	0.01630	0.04105	0.01804	0.05062
	遵义	0.08044	0.04841	0.02048	0.03715	0.02371	0.11734
安徽	安庆	0.03425	0.01669	0.02807	0.01245	0.08705	0.08934
	蚌埠	0.10101	0.02159	0.02604	0.03646	0.04953	0.03375
	亳州	0.04813	0.02232	0.02850	0.01485	0.03120	0.02226
	池州	0.01915	0.02340	0.00747	0.03273	0.02403	0.10246
	滁州	0.07871	0.01892	0.03645	0.04203	0.05674	0.02830
	阜阳	0.06223	0.02197	0.04017	0.01445	0.06479	0.01758
	淮北	0.03454	0.02813	0.01178	0.03058	0.02868	0.02974
	淮南	0.02277	0.02813	0.01623	0.03053	0.03158	0.01821
	黄山	0.02351	0.03439	0.01260	0.07183	0.02818	0.08552
	六安	0.04689	0.02293	0.02421	0.01789	0.05460	0.04247
	马鞍山	0.04720	0.02813	0.01510	0.04629	0.03837	0.03585
	铜陵	0.02258	0.04074	0.00584	0.06465	0.01474	0.01420
	芜湖	0.10675	0.04768	0.03663	0.05147	0.06666	0.08291
	宿州	0.05158	0.01702	0.02623	0.03345	0.13843	0.02002

续表

省份	指标	居住出行					
		房地产开发投资	每万人拥有民用汽车	邮电业务总量	移动电话普及率	本地固定电话用户数	旅游总收入
	正负	正	正	正	正	正	正
	单位	亿元	辆/万人	亿元	%	万户	亿元
安徽	合肥	0.29761	0.04859	0.11029	0.07036	0.19303	0.21024
	宣城	0.04330	0.02948	0.02318	0.03763	0.04680	0.03510
广东	深圳	0.31463	0.09039	0.89264	0.21110	0.94568	0.08262
	潮州	0.01158	0.01466	0.03871	0.06276	0.06164	0.02919
	东莞	0.13571	0.07286	0.21292	0.19133	0.37216	0.08432
	佛山	0.22334	0.07783	0.24099	0.15610	0.32214	0.11717
	河源	0.02999	0.01879	0.03524	0.03887	0.04919	0.04428
	惠州	0.14406	0.04372	0.05148	0.11005	0.13359	0.07020
	江门	0.07317	0.20117	0.08693	0.09047	0.15934	0.05261
	揭阳	0.01107	0.01475	0.08039	0.04503	0.10276	0.04340
	茂名	0.02385	0.07546	0.07375	0.01845	0.07762	0.01689
	梅州	0.03941	0.01874	0.05798	0.04508	0.06821	0.06655
	清远	0.05141	0.01040	0.04082	0.06011	0.04923	0.04588
	汕头	0.05767	0.06036	0.11424	0.07604	0.09548	0.05495
	汕尾	0.00230	0.00553	0.02564	0.02305	0.12233	0.01937
	韶关	0.00526	0.01914	0.03811	0.05641	0.13410	0.05711
	阳江	0.02437	0.05020	0.07708	0.06055	0.05057	0.03782
	云浮	0.01441	0.05020	0.07708	0.08982	0.12233	0.04506
	湛江	0.04193	0.01330	0.07708	0.05214	0.08051	0.05744
	肇庆	0.03737	0.02503	0.05912	0.08982	0.12233	0.05094
	中山	0.11341	0.05020	0.13357	0.18872	0.12077	0.04777
	广州	0.50556	0.05020	0.46530	0.15610	0.37216	0.62282
	珠海	0.12362	0.09121	0.07768	0.21422	0.07986	0.05870
海南	海口	0.12614	0.07838	0.07305	0.19278	0.08756	0.03320
	三亚	0.11002	0.07838	0.03942	0.04365	0.08756	0.06413
	儋州	0.00590	0.07838	0.00578	0.04365	0.08756	0.00081

续表

省份	指标	居住出行					
		房地产开发投资	每万人拥有民用汽车	邮电业务总量	移动电话普及率	本地固定电话用户数	旅游总收入
	正负	正	正	正	正	正	正
	单位	亿元	辆/万人	亿元	%	万户	亿元
江苏	常州	0.11980	0.06705	0.07133	0.07948	0.16430	0.15733
	淮安	0.06671	0.04804	0.03009	0.03676	0.08249	0.05642
	连云港	0.15638	0.04804	0.03259	0.05821	0.43933	0.07318
	南京	0.33783	0.07842	0.21459	0.09309	0.30928	0.36541
	南通	0.16310	0.02305	0.07754	0.11613	0.25586	0.09917
	苏州	0.44103	0.08264	0.25229	0.12250	0.33539	0.40810
	泰州	0.05813	0.03737	0.03393	0.05420	0.19409	0.05132
	无锡	0.23430	0.05884	0.13519	0.10440	0.19409	0.30044
	宿迁	0.08537	0.04804	0.05559	0.04701	0.06859	0.03658
	徐州	0.11086	0.03147	0.08411	0.06866	0.15199	0.10460
	盐城	0.08659	0.04804	0.05468	0.07482	0.19409	0.17424
	扬州	0.08907	0.04804	0.04807	0.07431	0.14208	0.12900
	镇江	0.08377	0.03584	0.05966	0.06133	0.10672	0.13346
江西	抚州	0.02559	0.03067	0.03099	0.04227	0.07213	0.03841
	赣州	0.06449	0.01830	0.04122	0.03046	0.13931	0.08323
	吉安	0.01896	0.01737	0.02128	0.03056	0.05620	0.08752
	景德镇	0.00605	0.03067	0.03099	0.04227	0.07213	0.05522
	九江	0.03101	0.03067	0.02505	0.03875	0.08775	0.19893
	南昌	0.11445	0.04512	0.07676	0.08092	0.13159	0.11528
	萍乡	0.01031	0.03067	0.01933	0.03449	0.02843	0.04123
	上饶	0.03018	0.03067	0.03099	0.04227	0.11020	0.17020
	新余	0.00578	0.03430	0.01546	0.06256	0.01555	0.02358
	宜春	0.03484	0.03067	0.01784	0.02841	0.06528	0.08555
	鹰潭	0.01322	0.03826	0.03099	0.03198	0.01483	0.04189
宁夏	固原	0.01572	0.06707	0.00523	0.04087	0.00507	0.00114
	石嘴山	0.01227	0.03939	0.00505	0.07775	0.00993	0.00201
	吴忠	0.01016	0.07432	0.01219	0.04391	0.00882	0.00169

续表

省份	指标	居住出行					
		房地产开发投资	每万人拥有民用汽车	邮电业务总量	移动电话普及率	本地固定电话用户数	旅游总收入
	正负	正	正	正	正	正	正
	单位	亿元	辆/万人	亿元	%	万户	亿元
宁夏	银川	0.09641	0.08740	0.02636	0.09695	0.06123	0.01893
	中卫	0.01319	0.02819	0.00861	0.04043	0.01136	0.00358
辽宁	鞍山	0.04834	0.03681	0.04970	0.06032	0.08907	0.06343
	本溪	0.01764	0.03681	0.01744	0.06210	0.09683	0.05095
	朝阳	0.02052	0.02664	0.02850	0.01035	0.07410	0.02663
	大连	0.21201	0.03681	0.14608	0.08936	0.28507	0.21770
	丹东	0.01979	0.03681	0.02902	0.04442	0.07888	0.06825
	抚顺	0.01787	0.03072	0.02515	0.05547	0.05548	0.04700
	阜新	0.00980	0.03930	0.02019	0.04017	0.04554	0.01345
	葫芦岛	0.02254	0.02886	0.02816	0.06210	0.05988	0.02993
	锦州	0.02654	0.03681	0.03391	0.03440	0.09133	0.03169
	辽阳	0.01584	0.03390	0.02198	0.06809	0.04202	0.03282
	盘锦	0.05624	0.03681	0.02267	0.10421	0.04856	0.03493
	沈阳	0.31621	0.06457	0.16788	0.13489	0.28532	0.26390
	铁岭	0.03061	0.03681	0.01336	0.05363	0.04428	0.03613
	营口	0.02438	0.03367	0.03322	0.04989	0.05925	0.03865
内蒙古	呼和浩特	0.12004	0.07025	0.05519	0.07533	0.08605	0.03716
	阿拉善盟	0.00000	0.10444	0.00418	0.12676	0.00236	0.00862
	巴彦淖尔	0.00566	0.03921	0.01108	0.08744	0.02717	0.00606
	包头	0.04626	0.06021	0.03219	0.07498	0.02938	0.06906
	赤峰	0.01984	0.07025	0.02983	0.04835	0.04067	0.03987
	鄂尔多斯	0.02786	0.08803	0.01649	0.02727	0.02415	0.05404
	呼伦贝尔	0.01540	0.07025	0.01867	0.06718	0.03705	0.09588
	通辽	0.00702	0.07025	0.01913	0.07776	0.02938	0.02232
	乌海	0.00831	0.08747	0.00000	0.10618	0.02709	0.00557
	乌兰察布	0.02399	0.07025	0.01913	0.07776	0.02938	0.03716
	锡林郭勒盟	0.00795	0.07431	0.01433	0.09627	0.00893	0.05974
	兴安盟	0.00556	0.03811	0.00933	0.06783	0.01091	0.01045

续表

省份	指标	居住出行					
		房地产开发投资	每万人拥有民用汽车	邮电业务总量	移动电话普及率	本地固定电话用户数	旅游总收入
	正负	正	正	正	正	正	正
	单位	亿元	辆/万人	亿元	%	万户	亿元
青海	海东	0.01006	0.00367	0.00521	0.03848	0.01072	0.00460
	西宁	0.06593	0.00367	0.03873	0.08674	0.08126	0.03242
山东	滨州	0.02523	0.05858	0.01668	0.05860	0.04208	0.02367
	德州	0.05035	0.05719	0.04656	0.03924	0.04125	0.02971
	东营	0.04546	0.05719	0.03852	0.08082	0.04073	0.02554
	菏泽	0.06074	0.05719	0.04777	0.04171	0.02176	0.02417
	济南	0.23961	0.07661	0.13698	0.12378	0.06587	0.16035
	济宁	0.07258	0.05719	0.03861	0.04583	0.04265	0.11326
	莱芜	0.00709	0.05719	0.01173	0.06032	0.01989	0.00997
	聊城	0.04462	0.05719	0.01850	0.06362	0.04398	0.02942
	临沂	0.09256	0.05719	0.04903	0.06362	0.06587	0.08370
	青岛	0.26522	0.05719	0.18633	0.11694	0.26595	0.27451
	日照	0.02532	0.05096	0.01936	0.05619	0.02949	0.05580
	泰安	0.03392	0.05719	0.03176	0.06888	0.09863	0.12500
	威海	0.07369	0.06191	0.04017	0.08189	0.06026	0.08370
	潍坊	0.11031	0.05719	0.07802	0.08233	0.13184	0.12002
	烟台	0.14325	0.05715	0.06366	0.08634	0.10233	0.15064
	枣庄	0.04373	0.03795	0.00677	0.04932	0.04063	0.02978
	淄博	0.00587	0.05719	0.00310	0.06362	0.00654	0.08370
甘肃	白银	0.00664	0.04549	0.00987	0.05432	0.02242	0.00765
	定西	0.00691	0.04549	0.01017	0.02993	0.01235	0.00251
	嘉峪关	0.00570	0.07218	0.00604	0.14864	0.01022	0.00623
	金昌	0.01584	0.03436	0.00293	0.06553	0.00223	0.00100
	酒泉	0.00952	0.03620	0.01022	0.07153	0.02290	0.03143
	兰州	0.07980	0.07100	0.07853	0.13770	0.08181	0.06155
	陇南	0.01584	0.04549	0.02041	0.06846	0.02630	0.00902
	平凉	0.01531	0.02930	0.01780	0.03959	0.02103	0.01374

续表

省份	指标	居住出行					
		房地产开发投资	每万人拥有民用汽车	邮电业务总量	移动电话普及率	本地固定电话用户数	旅游总收入
	正负	正	正	正	正	正	正
	单位	亿元	辆/万人	亿元	%	万户	亿元
甘肃	庆阳	0.00892	0.03738	0.01407	0.06666	0.02618	0.00291
	天水	0.00807	0.04549	0.02608	0.04042	0.03925	0.02573
	武威	0.00525	0.04549	0.00983	0.03151	0.01960	0.00531
	张掖	0.01222	0.03802	0.00651	0.06725	0.03135	0.01493
河北	保定	0.10480	0.04794	0.05511	0.04639	0.15725	0.13191
	沧州	0.05591	0.04794	0.04434	0.05509	0.08912	0.06934
	承德	0.03068	0.04794	0.02009	0.03478	0.08912	0.07193
	邯郸	0.08034	0.03272	0.07682	0.02926	0.08177	0.07161
	衡水	0.03717	0.04794	0.04434	0.05509	0.08912	0.01289
	廊坊	0.15837	0.04794	0.03726	0.07546	0.08794	0.04230
	秦皇岛	0.06044	0.05971	0.02376	0.07749	0.06913	0.07719
	石家庄	0.23303	0.04794	0.04434	0.05509	0.08912	0.12678
	唐山	0.13417	0.06635	0.05296	0.08436	0.08912	0.06587
	邢台	0.04263	0.03298	0.06017	0.02757	0.09171	0.02891
	张家口	0.04966	0.04794	0.02857	0.06543	0.04692	0.06399
吉林	白城	0.00608	0.03997	0.00027	0.06846	0.08251	0.00888
	白山	0.00526	0.02508	0.00052	0.05518	0.03573	0.01993
	吉林	0.03255	0.06909	0.04680	0.05675	0.11020	0.11626
	辽源	0.00342	0.02703	0.01082	0.06846	0.08251	0.00514
	四平	0.00540	0.05227	0.01400	0.06926	0.05233	0.00678
	松原	0.01146	0.03846	0.01322	0.04966	0.03824	0.01760
	通化	0.01451	0.02412	0.01192	0.07050	0.05384	0.02510
	延边朝鲜族自治州	0.01794	0.03997	0.00421	0.05777	0.06668	0.05676
	长春	0.12605	0.04374	0.04867	0.12009	0.22053	0.14750

续表

省份	指标	居住出行					
		房地产开发投资	每万人拥有民用汽车	邮电业务总量	移动电话普及率	本地固定电话用户数	旅游总收入
	正负	正	正	正	正	正	正
	单位	亿元	辆/万人	亿元	%	万户	亿元
黑龙江	大庆	0.03681	0.02094	0.02876	0.11596	0.06038	0.01478
	大兴安岭	0.00172	0.02094	0.00287	0.06408	0.01321	0.00622
	哈尔滨	0.13727	0.02094	0.15192	0.09890	0.25966	0.19581
	鹤岗	0.00253	0.01648	0.00713	0.06900	0.01736	0.00447
	黑河	0.00497	0.02094	0.02892	0.06820	0.06344	0.00989
	鸡西	0.00395	0.03146	0.01297	0.05833	0.03346	0.00845
	佳木斯	0.01252	0.02094	0.01692	0.06051	0.04630	0.00210
	牡丹江	0.01610	0.02094	0.02892	0.06820	0.06344	0.01865
	七台河	0.00076	0.02094	0.02298	0.06408	0.06876	0.02152
	齐齐哈尔	0.03032	0.02094	0.03554	0.01631	0.08051	0.02547
	双鸭山	0.00440	0.02094	0.00868	0.08508	0.03309	0.00077
	绥化	0.02334	0.02094	0.02298	0.06408	0.06876	0.02152
	伊春	0.00192	0.01666	0.00739	0.05383	0.01635	0.01175
河南	安阳	0.04907	0.04865	0.06028	0.04321	0.05498	0.05350
	鹤壁	0.01588	0.04865	0.01391	0.05811	0.01788	0.01298
	焦作	0.02296	0.04865	0.04225	0.04616	0.04490	0.06399
	开封	0.03937	0.02356	0.05361	0.04198	0.03793	0.05169
	洛阳	0.07859	0.04865	0.07880	0.04954	0.12064	0.16798
	漯河	0.01094	0.04865	0.02764	0.04321	0.05498	0.00552
	南阳	0.03522	0.07349	0.06094	0.02701	0.08519	0.04510
	平顶山	0.04559	0.04865	0.03554	0.04321	0.05498	0.03532
	濮阳	0.02207	0.04857	0.03686	0.05292	0.03166	0.00032
	三门峡	0.02481	0.04865	0.02237	0.04076	0.02352	0.04745
	商丘	0.05112	0.04865	0.06493	0.01135	0.05721	0.00321
	新乡	0.06052	0.04865	0.06578	0.05439	0.07949	0.04232
	信阳	0.06879	0.01335	0.05046	0.00797	0.05133	0.02776
	许昌	0.03546	0.04865	0.04282	0.04321	0.05498	0.01139

续表

省份	指标	居住出行					
		房地产开发投资	每万人拥有民用汽车	邮电业务总量	移动电话普及率	本地固定电话用户数	旅游总收入
	正负	正	正	正	正	正	正
	单位	亿元	辆/万人	亿元	%	万户	亿元
河南	郑州	0.47304	0.08426	0.25482	0.08515	0.05498	0.21672
	周口	0.04507	0.04865	0.06625	0.04321	0.05498	0.02645
	驻马店	0.05071	0.04865	0.04747	0.04321	0.05498	0.02769
湖南	邵阳	0.03167	0.03001	0.04874	0.00830	0.06776	0.04189
	常德	0.02829	0.01752	0.05580	0.03828	0.06177	0.05843
	郴州	0.04557	0.04910	0.04627	0.03533	0.06486	0.05976
	衡阳	0.03290	0.03238	0.05616	0.01558	0.08957	0.06530
	怀化	0.02730	0.01332	0.04194	0.02878	0.04362	0.04771
	娄底	0.02510	0.02009	0.03766	0.03039	0.03491	0.03403
	湘潭	0.03397	0.02769	0.03451	0.05867	0.02780	0.05187
	益阳	0.02415	0.04848	0.05580	0.02092	0.03799	0.03706
	永州	0.02073	0.01464	0.03277	0.01157	0.03837	0.03982
	岳阳	0.03539	0.01943	0.03957	0.03016	0.07775	0.07219
	张家界	0.00698	0.06192	0.01214	0.02430	0.00838	0.07248
	长沙	0.23547	0.03311	0.21387	0.12171	0.22556	0.29223
	株洲	0.05303	0.06278	0.05013	0.03533	0.06486	0.04913
湖北	鄂州	0.00454	0.03261	0.00800	0.05360	0.02095	0.01102
	黄冈	0.04691	0.03261	0.02773	0.04228	0.04520	0.02484
	黄石	0.02033	0.01123	0.01353	0.05681	0.05422	0.00953
	荆门	0.02751	0.03261	0.01831	0.03445	0.03806	0.02669
	荆州	0.06874	0.02671	0.02941	0.02872	0.08864	0.02835
	十堰	0.01920	0.03261	0.02250	0.03906	0.00000	0.06359
	随州	0.00636	0.03261	0.01014	0.01146	0.01125	0.02222
	武汉	0.61071	0.06060	0.23774	0.04228	0.04520	0.47429
	咸宁	0.01374	0.03261	0.01233	0.06306	0.04895	0.04319
	襄阳	0.07876	0.03261	0.03894	0.04188	0.07636	0.05537
	孝感	0.04017	0.03261	0.02239	0.04228	0.04520	0.02340
	宜昌	0.05681	0.03189	0.02619	0.05146	0.06836	0.09632

续表

省份	指标	居住出行					
		房地产开发投资	每万人拥有民用汽车	邮电业务总量	移动电话普及率	本地固定电话用户数	旅游总收入
	正负	正	正	正	正	正	正
	单位	亿元	辆/万人	亿元	%	万户	亿元
	天津	0.44258	0.05947	0.27523	0.05392	0.45065	0.04069
	上海	0.82072	0.03763	1.00000	0.10359	1.00000	0.73844
	重庆	0.88755	0.04965	0.47325	0.05568	0.70774	0.01976
	北京	1.00000	0.08045	0.84968	0.16188	0.98402	1.00000

表 9　　文化教育无量纲化处理

省份	指标	文化教育					
		每万人口在校大学生数	每万人口在校高中学生数	每万人口在校初中学生数	每万人口在校小学生数	公共图书馆数	有线电视用户数
	正负	正	正	正	正	正	正
	单位	个	个	个	个	个	万户
山西	大同	0.04648	0.08954	0.37086	0.43253	0.28571	0.05815
	晋城	0.01387	0.13180	0.42097	0.38915	0.11905	0.09885
	晋中	0.13249	0.11484	0.44199	0.40224	0.23810	0.06962
	临汾	0.06373	0.10116	0.39441	0.46542	0.28571	0.09885
	吕梁	0.13249	0.11101	0.42564	0.00000	0.30952	0.44037
	朔州	0.06323	0.15426	0.60233	0.55430	0.14286	0.01654
	太原	0.63221	0.09194	0.36171	0.47860	0.26190	0.13614
	忻州	0.13249	0.11484	0.44199	0.40224	0.30952	0.01040
	阳泉	0.13249	0.11484	0.44199	0.40224	0.11905	0.03761
	运城	0.05186	0.12180	0.46714	0.42411	0.28571	0.07100
	长治	0.05607	0.11723	0.49289	0.47379	0.30952	0.04988
陕西	安康	0.04646	0.10274	0.41512	0.50773	0.23810	0.08971
	宝鸡	0.06375	0.09763	0.35001	0.37456	0.28571	0.08971
	汉中	0.05788	0.09791	0.33865	0.36843	0.23810	0.08971
	商洛	0.02244	0.08586	0.30603	0.39114	0.24107	0.08971
	铜川	0.10983	0.10487	0.29497	0.69385	0.09524	0.08971

续表

省份	指标	文化教育					
		每万人口在校大学生数	每万人口在校高中学生数	每万人口在校初中学生数	每万人口在校小学生数	公共图书馆数	有线电视用户数
	正负	正	正	正	正	正	正
	单位	个	个	个	个	个	万户
陕西	渭南	0.01670	0.11467	0.26664	0.32718	0.23810	0.08971
	西安	0.53318	0.11810	0.27646	0.48885	0.28571	0.08971
	咸阳	0.10983	0.25898	0.32649	0.46212	0.24107	0.08971
	延安	0.10983	0.28738	0.32649	0.64411	0.28571	0.08971
	榆林	0.02841	0.10031	0.36404	0.54988	0.26190	0.08971
四川	巴中	0.06903	0.12229	0.09188	0.44419	0.11905	0.04394
	成都	0.31488	0.06158	0.28771	0.39166	0.50000	0.54479
	达州	0.02183	0.09995	0.49024	0.58195	0.16667	0.06420
	德阳	0.12341	0.07004	0.26477	0.34640	0.14286	0.06420
	广安	0.17837	0.08918	0.34132	0.44654	0.14286	0.06420
	广元	0.17837	0.02020	0.27808	0.34202	0.16667	0.04234
	乐山	0.17837	0.06031	0.24620	0.35732	0.23810	0.04756
	泸州	0.06061	0.08760	0.55309	0.75369	0.19048	0.06420
	眉山	0.17837	0.07849	0.27737	0.34253	0.14286	0.05308
	绵阳	0.16588	0.07810	0.37488	0.32757	0.21429	0.06420
	南充	0.05558	0.08766	0.28630	0.35194	0.21429	0.12036
	内江	0.93758	0.07165	0.34132	0.44654	0.07143	0.06420
	攀枝花	0.19222	0.10578	0.52103	0.50526	0.11905	0.06420
	遂宁	0.07037	0.02079	0.57458	0.34980	0.11905	0.08669
	雅安	0.17837	0.01613	0.04779	0.45712	0.19048	0.02401
	宜宾	0.02762	0.06800	0.41421	0.51481	0.21429	0.04742
	资阳	0.17837	0.08446	0.40847	0.59699	0.09524	0.11243
	自贡	0.10145	0.06744	0.34450	0.48135	0.14286	0.06420
西藏	拉萨	0.09852	0.05287	0.53894	0.67535	0.16667	0.02667
	林芝	0.00621	0.05287	0.53894	0.67535	0.16667	0.00667

续表

省份	指标	文化教育					
		每万人口在校大学生数	每万人口在校高中学生数	每万人口在校初中学生数	每万人口在校小学生数	公共图书馆数	有线电视用户数
	正负	正	正	正	正	正	正
	单位	个	个	个	个	个	万户
新疆	克拉玛依	0.11605	0.12269	0.52035	0.43986	0.00000	0.00563
	吐鲁番	0.21321	0.10608	0.44394	0.44138	0.04762	0.00563
	哈密	0.00621	0.12562	0.40482	0.40208	0.02381	0.00563
	乌鲁木齐	0.31038	0.08947	0.36752	0.44290	0.02381	0.00563
云南	保山	0.02666	0.06333	0.63863	0.55202	0.14286	0.15890
	昆明	0.39978	0.04815	0.48791	0.55202	0.33333	0.19338
	丽江	0.02143	0.08445	0.77282	0.50786	0.11905	0.15890
	临沧	0.01222	0.04630	0.46950	0.56157	0.19048	0.12443
	普洱	0.02213	0.04352	0.44193	0.51011	0.23810	0.15890
	曲靖	0.02354	0.07733	0.77774	0.71116	0.23810	0.15890
	玉溪	0.03611	0.01873	0.51643	0.49096	0.21429	0.15890
	昭通	0.00794	0.10118	0.76946	0.79925	0.26190	0.15890
浙江	杭州	0.32204	0.05349	0.28745	0.43099	0.33333	0.23235
	湖州	1.00000	0.11227	0.57525	0.76388	0.09524	0.23235
	嘉兴	0.10827	0.05391	0.28048	0.39270	0.11905	0.23235
	金华	0.10837	0.08079	0.43748	0.66795	0.21429	0.62506
	丽水	0.08414	0.05493	0.35153	0.47626	0.21429	0.06015
	宁波	0.16169	0.04853	0.28781	0.45775	0.17857	0.23235
	衢州	0.03667	0.08229	0.44976	0.50373	0.14286	0.23235
	绍兴	0.11366	0.10427	0.41083	0.46817	0.14286	0.23235
	台州	0.03177	0.12490	0.43345	0.61881	0.21429	0.21037
	温州	0.05378	0.06058	0.33762	0.52608	0.28571	0.23235
	舟山	0.12265	0.04127	0.20271	0.28991	0.09524	0.03382
福建	厦门	0.25187	0.07736	0.39977	0.54955	0.21429	0.08667
	龙岩	0.03928	0.08302	0.38780	0.51930	0.14286	0.04844
	南平	0.05427	0.09012	0.42576	0.58000	0.21429	0.12483
	宁德	0.01927	0.07837	0.37289	0.58189	0.19048	0.06265

续表

省份	指标	文化教育					
		每万人口在校大学生数	每万人口在校高中学生数	每万人口在校初中学生数	每万人口在校小学生数	公共图书馆数	有线电视用户数
	正负	正	正	正	正	正	正
	单位	个	个	个	个	个	万户
福建	莆田	0.04556	0.10607	0.46841	0.65126	0.04762	0.05441
	泉州	0.08699	0.01764	0.37796	0.62203	0.23810	0.16201
	三明	0.05719	0.08799	0.38519	0.52826	0.28571	0.05192
	漳州	0.08525	0.08260	0.40436	0.52823	0.21429	0.10242
	福州	0.27802	0.07790	0.40277	0.57007	0.28571	0.08667
广西	南宁	0.35366	0.06861	0.55474	0.66670	0.16667	0.08225
	百色	0.35366	0.07551	0.80573	0.74884	0.14286	0.13103
	北海	0.08088	0.09920	0.56088	0.74417	0.04762	0.08225
	崇左	0.09772	0.01468	0.39752	0.64159	0.14286	0.05750
	防城港	0.02104	0.07568	0.55874	0.76414	0.07143	0.00468
	贵港	0.35366	0.13703	0.78640	0.81587	0.11905	0.08225
	桂林	0.00000	0.06345	0.35461	0.53956	0.30952	0.08225
	河池	0.02424	0.09211	0.53998	0.78800	0.14286	0.08225
	贺州	0.02898	0.07017	0.51845	0.70509	0.09524	0.00716
	来宾	0.35366	0.09946	0.55474	0.66670	0.14286	0.27735
	柳州	0.35366	0.09946	0.55474	0.66670	0.23810	0.08225
	钦州	0.03396	0.07251	0.73743	0.84789	0.09524	0.08225
	梧州	0.02794	0.07178	0.52549	0.63139	0.09524	0.03982
	玉林	0.01616	0.35928	0.55474	0.10711	0.16667	0.08225
贵州	贵阳	0.50458	0.09018	0.45284	0.54256	0.23810	0.02569
	安顺	0.03408	0.11835	0.67502	0.78271	0.11905	0.02569
	毕节	0.01090	0.17286	1.00000	1.00000	0.21429	0.02569
	六盘水	0.02077	0.15160	0.79286	0.67832	0.11905	0.02569
	铜仁	0.05463	0.15360	0.97025	0.81954	0.23810	0.02569
	遵义	0.13668	0.15079	0.85761	0.83984	0.30952	0.02569

续表

省份	指标	文化教育					
		每万人口在校大学生数	每万人口在校高中学生数	每万人口在校初中学生数	每万人口在校小学生数	公共图书馆数	有线电视用户数
	正负	正	正	正	正	正	正
	单位	个	个	个	个	个	万户
安徽	安庆	0.03849	0.08762	0.32674	0.35509	0.23810	0.11441
	蚌埠	0.11078	0.08780	0.38948	0.58946	0.14286	0.10320
	亳州	0.01180	0.07151	0.51841	0.74181	0.09524	0.02601
	池州	0.09531	0.11673	0.39695	0.45455	0.09524	0.10320
	滁州	0.09193	0.09519	0.39429	0.44432	0.14796	0.07002
	阜阳	0.02912	0.09218	0.55778	0.72644	0.16667	0.10320
	淮北	0.10093	0.09279	0.37458	0.48157	0.09524	0.03201
	淮南	0.19718	0.08012	0.35837	0.48874	0.14286	0.10320
	黄山	0.09660	0.07113	0.29773	0.36049	0.23810	0.03334
	六安	0.04356	0.08467	0.42053	0.51494	0.14286	0.10621
	马鞍山	0.10243	0.16209	0.39611	0.49058	0.14286	0.10320
	铜陵	0.29480	0.09788	0.33659	0.37796	0.09524	0.30034
	芜湖	0.27179	0.07676	0.30943	0.37292	0.19048	0.21993
	宿州	0.02740	0.08681	0.38000	0.58317	0.11905	0.10320
	合肥	0.48381	0.09190	0.34543	0.44246	0.19048	0.10320
	宣城	0.02431	0.07196	0.28732	0.37661	0.16667	0.02654
广东	深圳	0.04594	0.06226	0.22905	0.58107	0.21429	0.06585
	潮州	0.04206	0.11232	0.41258	0.55501	0.07143	0.06585
	东莞	0.53399	0.12173	0.31411	0.67483	0.16667	0.06585
	佛山	0.03811	0.07080	0.32019	0.49658	0.11905	0.06585
	河源	0.01991	0.10084	0.48755	0.70127	0.14286	0.04818
	惠州	0.13602	0.11405	0.46762	0.61173	0.16667	0.00000
	江门	0.06217	0.08126	0.38755	0.51167	0.16667	0.12425
	揭阳	0.00937	0.12242	0.56732	0.62345	0.11905	0.05335
	茂名	0.02926	0.13962	0.60703	0.65058	0.11905	0.10773
	梅州	0.03307	0.11795	0.42408	0.54743	0.21429	0.05481
	清远	0.01980	0.09322	0.44631	0.56318	0.21429	0.06585

续表

省份	指标	文化教育					
		每万人口在校大学生数	每万人口在校高中学生数	每万人口在校初中学生数	每万人口在校小学生数	公共图书馆数	有线电视用户数
	正负	正	正	正	正	正	正
	单位	个	个	个	个	个	万户
广东	汕头	0.00826	0.22450	0.57634	0.69993	0.19048	0.06585
	汕尾	0.00646	0.13409	0.54650	0.50803	0.07143	0.02000
	韶关	0.09689	0.12172	0.50210	0.65310	0.42857	0.06255
	阳江	0.13602	0.09495	0.40980	0.63483	0.09524	0.06585
	云浮	0.13602	0.09733	0.46567	0.64912	0.11905	0.06001
	湛江	0.06481	0.12173	0.56732	0.60425	0.19048	0.08068
	肇庆	0.09746	0.09804	0.56087	0.65209	0.19048	0.09734
	中山	0.07393	0.08700	0.33841	0.66696	0.57143	0.06585
	广州	0.47315	0.07147	0.26975	0.52612	0.33333	0.06585
	珠海	0.49854	0.10449	0.41570	0.70776	0.07143	0.08134
海南	海口	0.33963	0.08864	0.44660	0.62744	0.02381	0.01910
	三亚	0.37554	0.10843	0.53304	0.69434	0.00000	0.01910
	儋州	0.25999	0.11410	0.54512	0.72262	0.00000	0.01910
江苏	常州	0.15049	0.11842	0.42497	0.67346	0.07143	0.15017
	淮安	0.08301	0.07016	0.35886	0.23886	0.19048	0.19590
	连云港	0.08512	0.09000	0.17817	0.40295	0.19048	0.25017
	南京	0.07674	0.04975	0.15293	0.30738	0.33333	0.32657
	南通	0.07311	0.04917	0.24945	0.31692	0.21429	0.29871
	苏州	0.12180	0.09000	0.17817	0.40295	0.23810	0.25017
	泰州	0.07175	0.06111	0.28217	0.34315	0.19048	0.60183
	无锡	0.10625	0.06255	0.20502	0.39185	0.21429	0.21338
	宿迁	0.08512	0.09000	0.17817	0.40295	0.19048	0.17951
	徐州	0.11640	0.06664	0.31561	0.75784	0.16667	0.34647
	盐城	0.05681	0.07240	0.24511	0.45611	0.19048	0.25017
	扬州	0.08512	0.09000	0.17817	0.40295	0.14286	0.13843
	镇江	0.14449	0.04229	0.22268	0.31591	0.19048	0.12712

续表

省份	指标	文化教育					
		每万人口在校大学生数	每万人口在校高中学生数	每万人口在校初中学生数	每万人口在校小学生数	公共图书馆数	有线电视用户数
	正负	正	正	正	正	正	正
	单位	个	个	个	个	个	万户
江西	抚州	0.14629	0.09410	0.48807	0.67807	0.21429	0.07588
	赣州	0.05585	0.09188	0.58701	0.74381	0.42857	0.07588
	吉安	0.02073	0.08934	0.46164	0.72349	0.33333	0.07588
	景德镇	0.12859	0.09004	0.46553	0.67807	0.09524	0.07588
	九江	0.11051	0.09848	0.44313	0.63710	0.33333	0.07335
	南昌	0.67953	0.09156	0.48328	0.58690	0.21429	0.18947
	萍乡	0.03377	0.08488	0.44747	0.61181	0.11905	0.01334
	上饶	0.14629	0.09410	0.48807	0.67807	0.28571	0.08535
	新余	0.20046	0.10524	0.44564	0.66802	0.04762	0.02893
	宜春	0.04685	0.09254	0.52190	0.68936	0.21429	0.12923
	鹰潭	0.04033	0.08738	0.45076	0.76405	0.07143	0.01152
宁夏	固原	0.02915	0.14134	0.71667	0.81228	0.09524	0.03810
	石嘴山	0.05501	0.10408	0.50012	0.50646	0.07143	0.03810
	吴忠	0.01331	0.10039	0.63456	0.77734	0.09524	0.01039
	银川	0.27612	0.12410	0.46049	0.57185	0.16667	0.06581
	中卫	0.09340	0.10409	0.56404	0.70847	0.04762	0.03810
辽宁	鞍山	0.05789	0.06041	0.31522	0.34615	0.19048	0.08369
	本溪	0.08782	0.07160	0.31989	0.32487	0.14286	0.08369
	朝阳	0.00654	0.11388	0.53240	0.32487	0.16667	0.07335
	大连	0.29811	0.07070	0.31540	0.32487	0.28571	0.29473
	丹东	0.07083	0.07634	0.29248	0.27682	0.16667	0.08369
	抚顺	0.12282	0.04948	0.20875	0.23420	0.14286	0.08369
	阜新	0.15313	0.07930	0.00000	0.33485	0.16667	0.01334
	葫芦岛	0.01695	0.06993	0.36658	0.40723	0.14286	0.08369
	锦州	0.17020	0.06571	0.26907	0.30589	0.17063	0.07188
	辽阳	0.01529	0.05980	0.30285	0.29418	0.19048	0.01814
	盘锦	0.03090	0.10996	0.39756	0.38324	0.09524	0.03067

续表

省份	指标	文化教育					
		每万人口在校大学生数	每万人口在校高中学生数	每万人口在校初中学生数	每万人口在校小学生数	公共图书馆数	有线电视用户数
	正负	正	正	正	正	正	正
	单位	个	个	个	个	个	万户
辽宁	沈阳	0.29733	0.05365	0.22968	0.31215	0.17063	0.08369
	铁岭	0.03107	0.05998	0.26149	0.32487	0.19048	0.08369
	营口	0.10453	0.06162	0.30849	0.35398	0.16667	0.08369
内蒙古	呼和浩特	0.47031	0.10118	0.33158	0.40638	0.21429	0.04721
	阿拉善盟	0.09456	0.22155	0.69884	0.38504	0.07143	0.00213
	巴彦淖尔	0.03332	0.07663	0.29248	0.31277	0.20476	0.02851
	包头	0.18660	0.08020	0.29979	0.31638	0.21429	0.02851
	赤峰	0.01449	0.14306	0.34536	0.43576	0.30952	0.02851
	鄂尔多斯	0.01491	0.06966	0.30656	0.44831	0.19048	0.03734
	呼伦贝尔	0.03943	0.07190	0.24679	0.29647	0.33333	0.02851
	通辽	0.07030	0.10100	0.37000	0.44013	0.19048	0.02851
	乌海	0.03635	0.04987	0.13685	0.38980	0.07143	0.02851
	乌兰察布	0.09456	0.09965	0.33169	0.38504	0.20476	0.02851
	锡林郭勒盟	0.04605	0.10409	0.34265	0.41038	0.30952	0.02851
	兴安盟	0.03389	0.07698	0.27773	0.39402	0.14286	0.02737
青海	海东	0.18350	0.02870	0.10566	0.61800	0.11905	0.01067
	西宁	0.18350	0.09505	0.44139	0.48014	0.11905	0.03395
山东	滨州	0.07913	0.12699	0.27482	0.47023	0.16667	0.09917
	德州	0.05219	0.12661	0.27380	0.55057	0.26190	0.09917
	东营	0.08482	0.09436	0.58551	0.41576	0.11905	0.03808
	菏泽	0.03257	1.00000	0.52864	0.85441	0.21429	0.10789
	济南	0.48543	0.10791	0.22394	0.43051	0.26190	0.09917
	济宁	0.07702	0.07546	0.40935	0.58569	0.26190	0.09917
	莱芜	0.13468	0.15982	0.36234	0.48329	0.02381	0.01320
	聊城	0.13468	0.15982	0.36234	0.48329	0.17216	0.09397
	临沂	0.13468	0.15982	0.36234	0.48329	0.17216	0.09917
	青岛	0.23620	0.05695	0.32993	0.43738	0.28571	0.28345

续表

省份	指标	文化教育					
		每万人口在校大学生数	每万人口在校高中学生数	每万人口在校初中学生数	每万人口在校小学生数	公共图书馆数	有线电视用户数
	正负	正	正	正	正	正	正
	单位	个	个	个	个	个	万户
山东	日照	0.13170	0.12372	0.26609	0.51861	0.09524	0.05481
	泰安	0.11705	0.15932	0.36101	0.35776	0.17216	0.12496
	威海	0.15236	0.05387	0.35375	0.27454	0.09524	0.11305
	潍坊	0.10141	0.00000	0.34420	0.47853	0.17216	0.09917
	烟台	0.15551	0.06244	0.36743	0.26217	0.30952	0.09917
	枣庄	0.04546	0.09001	0.39199	0.64660	0.14286	0.06311
	淄博	0.13468	0.15982	0.36234	0.48329	0.00000	0.09917
甘肃	白银	0.04841	0.16305	0.47447	0.45262	0.11905	0.01936
	定西	0.02303	0.13807	0.48094	0.47065	0.16667	0.00848
	嘉峪关	0.06859	0.12479	0.45745	0.51355	0.02381	0.01936
	金昌	0.03389	0.11929	0.50060	0.46029	0.07143	0.00333
	酒泉	0.09584	0.12391	0.47296	0.48072	0.14286	0.03806
	兰州	0.57147	0.08872	0.34283	0.41551	0.16667	0.07202
	陇南	0.02107	0.09286	0.50756	0.57775	0.19048	0.00588
	平凉	0.01292	0.12582	0.56951	0.54077	0.16667	0.00641
	庆阳	0.04240	0.13084	0.47296	0.48072	0.19048	0.00132
	天水	0.07714	0.12391	0.47296	0.48072	0.16667	0.01936
	武威	0.05815	0.14315	0.49151	0.43460	0.07143	0.01936
	张掖	0.09719	0.11247	0.43176	0.46077	0.14286	0.01936
河北	保定	0.09979	0.06445	0.39443	0.60126	0.52381	0.29700
	沧州	0.04890	0.05454	0.39443	0.57619	0.33333	0.14898
	承德	0.09979	0.06445	0.39443	0.53984	0.35952	0.06767
	邯郸	0.09979	0.06445	0.39443	0.71988	0.45238	0.09644
	衡水	0.09979	0.06445	0.39443	0.58107	0.26190	0.14898
	廊坊	0.09979	0.07019	0.39283	0.68034	0.23810	0.14898
	秦皇岛	0.30825	0.06445	0.39443	0.47675	0.11905	0.13550
	石家庄	0.09979	0.06445	0.39443	0.54742	0.57143	0.14425

续表

省份	指标	文化教育					
		每万人口在校大学生数	每万人口在校高中学生数	每万人口在校初中学生数	每万人口在校小学生数	公共图书馆数	有线电视用户数
	正负	正	正	正	正	正	正
	单位	个	个	个	个	个	万户
河北	唐山	0.08771	0.06445	0.39443	0.49862	0.28571	0.17337
	邢台	0.03474	0.06445	0.39443	0.61051	0.45238	0.12866
	张家口	0.01933	0.06862	0.39603	0.50619	0.35714	0.14898
吉林	白城	0.00455	0.06758	0.27753	0.32279	0.11905	0.02536
	白山	0.00455	0.06810	0.21988	0.24960	0.11905	0.03231
	吉林	0.09421	0.06393	0.22309	0.29418	0.13690	0.02536
	辽源	0.03412	0.06758	0.26792	0.29839	0.04762	0.02536
	四平	0.12529	0.06953	0.25173	0.40271	0.09524	0.02536
	松原	0.00332	0.08062	0.32237	0.42459	0.09524	0.02536
	通化	0.03227	0.06602	0.25671	0.29587	0.16667	0.02536
	延边朝鲜族自治州	0.05814	0.05559	0.14142	0.28072	0.19048	0.02536
	长春	0.49885	0.08687	0.30493	0.38318	0.26190	0.01840
黑龙江	大庆	0.01454	0.10429	0.46175	0.32804	0.11905	0.05890
	大兴安岭	0.04441	0.06261	0.28145	0.20078	0.11905	0.00595
	哈尔滨	0.42222	0.06341	0.30636	0.31101	0.40476	0.21374
	鹤岗	0.07755	0.05678	0.25163	0.19800	0.04762	0.01587
	黑河	0.03227	0.07279	0.30083	0.21594	0.11905	0.05890
	鸡西	0.02488	0.06341	0.28554	0.17220	0.07143	0.07068
	佳木斯	0.08895	0.06245	0.28062	0.29351	0.11905	0.05890
	牡丹江	0.11728	0.07279	0.30083	0.23361	0.17063	0.06161
	七台河	0.00845	0.07494	0.33933	0.27194	0.02381	0.05890
	齐齐哈尔	0.05356	0.05822	0.21109	0.27246	0.28571	0.05890
	双鸭山	0.01476	0.06724	0.22126	0.24194	0.09524	0.02227
	绥化	0.08279	0.06091	0.51110	0.02436	0.23810	0.06441
	伊春	0.08180	0.06706	0.15903	0.14780	0.40476	0.01667

续表

省份	指标	文化教育					
		每万人口在校大学生数	每万人口在校高中学生数	每万人口在校初中学生数	每万人口在校小学生数	公共图书馆数	有线电视用户数
	正负	正	正	正	正	正	正
	单位	个	个	个	个	个	万户
河南	安阳	0.10226	0.07540	0.50972	0.77541	0.18601	0.07734
	鹤壁	0.04274	0.08687	0.66826	0.70894	0.09524	0.07734
	焦作	0.15917	0.09365	0.52253	0.50956	0.14286	0.07734
	开封	0.10373	0.08166	0.51613	0.67529	0.09524	0.03868
	洛阳	0.11235	0.08687	0.53855	0.64164	0.38095	0.07734
	漯河	0.10226	0.08427	0.46809	0.57434	0.09524	0.07734
	南阳	0.05876	0.08166	0.58178	0.95544	0.26190	0.07734
	平顶山	0.10226	0.08496	0.52499	0.66052	0.14286	0.03094
	濮阳	0.01009	0.08166	0.63623	0.75269	0.11905	0.03601
	三门峡	0.03227	0.09209	0.43606	0.47927	0.14286	0.07734
	商丘	0.05445	0.08531	0.49051	0.61808	0.16667	0.07734
	新乡	0.13823	0.07905	0.56257	0.78298	0.23810	0.10602
	信阳	0.10226	0.09626	0.48250	0.58780	0.21429	0.02897
	许昌	0.05383	0.06341	0.44247	0.63239	0.14286	0.07734
	郑州	0.52756	0.09000	0.45688	0.63743	0.33333	0.25659
	周口	0.02180	0.09626	0.56257	0.61135	0.21429	0.07734
	驻马店	0.01441	0.08496	0.52499	0.62566	0.19048	0.04414
湖南	邵阳	0.01810	0.06654	0.40345	0.52241	0.30952	0.08402
	常德	0.04213	0.06080	0.23750	0.33625	0.19048	0.12189
	郴州	0.02858	0.06706	0.58979	0.77625	0.23810	0.08869
	衡阳	0.12468	0.08270	0.52093	0.58696	0.30952	0.08822
	怀化	0.04767	0.05194	0.36400	0.48432	0.33333	0.08822
	娄底	0.03782	0.09157	0.48731	0.63912	0.14286	0.06335
	湘潭	0.27622	0.07644	0.31116	0.36738	0.11905	0.05935
	益阳	0.11956	0.06080	0.30796	0.40019	0.21825	0.08822
	永州	0.02673	0.06810	0.50812	0.71147	0.26190	0.05401
	岳阳	0.11956	0.06654	0.37041	0.45319	0.23810	0.07548

续表

省份	指标	文化教育					
		每万人口在校大学生数	每万人口在校高中学生数	每万人口在校初中学生数	每万人口在校小学生数	公共图书馆数	有线电视用户数
	正负	正	正	正	正	正	正
	单位	个	个	个	个	个	万户
湖南	张家界	0.11956	0.06988	0.40345	0.52241	0.07143	0.03054
	长沙	0.46903	0.08479	0.41525	0.51797	0.26190	0.22526
	株洲	0.12468	0.06132	0.32557	0.47338	0.14286	0.07962
湖北	鄂州	0.08587	0.07540	0.32077	0.48432	0.00000	0.08596
	黄冈	0.03720	0.06889	0.45972	0.51965	0.26190	0.08596
	黄石	0.09504	0.07960	0.82756	0.75197	0.04762	0.05049
	荆门	0.12602	0.06889	0.45972	0.47345	0.11905	0.15977
	荆州	0.11898	0.04360	0.45909	0.40752	0.16667	0.04050
	十堰	0.09079	0.06654	0.30796	0.49694	0.16667	0.08596
	随州	0.01625	0.07175	0.45972	0.47345	0.07143	0.08596
	武汉	0.55281	0.06889	0.45972	0.31774	0.02381	0.08596
	咸宁	0.12602	0.07644	0.38322	0.65174	0.14286	0.08596
	襄阳	0.05322	0.06889	0.45972	0.46497	0.16667	0.09309
	孝感	0.12602	0.06889	0.45972	0.36738	0.13420	0.08596
	宜昌	0.08402	0.06889	0.45972	0.27231	0.30952	0.08596
	天津	0.20140	0.04746	0.17443	0.26913	0.71429	0.41076
	上海	0.12764	0.02404	0.18258	0.21989	0.57143	1.00000
	重庆	0.14350	0.09761	0.41905	0.51991	1.00000	0.63084
	北京	0.24607	0.03048	0.11801	0.27115	0.57143	0.75230

表 10　　安全健康无量纲化处理

省份	指标	安全健康					
		每千人拥有卫生机构数	每千人拥有卫生机构床位	每千人拥有卫生技术人员	城镇基本养老保险参保人数	失业保险参保人数	城镇基本医疗保险参保人数
	正负	正	正	正	正	正	正
	单位	个	个	人	万人	万人	万人
山西	大同	0.54871	0.57228	0.43465	0.07199	0.04071	0.08965
	晋城	0.80117	0.59182	0.16602	0.02570	0.02684	0.04091
	晋中	0.19236	0.48193	0.35480	0.03133	0.02897	0.02403
	临汾	0.59391	0.47439	0.39218	0.16586	0.03129	0.07064
	吕梁	0.62119	0.32105	0.40135	0.02108	0.02875	0.05679
	朔州	0.73675	0.45326	0.26232	0.01391	0.01593	0.03142
	太原	0.38790	0.93157	0.33204	0.05483	0.07923	0.16374
	忻州	1.00000	0.44669	0.31461	0.02697	0.01824	0.04484
	阳泉	0.63616	0.55704	0.46387	0.01703	0.02217	0.04281
	运城	0.61334	0.55798	0.35114	0.03233	0.03017	0.05772
	长治	0.90252	0.49499	0.37316	0.02784	0.03646	0.06647
陕西	安康	0.70510	0.54654	0.54254	0.01050	0.00797	0.02803
	宝鸡	0.48024	0.67247	0.62145	0.03795	0.02891	0.03075
	汉中	0.17779	0.59634	0.38144	0.02234	0.02027	0.02505
	商洛	0.74583	0.51369	0.50868	0.00776	0.00962	0.02420
	铜川	0.68051	0.68551	0.63237	0.00935	0.00784	0.02519
	渭南	0.47549	0.45361	0.36185	0.02764	0.02277	0.07765
	西安	0.40003	0.68863	0.67576	0.22392	0.13738	0.28397
	咸阳	0.01943	0.49989	0.56679	0.03744	0.03527	0.04284
	延安	0.87265	0.63362	0.49172	0.06047	0.03214	0.15067
	榆林	0.85787	0.58973	0.47096	0.02052	0.01918	0.04631
四川	巴中	0.57055	0.51186	0.30219	0.10124	0.00593	0.24729
	成都	0.34729	0.85985	0.66480	0.38164	0.01381	0.42042
	达州	0.47721	0.44588	0.22572	0.16963	0.01373	0.07248
	德阳	0.46123	0.62295	0.55556	0.16230	0.02869	0.08864
	广安	0.44947	0.34537	0.30632	0.08626	0.01381	0.04294

续表

省份	指标	安全健康					
		每千人拥有卫生机构数	每千人拥有卫生机构床位	每千人拥有卫生技术人员	城镇基本养老保险参保人数	失业保险参保人数	城镇基本医疗保险参保人数
	正负	正	正	正	正	正	正
	单位	个	个	人	万人	万人	万人
四川	广元	0.69694	0.75841	0.42299	0.01743	0.01106	0.02582
	乐山	0.52560	0.59756	0.48538	0.03296	0.01905	0.03692
	泸州	0.63956	0.59310	0.37762	0.05177	0.01785	0.02802
	眉山	0.41138	0.59507	0.35253	0.10763	0.00911	0.05054
	绵阳	0.48603	0.64495	0.49226	0.07514	0.01381	0.04540
	南充	0.70443	0.48181	0.27549	0.07036	0.01476	0.12908
	内江	0.52535	0.63347	0.41295	0.08892	0.01381	0.02540
	攀枝花	0.04014	1.00000	0.49567	0.02983	0.01842	0.04242
	遂宁	0.18080	0.57297	0.30058	0.04005	0.00762	0.01646
	雅安	0.57974	0.83317	0.59536	0.02252	0.00525	0.02788
	宜宾	0.53958	0.52408	0.29810	0.04917	0.02082	0.03329
	资阳	0.82441	0.68384	0.52813	0.02148	0.01065	0.06125
	自贡	0.50832	0.69805	0.34142	0.04439	0.01043	0.05936
西藏	拉萨	0.55235	0.57538	0.52188	0.01337	0.00037	0.00396
	林芝	0.22295	0.44935	0.31038	0.00000	0.00000	0.00088
新疆	克拉玛依	0.18390	0.42696	0.80207	0.01572	0.01384	0.01363
	吐鲁番	0.40648	0.58856	0.45240	0.00332	0.00347	0.00530
	哈密	0.36784	0.62141	0.45042	0.00602	0.00496	0.00659
	乌鲁木齐	0.30164	0.86582	0.71166	0.08232	0.07119	0.12068
云南	保山	0.31093	0.31932	0.28656	0.00767	0.02088	0.00955
	昆明	0.40363	0.90591	0.69512	0.08693	0.08458	0.09556
	丽江	0.09379	0.38290	0.21677	0.00467	0.00221	0.01258
	临沧	0.30502	0.40357	0.24235	0.00618	0.00708	0.01537
	普洱	0.11728	0.40852	0.28527	0.01030	0.00843	0.01352
	曲靖	0.22502	0.47846	0.19337	0.01731	0.02118	0.02865
	玉溪	0.36090	0.59493	0.45172	0.01967	0.01269	0.00000
	昭通	0.21887	0.41596	0.29494	0.00809	0.01001	0.02680

续表

省份	指标	安全健康					
		每千人拥有卫生机构数	每千人拥有卫生机构床位	每千人拥有卫生技术人员	城镇基本养老保险参保人数	失业保险参保人数	城镇基本医疗保险参保人数
	正负	正	正	正	正	正	正
	单位	个	个	人	万人	万人	万人
浙江	杭州	0.29572	0.76565	0.74920	0.44720	0.32217	0.58985
	湖州	0.31342	0.56388	0.56266	0.08856	0.05863	0.07481
	嘉兴	0.18472	0.72772	0.20283	0.15064	0.10530	0.13311
	金华	0.50646	0.60895	0.57163	0.11462	0.07053	0.09393
	丽水	0.07751	0.49270	0.46709	0.04415	0.01939	0.02550
	宁波	0.31212	0.44819	0.61805	0.26916	0.23235	0.25853
	衢州	0.22315	0.56509	0.46101	0.11386	0.02262	0.16551
	绍兴	0.34135	0.57839	0.21034	0.22270	0.11243	0.33007
	台州	0.34708	0.45439	0.45691	0.13240	0.09091	0.09500
	温州	0.36756	0.42293	0.44997	0.17137	0.10148	0.11001
	舟山	0.36889	0.52449	0.53899	0.05074	0.01869	0.06443
福建	厦门	0.22345	0.40610	0.46937	0.15813	0.16771	0.22471
	龙岩	0.16880	0.69684	0.49253	0.02325	0.03035	0.05994
	南平	0.13687	0.66252	0.42052	0.02281	0.03053	0.02803
	宁德	0.41368	0.50094	0.38810	0.02330	0.01699	0.02154
	莆田	0.27627	0.48242	0.33996	0.02128	0.02360	0.03728
	泉州	0.09529	0.39272	0.31560	0.08532	0.05950	0.07967
	三明	0.66642	0.57922	0.43141	0.02922	0.02727	0.02688
	漳州	0.53769	0.45154	0.33348	0.03566	0.03332	0.03856
	福州	0.33077	0.48369	0.48025	0.10491	0.10561	0.10290
广西	南宁	0.34213	0.45592	0.45403	0.05920	0.01134	0.06776
	百色	0.43628	0.48537	0.36227	0.00971	0.00969	0.03814
	北海	0.19908	0.48223	0.39556	0.01240	0.00803	0.01732
	崇左	0.42285	0.40044	0.51145	0.00975	0.00608	0.02073
	防城港	0.22208	0.47127	0.31038	0.02519	0.00535	0.02007
	贵港	0.60127	0.33207	0.44270	0.01227	0.00820	0.03982

续表

省份	指标	安全健康					
		每千人拥有卫生机构数	每千人拥有卫生机构床位	每千人拥有卫生技术人员	城镇基本养老保险参保人数	失业保险参保人数	城镇基本医疗保险参保人数
	正负	正	正	正	正	正	正
	单位	个	个	人	万人	万人	万人
广西	桂林	0.64298	0.43294	0.59939	0.04699	0.02506	0.08158
	河池	0.39547	0.46361	0.35345	0.01447	0.00998	0.04022
	贺州	0.33598	0.40254	0.49030	0.05441	0.00507	0.00817
	来宾	0.06002	0.49757	0.31255	0.05613	0.00559	0.02454
	柳州	0.36014	0.62580	0.54859	0.06000	0.03285	0.05479
	钦州	0.08964	0.45336	0.35372	0.00954	0.00622	0.03359
	梧州	0.29654	0.36155	0.34991	0.01270	0.01149	0.04898
	玉林	0.36614	0.39893	0.30894	0.02384	0.01387	0.02225
贵州	贵阳	0.40272	0.74914	0.60175	0.10372	0.05873	0.08527
	安顺	0.50903	0.50637	0.29672	0.07109	0.01533	0.14571
	毕节	0.09740	0.55246	0.27754	0.01377	0.01620	0.47086
	六盘水	0.36119	0.55748	0.32720	0.01817	0.01404	0.04711
	铜仁	0.66897	0.65802	0.37585	0.00639	0.00807	0.03101
	遵义	0.03751	0.65063	0.31174	0.24604	0.02301	0.03385
安徽	安庆	0.24092	0.34479	0.35306	0.03756	0.02251	0.03107
	蚌埠	0.25771	0.59278	0.37958	0.03543	0.01906	0.03121
	亳州	0.05185	0.34744	0.21503	0.01243	0.01306	0.01440
	池州	0.41046	0.48143	0.35438	0.00663	0.00569	0.00886
	滁州	0.24729	0.43599	0.26954	0.15842	0.01972	0.07365
	阜阳	0.20086	0.43500	0.27469	0.02275	0.02240	0.04823
	淮北	0.19778	0.59612	0.35763	0.02704	0.02231	0.06491
	淮南	0.30324	0.64012	0.41846	0.03107	0.02604	0.03547
	黄山	0.50380	0.51292	0.44690	0.01300	0.00760	0.02656
	六安	0.24352	0.14450	0.22875	0.02311	0.01657	0.02387
	马鞍山	0.26774	0.40985	0.36059	0.02610	0.02197	0.06612
	铜陵	0.13989	0.90039	0.57413	0.01592	0.01402	0.01934

续表

省份	指标	安全健康					
		每千人拥有卫生机构数	每千人拥有卫生机构床位	每千人拥有卫生技术人员	城镇基本养老保险参保人数	失业保险参保人数	城镇基本医疗保险参保人数
	正负	正	正	正	正	正	正
	单位	个	个	人	万人	万人	万人
安徽	芜湖	0.11022	0.55260	0.39037	0.03595	0.03618	0.07047
	宿州	0.20365	0.38570	0.27878	0.00365	0.01850	0.04203
	合肥	0.17082	0.61200	0.44384	0.12469	0.11134	0.10811
	宣城	0.11949	0.47488	0.35359	0.02764	0.01186	0.02118
广东	深圳	0.15540	0.32527	0.47503	0.63859	0.90047	0.82201
	潮州	0.01773	0.26024	0.35062	0.02979	0.02841	0.01508
	东莞	0.15984	0.36514	0.39528	0.08488	0.38018	0.40762
	佛山	0.11915	0.48869	0.42383	0.25413	0.20462	0.18785
	河源	0.42593	0.43111	0.33222	0.04528	0.02542	0.01997
	惠州	0.15134	0.43643	0.42675	0.13449	0.11682	0.10927
	江门	0.22325	0.48107	0.41270	0.12785	0.06811	0.26191
	揭阳	0.03665	0.28064	0.23873	0.06363	0.07390	0.38695
	茂名	0.04521	0.42756	0.28309	0.08352	0.02305	0.46395
	梅州	0.46419	0.39253	0.35662	0.06496	0.02269	0.29917
	清远	0.40184	0.41229	0.43110	0.06800	0.03305	0.23631
	汕头	0.14270	0.30620	0.33016	0.08252	0.06840	0.24943
	汕尾	0.33719	0.24623	0.22596	0.03302	0.01435	0.20332
	韶关	0.12797	0.59818	0.45060	0.04466	0.02601	0.19175
	阳江	0.42378	0.47632	0.38491	0.11020	0.01853	0.17783
	云浮	0.33665	0.34623	0.33678	0.02839	0.01521	0.01469
	湛江	0.28580	0.46974	0.33654	0.07371	0.03452	0.45079
	肇庆	0.46249	0.37415	0.37919	0.05039	0.03882	0.04146
	中山	0.12866	0.44940	0.44916	0.15903	0.13016	0.17217
	广州	0.11884	0.66646	0.67739	0.40631	0.01048	0.68309
	珠海	0.25418	0.57397	0.77408	0.07425	0.08186	0.07447

续表

省份	指标	安全健康					
		每千人拥有卫生机构数	每千人拥有卫生机构床位	每千人拥有卫生技术人员	城镇基本养老保险参保人数	失业保险参保人数	城镇基本医疗保险参保人数
	正负	正	正	正	正	正	正
	单位	个	个	人	万人	万人	万人
海南	海口	0.24922	0.75816	1.00000	0.03486	0.02668	0.03785
	三亚	0.39834	0.44079	0.69079	0.01093	0.02668	0.01142
	儋州	0.31086	0.46315	0.45570	0.01702	0.02668	0.01139
江苏	常州	0.15271	0.56566	0.45450	0.08888	0.09954	0.12708
	淮安	0.09856	0.58411	0.45188	0.08005	0.05755	0.05651
	连云港	0.00000	0.00000	0.00000	0.08649	0.12970	0.16050
	南京	0.17032	0.62012	0.57056	0.19958	0.23356	0.26285
	南通	0.13131	0.54048	0.40541	0.09765	0.09219	0.12362
	苏州	0.17539	0.61942	0.46236	0.09235	0.38929	0.41303
	泰州	0.25475	0.51649	0.48209	0.05536	0.05799	0.31858
	无锡	0.20678	0.62954	0.49334	0.15752	0.18432	0.20804
	宿迁	0.18007	0.52059	0.42227	0.08649	0.12970	0.16050
	徐州	0.31857	0.60557	0.43048	0.07727	0.12970	0.09563
	盐城	0.26920	0.56402	0.49530	0.08649	0.12970	0.16050
	扬州	0.26507	0.49184	0.39163	0.07025	0.11046	0.04273
	镇江	0.17819	0.50501	0.43141	0.05910	0.04626	0.05925
江西	抚州	0.34992	0.28957	0.33520	0.04553	0.02411	0.05138
	赣州	0.55229	0.41300	0.26149	0.05879	0.03249	0.09424
	吉安	0.58578	0.46280	0.28922	0.04175	0.01942	0.09379
	景德镇	0.39295	0.50826	0.38205	0.02758	0.02411	0.04867
	九江	0.33844	0.45426	0.37381	0.05855	0.03064	0.05559
	南昌	0.23973	0.62351	0.48702	0.07711	0.05533	0.06612
	萍乡	0.44644	0.55136	0.61893	0.02378	0.01261	0.03092
	上饶	0.44925	0.46911	0.33191	0.05926	0.02686	0.04219
	新余	0.62868	0.45532	0.41929	0.01740	0.00935	0.01822
	宜春	0.44925	0.45079	0.29267	0.04553	0.02411	0.05138
	鹰潭	0.50900	0.48223	0.34648	0.01288	0.00622	0.01269

续表

省份	指标	安全健康					
		每千人拥有卫生机构数	每千人拥有卫生机构床位	每千人拥有卫生技术人员	城镇基本养老保险参保人数	失业保险参保人数	城镇基本医疗保险参保人数
	正负	正	正	正	正	正	正
	单位	个	个	人	万人	万人	万人
宁夏	固原	0.57358	0.46161	0.26150	0.00448	0.00450	0.00515
	石嘴山	0.07084	0.64868	0.50839	0.01670	0.01051	0.01225
	吴忠	0.38159	0.48150	0.34435	0.01147	0.01811	0.00851
	银川	0.26737	0.71301	0.68070	0.04595	0.03931	0.10879
	中卫	0.40800	0.30289	0.27916	0.00876	0.01811	0.07178
辽宁	鞍山	0.30150	0.64418	0.42433	0.06764	0.04987	0.07569
	本溪	0.26794	0.82576	0.64941	0.05250	0.04728	0.07006
	朝阳	0.78352	0.50465	0.34342	0.03803	0.02129	0.03860
	大连	0.27696	0.79122	0.72255	0.12994	0.13320	0.34307
	丹东	0.39511	0.73147	0.37894	0.06208	0.04728	0.08205
	抚顺	0.39904	0.71134	0.43504	0.06121	0.04414	0.07399
	阜新	0.47600	0.68963	0.64611	0.03434	0.01731	0.05928
	葫芦岛	0.62594	0.49978	0.26878	0.03622	0.02407	0.06389
	锦州	0.48518	0.55302	0.30032	0.05223	0.02961	0.08735
	辽阳	0.20689	0.79596	0.36966	0.04298	0.02000	0.01691
	盘锦	0.45330	0.71496	0.52757	0.03796	0.03128	0.02721
	沈阳	0.15608	0.77937	0.55883	0.24752	0.12802	0.09684
	铁岭	0.61514	0.80888	0.29836	0.07030	0.04728	0.08205
	营口	0.08825	0.56881	0.38592	0.05122	0.02129	0.03169
内蒙古	呼和浩特	0.39452	0.56099	0.51379	0.02858	0.04275	0.07725
	阿拉善盟	0.83317	0.50086	0.63881	0.00342	0.00323	0.00451
	巴彦淖尔	0.59379	0.63566	0.58684	0.01284	0.01873	0.04281
	包头	0.36557	0.61915	0.53102	0.03856	0.03831	0.05393
	赤峰	0.19726	0.65511	0.47196	0.02398	0.01873	0.07345
	鄂尔多斯	0.27031	0.41602	0.53210	0.01806	0.01759	0.04362
	呼伦贝尔	0.46398	0.61112	0.53210	0.03901	0.02732	0.04554

续表

省份	指标	安全健康					
		每千人拥有卫生机构数	每千人拥有卫生机构床位	每千人拥有卫生技术人员	城镇基本养老保险参保人数	失业保险参保人数	城镇基本医疗保险参保人数
	正负	正	正	正	正	正	正
	单位	个	个	人	万人	万人	万人
内蒙古	通辽	0.88511	0.54307	0.54472	0.01524	0.01594	0.07008
	乌海	0.33478	0.72407	0.59143	0.00654	0.00755	0.01649
	乌兰察布	0.51972	0.57050	0.53210	0.01922	0.01873	0.04362
	锡林郭勒盟	0.74036	0.47240	0.48179	0.00693	0.00804	0.01204
	兴安盟	0.63810	0.53705	0.42851	0.01822	0.00784	0.04010
青海	海东	0.85022	0.41109	0.31373	0.00482	0.00318	0.00619
	西宁	0.46443	0.80874	0.64914	0.03371	0.01457	0.01955
山东	滨州	0.42888	0.56394	0.44753	0.04747	0.06186	0.03693
	德州	0.32585	0.42483	0.34694	0.05218	0.03231	0.35845
	东营	0.17035	0.66342	0.54234	0.04887	0.02452	0.08586
	菏泽	0.27179	0.46158	0.41000	0.05210	0.06186	0.13149
	济南	0.50050	0.75622	0.33204	0.14857	0.11931	0.28382
	济宁	0.49361	0.58590	0.65788	0.07455	0.07345	0.13149
	莱芜	0.13856	0.52826	0.40783	0.01934	0.01845	0.08118
	聊城	0.32585	0.57903	0.44239	0.07455	0.02980	0.04016
	临沂	0.32585	0.57903	0.44239	0.09095	0.05385	0.07369
	青岛	0.20758	0.59033	0.52369	0.16522	0.17454	0.13149
	日照	0.13422	0.51876	0.37169	0.04268	0.02308	0.02532
	泰安	0.47795	0.56816	0.33934	0.08559	0.05570	0.35697
	威海	0.24477	0.68326	0.50715	0.05699	0.06186	0.06165
	潍坊	0.32585	0.57903	0.44239	0.07455	0.06186	0.13149
	烟台	0.46168	0.64157	0.47339	0.10633	0.09914	0.14343
	枣庄	0.38029	0.54120	0.39131	0.05291	0.03823	0.03037
	淄博	0.32585	0.57903	0.44239	0.07455	0.06186	0.13149

续表

省份	指标	安全健康					
		每千人拥有卫生机构数	每千人拥有卫生机构床位	每千人拥有卫生技术人员	城镇基本养老保险参保人数	失业保险参保人数	城镇基本医疗保险参保人数
	正负	正	正	正	正	正	正
	单位	个	个	人	万人	万人	万人
甘肃	白银	0.47705	0.50841	0.34156	0.05478	0.01101	0.01847
	定西	0.59952	0.54583	0.25357	0.00595	0.00691	0.02169
	嘉峪关	0.32485	0.76030	0.71117	0.00527	0.00413	0.00548
	金昌	0.71118	0.56419	0.52114	0.00325	0.00573	0.00762
	酒泉	0.53221	0.59358	0.44886	0.00728	0.00520	0.01881
	兰州	0.38860	0.86061	0.60590	0.04530	0.05149	0.07197
	陇南	0.20294	0.34970	0.19173	0.00281	0.01101	0.01009
	平凉	0.78562	0.62101	0.36232	0.00616	0.00703	0.01140
	庆阳	0.49670	0.40679	0.28480	0.00423	0.00664	0.01870
	天水	0.09099	0.42691	0.34002	0.00722	0.01213	0.01831
	武威	0.70825	0.53626	0.21799	0.00447	0.00499	0.01148
	张掖	0.76862	0.70549	0.51601	0.00928	0.00579	0.00759
河北	保定	0.60023	0.43839	0.36091	0.41514	0.04432	0.12931
	沧州	0.12005	0.43839	0.36091	0.05902	0.04199	0.07482
	承德	0.60023	0.54798	0.36091	0.03910	0.01953	0.05589
	邯郸	0.48018	0.43839	0.28873	0.08244	0.06236	0.09503
	衡水	0.84032	0.43839	0.28873	0.03367	0.01602	0.04294
	廊坊	0.18007	0.43839	0.36091	0.05712	0.02471	0.06694
	秦皇岛	0.72028	0.65758	0.43309	0.05138	0.02935	0.06539
	石家庄	0.36014	0.54798	0.43309	0.13993	0.08372	0.19609
	唐山	0.18007	0.59182	0.44031	0.14408	0.07401	0.14965
	邢台	0.66025	0.36167	0.28873	0.04654	0.03122	0.11134
	张家口	0.78030	0.56990	0.31760	0.05072	0.03470	0.06468
吉林	白城	0.60023	0.43839	0.36091	0.01101	0.00905	0.05616
	白山	0.60023	0.76718	0.36091	0.01364	0.00964	0.06518
	吉林	0.60023	0.65758	0.50528	0.04285	0.03757	0.15989

续表

省份	指标	安全健康					
		每千人拥有卫生机构数	每千人拥有卫生机构床位	每千人拥有卫生技术人员	城镇基本养老保险参保人数	失业保险参保人数	城镇基本医疗保险参保人数
	正负	正	正	正	正	正	正
	单位	个	个	人	万人	万人	万人
吉林	辽源	0.60023	0.54798	0.43309	0.01639	0.00612	0.02308
	四平	0.60023	0.54798	0.36091	0.01605	0.01685	0.08895
	松原	0.02401	0.32879	0.36091	0.02295	0.01398	0.06098
	通化	0.18007	0.65758	0.43309	0.03588	0.01242	0.07784
	延边朝鲜族自治州	0.06002	0.54798	0.43309	0.02516	0.02629	0.10226
	长春	0.33684	0.65377	0.41716	0.05953	0.17316	0.16619
黑龙江	大庆	0.30011	0.56648	0.38619	0.02190	0.04107	0.05850
	大兴安岭	0.39497	0.59638	0.49304	0.02190	0.04107	0.05850
	哈尔滨	0.12005	0.87678	0.50528	0.09182	0.11535	0.24985
	鹤岗	0.45490	0.79605	0.49014	0.00607	0.00973	0.03223
	黑河	0.42016	0.54798	0.43309	0.00614	0.00557	0.03372
	鸡西	0.30011	0.65758	0.43309	0.01524	0.01368	0.05967
	佳木斯	0.30011	0.59991	0.42287	0.01619	0.01667	0.02579
	牡丹江	0.31362	0.58954	0.40368	0.03890	0.01232	0.06281
	七台河	0.40272	0.46384	0.32951	0.02190	0.04107	0.00671
	齐齐哈尔	0.10744	0.47223	0.31102	0.03186	0.04478	0.06355
	双鸭山	0.50205	0.62942	0.39590	0.00734	0.00874	0.03581
	绥化	0.03653	0.32123	0.21083	0.02190	0.04108	0.05850
	伊春	0.42016	0.54798	0.43309	0.01820	0.01053	0.04606
河南	安阳	0.36014	0.54016	0.37030	0.03859	0.04174	0.06051
	鹤壁	0.54021	0.54798	0.36091	0.01277	0.04174	0.02762
	焦作	0.48018	0.65758	0.43309	0.03753	0.03163	0.06408
	开封	0.36014	0.54798	0.36091	0.03859	0.04174	0.06051
	洛阳	0.06002	0.65758	0.43309	0.07646	0.05786	0.07374
	漯河	0.42016	0.54016	0.37030	0.02060	0.01522	0.05019

续表

省份	指标	安全健康					
		每千人拥有卫生机构数	每千人拥有卫生机构床位	每千人拥有卫生技术人员	城镇基本养老保险参保人数	失业保险参保人数	城镇基本医疗保险参保人数
	正负	正	正	正	正	正	正
	单位	个	个	人	万人	万人	万人
河南	南阳	0.42016	0.54798	0.28873	0.04077	0.05102	0.10072
	平顶山	0.12005	0.54016	0.43309	0.02791	0.03831	0.07874
	濮阳	0.60023	0.54798	0.36091	0.02072	0.02649	0.04023
	三门峡	0.12005	0.65758	0.43309	0.02061	0.02034	0.04012
	商丘	0.42016	0.43839	0.28873	0.02351	0.02631	0.02776
	新乡	0.54021	0.54798	0.43309	0.03990	0.03755	0.09128
	信阳	0.30011	0.32879	0.21655	0.03042	0.02912	0.08275
	许昌	0.48018	0.43839	0.36091	0.03180	0.02444	0.02932
	郑州	0.24009	0.87678	0.64964	0.13195	0.15327	0.11135
	周口	0.42016	0.32879	0.21655	0.03859	0.04174	0.06051
	驻马店	0.24009	0.43839	0.28873	0.02526	0.03107	0.02918
湖南	邵阳	0.06002	0.43839	0.28873	0.04895	0.02775	0.03530
	常德	0.48018	0.43839	0.36091	0.06697	0.02601	0.10253
	郴州	0.60023	0.54798	0.36091	0.07804	0.02693	0.11162
	衡阳	0.48018	0.54798	0.36091	0.30994	0.05551	0.11712
	怀化	0.60023	0.54798	0.36091	0.03608	0.03965	0.07420
	娄底	0.60023	0.54798	0.36091	0.03201	0.03007	0.06062
	湘潭	0.60023	0.65758	0.43309	0.04037	0.02860	0.06254
	益阳	0.49519	0.58452	0.39700	0.07804	0.03965	0.03964
	永州	0.66025	0.65758	0.36091	0.03418	0.02686	0.10271
	岳阳	0.54021	0.54798	0.36091	0.07804	0.03367	0.11306
	张家界	0.54021	0.54798	0.50528	0.01248	0.03965	0.02286
	长沙	0.36014	0.98637	0.64964	0.14162	0.10835	0.11272
	株洲	0.42016	0.54798	0.36091	0.05779	0.03276	0.08511
湖北	鄂州	0.30011	0.54798	0.43309	0.01575	0.00578	0.01991
	黄冈	0.42016	0.54798	0.36091	0.04473	0.05048	0.05582

续表

省份	指标	安全健康					
		每千人拥有卫生机构数	每千人拥有卫生机构床位	每千人拥有卫生技术人员	城镇基本养老保险参保人数	失业保险参保人数	城镇基本医疗保险参保人数
	正负	正	正	正	正	正	正
	单位	个	个	人	万人	万人	万人
湖北	黄石	0.08308	0.44575	0.39530	0.01990	0.04890	0.07171
	荆门	0.42016	0.65758	0.43309	0.03322	0.01620	0.05913
	荆州	0.34553	0.44773	0.32560	0.02076	0.08240	0.04088
	十堰	0.48018	0.87678	0.57746	0.00857	0.02490	0.06807
	随州	0.42016	0.54798	0.36091	0.06844	0.05048	0.09640
	武汉	0.18007	0.87678	0.64964	0.17710	0.16923	0.40792
	咸宁	0.30011	0.54798	0.57746	0.02549	0.01135	0.04819
	襄阳	0.42016	0.65758	0.57746	0.04839	0.05048	0.09640
	孝感	0.05402	0.43839	0.43309	0.04839	0.05048	0.09640
	宜昌	0.42016	0.65758	0.64964	0.06992	0.04510	0.09598
	天津	0.20262	0.45130	0.42322	0.37788	0.27214	0.35344
	上海	0.12465	0.51839	0.50866	1.00000	0.62829	0.17777
	重庆	0.39410	0.64198	0.39841	0.56024	0.40550	0.39850
	北京	0.28824	0.56553	0.84803	0.95284	1.00000	1.00

3. 二级指标得分

表 11 二级指标得分

省份	城市	民生基础	收入消费	居住出行	文化教育	安全健康
山西	大同	0.04962	0.13788	0.04958	0.21388	0.29300
	晋城	0.07562	0.11674	0.04673	0.19562	0.27541
	晋中	0.06504	0.12796	0.12551	0.23321	0.18557
	临汾	0.06241	0.12557	0.04283	0.23488	0.28805
	吕梁	0.05337	0.09791	0.03933	0.23651	0.24170
	朔州	0.07173	0.13204	0.03245	0.25559	0.25226
	太原	0.14522	0.17276	0.11926	0.32708	0.32489

续表

省份	城市	民生基础	收入消费	居住出行	文化教育	安全健康
山西	忻州	0.04489	0.08728	0.03928	0.23525	0.30856
	阳泉	0.05649	0.12157	0.04146	0.20804	0.28985
	运城	0.05260	0.10462	0.04490	0.23694	0.27378
	长治	0.07556	0.13282	0.04639	0.24990	0.31691
陕西	安康	0.05420	0.11026	0.03471	0.23331	0.30678
	宝鸡	0.10853	0.12731	0.04851	0.21023	0.31196
	汉中	0.05811	0.10066	0.04357	0.19845	0.20387
	商洛	0.04036	0.08401	0.03880	0.18938	0.30163
	铜川	0.00971	0.11609	0.03000	0.23141	0.34013
	渭南	0.07301	0.10621	0.05131	0.17550	0.23650
	西安	0.28061	0.23722	0.24007	0.29867	0.40161
	咸阳	0.11417	0.14424	0.04865	0.24803	0.20028
	延安	0.08895	0.15713	0.05253	0.29054	0.37354
	榆林	0.14057	0.14819	0.05098	0.23238	0.33410
四川	巴中	0.03339	0.13800	0.02589	0.14840	0.28984
	成都	0.38289	0.30956	0.37213	0.35010	0.44797
	达州	0.05836	0.15628	0.03662	0.23747	0.23411
	德阳	0.08045	0.17868	0.04393	0.16861	0.32039
	广安	0.04882	0.15819	0.03087	0.21041	0.20736
	广元	0.03504	0.13198	0.02814	0.17128	0.32211
	乐山	0.07342	0.15434	0.06071	0.18798	0.28291
	泸州	0.07122	0.15295	0.04536	0.28494	0.28465
	眉山	0.06531	0.15962	0.03371	0.17878	0.25438
	绵阳	0.07490	0.19708	0.05727	0.20415	0.29293
	南充	0.06175	0.23391	0.05078	0.18602	0.27932
	内江	0.05613	0.15886	0.03300	0.32212	0.28332
	攀枝花	0.09174	0.14175	0.03970	0.25126	0.27108
	遂宁	0.05427	0.13798	0.03670	0.20355	0.18641
	雅安	0.04263	0.09499	0.02683	0.15232	0.34399
	宜宾	0.07636	0.15862	0.05066	0.21439	0.24417
	资阳	0.06480	0.17135	0.03547	0.24599	0.35496
	自贡	0.06656	0.16455	0.06219	0.20030	0.27699

续表

省份	城市	民生基础	收入消费	居住出行	文化教育	安全健康
西藏	拉萨	0.06928	0.10326	0.04692	0.25984	0.27789
	林芝	0.03653	0.03852	0.00767	0.24112	0.16393
新疆	克拉玛依	0.17921	0.19459	0.03409	0.20076	0.24268
	吐鲁番	0.03948	0.09282	0.02676	0.20964	0.24325
	哈密	0.06969	0.10462	0.02934	0.16136	0.24287
	乌鲁木齐	0.13238	0.17618	0.08866	0.20662	0.35888
云南	保山	0.03303	0.11484	0.02035	0.26373	0.15915
	昆明	0.17727	0.25376	0.31196	0.33576	0.37862
	丽江	0.02788	0.09485	0.03644	0.27742	0.11882
	临沧	0.03316	0.11176	0.01889	0.23408	0.16326
	普洱	0.02983	0.11527	0.02844	0.23578	0.14055
	曲靖	0.07454	0.16997	0.02913	0.33113	0.16067
	玉溪	0.08940	0.15967	0.04852	0.23924	0.23999
	昭通	0.03048	0.15924	0.02749	0.34977	0.16244
浙江	杭州	0.43023	0.42716	0.33024	0.27661	0.52830
	湖州	0.13788	0.30426	0.09569	0.46316	0.27699
	嘉兴	0.18327	0.27767	0.10440	0.19779	0.25072
	金华	0.16949	0.29903	0.11173	0.35566	0.32769
	丽水	0.07966	0.18056	0.05823	0.20688	0.18772
	宁波	0.35842	0.42644	0.11917	0.22778	0.35640
	衢州	0.10330	0.19422	0.04849	0.24128	0.25854
	绍兴	0.20584	0.36137	0.10370	0.24535	0.29921
	台州	0.18460	0.31858	0.10484	0.27226	0.26278
	温州	0.20317	0.34906	0.16815	0.24935	0.27055
	舟山	0.12563	0.30716	0.07759	0.13093	0.26104
福建	厦门	0.19495	0.26156	0.13946	0.26325	0.27491
	龙岩	0.12170	0.14812	0.05952	0.20345	0.24528
	南平	0.09322	0.12817	0.05301	0.24821	0.21688
	宁德	0.08892	0.18567	0.04559	0.21759	0.22742
	莆田	0.10539	0.15356	0.05384	0.22889	0.19680
	泉州	0.22123	0.27021	0.30401	0.25079	0.17135

续表

省份	城市	民生基础	收入消费	居住出行	文化教育	安全健康
福建	三明	0.11387	0.13103	0.04098	0.23271	0.29340
	漳州	0.13006	0.16553	0.07305	0.23619	0.23837
	福州	0.27581	0.26087	0.16792	0.28352	0.26802
广西	南宁	0.17021	0.19631	0.10852	0.31544	0.23173
	百色	0.04741	0.10453	0.02576	0.37627	0.22358
	北海	0.07272	0.13787	0.04725	0.26917	0.18577
	崇左	0.04370	0.08088	0.01773	0.22531	0.22855
	防城港	0.07813	0.12153	0.02689	0.24929	0.17572
	贵港	0.03727	0.08241	0.02284	0.38238	0.23939
	桂林	0.09681	0.16191	0.06094	0.22490	0.30482
	河池	0.02833	0.09397	0.02311	0.27824	0.21287
	贺州	0.03132	0.07896	0.01623	0.23752	0.21608
	来宾	0.03560	0.12345	0.02516	0.34913	0.15940
	柳州	0.13022	0.34139	0.04431	0.33249	0.28036
	钦州	0.04826	0.09397	0.04007	0.31155	0.15768
	梧州	0.06427	0.11397	0.02746	0.23194	0.18019
	玉林	0.06569	0.17239	0.03488	0.21437	0.18900
贵州	贵阳	0.16310	0.15607	0.13952	0.30899	0.33356
	安顺	0.03993	0.08054	0.03595	0.29248	0.25738
	毕节	0.06250	0.11298	0.03577	0.40396	0.23804
	六盘水	0.07017	0.09821	0.03288	0.29805	0.22087
	铜仁	0.04844	0.11999	0.02840	0.37697	0.29139
	遵义	0.11689	0.13991	0.05459	0.38669	0.21713
安徽	安庆	0.07999	0.13839	0.04464	0.19341	0.17165
	蚌埠	0.08074	0.16327	0.04473	0.23726	0.21929
	亳州	0.04399	0.11467	0.02788	0.24413	0.10904
	池州	0.05161	0.10467	0.03487	0.21033	0.21124
	滁州	0.07350	0.11895	0.04352	0.20728	0.20077
	阜阳	0.05425	0.15793	0.03687	0.27923	0.16732
	淮北	0.05623	0.10914	0.02724	0.19618	0.21096
	淮南	0.05502	0.13695	0.02458	0.22841	0.24240

续表

省份	城市	民生基础	收入消费	居住出行	文化教育	安全健康
安徽	黄山	0.05313	0.11714	0.04267	0.18290	0.25180
	六安	0.05459	0.14036	0.03483	0.21879	0.11339
	马鞍山	0.10490	0.34211	0.03516	0.23288	0.19206
	铜陵	0.11646	0.18268	0.02712	0.25047	0.27728
	芜湖	0.14734	0.19325	0.06535	0.24022	0.19930
	宿州	0.05428	0.12918	0.04779	0.21660	0.15538
	合肥	0.27064	0.54150	0.15502	0.27621	0.26180
	宣城	0.06918	0.15023	0.03591	0.15890	0.16811
广东	深圳	0.45302	0.35806	0.42284	0.19974	0.55280
	潮州	0.05135	0.11156	0.03642	0.20988	0.11698
	东莞	0.22190	0.34431	0.17822	0.31286	0.29882
	佛山	0.27880	0.35987	0.18959	0.18510	0.27971
	河源	0.06642	0.09987	0.03606	0.25010	0.21332
	惠州	0.15248	0.20454	0.09218	0.24935	0.22918
	江门	0.10572	0.16661	0.11062	0.22226	0.26248
	揭阳	0.07782	0.11160	0.04957	0.24916	0.18009
	茂名	0.09621	0.17049	0.04767	0.27555	0.22106
	梅州	0.04605	0.12240	0.04933	0.23194	0.26669
	清远	0.07628	0.09878	0.04297	0.23378	0.26376
	汕头	0.10748	0.16160	0.07646	0.29423	0.19657
	汕尾	0.04245	0.09375	0.03304	0.21442	0.17668
	韶关	0.06615	0.11300	0.05169	0.31082	0.23986
	阳江	0.09647	0.12307	0.05010	0.23945	0.26526
	云浮	0.04721	0.08484	0.06648	0.25453	0.17966
	湛江	0.10631	0.15549	0.05373	0.27155	0.27518
	肇庆	0.11042	0.13694	0.06410	0.28271	0.22442
	中山	0.15629	0.27555	0.10907	0.30060	0.24810
	广州	0.68143	0.43104	0.36202	0.28995	0.42709
	珠海	0.17705	0.25059	0.10755	0.31321	0.30547

续表

省份	城市	民生基础	收入消费	居住出行	文化教育	安全健康
海南	海口	0.09089	0.12875	0.09852	0.25754	0.35113
	三亚	0.07148	0.11955	0.07053	0.28841	0.26316
	儋州	0.02563	0.09204	0.03701	0.27682	0.21413
江苏	常州	0.24693	0.30682	0.10988	0.26482	0.24806
	淮安	0.13823	0.15376	0.05342	0.18954	0.22144
	连云港	0.11338	0.13806	0.13462	0.19948	0.06278
	南京	0.38611	0.39677	0.23310	0.20778	0.34283
	南通	0.25256	0.29066	0.12248	0.20027	0.23178
	苏州	0.46703	0.44953	0.27366	0.21353	0.35864
	泰州	0.16759	0.20567	0.07151	0.25841	0.28088
	无锡	0.34066	0.37220	0.17121	0.19889	0.31326
	宿迁	0.10593	0.12010	0.05686	0.18771	0.24993
	徐州	0.21835	0.21885	0.09195	0.29494	0.27620
	盐城	0.17550	0.18237	0.10541	0.21184	0.28420
	扬州	0.19482	0.20734	0.08843	0.17292	0.22866
	镇江	0.21163	0.24825	0.08013	0.17383	0.21320
江西	抚州	0.05951	0.13553	0.04001	0.28278	0.18262
	赣州	0.08195	0.14274	0.06284	0.33050	0.23538
	吉安	0.06716	0.14501	0.03865	0.28407	0.24880
	景德镇	0.06142	0.15688	0.03955	0.25556	0.23060
	九江	0.10164	0.15122	0.06869	0.28265	0.21855
	南昌	0.21201	0.20800	0.09402	0.37417	0.25814
	萍乡	0.07319	0.14864	0.02741	0.21839	0.28067
	上饶	0.07550	0.14500	0.06909	0.29627	0.22976
	新余	0.10186	0.15135	0.02621	0.24932	0.25804
	宜春	0.07890	0.14258	0.04377	0.28236	0.21896
	鹰潭	0.06878	0.12188	0.02853	0.23758	0.22825
宁夏	固原	0.02059	0.07117	0.02252	0.30546	0.21847
	石嘴山	0.06880	0.09375	0.02440	0.21253	0.21123
	吴忠	0.04068	0.08148	0.02518	0.27187	0.20759
	银川	0.11251	0.12211	0.06455	0.27751	0.30919
	中卫	0.03159	0.06750	0.01756	0.25929	0.18145

续表

省份	城市	民生基础	收入消费	居住出行	文化教育	安全健康
辽宁	鞍山	0.12714	0.17235	0.05794	0.17564	0.26054
	本溪	0.08754	0.14026	0.04696	0.17179	0.31882
	朝阳	0.05305	0.10674	0.03112	0.20295	0.28825
	大连	0.30558	0.20633	0.16450	0.26492	0.39949
	丹东	0.06508	0.12959	0.04619	0.16114	0.28282
	抚顺	0.08981	0.13944	0.03862	0.14030	0.28746
	阜新	0.04497	0.12220	0.02808	0.12455	0.32045
	葫芦岛	0.04709	0.11994	0.03858	0.18121	0.25311
	锦州	0.07876	0.14925	0.04245	0.17556	0.25129
	辽阳	0.07359	0.12841	0.03577	0.14679	0.24207
	盘锦	0.11438	0.17515	0.05057	0.17459	0.29871
	沈阳	0.30598	0.28177	0.20546	0.19119	0.32778
	铁岭	0.04936	0.10224	0.03580	0.15859	0.32033
	营口	0.09241	0.17144	0.03984	0.17983	0.19120
内蒙古	呼和浩特	0.16723	0.19336	0.07400	0.26182	0.26964
	阿拉善盟	0.13544	0.15795	0.04106	0.24559	0.33067
	巴彦淖尔	0.07286	0.13277	0.02944	0.15808	0.31511
	包头	0.22445	0.21561	0.05201	0.18763	0.27442
	赤峰	0.08490	0.14148	0.04147	0.21279	0.24008
	鄂尔多斯	0.29593	0.19833	0.03964	0.17788	0.21628
	呼伦贝尔	0.09883	0.13664	0.05074	0.16941	0.28651
	通辽	0.10006	0.14349	0.03764	0.20007	0.34569
	乌海	0.11825	0.18273	0.03910	0.11880	0.28014
	乌兰察布	0.11348	0.15808	0.04295	0.19070	0.28398
	锡林郭勒盟	0.11316	0.15065	0.04359	0.20687	0.28693
	兴安盟	0.04022	0.08582	0.02370	0.15881	0.27830
青海	海东	0.03395	0.08465	0.01212	0.17760	0.26487
	西宁	0.08041	0.10104	0.05146	0.22552	0.33169
山东	滨州	0.12282	0.17126	0.03747	0.20283	0.26444
	德州	0.12715	0.12764	0.04405	0.22737	0.25676
	东营	0.24416	0.21155	0.04804	0.22293	0.25589

续表

省份	城市	民生基础	收入消费	居住出行	文化教育	安全健康
山东	菏泽	0.08778	0.15012	0.04222	0.45630	0.23147
	济南	0.27340	0.28331	0.13387	0.26815	0.35674
	济宁	0.16028	0.21376	0.06169	0.25143	0.33615
	莱芜	0.06457	0.19516	0.02770	0.19619	0.19894
	聊城	0.14121	0.12734	0.04289	0.23438	0.24863
	临沂	0.19029	0.20722	0.06866	0.23524	0.26096
	青岛	0.42578	0.33904	0.19436	0.27160	0.29881
	日照	0.12542	0.11383	0.03952	0.19836	0.18596
	泰安	0.14159	0.17553	0.06923	0.21538	0.31395
	威海	0.18943	0.24189	0.06694	0.17380	0.26928
	潍坊	0.20794	0.26499	0.09662	0.19925	0.26920
	烟台	0.26531	0.28532	0.10056	0.20937	0.32092
	枣庄	0.12483	0.15127	0.03470	0.23001	0.23905
	淄博	0.08566	0.23435	0.03667	0.20655	0.26920
甘肃	白银	0.03471	0.09734	0.02440	0.21283	0.23521
	定西	0.01892	0.08506	0.01790	0.21464	0.23891
	嘉峪关	0.07754	0.17098	0.04150	0.20126	0.30187
	金昌	0.05442	0.12660	0.02032	0.19814	0.30219
	酒泉	0.06862	0.14633	0.03030	0.22573	0.26765
	兰州	0.13486	0.15920	0.08506	0.27620	0.33731
	陇南	0.02062	0.08051	0.03092	0.23260	0.12805
	平凉	0.02694	0.08063	0.02280	0.23702	0.29892
	庆阳	0.05267	0.10182	0.02602	0.21979	0.20298
	天水	0.03262	0.10451	0.03084	0.22346	0.14926
	武威	0.03514	0.09765	0.01950	0.20303	0.24724
	张掖	0.03680	0.09166	0.02838	0.21074	0.33546
河北	保定	0.12114	0.17157	0.09057	0.33012	0.33138
	沧州	0.13988	0.16620	0.06029	0.25940	0.18253
	承德	0.07666	0.11541	0.04909	0.25428	0.27061
	邯郸	0.13286	0.17184	0.06209	0.30456	0.24119
	衡水	0.06399	0.11499	0.04776	0.25844	0.27668

续表

省份	城市	民生基础	收入消费	居住出行	文化教育	安全健康
河北	廊坊	0.12845	0.18627	0.07488	0.27170	0.18802
	秦皇岛	0.07609	0.13181	0.06129	0.24974	0.32618
	石家庄	0.24334	0.21182	0.09938	0.30363	0.29349
	唐山	0.24550	0.23439	0.08214	0.25072	0.26332
	邢台	0.07827	0.13653	0.04733	0.28086	0.24996
	张家口	0.07655	0.15517	0.05042	0.24938	0.30298
吉林	白城	0.05312	0.08881	0.03436	0.13614	0.24596
	白山	0.07016	0.09375	0.02362	0.11558	0.30280
	吉林	0.14088	0.16680	0.07194	0.13961	0.33390
	辽源	0.07528	0.13173	0.03290	0.12350	0.27115
	四平	0.06801	0.13577	0.03334	0.16164	0.27183
	松原	0.09948	0.15446	0.02811	0.15858	0.13527
	通化	0.07534	0.12078	0.03333	0.14048	0.23282
	延边朝鲜族自治州	0.06865	0.10216	0.04056	0.12528	0.19914
	长春	0.24326	0.15855	0.11776	0.25902	0.30111
黑龙江	大庆	0.10003	0.19691	0.04627	0.18109	0.22904
	大兴安岭	0.03056	0.10619	0.01817	0.11904	0.26764
	哈尔滨	0.24907	0.29041	0.14408	0.28692	0.32652
	鹤岗	0.03227	0.10745	0.01950	0.10791	0.29819
	黑河	0.03096	0.14877	0.03273	0.13330	0.24111
	鸡西	0.03596	0.15714	0.02477	0.11469	0.24656
	佳木斯	0.04628	0.14998	0.02655	0.15058	0.23026
	牡丹江	0.07530	0.19733	0.03604	0.15946	0.23681
	七台河	0.02546	0.11848	0.03317	0.12956	0.21096
	齐齐哈尔	0.05610	0.12889	0.03485	0.15666	0.17181
	双鸭山	0.04496	0.08727	0.02550	0.11045	0.26321
	绥化	0.04507	0.17054	0.03694	0.16361	0.11501
	伊春	0.02077	0.12927	0.01798	0.14619	0.24601

续表

省份	城市	民生基础	收入消费	居住出行	文化教育	安全健康
河南	安阳	0.08206	0.17358	0.05161	0.28769	0.23524
	鹤壁	0.06414	0.14414	0.02790	0.27990	0.25521
	焦作	0.10519	0.15122	0.04482	0.25085	0.28402
	开封	0.07523	0.13417	0.04136	0.25179	0.23498
	洛阳	0.15968	0.18672	0.09070	0.30628	0.22646
	漯河	0.06473	0.10322	0.03182	0.23359	0.23610
	南阳	0.11192	0.21357	0.05449	0.33615	0.24156
	平顶山	0.07149	0.13445	0.04388	0.25775	0.20638
	濮阳	0.06950	0.12198	0.03207	0.27262	0.26609
	三门峡	0.09160	0.11396	0.03459	0.20998	0.21530
	商丘	0.06469	0.15508	0.03941	0.24873	0.20414
	新乡	0.08818	0.15304	0.05853	0.31782	0.28167
	信阳	0.07966	0.17100	0.03661	0.25201	0.16462
	许昌	0.09960	0.14570	0.03942	0.23538	0.22751
	郑州	0.32647	0.25951	0.19483	0.38363	0.36051
	周口	0.07290	0.12237	0.04743	0.26393	0.18439
	驻马店	0.07128	0.15582	0.04545	0.24744	0.17545
湖南	邵阳	0.06373	0.10415	0.03806	0.23401	0.14985
	常德	0.11000	0.18520	0.04335	0.16484	0.24583
	郴州	0.10266	0.19293	0.05015	0.29808	0.28762
	衡阳	0.10730	0.22720	0.04865	0.28550	0.31194
	怀化	0.05569	0.11396	0.03378	0.22825	0.27651
	娄底	0.06429	0.10724	0.03036	0.24367	0.27197
	湘潭	0.10765	0.17964	0.03909	0.20160	0.30373
	益阳	0.06674	0.15211	0.03740	0.19916	0.27234
	永州	0.06699	0.13447	0.02632	0.27172	0.30708
	岳阳	0.12710	0.17189	0.04575	0.22055	0.27898
	张家界	0.03624	0.05851	0.03103	0.20288	0.27808
	长沙	0.37109	0.38790	0.18699	0.32903	0.39314
	株洲	0.12600	0.21801	0.05254	0.20124	0.25079

续表

省份	城市	民生基础	收入消费	居住出行	文化教育	安全健康
湖北	鄂州	0.08647	0.12124	0.02179	0.17539	0.22044
	黄冈	0.08564	0.14173	0.03659	0.23889	0.24668
	黄石	0.06542	0.10955	0.02761	0.30871	0.17744
	荆门	0.08768	0.17020	0.02960	0.23448	0.26990
	荆州	0.05174	0.18836	0.04510	0.20606	0.21048
	十堰	0.07743	0.10392	0.02949	0.20248	0.33933
	随州	0.05895	0.14441	0.01567	0.19643	0.25740
	武汉	0.46490	0.36542	0.24514	0.25149	0.41012
	咸宁	0.07301	0.16360	0.03565	0.24437	0.25176
	襄阳	0.16048	0.18209	0.05398	0.21776	0.30841
	孝感	0.07652	0.16927	0.03434	0.20703	0.18680
	宜昌	0.17936	0.17515	0.05517	0.21340	0.32306
	天津	0.60091	0.37930	0.22042	0.30291	0.34676
	上海	0.77435	0.70676	0.61673	0.35426	0.49296
	重庆	0.57651	0.41831	0.36561	0.46849	0.46646
	北京	0.75933	0.65360	0.67934	0.33157	0.77577

4. 一级指标民生发展指数得分

表 12　　一级指标民生发展指数得分

省份	城市	一级指标民生发展指数得分
山西	大同	0.13887
	晋城	0.13538
	晋中	0.13922
	临汾	0.14191
	吕梁	0.12572
	朔州	0.14110
	太原	0.21058
	忻州	0.13324
	阳泉	0.13478
	运城	0.13357
	长治	0.15544

续表

省份	城市	一级指标民生发展指数得分
陕西	安康	0.13849
	宝鸡	0.15603
	汉中	0.11465
	商洛	0.12179
	铜川	0.13189
	渭南	0.12296
	西安	0.29053
	咸阳	0.14738
	延安	0.18218
	榆林	0.17718
四川	巴中	0.11773
	成都	0.37357
	达州	0.13595
	德阳	0.15062
	广安	0.12290
	广元	0.12744
	乐山	0.14403
	泸州	0.15817
	眉山	0.13106
	绵阳	0.15623
	南充	0.15230
	内江	0.15923
	攀枝花	0.15237
	遂宁	0.11683
	雅安	0.12320
	宜宾	0.14159
	资阳	0.16354
	自贡	0.14536
西藏	拉萨	0.14322
	林芝	0.09145

续表

省份	城市	一级指标民生发展指数得分
新疆	克拉玛依	0.17116
	吐鲁番	0.11410
	哈密	0.11639
	乌鲁木齐	0.18653
云南	保山	0.10970
	昆明	0.28005
	丽江	0.10276
	临沧	0.10432
	普洱	0.10196
	曲靖	0.14523
	玉溪	0.14877
	昭通	0.13435
浙江	杭州	0.40168
	湖州	0.24382
	嘉兴	0.20082
	金华	0.24439
	丽水	0.13632
	宁波	0.30372
	衢州	0.16258
	绍兴	0.23937
	台州	0.22421
	温州	0.24357
	舟山	0.17499
福建	厦门	0.22364
	龙岩	0.15222
	南平	0.14243
	宁德	0.14663
	莆田	0.14346
	泉州	0.24129
	三明	0.15755
	漳州	0.16478
	福州	0.25369

续表

省份	城市	一级指标民生发展指数得分
广西	南宁	0.20102
	百色	0.14470
	北海	0.13557
	崇左	0.11168
	防城港	0.12509
	贵港	0.14130
	桂林	0.16257
	河池	0.11741
	贺州	0.10755
	来宾	0.12825
	柳州	0.21620
	钦州	0.12210
	梧州	0.11764
	玉林	0.12831
贵州	贵阳	0.21453
	安顺	0.13112
	毕节	0.15983
	六盘水	0.13665
	铜仁	0.16058
	遵义	0.17642
安徽	安庆	0.12106
	蚌埠	0.14223
	亳州	0.10154
	池州	0.11545
	滁州	0.12328
	阜阳	0.13063
	淮北	0.11358
	淮南	0.12922
	黄山	0.12189
	六安	0.10661
	马鞍山	0.17377

续表

省份	城市	一级指标民生发展指数得分
安徽	铜陵	0.16537
	芜湖	0.16692
	宿州	0.11401
	合肥	0.29800
	宣城	0.11174
广东	深圳	0.40287
	潮州	0.09985
	东莞	0.26629
	佛山	0.26063
	河源	0.12648
	惠州	0.18224
	江门	0.16676
	揭阳	0.12806
	茂名	0.15560
	梅州	0.13356
	清远	0.13643
	汕头	0.16129
	汕尾	0.10511
	韶关	0.14729
	阳江	0.14903
	云浮	0.11861
	湛江	0.16584
	肇庆	0.15839
	中山	0.21176
	广州	0.46262
	珠海	0.22540
海南	海口	0.17592
	三亚	0.15351
	儋州	0.11878

续表

省份	城市	一级指标民生发展指数得分
江苏	常州	0.23646
	淮安	0.14997
	连云港	0.12803
	南京	0.32060
	南通	0.22285
	苏州	0.36393
	泰州	0.19389
	无锡	0.28539
	宿迁	0.14029
	徐州	0.21989
	盐城	0.19023
	扬州	0.18007
	镇江	0.18803
江西	抚州	0.13203
	赣州	0.16181
	吉安	0.14778
	景德镇	0.14007
	九江	0.15826
	南昌	0.22754
	萍乡	0.14201
	上饶	0.15436
	新余	0.15181
	宜春	0.14587
	鹰潭	0.13018
宁夏	固原	0.11694
	石嘴山	0.11681
	吴忠	0.11689
	银川	0.17071
	中卫	0.10349

续表

省份	城市	一级指标民生发展指数得分
辽宁	鞍山	0.15556
	本溪	0.14652
	朝阳	0.12809
	大连	0.27191
	丹东	0.12978
	抚顺	0.13419
	阜新	0.11974
	葫芦岛	0.11990
	锦州	0.13339
	辽阳	0.12015
	盘锦	0.15785
	沈阳	0.26679
	铁岭	0.12488
	营口	0.13069
内蒙古	呼和浩特	0.19062
	阿拉善盟	0.17747
	巴彦淖尔	0.13477
	包头	0.19419
	赤峰	0.13822
	鄂尔多斯	0.19664
	呼伦贝尔	0.14347
	通辽	0.15886
	乌海	0.14485
	乌兰察布	0.15340
	锡林郭勒盟	0.15553
	兴安盟	0.10966
青海	海东	0.10657
	西宁	0.15026
山东	滨州	0.15607
	德州	0.15365
	东营	0.20128

续表

省份	城市	一级指标民生发展指数得分
山东	菏泽	0.18300
	济南	0.26412
	济宁	0.20022
	莱芜	0.12932
	聊城	0.15712
	临沂	0.19225
	青岛	0.31790
	日照	0.13190
	泰安	0.17898
	威海	0.18839
	潍坊	0.20763
	烟台	0.23920
	枣庄	0.15286
	淄博	0.15840
甘肃	白银	0.11228
	定西	0.10547
	嘉峪关	0.15052
	金昌	0.13174
	酒泉	0.13981
	兰州	0.19216
	陇南	0.09075
	平凉	0.12263
	庆阳	0.11386
	天水	0.10059
	武威	0.11198
	张掖	0.13023
河北	保定	0.20018
	沧州	0.15948
	承德	0.14555
	邯郸	0.17754
	衡水	0.14353

续表

省份	城市	一级指标民生发展指数得分
河北	廊坊	0.16572
	秦皇岛	0.15973
	石家庄	0.23163
	唐山	0.21824
	邢台	0.15056
	张家口	0.15787
吉林	白城	0.10582
	白山	0.11608
	吉林	0.16765
	辽源	0.12175
	四平	0.12751
	松原	0.11361
	通化	0.11603
	延边朝鲜族自治州	0.10331
	长春	0.21867
黑龙江	大庆	0.14561
	大兴安岭	0.10055
	哈尔滨	0.25837
	鹤岗	0.10498
	黑河	0.10873
	鸡西	0.10784
	佳木斯	0.11329
	牡丹江	0.13442
	七台河	0.09572
	齐齐哈尔	0.10431
	双鸭山	0.10014
	绥化	0.10012
	伊春	0.10292

续表

省份	城市	一级指标民生发展指数得分
河南	安阳	0.15764
	鹤壁	0.14525
	焦作	0.16102
	开封	0.14028
	洛阳	0.19054
	漯河	0.12698
	南阳	0.18358
	平顶山	0.13566
	濮阳	0.14416
	三门峡	0.12894
	商丘	0.13464
	新乡	0.17068
	信阳	0.13467
	许昌	0.14453
	郑州	0.30714
	周口	0.13168
	驻马店	0.13231
湖南	邵阳	0.11254
	常德	0.14586
	郴州	0.17792
	衡阳	0.18724
	怀化	0.13304
	娄底	0.13559
	湘潭	0.16047
	益阳	0.13767
	永州	0.15188
	岳阳	0.16468
	张家界	0.11284
	长沙	0.33738
	株洲	0.16534

续表

省份	城市	一级指标民生发展指数得分
湖北	鄂州	0.12120
	黄冈	0.14348
	黄石	0.13051
	荆门	0.15131
	荆州	0.13149
	十堰	0.14322
	随州	0.12701
	武汉	0.35916
	咸宁	0.14561
	襄阳	0.18214
	孝感	0.12897
	宜昌	0.18824
	天津	0.39315
	上海	0.60755
	重庆	0.47082
	北京	0.65187